U0579645

SIDULIUBU JIAOXUEFA
DE TANSUO YU SHIJIAN

“四度六步”
教学法的
探索与实践

戴启猛 ◎ 著

漓江出版社
·桂林·

图书在版编目（CIP）数据

“四度六步”教学法的探索与实践：升级版 / 戴启猛著 . -- 桂林：漓江出版社，2023.11

ISBN 978-7-5407-9566-5

Ⅰ . ①四… Ⅱ . ①戴… Ⅲ . ①数学课—教学研究—中小学 Ⅳ . ① G633.602

中国国家版本馆CIP数据核字（2023）第191634号

“四度六步”教学法的探索与实践（升级版）

SIDULIUBU JIAOXUEFA DE TANSUO YU SHIJIAN（SHENGJIBAN）

著　　者　戴启猛

出 版 人　刘迪才
责任编辑　覃乃川　杨海涛
助理编辑　陈李睿祯
装帧设计　曾　意　谭惠方
责任监印　杨　东

出版发行　漓江出版社有限公司
社　　址　广西桂林市南环路22号
邮　　编　541002
发行电话　0771-5825315
邮购热线　0771-5825315
网　　址　www.lijiangbooks.com
微信公众号　lijiangpress

印　　制　广西壮族自治区地质印刷厂
开　　本　787 mm × 1092 mm　1/16
印　　张　24.75
字　　数　480千字
版　　次　2023年11月第1版
印　　次　2023年11月第1次印刷
书　　号　ISBN 978-7-5407-9566-5
定　　价　52.00元

再版说明

《“四度六步”教学法的探索与实践》于 2022 年 1 月正式出版发行。虽然只过了一年多，但出版单位漓江出版社在“广西出版传媒集团 2023 年图书选题计划（科技与教育类）目录”中早已将本书列为 2023 年度图书出版选题计划，并将其定位为“升级版”。这是为什么呢？出版单位给出如下理由：

一是首版图书自出版以来，仅用一年多的时间，就连续印刷了 7 次，累计发行数量超过 3 万册。作为一本轻学术的理论研究图书，这样的市场销售业绩是罕见的。其间，围绕“四度六步”教学法开展的课例设计、教研活动、课题申报等也层出不穷。该书的升级版可以及时补充教师的最新实践总结和成果，让读者能够获得更加全面的指导和启发。

二是随着国家“双减”政策的落地以及“五项管理”的颁布施行，面对构建高质量教育体系的发展要求，越来越多的教育界同仁发现高质量课堂才是高质量教育的根本和保障。而《“四度六步”教学法的探索与实践》一书恰巧能指导教师如何上好一堂课，并在提升课堂教学质量上管用、实用、好用。这无疑也是首版图书一经投入市场，便受到广大读者热捧的根本原因。基于此，该书的升级版能进一步丰富“四度六步”教学法在不同学段、不同学科的实践指导，突出“四度六步”教学法应用于基础教育的普适性，惠及更多的学校和教师。

三是随着教育改革的不断深化，该书的升级版可以及时总结“四度六步”教学法推广应用以来的最新成果，充分发挥“四度六步”教学对新教师的职前培训、入职后的课堂教学等方面的指导作用，以便更好地助力教师的专业发展，赋能课堂教学提质。同时，升级版图书也是给广大读者的一份酬谢。

基于上述理由，我欣然同意了出版单位对《“四度六步”教学法的探索与实践》一书进行升级化的再版策划。此次再版主要以打造“四度六步”教学法 IP 为总目标，认真总结首版图书发行以来的经验（1 版 1 次至 7 次），并结合新课标、“双减”等的最新要求，及时更新符合时代需求的内容，进一步强化“四度六步”教学法对基础教育课堂教学的促进作用，突出“四度六步”教学法对跨学段、跨学科应用的实践指导，以便更有效地助力教师专业技能提升和个人成长，赋能区域教学质量的全面提高，从而为促进现当代教育的新发展做出应有的努力和贡献。

《“四度六步”教学法的探索与实践（升级版）》依然以首版图书的内容为基础，最大限度地保留了“探索篇”（第一章至第四章）的内容，并对其中的个别表述进行适当修订，但将“实践篇”的内容由原先的“第五章　精彩课堂的真情分享”改成了“第五章　精彩课堂的燎原之势——‘四度六步’教学法的实践与应用”。与首版图书相比，升级版图书中的“实践篇”几乎是全新的内容。这一方面集中反映了“四度六步”教学法跨学段、跨学科推广应用的成效（如典型课例、学术研究论文等），另一方面讲述了中小学一线教师以“四度六步”教学法为核心概念申报立项的省、市、县三级课题的研究状况（如课题目录、研究成果等）。此外，“实践篇”的最后一节还以推广“四度六步”教学法的重大活动或事件为线索，以“四度六步”教学法创始人在历次活动中的点评稿为载体，从学术引领的视角呈现“四度六步”教学法在中小学全学段、全学科成功推广应用，以及引领教师专业发展、赋能课堂教学提质的光辉足迹。当然，我对首版的序言也进行了调整。在升级版图书中，我将原先的序言换成了王枬教授在《广西教育》（义务教育）期刊上正式发表的《创造师生共同发展的精彩课堂——对戴启猛初中数学“四度六步教学法”的评析》一文，从而帮助广大读者更系统地领会“四度六步”教学法是一项优秀的、兼具理论和实践双重意义的数学课堂教学改革成果。

除了对首版图书的内容进行修订，升级版图书还在后记前新增了“附录”，主要由三个方面的内容组成：一是“戴启猛参加初中数学优质课评比获奖教学设计分享”，其目的是便于读者对戴启猛老师的成长足迹有全面的认识；二是“‘四度六步’教学法 LOGO 的设计与解读”，其目的是让读者可以多一个视角了解“四度六步”教学法及其内涵；三是“审美与延展——孙杰远教授点评‘四度六步’教学法推广应用工作第一届年会”，其目的是让读者从全新的视角加深对“四度六步”教学法的认识和理解。

教育部“长江学者”特聘教授、国家督学、博士生导师、时任广西师范大学副校长孙杰远教授说：“‘四度六步’教学法的应运而生很好地回应了人们对教育的决策与变革的关切和焦虑，对当前和未来的基础教育改革有重要的价值。”孙教授还从审美的角度评价道：“‘四度六步’教学法具有创新之美、科学之美、实践之美、超越之美、成长之美、意义之美。”这些是孙教授于 2022 年 1 月 20 日在广西南宁召开的“四度六步”教学法推广应用工作第一届年会上做出的点评。谨以此让我们共勉！

戴启猛

2023 年 5 月 10 日于邕城寒舍

代　序

创造师生共同发展的精彩课堂
——对戴启猛初中数学“四度六步”教学法的评析[1]

王枬[2]

毫不夸张地说，我是看着戴启猛成长起来的。从他 1999 年入选广西“21 世纪园丁工程”自治区级（A 类）学员（首批共 100 名），到他 2017 年入选广西“八桂教育家摇篮工程”培养对象（共 50 名）；从他先后在南宁市天桃实验学校、南宁外国语学校、南宁市沛鸿民族中学任教，再到南宁市教育科学研究所任职；从他作为青年教师时风华正茂的激情探索，到现在作为正高级教师时成熟稳重的思想建构……这一过程我是亲历者，也是陪伴者。也因此，我对戴启猛的教育教学就有了更多的关注，并对戴启猛的这次教育教学思想展示活动有了更多的期待。

记得二十年前，戴启猛参加广西“21 世纪园丁工程”自治区级（A 类）学员遴选时，我正好是这个项目的负责人之一。当时他在南宁市天桃实验学校任副校长，已经在南宁市、广西和全国初中数学优质课评比中先后获得过一等奖，并且都是省市级赛的第一名。有些老师可能不知道，过去的赛课都是现场上课，而且名额很少，这与现在的赛课大不相同。那时，在广西赛中每个市只分配一个现场上课参赛名额，而在全国赛中每个省也只分配一个现场上课参赛名额。因此，暂且不说是否获得一等奖，只要能参赛都足以证明参赛选手的实力了。戴启猛在答辩时也特别提及了他的这一段经历。我们之所以从来自全区 14 个地市的 300 多名

1. 王枬：《创造师生共同发展的精彩课堂——对戴启猛初中数学“四度六步教学法”的评析》，《广西教育》（义务教育）2020 年第 2 期（A）。（注：文章略有删改。）

2. 王枬，教育学博士，广西师范大学原党委书记，博士生导师、二级教授。研究方向：教育哲学、教育教师研究。

优秀教师遴选对象中选中了他，正是因为看上他在课堂教学方面的悟性和潜力。

在入选广西“21世纪园丁工程”后的第二年（即2000年），戴启猛于9月便向广西“21世纪园丁工程”办公室申报立项研究课题“初中数学课堂教学高潮创设策略研究”。用他本人的话说：“那个时候，我对课堂教学的研究真有点着魔。每一节课不整出点新意和花样，不能把学生的学习热情和思维活动推向一个高度，我就总感觉这节课没上好。”我认为，戴启猛实质上是想通过课题研究对他十多年的课堂教学实践进行深入的梳理、总结与反思，尤其是就他比较有感觉的某个“点”展开研究，去探寻其中的规律，并将其凝练成属于他自身的课堂教学方式、方法或思想。由于课题研究很规范，课题研究形成的中期研究报告《让课堂充满激情与活力》于2001年10月得到东北师范大学教育学部中学数学骨干教师培训班学员研究课题成果鉴定专家组成员的一致称赞，并被评为优秀等级。专家们的评价是：“该论文既有理论提升，又有实践经验总结，更有案例示范，是一篇对初中数学教学很有指导性的好文章。”自2001年12月起，与该课题相关的6篇系列论文先后在《广西教育》期刊上发表，并持续了6个月，这在全区产生了一定的影响。当然，戴启猛在专业上也获得了迅猛的发展。2003年9月，年仅37岁的他便被评为广西特级教师。戴启猛不仅爱钻研教学，而且还愿意写下自己的感受和心得，这是非常难得的。在中国知网上，我们可以找到他在省级以上刊物发表的20多篇有关课堂教学的文章。此外，我们还可以通过搜索引擎查到他完成的一些与数学课堂教学有关的研究成果，其中有他编著的《初中几何多解全攻略》，有他与别人合著的《巧思巧解：数学》，有他的专著《初中几何·课课通》《文化浸润的力量》，还有他与人共同主编的“教育护航中国梦丛书”，等等。他在省级以上刊物公开发表论文50余篇，独著或与他人合著的教辅读物或教育教学类书籍近20册，主持或参与近10个市级以上科研课题研究并如期结题。这些教学、管理、研究的经历及成果便成就了我们今天看到的戴启猛。

今天展示的是戴启猛初中数学“四度六步”教学法20年实践与探索的心路历程。在我看来，这是很有意义的总结与反思，更是一种凝练与跃迁，是教师自我的升华。

所谓“四度”，即追求有温度、有梯度、有深度、有宽度的课堂；所谓“六步”，即“温故—引新—探究—变式—尝试—提升”。这一切的目标是“创造更加精彩的课堂”。

戴启猛对精彩课堂的认识经历了两个阶段:

初期，他理解的精彩课堂，首要的标准是看学生的状态。精彩的课堂，学生不是压抑的、冷漠的，也不是狂躁的、敌视的，而应该是开放的、欢快的。精彩的课堂，应该能看到孩子们自信的眼神，听到孩子们生长的声音。精彩的课堂，师生的心灵应得到舒展，情感应得到升华。

近期，他理解的精彩课堂，更强调要精准把握课标、教材和学生，依照“温故—引新—探究—变式—尝试—提升”等环节精心设计教学，精细达成教学目标，努力追求有温度、有梯度、有深度和有宽度的课堂，努力让师生在初中数学课堂上一起出彩。

两相比较，如果说戴启猛初期的理解更浪漫、更文学但也更缥缈、更空洞的话，那么近期的理解似乎更切实、更具体、更有内容、更易操作，也更关注了师生的共同发展。

而戴启猛提出的“四度六步”教学法，则体现了他对课堂教学的一往情深和不懈思考。我认为这是一项优秀的、兼具理论和实践双重意义的数学课堂教学改革成果。

一、“四度六步”教学法的精彩体现在面向全体学生

“四度六步”教学法的第一个环节是“温故”——复习提问，温故孕新。正如戴启猛在展示中强调复习提问时所说：对于义务教育阶段的学生，随着学段和年龄的增长，他们在数学学科上的成绩和学习兴趣会出现越来越严重的两极分化。传统意义上的数学潜能生是累积“误差”造成的。这里的“误差”有两层含义，即耽误和差距。也就是说，学生学习每天耽误一点点，与教学目标相差那么一点点。长此以往，这个“误差”就是惊人的。数学学科之所以容易出现两极分化，除了因为学科自身对基础的特别强调以及大多数初中学生没有养成良好的学习习惯，学生每天出现的“误差”也是其中一个主要的原因。因此，为了改善学生的学习，教师在课堂上就必须通过复习提问，设法把学生的“误差”补回来。此外，戴启猛在教学中非常强调教师适时给学生一副梯子、一个架子或一支拐棍。只有这样，学生才能在自身存在学习“误差”的情况下赶上来，不至于因丧失信心

而彻底放弃。义务教育阶段的教师要有教学质量的'保底'意识，上可以不封顶，但下要保底。也就是说，对于优秀的学生，教师应尽可能地为满足他们对数学学习的个性需求而"加料"；但对于学习存在困难的学生，数学教学就必须为他们打下走向未来的必备学科基础，这就是"保底"。通过观看两节优秀课例，我们也能充分感受到复习提问、温故孕新对帮助学生构筑良好的学习基础所具有的意义。

二、"四度六步"教学法的精彩体现在激发学习兴趣

与他人相比，戴启猛的"四度六步"教学法又有什么独特性呢？

戴启猛引用了华东师范大学终身教授叶澜老师的一段话："在这节课中，学生的学习是有意义的。初步的意义是他学到了新的知识；再进一步是锻炼了他的能力；再往前发展是在这个过程中有良好的积极的情感体验，使他产生更进一步学习的强烈的要求；再发展一步，在这个过程中他越来越会主动地投入到学习中去。这样学习学生会学到新东西，学生上课，'进来以前和出去的时候是不是有了变化'，没有变化就没有意义。"[1] 这也许就是戴启猛提出"四度六步"教学法的初衷：不仅让学生学到知识，还能锻炼学生的自主学习能力，并产生积极的情感体验。这超越了单纯的知识的三维目标，并落脚在对美国教育家布卢姆所主张并为我国基础教育新课程改革所倡导的"知识与技能、过程与方法、情感态度与价值观"三维目标的追求。我们都知道"授人以鱼，不如授人以渔"。今天，让我们印象深刻的是戴启猛说的"授人以渔，不如诱人以欲"，即培养或激发学生学习的兴趣比掌握学习的方法还要重要。

戴启猛的徒弟邬老师在课上带领学生从一句古诗以及学生熟悉的生活环境中找角，激发学生学习几何图形和相关知识的兴趣，让学生去感受数学无处不在，同时体会我们的生活离不开数学，从而打造了有温度的课堂。陈老师则巧妙地把本班两名课后经常帮助学校图书管理员整理图书的学生编进引例，并通过创设贴近学生生活的情境，在加深学生对在工作总量不具体的情况下工作效率的实际意义及其表示形式理解的同时，也为学生在后续的合作探究中做好了知识的铺垫，从而有效地激发了学生学习的巨大热情。我认为两位年轻教师用自己的精彩课例诠释了"兴趣就是最好的老师"。

1. 叶澜：《什么样的课算一堂好课》，《福建论坛》（社科教育版）2005 年第 11 期。

三、“四度六步”教学法的精彩体现在变“简单教”为“活动悟”

戴启猛说：“对于初中数学教学，我最深刻的一个教学体会就是学生活动经历有时比纯粹的知识学习更重要。作为教师，我们要精心设计活动，想方设法让学生去经历前人发现定理、公式的全过程，揭示知识发生、发展的过程，从而让学生在活动中自主领悟规律、学会新知。”

邬老师在精彩课例中通过设计活动，让学生讨论交流、大胆猜想，并自主探究表示角的恰当方法。通过对学生命名角的表示法的合理性进行追问、剖析，邬老师让我们感受这节课特有的学生“合作探究，活动领悟”的“深度”。

四、“四度六步”教学法的精彩体现在发展思维能力

戴启猛说：“数学被誉为使人聪明的科学。数学之所以受到如此高的评价，就在于它对训练学生思维的独特贡献。初中数学课堂教学如果没有思维训练的‘量’和‘质’，那么就没有数学课的味道。”他还说：“学生在尝试练习的过程中，教师一定要克制言行，闭上嘴巴。你可以在巡堂中指导、帮助学习有困难的学生，但建议师生的个别交流不要干扰其他学生的思维，并且一定要在集中讲评前，让大多数学生有专心思考、深度思维的安静环境，切不可发现一名学生的问题，就大声提醒全班学生，生怕学生走了弯路。”我非常认同这个观点。数学课堂应该是动静结合的，但学生思维能力的发展是首要的。正如苏联教育家斯托利亚尔所说：“数学教学是数学（思维）活动的教学。”他在列举数学教学目的时把发展学生的思维能力放在第一位。当然，我特别推崇戴启猛提出“合理地运用‘一题多解’‘一题多变’的方法去激发学生学习的积极性和创造性，培养学生分析思维和直觉思维能力”的做法。通过变式，教师可以向学生展示数学问题变化的艺术和知识迁移的巧妙，并逐步将课程引向深入，让学生的能力在不知不觉中达到新的高度。

五、“四度六步”教学法的精彩体现在师生共同发展

近年来，我国基础教育的课堂教学改革已经步入深水区。《关于深化教育教学改革全面提高义务教育质量的意见》特别针对课堂教学方式的变革提出了具体

的建议：一是要求“坚持教学相长，注重启发式、互动式、探究式教学”，强调教师要“引导学生主动思考、积极提问、自主探究”；二是要“重视情境教学；探索基于学科的课程综合化教学，开展研究型、项目化、合作式学习”；三是要“注重培育、遴选和推广优秀教学模式、教学案例”。这些都在提醒我们基础教育的课堂改革应关注以下要点：一是教学目标应该以促进学生的全面和谐发展为本，教学内容应该围绕着培养学生的核心素养而组织；二是教学方法应该突出学生的自主合作探究；三是教学结构应该打破有限时空的边界转向更加突显个性化、生活化的无限时空；四是教学评价应该由“注重知识积累”转向“注重知识建构”。李升勇老师说：“评价课堂教学的支点必然由‘关注效率’转向‘关注效益’，不再强调知识点的积累速度，而是重视知识与能力系统的自我建构效果。”[1]据此，我认为戴启猛对“四度六步”教学法的探索以及对“创造更加精彩的课堂”的追求，其立场是独特的，是基于师生共同发展提出的。它既不是单纯着眼于教师，也不是只考虑学生，而是既关注了学生也关注了教师。在“四度六步”教学法中，有温度的课堂是民主的，“温度”建立在温情的关怀和温暖的交往基础上，师生平等，真情互动，教师帮助学生建立最重要的学习内动力，教师通过研究学生的学，改进教师的教，使师生都能感到自我的提升；有梯度的课堂是因材施教的，“梯度”本身蕴含着阶梯和层级，教师在课堂教学中有分层教学的意识和智慧，以帮助每一名学生在课堂中获得不同程度的提升，这样的课堂才具有了切合每名学生的意味；有深度的课堂是一种变复杂为简单、深入浅出的教学，“深度”既是一种挑战也是一种目标，它使学生的学习有了更好的引领，也使学生的学科核心素养得到生动的滋养；有宽度的课堂是延展的，“宽度”突破了既有的边界，是对数学课程标准规定范围的拓宽，也是对数学课程标准规定范围或学生可接受的知识的联系和能力的迁移，以及学科知识之间的有机融合，它引导学生把课内的共同学习延伸至课外的主动探究。

戴启猛的“四度六步”教学法，其内在的逻辑关系应是：“四度”是一种价值的引领和课堂文化的境界，“六步”是实现这种价值追求的具体方法。而“四度六步”教学法最终指向的是师生共同发展。也就是说，创造更加精彩的课堂，以“四度六步”教学法促进师生共同发展。

1. 李升勇：《课堂变革策略解析》，《中国教师报》2017 年 1 月 4 日第 7 版。

六、“四度六步”教学法的精彩体现在具有普适意义

我认为，戴启猛的“四度六步”教学法还具有超越数学教学之上的意义。这一教学法虽然是基于初中数学教学的实践提出的，但其价值不局限于初中数学教学，而是具有对基础教育课堂教学的普适意义。也就是说，“四度六步”教学法对小、初、高各学段，对语、数、外、理、化、生等各学科的课堂教学，都具有积极的借鉴意义和启发价值。

戴启猛现在已是功成名就了，为什么还要这样孜孜以求？为什么还不放过自己，去享受快乐人生？戴启猛说，他其实是在逼自己，因为人都是有惰性的，如果没有自我发展的内在动力，很容易就流于平庸了。而戴启猛希望以这样的自我要求、自我施压来对自己几十年的数学教育教学思想做一次总结，也对自己的教育人生做一个交代。这一过程正是一件快乐幸福的事。他正在享受这种创造的快乐，既创造师生共同发展的精彩课堂，也创造自身教育的精彩人生，并期待更多的教师参与这种创造。

目前，戴启猛还在广西“八桂教育家摇篮工程”项目中接受培训。这是一个培养周期为五年的项目，旨在培养、造就一批具有高尚的人格与品格、坚定的教育信仰、高远的情怀追求、系统的教育思想、深厚的学识修养、高超的洞察能力、强大的创新能力、卓越的办学实践和深远的社会影响力的“八桂教育家”，以此引领广西基础教育实践创新和品质提升。戴启猛的教育教学思想展示活动，可以说是他对广西“八桂教育家摇篮工程”培训情况的汇报，也是他未来发展的一个新的起点。期待着“四度六步”教学法能真正发挥辐射和引领作用，以促进南宁乃至整个广西基础教育的创新发展。

目 录

探索篇

实践篇

附　录

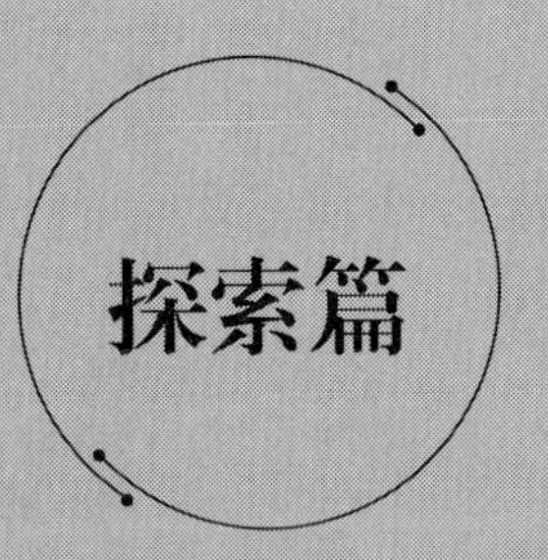

探索篇

第一章 精彩课堂的探寻之路

什么是精彩课堂？《现代汉语词典（第7版）》对“精彩”一词的解释是“优美，出色；神采，精神”[1]。其中“精”的含义是：经过提炼或挑选的；完美，最好。据此“精彩课堂”从字面上或是感性地可理解为优美的课堂、最好的课堂。至于如何理性地剖析或建构精彩课堂，这是后面章节要重点研究、反思和论述的。本章主要结合个人专业成长的经历分享我对精彩课堂的探寻和感悟。

第一节 寻找高人

如何上好一堂课？我认为这是所有师范类院校的学生和已经走上三尺讲台的教师都无法回避的问题，本人也不例外。从教39年来，我无时不在探寻思索它的答案，学习、实践、反思，再学习、再实践、再反思。

我不知道别人是如何解决这个问题的，现在又做得怎么样。对于这个问题，39年前的我首先是请教了一位高人。

他就是伊·阿·凯洛夫，苏联著名教育家，二十世纪四五十年代苏维埃教育学的代表人物之一，曾任俄罗斯联邦教育科学院院长、教育部部长，他的代表作《教育学》对中国现代教育、教育学建设影响深远。

凯洛夫对课堂教学最大的贡献是其提出的“五步教学法”，影响了一代又一代的中国教师，曾一度成为我国教育界倍加推崇的通用模式。那么，什么是“五步教学法”呢？按教科书定义，即控制课堂教学的五个主要步骤：组织教学、复习旧课、讲解新课、巩固新课、布置作业。

相信“60后”“70后”，乃至“80后”对这五个步骤一定不会太过于陌生。从小，我们就是在这样的课堂上成长起来的，现在，很多与我们同龄，或是年轻一些的老师还在用这种模式去教学生。有调查表明，认同这种教学方法的教育工

1. 中国社会科学院语言研究所词典编辑室：《现代汉语词典（第7版）》，商务印书馆，2016，第688页。

作者及学生家长真的不少：课难道不应该这样上吗？如果不检查复习，不巩固新课，不布置作业，还是合格的“课堂”吗？

为什么会有“五步教学法”？

这种教学模式是在捷克教育家夸美纽斯[1]和德国教育家赫尔巴特[2]的理论基础上形成的。我们大家都知道，夸美纽斯首先提出班级授课制，把一对一的个别化教学变为一个教师同时对几十个学生进行施教的群体教学。赫尔巴特将课堂教学划分为明了、联合、系统、方法四个阶段，其中，“明了”是指向学生出示教材，必要时还得将教材的知识划分成小块进行阐明，保证学生能够正确地认识新知识，给予新知识以最大限度的注意。有时候为了达到这个目的，也可强制地要求学生复述教师所叙述的内容。“联合”是将新知识同以往学过的知识联系起来，这是统觉[3]的初级阶段，目的主要在于保持知识的连续性。当然这种联想大部分是凭想象进行的。“系统”是将所学到的新知识同已有知识体系有机地组成一个整体，一般情况下，是在教师指导下学生形成主要思想、规律、法则等的活动过程。这是一种思考的工作，需要反复进行，并且要用一定的语言加以表达。最后一个环节是“方法”，或者说“应用”。在这个环节，主要是让学生从事练习，尽可能地将新学到的知识应用到具体情境中去。这也是进一步的思考活动。赫尔巴特的这种教学过程划分在实践运用中被他的学生进一步发展，主要是将第一环节（“明了”）再细分成两个环节：“预备”，即提示与所要传授的新知识有密切联系的较老的知识，使它造成的印象能维持长久；“呈现”，即将教材加以呈示和说明。这便形成了后人所说的“五步教学法”，即预备、呈现、联合、系统、方法。[4]赫尔巴特的教学法强调了教师的“讲”，此后，凯洛夫将其形成一套完整的体系，教师的“讲”得到进一步的发扬。

1. 扬·阿姆斯·夸美纽斯，17 世纪捷克教育家，西方近代教育理论的奠基者。他是公共教育最早的拥护者，其理念在他所著作的《大教学论》中提出。

2. 约翰·弗里德里希·赫尔巴特，19 世纪德国哲学家、心理学家，科学教育学的奠基人。在近代教育史上，没有任何一位教育家可与之比肩，他的教育思想对当时乃至之后百年来的学校教育实践和教育理论的发展产生了巨大、广泛而且深远的影响。在西方教育史上，他被誉为“科学教育学的奠基人”，在世界教育史上被称为“教育科学之父”，而反映其教育思想的代表作《普通教育学》则被公认为第一部具有科学体系的教育学著作。

3. 如何理解“统觉”？赫尔巴特认为，人类意识的所有内容都是由观念所组成的。彼此和谐一致的观念形成了愉快的感觉，反之，不调和的观念则导致不愉快的感觉。当若干新的观念和头脑中已有的观念吻合时，就被人的意识所接受，即“同化”到已有的观念体系中。这便是“统觉”学说。根据这个学说，教学方法应包含着一系列特定的步骤，这些步骤不是取决于教材的性质，而是取决于人的心理活动与人的意识展开的方式，这就构成了赫尔巴特“五步教学法”的认识论基础。

4. 广言、柯路编《中外教学新法集萃》，广西师范大学出版社，1988，第 28—29 页。

毫无疑问，这种模式在新中国成立初期对中国教育教学的影响巨大，加上中国自古就有尊师重教，注重知识的传授和推崇学习的传统，因而“凯洛夫”旋风之劲可想而知。

“不可否认，在当时的时代背景下，这种模式让教师领悟和掌握了课堂讲授教学的步骤、门道和技巧，课堂教学的效率和效果因此得到了提升。”福建师范大学余文森教授说。

但缺陷和弊端也显而易见。我们这一代或是更年轻一些的人也许还记得小时候听过的语文课。在“五步教学法”的指导下，语文课无非是作者生平、背景介绍，记忆生字词，段落分析与归纳段意、中心思想、写作特色。再好的文章，让语文老师一讲，马上就被肢解成一堆的知识，哪里有语文之美！然而现实是，这样的课堂在当今的中国仍然不在少数。

那么,如何上好一堂课？数学教学,尤其是初中数学教学应该考虑哪些问题？

斯托利亚尔认为，数学教育学的对象中包含的问题大致可以分成两类：一是属于“教什么”的教学内容问题；二是属于“如何教”的教学方法问题。美国学者汤姆·凯伦在《数学教育研究——三角形》一文中对数学教育的研究对象做了形象的比喻和描述，他把德国学者鲍斯·费尔德在第三届国际数学教育大会上描述的数学教育的三个研究对象，即课程、教学和学习，比作三角形的三个顶点，分别对应于课程设计者、教师和学生。这样，数学教育学有三个研究方向，这就是课程论、教学论和学习论（如图 1 所示）。这个三角形有个“兴趣中心”，就是儿童和成人实际学习数学的经验。一切数学教育研究都要面对这些经验。[1]

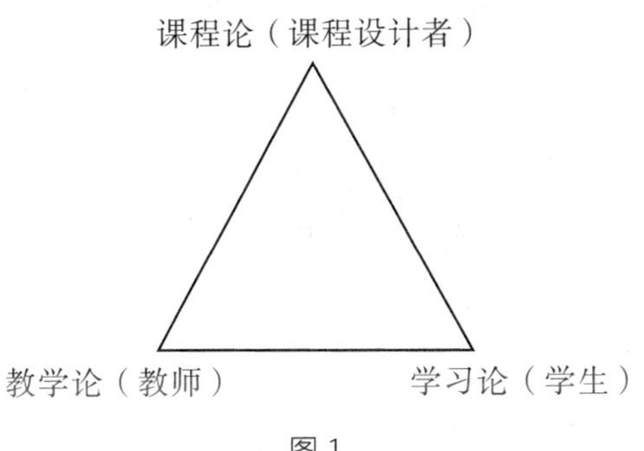

图 1

1. 曹才翰、章建跃：《中学数学教学概论（第二版）》，北京师范大学出版社，2008，第 1—2 页（绪言）。

因此，对于如何上好一堂课，我认为教师要思考三个层次的问题。首先要解决三个问题：“为什么教”“教什么”“怎么教”，也就是教师首先要弄清楚该做什么，不该做什么。其次要明白“该怎样做”和“为什么这样做”。最后还应该有教学反馈，对“做得怎么样”“做到了没有”要心中有数。

凯洛夫和赫尔巴特的教学法过分注重和强调了教师的“教”，忽视了学生的“学”。作为学习知识的主体，“学生”在这里几乎是看不到的，缺乏智力开发和能力培养，不利于创新型人才的培养。

我国在20世纪末和21世纪初就进行了大规模的课程改革，固有的课堂模式正在不断被打破。创新一直是教育发展不竭的动力和永恒的主题。尤其是进入21世纪后，伴随着基础教育课程改革的实施和推进，在教育这座花园里，正盛开出各色各样的花朵，百花齐放、争奇斗艳。比较知名的教学模式有“成功教育”教学模式、“赏识教育”教学模式、主体教学模式、创新教学模式、合作学习模式、“导学型”教学模式、情景教学模式，等等。还有我们大家比较熟悉的：

著名特级教师魏书生提出的“六步教学法”，即定向—自学—讨论—答疑—自测—自结。在魏书生看来，这六步程序，可以依据课文的特点和学生理解的难易程度形成若干变式：比较浅显的文章，以学生自学为主，第三、第四步可以省略；若自测效果好，自结则可省略。

位于江苏泰兴的一所农村初中——洋思中学——提出了“先学后教，当堂训练”的理念。

江苏省特级教师邱学华提出“尝试教学法”，强调“先试后导，先练后讲”，提倡学生要能尝试，多尝试。

一位叫崔其升的农村校长，他很了不起，在山东聊城茌平县杜郎口中学引爆了颠覆式的课堂变革。最初，为了彻底改变教师“一言堂”“满堂灌”的教学方式，崔其升提出了一个看似疯狂的规定——“0+45”课堂教学模式，即一节课45分钟，全部属于学生，任学生自己做主、自由发挥。

这种做法有些矫枉过正，效果不是很理想，学生、家长和教师都很不适应。之后，他围绕教师主导、学生主体建构了代表杜郎口教学主张的“10+35”模式，即教师在课堂上只能讲10分钟，余下时间由学生自主分配，教师可以在教室里穿插、指导，并由此总结出“三三六”自主学习模式，即课堂自主学习的三特点：

立体式、大容量、快节奏；自主学习三大模块：预习、展示、反馈；课堂展示的六环节：预习交流、明确目标、分组合作、展现提升、穿插巩固、达标测评。

由此看来，从“五步教学法”到“杜郎口旋风”，从最初的唯一选择——“五步教学法”，到现在层出不穷的模式，不仅教师迷惑了，校长迷惑了，甚至一些教育专家也迷惑了。伴随着种种争议，中国的课堂从“教中心”到“学中心”，走过了一条跌宕起伏的不平凡道路。

尽管我们今天看到的教学模式“五花八门”“繁花似锦”，但不得不承认，没有哪一种模式能够一统天下。那么究竟怎样的一节课才是好课呢？如何才能上好一节课呢？

20世纪末，时任南宁市天桃实验学校副校长的我，受时任校长周积宁的影响，主动关注由华东师范大学终身教授叶澜[1]老师主持的关于新基础教育的研究和论著。因为我是一名由经历优质课比赛迅速成长起来的教师，所以我对叶澜老师关于课堂教学，尤其是优质课、公开课的一些评述也高度关注并自觉地把自己“装进去”进行修正。记得叶澜老师在《让课堂焕发出生命活力》一文中谈传统课堂教学模式的基本特征：“上课是执行教案的过程，教师的教和学生的学在课堂上最理想的进程是完成教案，而不是‘节外生枝’。教师期望的是学生按教案设想回答，若不，就努力引导，直到达到预定答案为止。学生在课堂上实际扮演着配合教师完成教案的角色，其中最出色、活跃的是少数好学生。于是，我们见到这样的景象：‘死的’教案成了‘看不见的手’，支配、牵动着‘活的’教师与学生，让他们围绕着它转；课堂成了‘教案剧’出演的‘舞台’，教师是主角，好学生是配角中的‘主角’，大多数学生只是不起眼的‘群众演员’，很多情况下只是‘观众’与‘听众’。”从此，我把努力使每一个学生在课堂上是否收获意外和惊喜作为评价课堂教学成败的一个重要指标。正如叶澜教授所说：“宁可留下真实的遗憾，不要追求虚假的完美。”所谓“收获意外”就是努力使自己的课堂能给学生一些新的东西，让他们感觉意外，让他们感觉“脑袋被拍了一下”。至于“收获惊喜”，我的理解是我们课堂当中常常会有出乎学生意料的、又能够让学生感觉很有收获的一些东西，他可能想到过，但是他感受到的没有我们课堂

1. 叶澜，著名教育家，现为华东师范大学终身教授、博士生导师，华东师范大学基础教育改革与发展研究所名誉所长，上海市人民政府参事。叶澜教授主持全国教育科学“九五”规划教委重点课题“面向21世纪新基础教育探索性研究”，影响深远，其成果获得国家基础教育成果一等奖。

上所提供的东西那么深刻，于是他成长了，他领悟得更深刻了，这样的课堂对他来说有惊喜。还有一种情况，就是他压根就没想到，结果老师给了一个他前所未有的想法、观念，或者挖掘出了他自己都没有意识到的一个想法、观念，而且这个想法和观念有相当的合理性和说服力。人民教育出版社资深编审章建跃博士说过：课堂其实就是老师和学生一块儿做的一次精神上的旅游，有时候是精神上的探险。在旅游和探险过程当中，如果没有任何意外，所有学生所看到的景观都是事先所知道的，都是没有超出他的想象力范围和理解力范畴的东西，那么学生不会喜欢这样的旅游和探险，他会怎么样呢？他会在课堂上感觉乏味，他可能就自己去旅游和探险了，俗话说这就叫“走神”了。所以，课堂教学带给学生意外和惊喜是非常重要的。

进入 21 世纪，叶澜教授撰文提出一节好课的标准：首先要有意义，即扎实的课；二是有效率，即充实的课；三是生成性，即丰实的课；四是常态性，即平实的课；五是有待完善，即真实的课。尽管对于什么是一节好课、如何上好一节课，很多教育名家均有论述，但我以为叶澜教授的观点通俗易懂，抓住要害，深入浅出，对指导我开展课堂教学改革，乃至后来凝练自己的教学主张都有很大的影响。

那么，我的课堂教学改革之路又是从什么时候开始的呢？我在课堂教学改革的道路上又做了哪些探寻呢？

第二节　幸运实践

从 1985 年大学毕业走上讲台至今，我从未离开中小学课堂教学与教研一线。记得参加工作的第二年，我有幸接触到统编教材以外的实验教材和“自学指导教学法”。“自学指导教学法”实验（1981 年在上海探索实验、1983 年在全国推广实验）是在上海市教育学院刘刚老师的指导下，由吴宇泉老师设计并和全国各地教研员、实验教师共同研究完成的。“自学指导教学法”实验为各实验学校提供配套的教材——《初中数学自学指导教学实验教材》。这在 20 世纪 80 年代中期是非常难得的，意味着对统编教材的挑战，也是课堂教学改革的全新尝试。我在很多场合说过：“是《初中数学自学指导教学实验教材》和‘自学指导教学法’

引领初涉教坛的我走上课堂教学改革之路，启蒙我开展课堂教学改革，并让我逐步摸索到了课堂教学的门道，找到了课堂教学的自信。”

“自学指导教学法”是在教师的指导下，让学生经过课上自学，再进行有针对性的讲授的一种课堂教学方法。这种教学法的基本教学步骤是：概述（教师确定自学提要），自学（教师呈现自学提要，学生依照提要自学，教师随堂辅导学习有困难的学生），讨论（学生提出疑难问题并相互讨论，教师巡视指导），讲授（教师精讲主要内容，指导学生自学），练习、作业（学生练习巩固知识，教师巡视，检查学生对知识的掌握情况，及时辅导学习有困难的学生），小结（师生共同小结提要）。这种教学法强调教学过程中师生交互作用的整体功能。教师的主导作用主要在概述、巡视、讲授、小结等方面体现；学生的主体作用主要在自学、讨论、听讲、练习、课外作业等方面体现。使用这种教学方法一段时间后，学生的自学能力和学习的积极性都明显提升，学生明显产生了从“学会”到“会学”的变化。

俗话说：教学有法而无定法，贵在得法。在体验“自学指导教学法”的过程中，我还学习和了解到了“四段学导式”教学法并大胆地在自己的课堂中尝试，也取得了较好的效果。“四段学导式”教学法的主要步骤是：[1]

（1）问题—自学—思考。教师精心设计自学提纲，学生通过自学来获得知识。（2）思考—解疑—议论。根据学生的学习成绩和能力，将学生分成四个层次，从四个层次中各选一人，组成四人小组，相互解疑，发挥“小先生”的作用。教师捕捉难点，进行必要辅导。（3）议论—精讲—理解。教师精讲学生普遍疑惑的问题，使学生加深对教材的理解。（4）理解—演练—巩固。进行各种形式的大量演练，当堂见效。使用这种教学方法的好处是老师讲得少了，学生练习得多了，一段时间之后就能感觉到学生积极性增强了，师生负担减轻了，课堂效率提高了。

好的开端是成功的一半。正是我对课堂教学改革的这份热情及对多种教学方法的大胆尝试和探索，从教仅两年，我带的首届初中毕业班（从初二接手任班主任）便创造了广西畜牧研究所职工子弟中学自 1960 年建校以来最出色的中考成绩：学生的毕业率达 100%，升学率达 81.3%，比市平均升学率高出近 30%。当年初中毕业或升学不同于现在的体制，均是由市教育局根据招生计划及中考成绩统

1. 广言、柯路编《中外教学新法集萃》，广西师范大学出版社，1988，第 193—194 页。

一划定分数确定比率。我所教的数学学科成绩也不逊色，全班平均分比南宁市平均分高出近 9 分。更值得一提的是那一届学生中考出了数名学习“尖子”，实现了考取普通中专及重点高中“零”的突破（当年的普通中专录取分数线比重点高中录取分数线高）。为此，学校的上级主管单位——广西畜牧研究所的分管副所长破天荒地率队到子弟学校举行中考庆功会。

同年 9 月，我被学校时任校长李群提名为中学部教务主任，不到一年，即 1988 年 5 月，广西畜牧研究所正式考核并下文任命我为学校副校长兼中学部教务主任。当时研究所的领导为什么愿意任命一个二十出头的小伙子为其子弟学校的副校长？说实在的，当时连我自己都觉得难以置信。今天再思考这个问题，我认为一个人的幸运并非偶然，而是某些努力下的必然，其中就包括我对课堂教学改革的热情和执着，对教育教学工作的热爱和用心。

我非常感恩自己在入职之初幸运地参加初中数学教学改革与教法实验，是这些经历磨炼了我，促进我反思，助推我成长。也可以说，正是因为有了这一次参与教学改革实验的特殊经历，让我对“教学模式”和“教学法”两个概念念念不忘，也在我日后的教学中烙上了很深的印记。

一是教学过程注重程式和引趣。在课前备课或进行教学设计时，我都会在明确“为什么而教”“教什么”的基础上确定：这一节课将分几步（或几个环节）进行，每一步学生学习什么，教师教什么，要开展哪些教学活动，教师如何引导，教学过程各环节之间如何过渡，教师如何及时提升学生的认知。

坦率地说，无论是上哪一节课，我都愿意花心思琢磨如何调动学生思维的积极性，如何发挥学生学习的主动性。我特别推崇一句话：兴趣是最好的老师。学习动机是直接推动学生进行学习的内部动力，而学习兴趣是学习动机的重要心理成分。学生对学习有了兴趣，就会主动地、愉快地去钻研和思考问题。

二是课堂教学注重特色和风格。每当我观摩了一节优秀教师富有特色的课例展示，我的心情都会久久不能平静，思考教学设计背后的教学原理和心理学依据：为什么这些老师的课能上得这么好？为什么要这么设计？如果是我，我会怎么设计？我还可以怎么讲解？我总会有冲动去模仿，也试图打造符合自己个性且属于自己的教学特色和教学风格。在那个教学资料相对匮乏的年代，我视优秀教师公开课、研究课、比赛课的教学设计如“珍宝”，精心收藏，精美装订，作为指导自己教学最重要的参考书。同时我还认真学习各种教育科学理论，包括教育学理论、心理学研究最新成果、中学数学教学法理论，以及现代学习理论，如建构主义与人本主义学习理论，等等，并自觉地运用这些先进的教育教学理论指导自己的教学实践。这可以从之后我参加南宁市、广西及全国中学数学优质课评比不断取得新突破，最终实现走出广西，走向全国的经历中得到印证。

第三节 十年比赛

1988 年至 1997 年是我个人专业成长突飞猛进的十年。其间我不间断地参加了南宁市历次中学数学优质课评比。记得 1988 年第一次参加南宁市中学数学优质课比赛，当时我分在东郊片，比赛的地点在南宁市邕武路学校（原广西亚热带作物研究所职工子弟学校），我还清楚地记得当时上课的情形——我提着一块“先进”的教具（正反两面写着题目的小黑板，以节省上课过程中板书的时间）走进教室，但查看教室的黑板四周，我傻眼了，居然没有可以悬挂小黑板的钉子，没办法，我只好试着把小黑板架在教室大黑板下端凸起的接粉笔灰的线槽上，开始上课。可事不凑巧，在上课的过程中，一阵风从门外吹来，把架在讲台黑板边缘线槽上的小黑板刮翻，只听“砰”的一声，小黑板应声扑在地面上，不仅使同学和评委老师们受了惊吓，更是掀起一片尘土……当时，我真是紧张坏了，尴尬至极，最后的结果可想而知。但这一次的比赛却让我有了意想不到的收获。上完比赛课，因为自己遇上了“倒霉事”，我便想着其他参赛老师会不会和我一样倒霉呢？想想自己当时的心态有多“黑暗”呀！当然我更好奇他们的课上得怎么样，于是，我跟着评委老师们辗转多所学校听完自己所在学片剩下的所有参赛老师的课。真是不听不知道，一听吓一跳。我这才知道自己与一些优秀教师之间的差距有多大，从这些优秀老师身上学到了很多东西。我对当年南宁四中饶桂芳老师执教的课程印象尤其深刻，当时我就感叹，一节课竟然能上得这么好！于是我有了学习的榜样和前进的动力，并养成了听课观摩的好习惯。现在每当我与年轻教师交流听评课的体会，我都会说：“作为一线教师，不要把听课当负担，更不要轻易放弃听课的机会，且听课要广泛。校外优质课要听，本校的研究课也要听；好课要听，不好的课也要听；本专业的课要重点听，其他学科的课也要有所了解地听；有条件的当然要听，没条件的也要创造条件听。”另外，我认为听完课后一定要评议、交流。教师在听课过程中可能会产生一些零星的、模糊的想法，通过评议和交流，就会使这些想法变得清晰、完整。此外，要坚持写课后反思。不管是上课还是听课，课后不管满意与否，得与失，对与错，好的继承，不满意的提出改进意见。天长日久，这就是一份宝贵的积累。俗话说，好记性不如烂笔头。我的经验是，作为一名教师，既要教，也要研（思），还要写。“教”是“研”的基础和前提，而“研”是“教”的升华和提高，“写”则是把“研”的结果加以分析、综合、概括、提炼，上升为经验和理论。教学实践与教学研究相结合，是教师走向成功的必由之路。聪明在于勤奋，天才在于积累。一个人无论干什么事，只要想把事情干好，就必须要有点精神。当年我就曾对一些困扰自己教学的问题进行过比较深入的思考，如：如何进行数学定理的教学？如何创设前人发现定理的过程，让学生去体验这个过程？如何进行数学公式教学？怎样上数学习题课？如何培养学生的自学能力？中学数学如何设计引例？为了提高同学们学习数学的积极性，我经常在课堂上开展一题多解、多题一解、一题多得的训练及方法的归纳。

功夫不负有心人。在专注课堂教学改革的过程中，我也收获了一份份教学研究的成果。1995 年 3 月我荣获南宁市数学科教学新秀评比一等奖，教学论文《浅谈数学课引例的作用和设计》在《基础教育研究》杂志 1995 年第 5 期发表，撰写的《解直角三角形教法分析》作为当年全区新教材教法研究的成果发表在《广西教育报》1995 年 11 月 28 日第 3 版上。

当时因为条件的限制（都是现场上课），能参赛获奖且获得一等奖的人是非常少的，我也是用了六七年的时间才达到这个层次，作为一名普通的教师，我也许应该满足了。事实上，我认识的很多人也基本是靠这样一份荣誉吃上一辈子。但我并没有就此止步。

由于我持续参加市级优质课比赛，而且成绩不断提高，南宁市教育科学研究所的中学数学教研员叶新成老师便开始注意到我。1990 年下半年，在南宁市第二十六中学，叶老师安排我上了一节全市公开课。当时我执教的课题是“圆和圆的位置关系”，我现在还保留着当年上课的讲稿和制作的幻灯胶片。那一次公开课，我准备得非常充分，加上二十六中的学生整体素质好，师生现场发挥及教学效果都不错，叶老师在评课总结时多次表扬了我，极大地提振了我对课堂教学的自信。当时，我也是带了一块两面都画有图形和写着题目的小黑板，碰巧这次教室大黑板的四周也没有钉子悬挂小黑板。但不同的是，这一次我从容地从书包里拿出事前准备好的铁钉和锤子，并自信地往教室黑板的木制边缘上方钉了一颗钉子，小黑板也稳稳地挂在了上面。为此，叶老师大为赞赏，夸我做事用心。其实，我的心里最清楚，这不是用心，而是吃一堑长一智。

1992 年 5 月，我被南宁市教育科学研究所聘请为中学数学学科教学研究中心组成员。从此，我便有机会经常与市级教研员叶新成老师接触，并在他的指导下出题（当时教研员都会自编一些试卷集及命制全市期末考试试卷），参加中考评卷、写教材分析等。接触多了，叶老师逐渐被我的勤奋和认真打动，改变我人生的机会也顺理成章地来了。1996 年 11 月，中国教育学会中学数学教学专业委员会举行第一届全国初中青年数学教师优秀课评比。这次比赛级别很高，因为现场上课，而且是全国首届，组委会规定全国每个省（区、市）只能推选一名教师参赛，所以竞争异常激烈，为此，广西教育学会中学数学教学专业委员会专门举行了全区初中数学优质课评比以选拔参赛选手，从来自全区 14 个地市推选的优秀教师中选拔，最后南宁市第十一中学的李放老师获得了一等奖（第一名），因此她光荣地获得代表广西参加首届全国初中青年数学教师优秀课评比的资格。广西教育学院教研部省级教研员邓国显老师和南宁市级教研员叶新成老师都非常重视李放老师参赛课的指导工作，他们组织了区、市两级多位德高望重的“教头”和中青年优秀数学教师一起听李放老师试讲并进行指导，我也有幸参加了这次活动，大开眼界。什么是一节好课？一节好课是如何炼成的？尤其是聆听南宁市教育学院吴增炽教授，特级教师、南宁二中廖永康校长，广西教育学院教研部邓国显教授等专家和名师对李放老师上课的点评和教学设计的建议之后，真如醍醐灌顶，敬佩之情油然而生。随着比赛时间的临近，叶新成老师要组建陪同李放老师参赛并观摩全国赛的队伍，不知道是我主动要求，还是叶老师选中了我，总之南宁市观摩第一届全国初中青年数学教师优秀课评比的教师名单中有我。接到通知后，我担心周积宁校长会不同意，特地请叶新成老师与南宁市数学学会的领导、南宁市教育局副局长夏建军老师帮忙给周校长打了电话，周校长非常愉快地同意我参加全国赛观摩学习，并嘱咐我好好学习，创造机会为学校争光。

1996 年有幸观摩第一届全国初中青年数学教师优秀课评比活动是我职业生涯的一个重要节点，我如饥似渴地在三个比赛场地之间转换，观摩所有优秀的比赛课例，我对全国初中数学课堂教学发展的现状及走势也有了一个基本的判断和把握。二十多年过去了，当年听过的课大多已忘记，但有一位女老师的课我一直无法忘却，她开始上课那一瞬间似乎永远定格在了我的脑海。我清晰地记得，这位教龄不足 3 年的老师，上课时从容走上讲台，一句话也不说，首先是拿起讲台的粉笔，转身在黑板上写下一行漂亮的行书——浙江省衢州市第一中学 ×××。当时全场鸦雀无声，师生们都被这一行漂亮的字震住了。那一刻，让我明白了一名优秀的老师必须有过硬的基本功和上课的"绝活"。这位女老师字写得好，课上得更好。整节课如行云流水，堪称完美。下课铃响，全场爆发出热烈而持久的掌声。就在那一刻，一个梦想诞生——我也要成为这样一位能征服全场的优秀教师，我一定要创造机会参加一次全国赛。比赛结束后，叶老师组织我们在黄山区域进行文化考察，在考察的过程中，我悄悄地把自己的心愿告诉了叶老师，叶老师听了非常高兴，他动情地说："小戴，你有这个实力。我支持你。"

1997 年秋季学期，南宁市组织新一届中学数学优质课比赛，我又一次报名参赛。当时有一些老师对我参赛表示不理解：戴老师上届不是获得一等奖了吗？这次还报名参赛，难道还有比一等奖更高的奖项？我没有解释，因为我心中有梦想，我不是冲着一等奖，而是为了获得一个参赛的资格，只有获得南宁市一等奖的第一名，才有资格参加全区选拔赛；只有获得广西一等奖的第一名，才有资格代表广西参加全国赛。我的梦想才刚刚起步。

若干年后，人们常说："梦想还是要有的，万一实现了呢？"我认为这话用在当时的我身上是最恰当不过的。有心人天不负。1997 年下半年，我不仅以分组选拔小组第一名的成绩取得参加南宁市决赛的资格，而且还获得了 1997 年南宁市中学数学优质课评比的一等奖（第一名）。同年 11 月，我顺利代表南宁市参加广西初中数学优质课评比，因表现出众，荣获一等奖，顺利获得代表广西参加第二届全国赛的资格。1998 年 11 月，我代表广西赴湖北宜昌参加第二届全国初中青年数学教师优秀课观摩与评比（现场上课），不负众望，荣获一等奖，而且成绩在来自全国 31 个省（区、市）的 32 位选手中排前六名。根据赛前抽签，当时我是比赛中最后一位出场的选手，被安排在上午第四节课上课。听了两天半的课，可以想象参加观摩的老师们也都累了，尽管如此，整节课无一名教师离席和走动，老师们个个都全神贯注，上课获得了非常满意的效果。下课后，有几位来自全国各地的教师很是热情，涌到台前向我表达感谢，并就一些课堂教学的问题进行深入交流，其中有一位教师是时任陕西省教研室的中学数学教研员，她这样评价我："戴老师，我认为你是这个会场中（整个比赛共分三个会场）讲课讲得最好的一位老师！"听了这句话，我本能地把站在我右边的叶新成老师推到了她面前，对她说："这是我的指导老师，如果说我的课上得好，那是因为叶老师指导得好。"在场几位教师一下子把目光全都投向了叶老师，看得出那些目光中都充满着敬佩！望着开心得合不拢嘴的叶老师，我的幸福感和自豪感也油然而生！

我认为，在成绩面前是最能看出一个人的为人的，多点谦让，年轻人多往后靠点，没事，我们还很年轻，来日方长，又何必为一时一地的利益之争而遗憾终身呢？对待荣誉和利益，我有自己的理解：是你的，终归是你的！不是你的，总不会是你的，即便一时争来，也只能成为一辈子的负担！

1997 年 11 月，我获得了代表南宁市参加广西初中数学优质课比赛的资格。当时南宁市有两位选手参加自治区现场上课的决赛，一位是我，另一位是南宁市第十四中学的刘春妮老师。这次比赛也是广西壮族自治区区级赛第一次采用在课前两天通过抽签确定比赛课题的方式，所以参赛的选手都很紧张。这就意味着选手们得把比赛确定的所有课题都准备一下，至少要认真思考和构思过。决赛共两天半的时间，有 16 位选手参赛。幸运的是，我被安排在最后一节课，准备的时间是最多的，但学生是听上午最后一节课，评委们是听整个比赛的最后一节课，他们会是怎样的一份心情就不得而知了。

因为时任南宁市教育科学研究所中学数学教研员的叶新成老师当评委，所以我们参赛的准备工作是在另一位中学数学教研员孙维金老师的指导下进行的。因为春妮老师的课在先，时间也比较赶，所以我和孙维金老师先重点帮助春妮老师备好课。设计课的时候，为了加强直观教学，需要做一个木制教具，这个教具就是我帮春妮老师做的。不是说大话，木工可是我的"祖传手艺"和"童子功"，我小时候经常刻制木枪、红缨枪等物件，用来和小朋友一起"打仗"。事后春妮老师还多次提及这事，她总夸我那教具做得好，一直在十四中数学组珍藏着。讨论完春妮老师的课，就让她先回去消化了，最后，孙维金老师还是帮我把关了一遍教学设计，并嘱咐我一定要找叶老师审核教学设计，听听他的意见。当天晚上，我带着修改好的教学设计找到了叶老师的家。叶老师因参加评委工作，回来较晚，一个人正在吃晚饭，师母已用过晚饭，在一旁料理家务。于是叶老师就让我在一边对着他讲课，他一边听，一边用餐，一边点评：“可以，听起来很顺，就这样。”“不行，听起来不顺，这地方得改一下。”那天晚上，我们就以这样的方式，一起研讨修改了两个多小时，叶老师的晚饭也吃了两个多小时。这段经历，我后来在很多场合与南宁市中学数学教学界的年轻教师分享过。虽然我不知道叶老师有没有收过徒弟，收过多少徒弟，虽然叶老师也没有正式收过我为徒弟，但我以为自己在叶老师那儿学到的、悟到的可能比他的任何一个徒弟还要多。真的，是叶老师加速了我个人的专业成长，他对我的指导，看似没有什么教学理论和教学模式，但我从他那里却学到了最传统的口传心授的“绝招”和“秘籍”。

十年比赛，还有一位指导老师，我是不能不提的，那就是广西教育学院教研部的邓国显教授。1996 年之前，我认识邓老师，但邓老师还不认识我，他真正对我有印象应该是从 1997 年我代表南宁市参加广西初中数学优质课评比以后开始的。那一次，我上的课是“弦切角”，不是自夸，必须承认无论是这节课独特的教学设计，还是现场师生出色的互动，都深深地打动了在场的每一位观摩的教师，否则也不可能拿到一等奖的第一名。但课中也有瑕疵，上课的过程中出现了笔误（教师口头所讲与实际板书出现误差，最重要的是写了两个错别字）。上课的过程中，听课的老师可能过于专注，谁也没有在意，直到上课结束，我才发现了自己的笔误。当时真的好遗憾。南宁市天桃实验学校数学教研组的全体老师都一起来陪我比赛，上课结束后都涌到舞台上来向我表示祝贺——“小戴，课上得真好！”当然也对出现笔误表示遗憾。就在这时，邓老师恰好也在台上，准备大会总结。他插了一句话，让我记住了一辈子，也鼓舞了我一辈子。他说：“这笔误，在数学上可以忽略不计了。”也因为这一次比赛，让我两年后有缘成了邓国显老师名副其实的“弟子”[1]。

1998 年秋季学期开学不久，为了帮助我准备 11 月的“全国赛”，照例区、

1.1999 年 4 月，广西启动“21 世纪园丁工程”，计划用五年的时间为广西基础教育培养 100 名自治区级教育专家、1 000 名地市级学科教学带头人、10 000 名区县级教学骨干。邓国显老师和我同时入选该工程，只不过，邓国显老师是被广西壮族自治区教育厅、广西师范大学聘为广西“21 世纪园丁工程”导师团成员，我是自治区级培养对象，自治区级 100 名培养对象的培养方式是“导师制”，我便正式成了邓国显老师的学生。

市两级教研员组织南宁市优秀中学数学教师一起听我试讲，试讲结束后专家评课讨论确定我参加全国赛的教学设计。那天来了好多老师，不知是因为课前自己的准备很充分，还是因为自己已经有了十年的比赛经历，总之试讲之前，我在教室走廊里与叶新成等老师闲聊时说："上次李老师参加全国赛，试讲了5次，我这次不劳您听5次，绝不会超过3次。"说完，还有点小得意。叶老师当时也没有表露什么，但试讲后听了老师们的点评，我才知道后悔，自己不应该如此狂妄。两个多小时的专家点评和讨论，几乎没有肯定和表扬，都是不足和批评，客气一点的是建议和意见。当时，我是既惭愧又叹服，惭愧的是自己辛辛苦苦准备了那么长时间的课，居然还有那么多问题，叹服的是听课老师们的真知灼见和教学智慧。我虚心地记录下每一位老师的点评和建议，事后，我把老师们的意见归纳成上好一节中学数学课的15条建议和9大原则，并把专家们最后达成的共识有机地融入我的教学设计中。两个月后，我参加全国赛时尽管与区（省）赛一样也是最后一位走上讲台，但我顶住压力，精心调动学生学习的积极性，不负众望，出色发挥，如愿获得一等奖，并以现场比赛和教学设计"双星"名列全国32位参赛选手前6名。

在十年的教学比赛历程中，必须要提及上海市著名特级教师顾泠沅和他的上海市青浦县[1]数学教学改革经验对我的积极而深远的影响。尤其是他们运用"尝试指导"和"效果回授"等心理效应改革数学教学的实验、用"出声想"方法评价学生解题思维过程的实验、用面批鼓励法在数学练习中的反馈效应实验及变式训练研究，对我的教学启迪是全方位而深刻的，我对这些课堂教学改革的成果及教学方法、经验的学习是反复的，是螺旋式的。学习、思考、体验、总结，再学习、再思考、再体验、再总结，我也逐渐由简单模仿到革新实验并向创造性教学迈进，可以说有些教法已浸入我的"血液"，成了我今天教学最鲜活的特色与元素。我真诚地感谢这些前辈探索出的有益的教学改革的成果和经验。感恩在十年比赛中，曾给予我鼓励、帮助、指导的广西畜牧研究所职工子弟中学、广西医科大学附属中学、南宁市天桃实验学校的广大同事，尤其是数学组的老师们，感谢我的恩师广西教育学院教研部邓国显教授和南宁市教育科学研究所叶新成老师，感谢 广西教育学院教研部姚丽行老师，南宁市教育学院吴增炽老师，南宁市教育科学研

1. 青浦县：现上海市青浦区。

究所教研员孙维金老师，南宁市第一中学彭群芳老师、邝国宁老师，南宁市第二中学廖永康老师，南宁市第三中学林涛老师、张新烈老师，南宁市第四中学饶桂芳老师，南宁市第五中学廖德仁老师，南宁市天桃实验学校的夏建军老师、郎宽老师、甘幼玲老师、鞠卫华老师、黄辉莉老师、李柳金老师、袁惠兰老师，原南宁市第十一中学李放老师，南宁市第十三中学罗民昌老师，南宁市第十四中学刘春妮老师、周禾老师，南宁市第二十六中学林燕老师、马建宁老师，等等。这些老师当年对我的点拨、启发和帮助，今天回想起来仍历历在目，倍感温暖。

十年的课堂教学比赛，让我收获的不仅仅是历次比赛获得的等次和排名，更重要的是不断提升了我对课堂教学的感悟和自信，让我有机会认识邓国显、顾泠沅这样的名师名家，与他们的交流，尤其是聆听他们的报告，阅读他们的文章和书籍，让我加深了对课堂教学的理解，并逐步有了自己的风格和主张。邓国显教授等前辈对我的专业影响是我这 39 年教育人生中最重要的财富。

1999 年 4 月 25 日，作者参加广西“21 世纪园丁工程”首次集中培训活动时留影

第四节　享受课堂

1998 年 11 月参加全国赛获奖归来，我就决定正式“退役”，从此再也不参加任何形式的课堂教学比赛了。但接踵而来的是各种研究课、公开课，而且都要现场上课。也不知道从什么时候开始，在面对一批新学生时，我不喜欢别人介绍

自己的方式。因为我这个姓不太好！我都做了十几年的教师了，自认为还算过得去，可至今在主持人这儿仍是个“代老师”！虽说不喜欢别人介绍，但若主持人许可，我非常乐意介绍自己！因为说的角度不同，收效当然不一样。我首先会给学生立一条师训：“热爱父母，爱戴老师。”并解释说，“因为父母给予我们躯体，老师给予我们灵魂！我们欠父母养之恩，欠老师育之情！所以无论将来走到哪里，学业多么辉煌，工作多么出色，我们都不能也不应该忘记父母和老师！”接着启发学生，“同学们，你们能接受老师给你们立的这条师训吗？”学生纷纷表示赞同，于是我引导同学们集体朗读一遍：“热爱父母，爱戴老师。”同学们朗读完毕，我就会转身在“戴”字的下方画上着重号，并轻声说：“老师我就姓戴，请同学们再朗读一遍。”同学们那整齐响亮的声音，可好听了！很多时候，我对一节课的美好向往就是从“爱戴老师”开始的。从此，我也慢慢萌发出一个新的梦想，那就是努力成为一名学生喜爱、家长满意、学校放心的好老师，并逐步积累了自己对此追求的一些理解和感悟。

一、理解课堂，才能上好课

我们知道，教师的专业职责是教书育人，学校的根本任务是立德树人，学校的中心工作是教学。因为教学是学校培养人才的基本途径，教学在学校教育中所占的时间最多，所涉及的知识面最广，对中小学生发展的影响最全面、最深刻，对学校教育质量的影响也最大。加之课堂又是教学的基本场所，为此，上课自然成了教师履行教书育人职责最重要的工作和方式。上好课则应该是教师从业一生都要修炼的“功夫”。如何才能上好课？我以为理解课堂、真正感悟课堂是“爱”与“会”的良性循环，唯有如此，才能上好课。

课堂教学犹如一曲优美的交响乐曲，“爱”与“会”的良性循环应该是这一乐曲的主旋律。也就是说，应把课堂教学的进程看作教师的“爱教”和“会教”、学生的“爱学”与“会学”的变化和发展的动态过程。

20世纪末，我在南宁市天桃实验学校任职，时任校长周积宁请来中国科学院心理研究所张梅玲教授给全校教师做专题报告，给我留下非常深刻的印象，至今我还保存着她那场报告的完整笔记。张梅玲教授讲座的题目是“对课堂教学中实施素质教育的思考”，在报告中她就谈到了自己对课堂教学的理解。她说：“教师和学生是课堂教学中最活跃的因素，也是教与学活动的直接承担者，他们都是作为具有自主性、发展性、潜在性、整体性和社会性的人活动于课堂中的。这种活动的有效性不仅取决于师生双方各自动力系统和认知系统的水平，而且也决定于两大系统之间的协调和互动。因为人的心理发展是一个完整的动态系统，其中包括操作运行系统（认知方面）和维持调节系统（动力系统）。动力系统一方面是以操作活动为基础的；另一方面，它对认知活动具有激活、驱动、强化和调控等作用。因此，课堂教学中师生双方不仅要十分重视教学过程中认知活动和随着认知活动而产生的情感体验，而且更应该重视作为统一的心理活动过程的这两个不同方面之间的联系和互相的作用，在具体课堂实践中反映在教师自身‘爱教’和‘会教’的互相促进上：一名非常热爱教育事业、热爱每一个孩子的教师，一定会把自己的职业看作将为之奋斗终生的事业，在实际行动上一定会主动地学习与教育有关的各种理论，并十分重视把理论付诸具体课堂教学实践，使自己不仅爱教而且会教，会教之后又会进一步增强爱教的情感，在‘爱’与‘会’的融合中，其课堂教学也就达到了更高的艺术境地。教师的‘爱’与‘会’的良性循环，就会直接影响学生的‘爱学’与‘会学’，学生自身的‘爱学’与‘会学’也能在学的实践中形成良性循环，此时学生在学的活动中表现出学习行为的主动和自觉，在情感上表现出求知欲望的高涨。”张梅玲教授的报告给我最深刻的启迪就是：师生双主体“爱”与“会”的各种关系的相互作用、相互促进不仅是构成课堂教学最坚实的基础，更是一节好课最动听、最优美的主旋律。

二、把握特点，上出数学味

与其他学科的课堂教学一样，数学课也是一种特殊的认识过程。要上好一节数学课，尤其是上出浓浓的数学味，就必须准确把握数学教学过程的特点，它既要遵循教学过程的一般规律，又要反映数学课程的特殊要求。

章建跃博士修订的《中学数学教学概论（第二版）》指出：

“数学教学过程是学生在教师的指导下有目的、有意识、有计划地掌握数学双基、发展数学能力的过程中获得全面发展的实践活动。这一过程包括认识和实践两个方面，是认识与实践统一的过程。作为一种特殊的认识活动，其特殊性表现在：

“第一，认识对象的特殊性。数学教学中，学生所学的数学知识往往是由教师精心设计的，有特定的情境。

“第二，认识目的的特殊性。数学教学的目的是引导学生主动思考，使他们理解和掌握人类社会已有的知识，从而为终身发展打下基础。

“第三，认识条件的特殊性。学生的认识活动有教师的精心指导，其中，认识材料和认识过程都经过教师的精心加工和再创造，这就可以避免或减少学生认识上的失误，走一条主动发展的‘捷径’。

“第四，认识任务的特殊性。数学教学中，学生不仅要掌握数学双基，而且要经历‘再发现’过程，领悟数学思想方法，发展智力，培养数学能力，形成理性精神和良好的个性心理品质。

“从实践角度看，数学教学过程中实践的特殊性表现在：

“第一，实践目的的特殊性。数学教学中的实践活动，其目的是掌握抽象的数学知识，发展数学思维能力，根本目的是实现学生的发展。

“第二，实践环境的特殊性。数学教学中的实践活动，主要在课堂这一特定环境中完成，教师根据教学任务，事先进行精心设计，并对学生的实践活动进行引导和调控。

“第三，实践过程的特殊性。数学教学中的实践活动，其过程是‘具体—抽象—具体’，很多时候也表现为在抽象概念指导下的实践活动。

“第四，实践方式方法的特殊性。教师可以通过直观教具、模型演示、例题示范、调查研究等多种形式丰富学生的感性经验，提高学生的认识水平。”[1]

据此，不难理解数学教学过程受社会、时代和数学学科特点的制约，既包含教师的“教”，又包含学生的“学”，是教与学矛盾统一的过程。从“学”的角度看，数学教学过程不仅是在教师指导下学习数学知识、形成技能的过程，而且还是学生发展智力、形成数学能力的过程，也是理性精神和个性心理品质发展的过程。

一节好的数学课，必须处理好教师、学生、数学教学内容等三个基本要素之间对立、交流、互动产生的矛盾：教与学的矛盾，学生的认知特点与数学学科特点的矛盾，学生的认知发展水平与数学教学内容之间的矛盾，并善于利用这些矛盾给数学教学过程提供决定性动力。

---

1. 曹才翰、章建跃：《中学数学教学概论（第二版）》，北京师范大学出版社，2008，第 378—382 页。

比如在具体的教学过程中，学生在数学学习中产生的认知冲突，是数学教学过程中各种矛盾关系在学生学习过程中的集中体现。教学中应充分利用各种矛盾关系来引发这种认知冲突，从而激发学生强烈的好奇心和求知欲，驱动学生积极主动地学习。为了有效地引发认知冲突，应当强调“问题引导学习”的重要性。

总之，正确地理解和认识数学教学中的矛盾和动力，是有效地进行数学教学的一个重要因素，也是上好一节数学课的前提和基础。教学过程中产生矛盾是必然，有矛盾才会有发展。教师的任务在于发现甚至“创设”矛盾，让矛盾暴露出来，促使矛盾激化，帮助学生在解决矛盾的过程中发展自己的知识结构，培养数学思维能力。可以说，教师的教学能力正是表现在处理教学中各种矛盾的能力上。当然，这也是一节好课最重要的因素和特征。

三、主体参与，注重“量”和“质”

我们知道，数学教学过程是学生在教师的指导下有目的、有意识、有计划地掌握数学双基、发展数学能力的过程中获得全面发展的实践活动。教师和学生不仅是课堂教学中最活跃的因素，也是教与学活动的直接承担者，他们都是作为具有自主性、发展性、潜在性、整体性和社会性的人活动于课堂中的。因此，教师是课堂教学“教”的活动的主体，学生是课堂教学“学”的活动的主体。课堂教学的双主体，尤其是作为“学”的主体的学生主动参与教与学活动的“量”与“质”才是评价一节好课的最重要的指标。

从哲学范畴来讲，活动是人存在和发展的基本方式，是一个通过对周围现实的改造，满足或实现人的需要或目的的过程。从课堂教学来讲，传统教学意义上的学生活动既被动，又片面，是一种不完整的活动。现代教学意义上的活动，应具备以下几个主要特点：

（1）主体参与活动的主动性。人的活动是丰富多彩的，因而人的活动对象也是十分丰富的。学生学习活动的对象基本上有两类：一类是以实物存在的客观事物和客观环境，一类是以心理映象或符号存在的心理表象、观念、情感、知识、学科结构等，这一类应该是课堂教学中活动的主要对象。根据初中低年级学生的思维特点，教师应灵活地、适当地应用双重编码（语义编码和形象编码）使静态的活动对象动态化、抽象的要领形象化，以便激发主体活动的主动性、积极性和能动性，在对活动对象的占有、改造过程中主动实现主体素质的发展。

（2）主体参与活动的整体性。活动的整体性一方面是指活动的结构具有整体性。也就是说，主体的活动应该由外部活动和内部活动两个部分构成。在课堂教学中，它主要是指学生主体的感知操作性活动。对初中低年级学生来说，这种具体直观的操作可以加速其知识掌握的内化过程，最后使之掌握符号形成概念。主体的内部活动主要包括知、情、意。知，即认识活动；情是指情感活动；意是指意志活动。这三种活动各有各的功能，又相互联系、相互渗透，共同构成完整的主体的内部心理活动。活动的整体性另一方面是指活动过程的整体性。从教学活动的内在运行机制来看，教学过程正是学生主体外部活动与内部活动的双向转化过程。就初中低年级数学课堂教学来说，教师应该把数学教学看作是一种数学活动，学生在数学活动中进行再创造。具体来说，数学活动是一个外部操作活动数学化、数学材料逻辑化、逻辑材料实践化的过程，这三种转化过程也就是一个由外而内、由内而外的物质活动与观念活动相互联系、相互作用、相互转化的过程，是学生主体活动内化和外化的统一。

（3）主体参与活动的开放性。活动的开放性保证了主体活动的自主性和主动性。活动的开放性具体体现在：活动内容的多样性和选择性，活动过程的动态化，活动空间的开放性，活动结果的多样化。

（4）主体参与活动的建构性。认知心理学派认为，学习是认知结构的组织和重新组织。他们既强调已有知识经验的作用（即原有的认知结构的作用），也强调学习材料本身的内在逻辑结构。有内在逻辑结构的教材与学生原有的认知结构关联起来，新旧知识发生相互作用，新材料在学习者头脑中获得新的意义——这种主、客体相互作用的活动过程，会使学习的主体的能力和倾向发生相对稳定的变化。

四、好的课堂，师生共发展

我们知道，教育实践的本质是把生物的人转变为社会化的人，也就是促进人的发展。课堂教学过程是一种极其复杂的控制系统，它由诸多因素构成，其中教师和学生是两个最活跃的因素。教师是教的活动的主体，在课堂教学中其主体功能是起积极的主导作用；学生是学的活动的主体，其主体功能是起主动建构的作

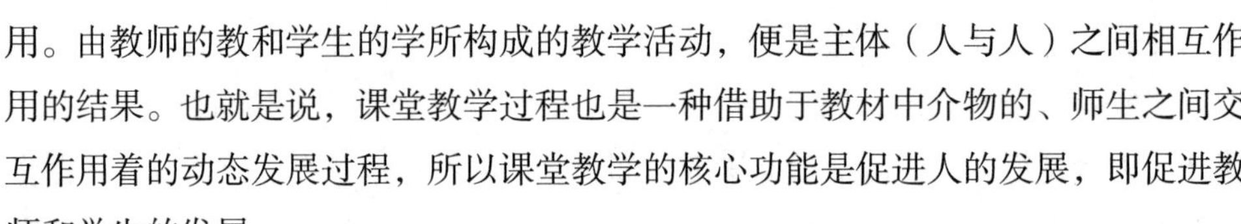

用。由教师的教和学生的学所构成的教学活动，便是主体（人与人）之间相互作用的结果。也就是说，课堂教学过程也是一种借助于教材中介物的、师生之间交互作用着的动态发展过程，所以课堂教学的核心功能是促进人的发展，即促进教师和学生的发展。

“发展”一词有着多种含义，较为严格地说，是指一种持续的由小到大、由简单到复杂、由低级到高级的变化，尤其是指有机体在整个生命期间的持续变化。这种变化既可是由于遗传因素，也可来自环境或是学习的结果；既可是量的变化，也可是质的变化。

数学教学中，“双主体”观能客观地反映师生的关系：学生是学的主体，主要表现在思维的自主；教师是教的主体，是整个教学活动的设计者、组织者和引导者。[1]根据中国科学院心理研究所张梅玲教授的观点，从课堂教学上讲，可以从以下五个主要方面来理解“双主体”（教师与学生）发展的含义：[2]

第一，“双主体”在德、智、体、美、劳等方面的和谐发展。人的全面发展是国民素质的基本方面。课堂教学主要是以学科的内在育人因素来促进人的全面发展的。

第二，个体的全面发展和特长发展相结合。人的能力可分为一般能力和特殊能力，人的智慧也是多方面的。1983 年美国心理学家霍华德·加德纳提出了多元智能理论。每个人都具有 8 种智能（如图 2 所示），但每个人有哪些较强的智能是各不相同的，这就形成了各自不同的特长。按照素质教育的要求，应该在人的全面发展的基础上促进人的特长的发展。

第三，每个个体的潜力的发展。能力也可以分为已表现出来的能力和尚未表现出来的能力，后者称为潜力。有关研究表明，一个人潜在的能力远远大于已表现出来的能力。素质教育就要求发掘每个学生的潜在能力。

第四，个体身心的和谐发展。课堂教学不仅要促进每个学生身体的健康成长，而且要促使每个学生心理的健康发展。

1. 曹才翰、章建跃：《中学数学教学概论（第二版）》，北京师范大学出版社，2008，第 443 页。

2. 20 世纪末，南宁市天桃实验学校时任校长周积宁曾邀请中国科学院心理研究所张梅玲教授来南宁讲学，并为全校教师做专题报告——“对课堂教学中实施素质教育的思考”，这是作者整理的笔记和感悟，未经张梅玲教授校正。

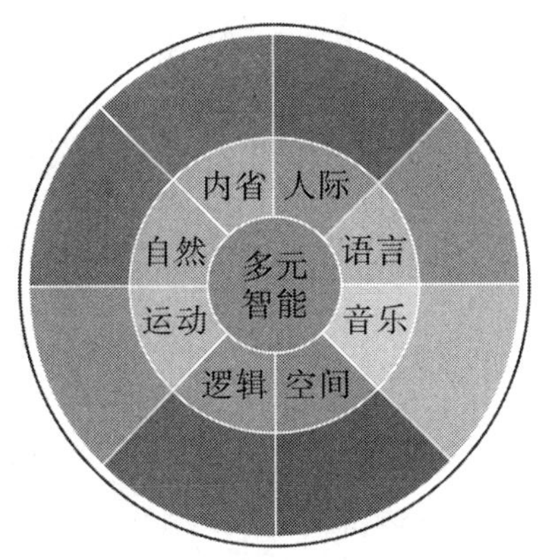

图 2　霍华德 · 加德纳多元智能理论图谱

第五，每个个体在原有水平上的提高。个体的身心发展水平是有差异的。课堂教学促进人的发展的主要本意应该是促进每个人在其原有水平上的提高。

教师是教的主体，其积极的主导作用具体体现在他对课堂教学的领导、组织和设计上。因此，要保证课堂教学达到和谐地发展人的目的，教师不仅要科学地认识学生这个主体，而且还应该更深刻地认识课堂教学这个客体。对课堂教学至少在以下三个方面认识上要有所扩展。

1. 要从单以发展学生为目的扩展到学生和教师的双主体共同发展

课堂教学过程中的教与学是一对互相影响、互相转化、对立统一的矛盾。也就是说，教师的积极主导和学生的主动建构是互相依存、对立统一的。因此，教师和学生都是课堂教学活动的承担者。师生在相互作用过程中双方的认知系统和动力系统各自得到了发展。从某种意义上讲，教师的发展更为重要，因为他会直接或间接地关联着每个学生的发展。

2. 要从课堂教育的知识价值扩展到参与者的个体生命价值

对学生来说，从他接受九年义务教育到高中（或者职业学校）再到大学来计算，差不多 15 年的时光是在学校度过的，而在学校中极大部分时间又是在课堂上度过的。对教师来说，如果说从 25 岁开始从教到退休，几乎有三十多年的时光是和学生一起在课堂中度过的。所以师生双方在课堂教学中的交往不仅具有知识价值，而且是人生奋斗之路上一段非常重要的生命经历。这段人生道路会给师生留下很美好的回忆，是体现师生的个体生命价值的。

3. 要从课堂教学单单服务于学生认知目标扩展到师生情感目标的自身价值

在课堂教学的多向交往过程中，每个学生在对人、对事、对己、对集体的种种情感体验也在发展、丰富和完善，学生的意志行为、合作能力、交往意识与能力也在得到发展。此外，教师能否在每一节课的教学中都能获得积极的情感体验，对其提升职业幸福感也是至关重要的。

教师对课堂教学这三个方面认识的扩展是促使课堂教学达到人的发展目的的保证或基础。从教师具体的教学设计上来考虑，要使课堂教学做到真正关注人的发展，必须创设和谐的教与学的内部和外部环境；关注学生个体差异，提供保证每个学生主动积极活动的条件；提供课堂中多向、多种类型信息交流的条件；提供师生在教学过程中发挥创造性的条件。

1999 年 4 月 25 日，在广西“21 世纪园丁工程”启动大会上，作者（后排左二）与广西壮族自治区及相关地市的教育行政管理部门领导及南宁市入选全体学员合影

第二章　精彩课堂的研究之旅

1988 年到 1998 年，我曾先后不间断地参加南宁市历届中学数学青年教师新秀课、优质课及广西、全国初中数学优质课、优秀课评比，因为参加比赛的原因和需要，我在教学设计时，总想有奇思妙想，总想用独到的教学设计、生动的教学场景和深度的思维活动去征服每一位专家评委。那个时候，我对课堂教学的研究真有点着魔。每一节课不整出点新意和花样，不把学生的学习热情和思维活动推向一个高度，我就总感觉这节课没上好。1999 年 4 月，我从广西 30 多万中小学教师中脱颖而出，经过遴选入选广西壮族自治区教育厅面向新世纪启动的广西“21 世纪园丁工程”[1]，成为首批百名自治区级（A 类）培养对象，该工程要求每一位学员除完成规定学习任务外，必须申报立项一个教育教学研究课题，并开展实质性研究，培训期间要完成结题。结合自己多年的探索和兴趣，经过近半年时间的精心准备和反复论证，并征求导师邓国显教授的同意，我最终向广西“21 世纪园丁工程”办公室申报立项教学研究课题“初中数学课堂教学高潮创设策略研究”。1999 年 9 月，广西“21 世纪园丁工程”办公室正式下发通知，批准此课题立项，课题支持经费为 4 000 元。翌年，课题研究的阶段性成果之一——论文《让课堂充满激情与活力》得到东北师范大学中学数学骨干教师研究课题成果鉴定专家组成员的一致称赞，并被评为优秀等级。专家们的评价是：“该论文既有理论提升，也有实践经验总结，更有案例示范，是一篇对初中数学教学很有指导性的好文章。”之后，该课题的后续成果自 2001 年 12 月起在《广西教育》B 版连续刊登系列论文 6 篇，在全区产生了一定的影响。这期间，应该是我在初中数学教学研究中成果最丰硕的一段时间，我不仅深入研究了初中各年级各册数学教材，而且把自己对初中数学每一节课的教学体会集录成册正式出版，其中独自编著的 3 册初中数学教学参考书先后由广西教育出版社、广西师范大学出版社、

1. 广西“21 世纪园丁工程”，也称广西“21 世纪园丁百千万工程”，即用世纪之交的五年时间（1999—2003）为广西培养一批能引领基础教育改革与发展的优秀教师。广西壮族自治区区级层面培养 100 名基础教育专家（A 类人才），地市级层面培养 1 000 名学科带头人（B 类人才），县区级层面培养 10 000 名教学骨干（C 类人才）。

漓江出版社出版发行，与他人合著并公开出版的教学著作另计达 13 册。此外，我还先后在《广西教育》《基础教育研究》《数学学习与研究》《广西教研》《广西教育报》《中学理科》等省级刊物上发表教育教学论文及优秀教案近 30 篇。其中参加各级各类论文评比的获自治区级一等奖 1 篇、二等奖 2 篇，市级一等奖 3 篇。现在回过头来看这一段经历，我对初中数学教学实践和研究的执着和痴迷，实质就是对精彩课堂的追求，也可以说自己对精彩课堂的研究之旅就是从课题“初中数学课堂教学高潮创设策略研究”申报立项的那一刻开始的。

2008 年 6 月 7 日，作者参加北京奥运会火炬传递活动

第一节 创设课堂教学高潮的认识

教学，尤其是课堂教学，过去是，当今依然是我国中小学教育活动的基本构成部分。[1]在深化教育教学改革，全面提升义务教育教学质量的今天，抓住了课堂教学，实质上就是抓住了提高教育教学质量的关键。我们知道：课堂教学效果如何，除教师本身的素质以外，还取决于教学设计的优劣，即看教师的教学目标和达成、教学方法和手段，教学过程中教与学的双边活动的构思和安排是否达到最优化。那么，如何判断教学设计是否达到最优化呢？因为本人有十年不间断参加南宁市、广西及全国三级比赛的特殊经历，所以下意识地认为创设并把课堂教学推向高潮是实现教学最优化的一个重要的特征指标，可以说至今一直坚持这么做，只不过现在没把它看得那么重要罢了。

从教育学的角度来分析，教学内容与学生之间既有时间距离，也有空间距离，教师枯燥无味的分析和灌输更强化了这种距离感，致使学生感到陌生遥远，很难激起学生的求知欲望。创设教学高潮就是为了缩短教学内容与学生之间的距离，促进师生情感交流，使教学贴近学生并符合学生认知发展的规律，使学生产生共鸣，取得最佳的教学效果。为此，我认为：课堂教学高潮是教师的教学活动内容与学生自身学习、发展需要和谐互动的一个过程。课堂教学高潮出现时往往并不是一个点，而是一个阶段（或区间），它主要表现为师生互动，学生思维活动达到最佳状态。数学课堂教学高潮由于学科的特点，它更强调学生思维活动的活跃程度，至于学生由此展现出来的学习兴奋状态及课堂学习氛围的热烈程度则因人而异、因内容而异。

从心理学的角度来讲，教学过程实质上也是个体心理发展的过程。换言之，教学过程是心理构建的过程，而完成这一构建活动的主体是学生。在这个过程中的各个阶段，学习者的“内部学习过程”即心理活动进程是由相应的教学事件的刺激或支持连续发生的。为此，我认为课堂教学高潮作为每节课教学过程中的一部分，在符合上述教学规律的同时，又有其特定的含义：在教学过程中，教师围绕教学目标，根据教材的特点、学生的年龄及心理特征，抓住时机，充分发挥主导作用，精心设计教学环节，选择最佳的教学方式，拨动学生的心弦，使其产生

1. 叶澜：《让课堂焕发出生命活力——论中小学教学改革的深化》，《教育研究》1997 年第 9 期。

情绪高涨、智力活动异常活跃的状态，从而使教师的教和学生学习的心理产生共鸣，获得最佳的教学效果，使教学过程处于高度发展的阶段。

概而言之，创设课堂教学高潮，就是指教师在课堂教学中遵循教学和学生身心发展的规律，采取恰当措施，把课堂教学的某一阶段推向高度发展的富有创造性的教学活动的过程。

基于上述对课堂教学高潮的认识，在创设课堂教学高潮时，下面的几条原则是应遵循的。

全面性原则。课堂教学高潮应面向全体学生设计。也就是说，在教学高潮到来之时每一个学生都应有各自的体验和发展。

针对性原则。课堂教学高潮应为教学内容服务。每一个教学高潮都应该为了解决某一问题，或是为了解决某一问题必须突破的一个关键环节而设计。

层次性原则。成功的课堂教学给参与者的感觉应该是一曲优美的旋律，不仅有抑扬顿挫、诗情画意，更应有高低起伏、层次推进。

活动性原则。创设课堂教学高潮应以活动为载体，以互动为手段，引导学生参与、质疑、探究，在实践活动中学习，促进学生在教师指导下主动地、富有个性地学习。

新颖性原则。心理学研究表明，令学生耳目一新的“新异刺激”可以有效地强化学生的感知态度，吸引学生的注意和兴趣。也就是说，没有新意的东西难以引起学生共鸣，更难掀起教学的高潮。

可控性原则。总体而言（个别课除外），教学高潮在时间、内容、形式、程度等方面都应是有“度”的，是可控制的。

第二节　创设课堂教学高潮的策略

苏联著名教育家苏霍姆林斯基曾说：“如果教师不想办法使学生产生情绪高昂和智力振奋的内心状态，就急于传授知识，那么这种知识只能使人产生冷漠的态度，而使不动感情的脑力劳动带来疲劳。”据此，我以为成功的教学也应走进学生的心灵。教师要千方百计地捕捉和创设教学的共鸣点，激起学生心灵的共振，在学生兴味盎然的状态下，在充满激情与活力的教学过程中，一同探究，一同发展。

一、在新知识的引入环节创设教学高潮

（一）创设情境，营造氛围

人民教育家叶圣陶先生曾说过：“文章的开头犹如一幕戏剧刚刚开幕的一刹那的情景，选择得适当，足以奠定全幕的情调，笼罩全幕的空气，使人家立刻把纷乱的杂念放下，专心一志看那下文的发展。”瑞士著名心理学家让·皮亚杰说：“教师不应企图将知识硬塞给儿童，而应该找出能引起儿童兴趣、刺激儿童的材料，然后让儿童自己去解决问题。”的确，“兴趣是最好的老师”，是驱使学生学习的原动力，是促使学生获取知识的基础，学生学习效果的好坏在一定程度上取决于学生学习兴趣的高低。为此，教师在一节课的开始或新知识的引入之前，若能创设新颖别致、富有吸引力的情境，则能引发学生的学习动机和兴趣，激发其参与热情，提高其学习的主动性。

提起高潮，人们一定会联想起江潮、海潮，那潮起潮涌时的壮观，让人心灵震撼，终生难忘！其实，课堂教学一样也需要创设高潮，也需要心灵的震动。

白居易在《与元九书》中云：“感人心者，莫先乎情。”在课堂上，教师的情感对学生有着极大的作用。因而，要使学生围绕着教师的上课思路展开积极的思索，就要把握好教材的感情基调，运用情感渲染出一种特殊的课堂艺术情境，把学生引到这种情境中来，造成一种强烈的共鸣，激发交流，产生互动，从而在课堂教学的起始阶段把教学第一次引向高潮。

案例 1　“有理数的混合运算”教学

【情境 1】请用加、减、乘、除中的若干种运算（可用括号）将 2、3、4、6 这 4 个自然数列成一个算式（每个自然数只能用一次），使得计算结果为 24。

师生活动：学生先直接口答结果为 24 的算式，之后教师给出算式（2+4）×3+6，让学生说说该式子运算的顺序和结果。

【情境 2】请用加、减、乘、除和乘方中的若干种运算（可用括号）将 2、3、−3、5 这 4 个有理数列成一个算式（每个有理数只能用一次，且指数和底数都需不重复地从这 4 个有理数中选择），使得计算结果为 24。

师生活动：在学生思考后，教师请两名学生到黑板上写出算式，并让所有学生说说算式中包含的运算，顺势给出有理数混合运算的概念。最后让学生结合黑

板上的两个算式，说说有理数混合运算的顺序，顺势归纳出有理数混合运算的法则，即“先算乘方，再算乘除，最后算加减”。如有括号，先进行括号内的运算。

设计意图：教材中本节课的内容篇幅较少，形式较为枯燥，为顺应七年级学生的身心发展规律，以学生熟悉的24点游戏引入，激发学生的学习兴趣。通过“自然数版”24点游戏让学生回顾小学的四则混合运算顺序法则，再通过“有理数版”24点游戏引出课题。在学生已经学习有理数乘方与乘除混合运算法则的基础上，让学生通过情境2体会有理数混合运算法则的产生过程，更好地理解法则。此外，采用学生熟悉的“自然数版”24点游戏进行引入，既吸引了学生的注意力，又点了题，还回顾了小学的四则混合运算顺序法则，为学习本节课的内容做了铺垫，抛出“有理数版”24点游戏，瞬间提高了学生的学习兴趣，学生的思维迅速活跃，达到一个小高潮，且非常自然地引出本节课要学习的新内容——有理数的混合运算。

（二）引例过渡，推向高潮

引例是课堂教学中为了引入新知识而设计的问题。为什么数学课强调要在讲授新知识之前设计一个引例呢？因为数学知识是数学概念、数学命题、数学思想方法的体系。讲授新数学概念、新数学命题、新数学思想方法之前要有与之联系的旧概念、旧命题、旧思想方法的准备，有个由旧向新的过渡。有了这些准备和过渡，学生就不会对新知识的出现感到突然，可以说这是学生认知规律对数学教学提出的基本要求。何况引例是为了引入新知识而设计的，对于教学内容来说它建立了新旧知识的逻辑关系，通过引例的实践和探索、分析和感悟，既使旧知识得以巩固，又把新知识作为旧知识的合乎逻辑的发展、延伸，更使学生变被动接受为有意义的探索、发现和创造，从而把教学推向高潮。

著名心理学家让·皮亚杰说过：“只有要求儿童作用于环境，其认识才能顺利进行。只有当儿童对环境中的刺激物进行同化和顺应时，其认知结构的发展，才能得到保障。”苏联生理学家巴甫洛夫指出：“任何一个新的问题的解决都是利用主体经验中已有的旧工具实现的。”因而，设计引例应从学生已有知识和阅历（经验）出发，提供新旧知识联系的支点，即把与新知识联系比较紧密的旧知识抽出来作为新知识的“生长点”与“延伸点”，为引进新知识做铺垫，形成正迁移。

案例 2　“切线的判定”教学

如图 1 所示，如果经过半径 OA 的外端，作半径 OA 的垂线 l，那么直线 l 和⊙O 的位置关系是什么？为什么？

教师先在黑板上作图，后写题目，并要求学生注意观察教师作图。

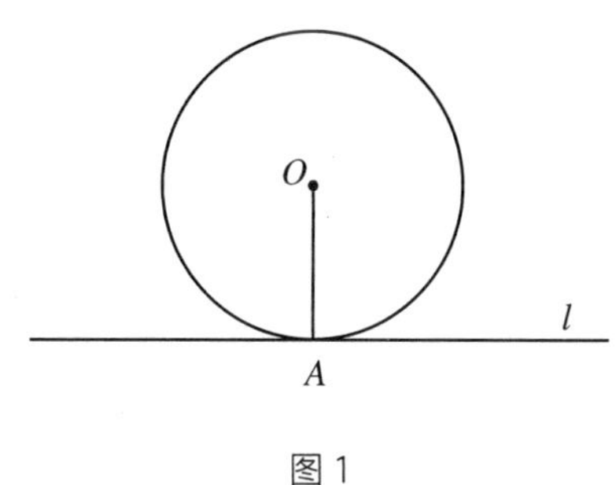

图 1

由于学生对用“圆心到直线的距离等于半径”来判断直线和圆相切是掌握的，对“过直线外一点作已知直线的垂线，垂线段的长度就是点到直线的距离”也是熟悉的，因此，学生通过讨论并在交流的基础上对此有自己的感悟应不成问题。

接着教师提问：“直线 l 作为⊙O 的切线，从作图过程可以看出它实质上满足了哪几个条件？”从而在充分暴露学生思维的过程中，让学生的思维达到一个小高潮，并轻松愉快地归纳出本课的主题——切线的判定定理。

俗话说：“兴趣是最好的向导。”只要学生对所学知识感兴趣，学生就能积极地、深入地、兴致勃勃地去掌握这方面的知识，否则学生就会感到学习是一种负担，在学习过程中就可能单纯从完成任务出发，只是形式地、勉强地掌握所学的知识。所以，有经验的教师在教学之始总是挖空心思地编拟符合学生认知水平，能促使学生形成“认知冲突”，产生浓厚兴趣的引例，去引导学生回忆、联想、猜想，并渗透本节课的研究主题。

教师设计引例一方面要善于制造各种“认知冲突”，让学生感到惊奇、疑惑、障碍和矛盾，另一方面引例本身应有较强的趣味性，使学生感到新颖而有意思。讲一则故事、说一段见闻、看一段视频等都是学生所喜闻乐见的。

案例 3　“几何”引言课教学

“几何”引言课是初中生接触“几何”的第一课，教材的内容是在小学学过的几何知识的基础上，通过实例说明“几何”主要研究一些什么问题，“几何”学习的主要内容比较枯燥，为了调动学生的学习情绪并能体悟"几何"的重要性，我选编了如下一则故事作为引例。

著名的哲学家柏拉图在自己办的学院门口立了一个牌子，上面写着一句话。请同学们猜一猜这句话的内容大概是讲什么的。如此引例好似《正大综艺》中的"猜一猜"，同学们的参与热情出奇的高：有的猜测是校名，有的猜测是柏拉图曾经说过的一句富有哲理的话，有的猜测是欢迎标语或是交通警示语，还有一个学生猜测可能是"出入请下车"……同学们七嘴八舌，猜什么的都有！等同学们的情绪都上来了，我便公布了答案："不懂几何学者，请勿入内。"同学们感到非常意外，刚刚掀起的情绪高潮，一下子就被惊奇、疑惑、障碍所替代，学生的思维迅速地指向"几何"，都在不由自主地思考同样的问题："几何"是什么呢？"几何"真的那么重要吗？

二、在新知识的透析环节创设教学高潮

（一）激发思维，推波助澜

教学过程是个师生交流互动的过程。要使教学的气氛热烈活跃，学生的情绪生动亢奋，参与意识浓郁强烈，就必然要展开并激发其思维，使学生的思路紧跟着课堂而涌动，从而使学生的注意力、创造力、想象力进入最佳状态，把课堂教学推向高潮。

苏联数学教育家斯托利亚尔指出："数学教学不仅是数学活动的教学，更是数学思维活动的教学。"他在列举数学教学目的时把发展学生的思维能力放在第一位。

《九年义务教育全日制初级中学数学教学大纲（试用修订版）》在教学目的的论述中也明确指出："数学教学中，发展思维能力是培养能力的核心。"

《义务教育数学课程标准（2011年版）》在课程基本理念的论述中指出，"数学教学活动，特别是课堂教学应激发学生兴趣，调动学生积极性，引发学生的数学思考，鼓励学生的创造性思维；要注重培养学生良好的数学学习习惯，使学生掌握恰当的数学学习方法"，"学生应当有足够的时间和空间经历观察、实验、猜测、计算、推理、验证等活动过程"。

对这一个问题，浙江师范大学数学系数学教育教研室主任任樟辉教授有一段论述很是精辟："学习数学应该看成是学习数学思维过程以及数学思维结果这二

者的综合，因而可以说数学思维是动的数学，而数学知识本身是静的数学，这二者是辩证的统一。数学思维与数学知识的关系犹如人体的血肉关系，血液之荣枯外现于形体之盛衰。就是说数学思维能力的强弱直接影响着人们掌握和发现数学知识的广狭和深浅。”

案例 4　数学活动课——“探索最短线路”教学

设三城市 A、B、C 分别位于一个等边三角形的 3 个顶点处，现在三城市之间铺设通信电缆，设计了 3 种连接方案（如图 2 所示）：

（1）$AB+BC$；（见图 2a）

（2）$AD+BC$（D 为 BC 中点）；（见图 2b）

（3）$DA+DB+DC$（D 为 $\triangle ABC$ 的中心）。（见图 2c）

若要使连接线最短，应选出哪种连接方案？

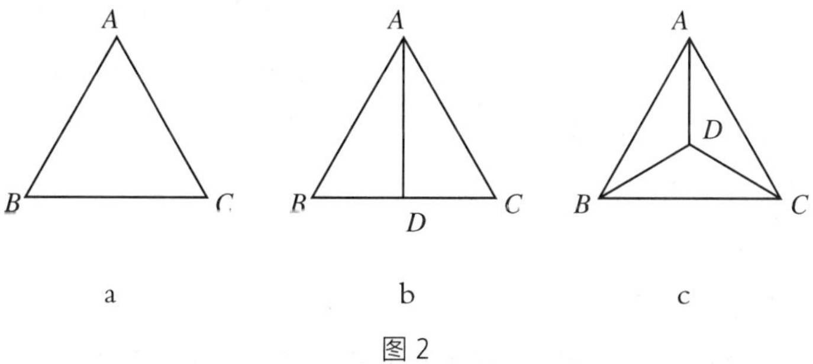

图 2

此题对学生来说并不难，然而此题留给学生发挥研究的空间却很大，教师切不可错失良机，比如可设问：如果这个工程由你承担，你会马上按图 2c 的方案去做吗？这一点拨为学生提供了研究的问题和背景，激发了学生主动参与的意识，顿时便会出现有疑则思、有疑则议、议而欲语的学习气氛，数学课堂应有的活力自然焕发。教师适时加以点拨，并引导学生从探究证明等边三角形的中心 D 就是使连接线最短的点，联想到“一般三角形内是否也有这样的点？如有，又如何寻找？四边形呢？”等问题。如此富有探究创新的课堂，怎会不让人为之激动呢？

（二）把握冲突，思辨探究

教学活动实际上是一个师生情感交流的过程，双方对教与学都存在着一定的心理期待。在教学高潮之初，学生有着强烈的求知欲，教师则有满足这种期待的意愿，此时，教师要千方百计地诱发学生强烈的认知冲突（尤其是对正误知识的认知冲突），使他们产生强烈的学习期待，进而使学生产生积极的心理倾向，从而通过师生的积极探究把教学引向深入。

案例 5　“全等三角形的判定定理（三）”教学

教学“边边边”公理，通常是仿照前面的“边角边”公理和“角边角”公理进行的，即让学生动手画一画、剪一剪、拼一拼、想一想去体会公理的正确性。但如果全等三角形判定的四种方法都这么教，学生会是怎样一种感受？为此，我进行如下设计：

课的开始照常复习一下前面学过的三种判定方法，并强调已知两边及其夹角或两角及其夹边都可以作出唯一一个三角形。接着请同学们看一个实验：老师在课前事先做了颜色各异的两根长短不一的木棒和一个薄木板制的角，如果老师分别以这两根长短不一的木棒作为三角形的两条边，薄木板制的这一个角为这两条边的夹角，请同学们思考如此构造出来的三角形可能有几个呢？为什么？如果少一个条件情况会怎么样呢？比如缺少夹角的条件（老师边说边从黑板上拿掉薄木板制的角，结果三角形模型散架了），能否换用一个条件把刚才得到的三角形模型恢复起来？经过同学们的广泛讨论，最后一致赞成通过用一根木棒撑住的方法。（显然，同学们的这一想法来自生活）老师根据同学们的提议拿出长度和三角形第三边相等的木棒来支撑，结果三角形模型恢复了，接着老师引导学生去观察三角形模型并思考：此时的三角形模型实质上是已知三角形的哪几个元素确定的？从而很自然地得出“已知三边也能确定三角形”的结论。通过这样的实验创设认知冲突进而把学生的思维引向深入来教学“边边边”公理，相信留给学生的印象绝对是终身的！

案例 6　数学活动课——“用拆 & 添项法分解因式”教学

课的开始教师首先引导学生扼要复习前几节课学习的因式分解的三种方法：提取公因式法、应用公式法和分组分解法。接着便请同学们分组讨论：用什么方法分解因式 x^6-1？

学生讨论的结果是：可用平方差公式分解，也可以用立方差公式分解。于是教师就顺势要求学生选择其中一种方法练习，并推举两位同学到讲台上用不同的方法板演。

生 1（解法一）：

x^6-1

$=(x^3)^2-1$

$=(x^3+1)(x^3-1)$

$=(x+1)(x^2-x+1)(x-1)(x^2+x+1)$

生2（解法二）：

x^6-1

$=(x^2)^3-1$

$=(x^2-1)(x^4+x^2+1)$

$=(x+1)(x-1)(x^4+x^2+1)$

至此，学生容易发现：同一道题，用两种方法分解，为什么答案不同呢？难道是谁分解错了？可经过认真演算检查，分解的过程似乎又都有理有据。初中学生具有好奇、好问、好动等心理特征，潜藏着巨大的学习动力，出示本题的两个答案后，引起了他们强烈的认知冲突，学生急于要弄个水落石出，教师顺势把学生的思维引向深入。

经过演算、讨论、思考，便有同学提出大胆猜想：也许 x^4+x^2+1 还能继续分解下去，并得到（x^2-x+1）（x^2+x+1）。教师及时给予肯定和鼓励，并期待地提出问题：x^4+x^2+1 是否可以分解为（x^2-x+1）（x^2+x+1）？也就是说这两个代数式是否相等？

此时，绝大部分学生会面露难色，因为利用原有的知识技能还不会把 x^4+x^2+1 再进行分解，但也有学生提出可按多项式的乘法演算，把后面两个相乘的因式展开，看它是否与前面的多项式相等，于是便请一名学生口述展开步骤，并把结果写在黑板上，以便激活全班同学的思维。

生3：

$(x^2-x+1)(x^2+x+1)$

$=[(x^2+1)-x][(x^2+1)+x]$

$=(x^2+1)^2-x^2$

$=x^4+2x^2+1-x^2$

$=x^4+x^2+1$

演算完毕，同学们看到自己的猜想被证实，备受鼓舞，富有成就感。教师此时因势利导，就势提问：从上面的演算可知，x^4+x^2+1 确实可以分解为（x^2-x+1）（x^2+x+1），可到底如何分解呢？（教师用期待的目光扫视全班同学）请同学们试一试，谁能最快发现新的分解方法？

事实上，大部分同学都能通过可逆性联想，发现用拆项法来分解多项式 x^4+x^2+1。（其过程正好与上面的演算过程相反）

用拆添项法分解因式，因其具有较强的技巧性，所以一直被视为分解因式的难点，以至于教材中也不做要求。但为拓宽学生的思维，提高学生学习数学的兴趣，我常把它列入数学活动课选讲的内容。本课起于学生的认知冲突，学生自始至终思维活跃，并在教师的引导下主动探索、合作发现因式分解的新方法。这种做法虽有一定难度，但又是大多数学生经过“跳一跳”能够做到的。由此也让我们再一次体会到：只要教学得法，学生学习的积极性和创造潜能都是不可低估的。

（三）师生“易位”，激活课堂

中学生正处在从少年向青年转变的时期，生理、心理上由不成熟逐步趋向成熟，独立意识增强，有相当的自我表现欲，时时要表现出“成人感”，渴望在某些场合有一席之地，在课堂教学中师生适时适度“易位”，正好为他们提供尝试成功、树立自我形象的机会。师生“易位”，学生精神亢奋，思考积极，往往会争着站在老师的位置上，学着教师的样子，大胆陈述自己对问题的理解和发现。如果其他同学当上了“老师”，他们更不迷信盲从，而要设法反驳“老师”的意见，阐明自己的观点，勇于争辩，所以课堂气氛热烈，会产生由教师讲授所达不到的教学效果。同时，师生“易位”还能使学生大胆地暴露自己的思维过程，使教师更清楚地了解学生的实际水平，了解学生对教材的理解程度，了解学生对教学的具体要求，使教师的点拨更加有效。

1. 课程的开始，教师请学生回答：“上节课，我们有哪些收获？”

数学课程因其内容具有严密的逻辑关系和系统性，所以学习新知往往需要复习与新知有联系的旧知。为此，师生“易位”在课一开始就应落到实处。我的做法是请每一位学生根据教学内容的需要轮流组织复习前一节课所学内容，教师适时在学生的座位上以学生的口吻问一些与本节课将要学习的内容有关的知识和方法，以引起学生讨论与交流，为新课教学做好铺垫。

案例 7　“二次根式 $\sqrt{a^2}$ 的化简（二）”教学

生 1：上节课，我们学习了什么？

生 2：二次根式根号 a 的平方的化简。

（有同学举手想马上纠正该同学的错误，但生 1 没看到，而是继续向生 2 发问。）

生 1：你说的这个式子等于什么？

生 2：等于绝对值 a。

生 1：请你到黑板上把这个式子化简的公式写出来，好吗？

生 2 到讲台上板书：$\sqrt{a^2}=|a|=\begin{cases}a(a\geqslant 0)\\-a(a<0)\end{cases}$。

（刚才举手的几个同学，见写得正确，无奈地放下手。）

生 1：我发现有同学急切地想发言，难道生 2 的回答，你们不满意？

生 3：生 2 写得对，但他读得不对。

生 1：不对？怎么不对？

生 3：如果这个式子（$\sqrt{a^2}$）读作根号 a 平方，那么我再写一个式子，你说又该怎么读？［上讲台板书：（$\sqrt{a}$）^{2}，并非常得意地走下讲台，同学们大笑！］

生 1（意想不到，表情为难，但很快机警地把问题交给同学）：谁能区别一下这两个式子的读法？

就这样，课堂在学生思维的激烈碰撞中开始，在愉悦的气氛中拉开帷幕，学生们在互动中既复习了前一节课的内容，又加深了对式子本质特征的理解。教师适时提问两个公式的区别与联系，更将学生的情绪和思维推向了高潮。

2. 教学过程中，教师不失时机地说："你能给大家讲解一下吗？"

有效的数学学习活动不能单纯地依赖模仿与记忆，动手实践、自主探索、合作交流与归纳总结也是学生学习数学的重要方式。为此，评价一节课的优劣，不只是看教师教得怎样、教师怎么想、教师怎样做，更重要的是要看学生学得怎样、学生怎么想、学生怎样做。这就要求我们在教学中能善于交换位置、变换角色来考虑问题，同时应积极创造条件让学生展示自己。在课堂上应多问："你是怎么想的？你是怎么解的？你能详细地对同学们陈述一下你的观点吗？你能给大家讲解一下吗？你能给大家演示一下吗？"并引导学生在自我展示后，能虚心地征求同学们的意见："对此，同学们中有不同的看法或疑问吗？"如此教学，不仅体现教学的民主和平等，更重要的是能最大限度地暴露学生的思维过程，从而捕捉到学生智慧的闪光点和认知上的盲区，促进师生互动、生生互动。

（四）变式深化，潮起潮涌

兴趣是最好的老师。我国古代著名教育家孔子说过："知之者不如好之者，好之者不如乐之者。"这"乐"指的就是学生对学习的兴趣，它能调动人的积极性和主动性，开发人的智力。在课堂教学中，激发、诱导学生的学习兴趣，适时引入学生感兴趣的问题，从而激发学生的创造力、想象力，无疑是成功地将课堂教学引向高潮的一个重要方法。就数学课自身的特点，我认为恰当地运用“一题多解”和“一题多变”是激发、诱导学生学习兴趣的有效方法，是把数学课教“活”的重要手段。“一题多解”是按已给定的题探求出多种解法，它与“一题多变”是不同的，后者常常是改变（部分或全部）题设，改变结论（或改变要求的量），有时也可以是采用“题组”形式组织教材。实践证明：合理地运用“一题多解”“一题多变”的方法，能有效地激发学生学习的积极性和创造性，培养分析思维和直觉思维的能力，可以经常适时地复习已学的知识，促进熟练掌握各种解题方法和技能技巧，提高综合应用的能力，防止知识和能力的负迁移，并与遗忘现象做有效的斗争。

这里应注意：解题过程不仅要求学生解题策略的多向性（“一题多解”），而且要求学生具有优化意识，选择较优策略。由于每个学生在原有认知结构等方面存在个体差异，所以他们在解决数学问题时也会采用不同的解题策略。我以为，“一题多解”确实有利于学生的发散思维能力，促使学生思维灵活，但如果学生能从多种解题策略中分析、判断出较优策略，这不仅能培养学生的优化意识，而且能使学生的思维更加深刻。有时策略不是唯一的，如果学生能用一句话来概括答案，这更能反映学生有较高的思维水平。

案例 8　“三角形的内角和”教学

通常情况下，“三角形的内角和”教学，大多是借助学生已有的学习经验，即在学生用小学学习的实验法将三角形的三个内角拼成一个平角的基础上，根据三个内角拼成一个平角所留下的痕迹，去探索添画辅助线的思路，从而获得证明。（如图 3 所示）

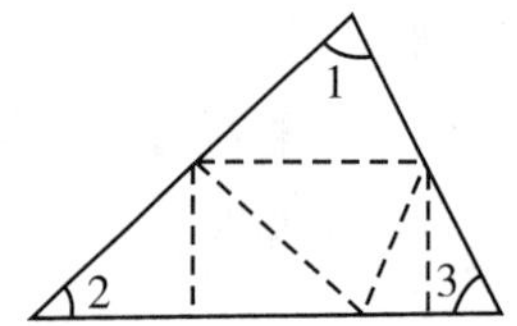

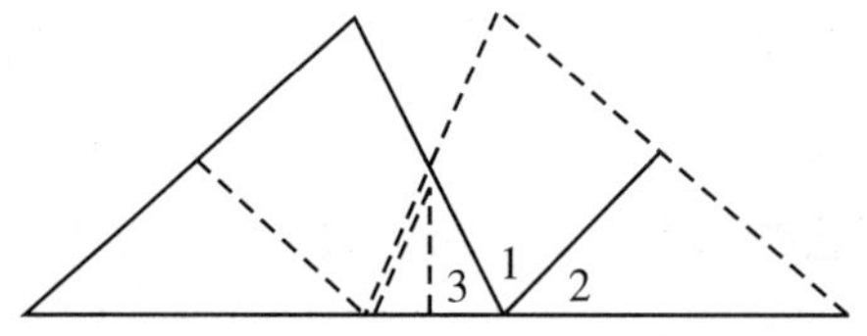

图 3

课的开始，稍加复习便引出“三角形三个内角的和等于 180° ”这个学生在小学四年级便知晓的结论，并指出在小学用实验法获得这个结论的缺陷，然后启发学生思考如何证明一个命题是真命题，接着师生一起根据证明一个命题是真命题的三个步骤来证明“三角形三个内角的和等于 180° ”。

启发学生探索证明思路，我打破了以往的教路，先请同学们认真地对照图形看一看、想一想：本题已知什么？求证什么？然后要求学生用简单的符号在图上标一标、画一画。接着便引导学生去思考：有没有一些量在图上找不到？是什么？当学生发现$\angle A$、$\angle B$、$\angle C$都在图上，就是这 180° （在其下方画横线）不知是从何而来时，便进一步启发学生思考：由 180° 能联想到什么呢？

（生：平角或同旁内角互补。）

接下来的两个问题是非常关键的：图上有平角吗？有互补的同旁内角吗？如果有，那我们就可以把问题转化为去证明“$\angle A+\angle B+\angle C$等于这个平角或等于这组互补的同旁内角”。可图上没有这些，怎么办？

学生的思维一下子被教师激活，纷纷尝试去构造一个平角或一组互补的同旁内角。此时，教师则顺势让学生分组去进行讨论，集思广益，相互启发，然后再请小组推荐一名同学汇报交流。以下是学生在教师的引导下提出的作图思路（如图 4 所示）。

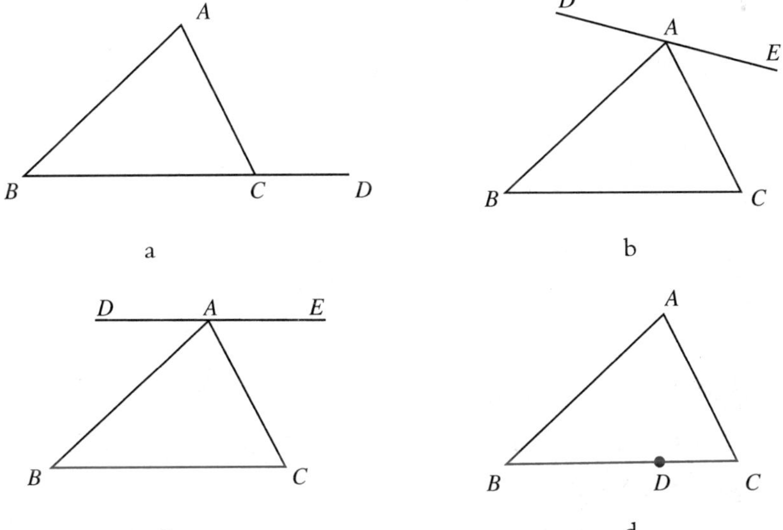

图 4

生 1：作 BC 的延长线 CD。（见图 4a）

生 2：过点 A 作直线 DE。（见图 4b）

师：可以作一条特殊的线吗？

生 3：过点 A 作 BC 的平行线 DE。（见图 4c）

生 4：在 BC 上任取一点 D。（见图 4d）

师：刚才我们添画的线都是构造什么的？能否添画辅助线构造一组互补的同旁内角？

生 5：过点 C 作 AB 的平行线 CD 构造一组互补的同旁内角。

生 6：过点 B 作 AC 的平行线 BE 构造一组互补的同旁内角。

生 7：过点 A 作 CB 的平行线 AF 构造一组互补的同旁内角。

接着，我又引导同学们在大家想出的六七种构造平角或互补的同旁内角的方法中，思考哪一种方法对我们寻找三角形的三个内角的和与 180° 的关系最有利，从而和学生一起探究出证明三角形内角和定理的最佳方法。

为了加深同学们对三角形内角和定理的理解，我在本节课还设计了一组变式训练题，同样也激起学生很强的参与热情。

【例题】已知在 $\triangle ABC$ 中，$\angle A=36°$，$\angle B=72°$，求 $\angle C$ 的度数。（如图 5 所示）

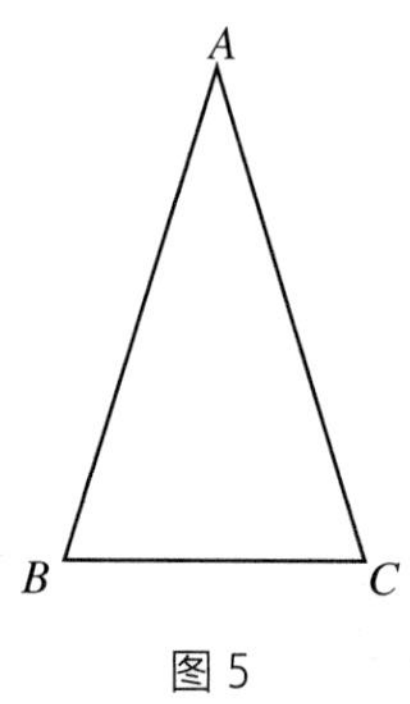

图 5

师：由此例同学们有什么体会呢？

生：由于三角形的三个内角的和等于 180°，因此只要知道三角形任意两个内角的度数便可求出第三个内角。

师：如果仅知道一个内角的度数，能求出另外两个内角的度数吗？请再看一例：若去掉条件"$\angle B=72°$"，欲求 $\angle C$ 的度数，还应知道什么呢？

【变式 1】已知，在△ABC 中，$\angle A=36°$ ，$\angle ABC=\angle C$，求$\angle C$ 的度数。

师：如果连仅知道一个内角的条件也没有呢？大家想一想：若要求出三角形的三个内角的度数，你们说应知道什么呢？

【变式 2】已知在△ABC 中，$\angle ABC=\angle C=2\angle A$，求$\angle C$ 的度数。

师：如果再增加一些条件，还能求出图中其他的角吗？

【变式 3】如图 6 所示，已知在△ABC 中，$\angle ABC=\angle C=2\angle A$，$BD$ 是 AC 边上的高，求$\angle DBC$ 的度数。

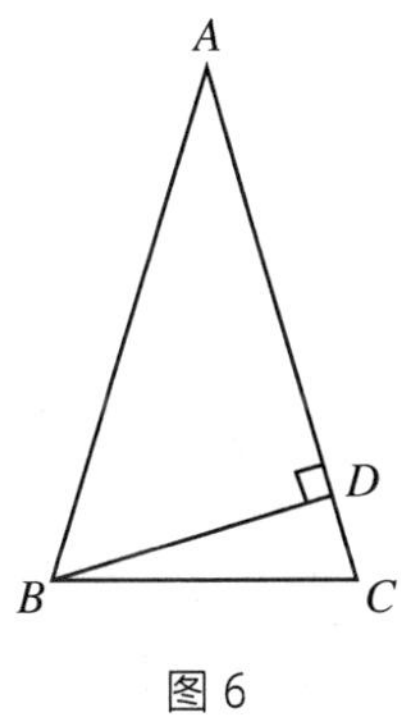

图 6

案例 9　“等腰三角形的判定”教学

如图 7a，△ABC 中，$AB=AC$，$\angle A=36°$ ，BD 是$\angle ABC$ 的平分线，图中有哪些等腰三角形？

（1）若过点 D 作 $DE // BC$ 交 AB 于点 E，图中又增加几个等腰三角形？（见图 7b）

（2）若去掉“$\angle A=36°$ ”这个条件，其他条件不变，图中有哪些等腰三角形？（见图 7c）

（3）若再去掉 $AB=AC$ 这个条件，图中还剩下哪些等腰三角形？试说明思考过程。（见图 7d）

（4）△ABC 中，$\angle ABC$，$\angle ACB$ 的平分线交于点 F，过点 F 作 $DE // BC$ 分别交 AB、AC 于 D、E，图中有哪些等腰三角形？线段 DE 与 DB、CE 有什么关系？试叙述证明过程。（见图 7e）

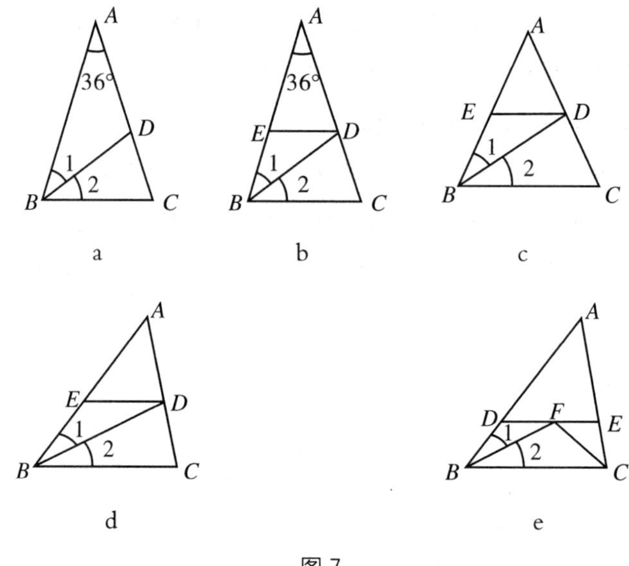

图 7

本题是我在使用中取得满意效果的一道几何变式题，由“特殊到一般”再由“一般到特殊”，学生通过教师巧设的“台阶”竟能发现并证明出图 7e 中一般三角形具有的特殊结论，要知道这个结论可是课本中三角形单元配备的习题 B 组中的最后一题！这不能不说明“一题多变”对激发学生学习兴趣，激励其探究问题有着神奇的力量。事实上学生在探究的过程中所表现出来的学习热情就好似大海的波澜，潮起潮涌。

三、在新知识的升华部分创设教学高潮

（一）联系生活，提炼升华

提炼升华就是对所教新知识进行挖掘、提炼，以揭示其深刻的内涵。尤其是要紧密联系生活，在用字上下功夫，以激发和延伸学生对所学知识的兴趣。

案例 10　“三角形全等判定的应用——复制玻璃模型”教学

学校实验室有一块三角形玻璃模型，因操作不当，折成两块（如图 8 所示），现欲到市场上购买一块同样规格的玻璃，你想怎么做？如果没有测量工具，又怎么办？能否只带一块玻璃？

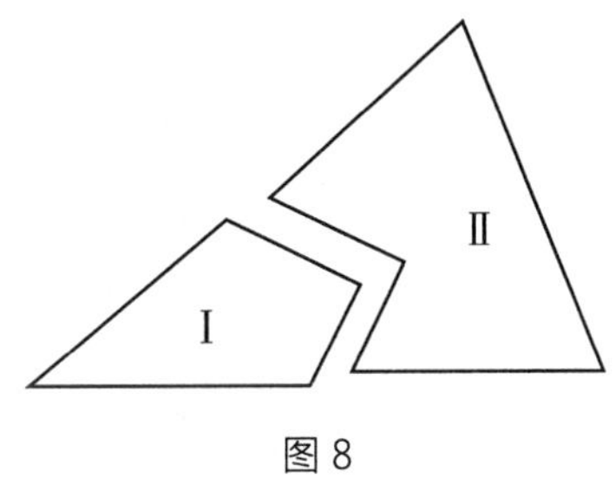

图 8

此题是一道非常开放的实际应用题，可谓源于生活而高于生活。通过广泛的讨论，学生不但找到了近 10 种解决方案，更对三角形全等的四种判定方法在实际中的应用有了一个非常全面的认识。正如南宁市教育科学研究所邝国宁老师在课后书面点评时所描述的："学生提出了各种解决问题的方案，课堂上又呈现一个新的高潮，课堂气氛相当活跃……"[1]

（二）设置悬念，开拓延伸

义务教育强调"下要保底，上不封顶"。为此，我认为学生能接受的教学内容教师都可以教给他，当然也得注意不可一味地拔高，人为地加重学生的学习负担。新知识的升华应侧重训练学生对新知识的灵活应用及综合运用，也就是我们平时在课堂上精心设计的变形题、B 类题、思考题，必要时提供一些"悬念"问题，让学生孕育思考，使他们进入一种"心求通而未得，口欲言而未能"的思想境界，使学生保持继续探索的愿望和兴趣，即所谓课尽而意未尽。也可以为学生提供一些与新知识联系密切、智趣相融、富有思考价值的问题，激发学生探新的兴趣，作为联系课堂内外的纽带，引导学生的思维向纵深延伸。

案例 11　"函数的应用"教学

【例题】用总长为 60 m 的篱笆围成矩形场地，求矩形面积 S（m^2）与边长 l（m）之间的关系式，并指出式中的常量与变量，函数与自变量。

这是一道仅依靠简单模仿就可解决的问题，在学生学完二次函数后若改造成具有开放性、实践性功能的问题，便更适合学生去探索、去研究。如改造为："现有 60 m 长的篱笆，请你依如图 9 所示的方案，靠校园院墙，任意围成一个长方形场地，并计算所围成的长方形场地的面积。请同学们相互比较一下各自围成的长方形场地的面积是否相同，为什么相同或不同。"（分组讨论）在学生充分思考后，教师紧

1. 邝国宁：《〈三角形全等的判定（三）〉教学笔录及评析》，《广西教育》2001 年第 2 期（B）。

接着提出三个问题：

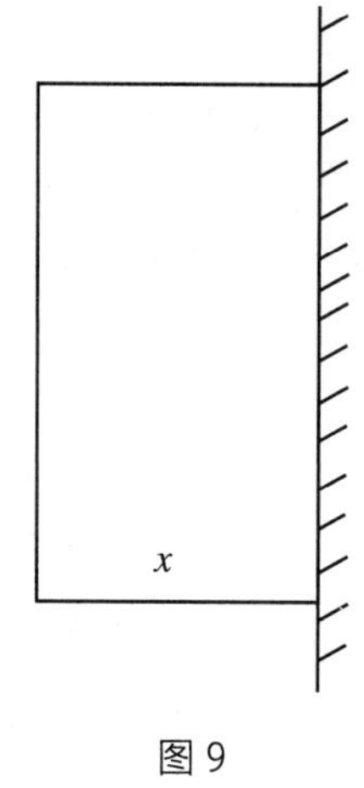

图 9

（1）写出长方形场地面积 y（m^2）与垂直院墙的边长 x（m）的函数关系式；

（2）画出函数的图象；

（3）观察图象，说出边长多少时，长方形面积最大。

由于时间的限制，一节课中不可能对所有问题做出非常深入的探究，在此教师就有必要设置“悬念”，以激发学生对问题深入探究的热情，从而把课堂教学的高潮延伸至课外。比如在学生完成上述问题后还可以进一步提出如下问题：“如果要你在邻墙的一边上留一个 4 m 长的小门以便出入，情况又怎么样呢？”并对学生提出诚挚而殷切的期望：“此问题虽有一定的难度，但我相信与老师一起认真学习了本节内容的同学们一定能通过自己的独立思考攻克这座数学堡垒，老师热切期待着出现勇于挑战这座数学堡垒的英雄！”

第三节　创设课堂教学高潮的感悟

一、创设课堂教学高潮，要注意研究学生的认知结构

人类的学习过程就是用头脑中已有的原认知结构与新知识间发生相互作用的过程，在原认知结构的基础上建构新知识的新结构。如果建构成功，说明人们理解了新知识，并能将新知识纳入原认知结构中适当的位置，从而丰富头脑中的认

知结构；如果新知识与原认知结构间差别太大或发生矛盾，则很难以原认知结构为基础构建出新知识的新结构，这就要求对头脑中的原认知结构进行改造，以使新知识能组织到认知结构中去。学生头脑中原认知的丰富程度及结构的组织水平是学习新知识的起点，它将对新知识学习的质量和效率起着决定性作用。因此，教师要切准学生的“脉搏”，了解他们认知结构的原有水平及发展特点，以学生的原认知结构为起点，求得“教”的“可入”和“学”的“可接受”。

从年龄心理特点方面来说，初中学生还是有较强的依赖性，不善于组织自己的注意力。但在这个年龄段里，他们的好奇心和好胜心比较强，感性认识胜于理性思维。因此，创设课堂教学高潮，应分析学生情况，了解学生的兴趣、特点，确定从何处创设，如何创设，使每个学生都能进入角色，从而达到预期目的。

二、创设课堂教学高潮，应注意信息传递多元化

课堂教学中信息的传递渠道是非常广泛的，教师的一言一行，设计的每一个实验及使用的每一道习题，乃至课堂教学中的偶发事件等，都会影响教学的进程与效果。

一方面，教师应能运用准、精、美、活的语言。语言是教师在教学中传递信息的重要工具，是教师与学生沟通的主要载体。“准”，发音准、达意准；“精”，语言精练、精彩、言简意赅；“美”，语言通俗、生动、幽默风趣；“活”，注意穿插，恰当留空，善于变位。

数学知识本身具有很强的系统性、逻辑性。数学课的教学语言要适应这个特点，才能有利于学生学习知识，提高能力。

数学课的教学语言要求教师吐字清楚，表达完整、条理分明、严密周详、确实可靠、无懈可击、干脆利落，不能拖泥带水、含混不清，或似是而非、模棱两可。数学课的语言要有很强的逻辑性，但并非枯燥干瘪，逻辑思维本身就有动人的力量。有经验的数学教师在讲课中，语言生动形象，妙趣横生，把科学性和艺术性有机结合起来，学生听得有趣，学得有劲。

我于 1998 年 11 月参加全国第二届初中青年数学教师优秀课评比，在现场执教“分式”一课，分析理解分式的值为 0 的条件时，有这么一个教学片段：（教师引导学生思考）分式的分母的值等于零时，分式没有意义。既然分式没有意义，

我们又怎么去谈分式的值呢？也就是说要讨论分式的值为0，首先分式得有意义。离开这个前提条件去谈分式的值是没有意义的，这样的例子在生活中是很多的。比方说：欲与我国建立外交关系，就必须承认台湾是中华人民共和国的一部分，否则免谈！（配合动作）这一比较在课堂中收到了意想不到的效果，学生不但明白了其中的道理，更令台下来自全国各地近千名听课教师鼓起长时间的掌声。

另一方面，教师还应能恰当地运用肢体语言及综合运用多种媒体辅助教学。

三、创设课堂教学高潮，要注意科学性与艺术性的结合

教学，是科学，也是艺术。数学作为一门学科，由于学科目标的标准化和现代化，学科内容的规范化和体系化，教学过程的程序化和模式化，教学方法的最优化和普遍化，以及教学手段的效果化和技术化，是含有很多科学因素的学科。为了突出其科学的严密性，往往使数学教学变得抽象枯燥，所以数学课堂教学更加需要艺术性。优质的课堂教学应是严密的科学性与巧妙的艺术性的有机整合，应是激情与智慧动态生成的过程，它以科学性为基础，为前提；以艺术性为先导，为手法，相辅相成，和谐一致。艺术性的载体运载着科学性，飞入学生稚嫩的心田，"使学生在知识的王国里啜饮知识的甘露，在美的领域中成为审美的人"。

课堂教学讲究科学性和艺术性，在准确传授知识的同时能给听者美的享受。在创设课堂教学高潮时，也应注意科学性与艺术性的结合，使教学高潮给人一种美感，一种享受，学生的"悟性"得以提高。

四、创设课堂教学高潮，要注意建立和谐的师生关系

心理学家斯卡特金认为："任何途径都要作用于学生的情感，要使学生的学习态度染上情感的色彩，要引起学生的感受，虽然不考虑学生的情感因素，也能使他们学到知识和技巧，但不能引起他们的兴趣，不能使他们始终如一保持积极的学习态度。"所以建立和谐的师生关系，师生情感相通，思维同步，认知行为协调一致，就能产生一种充满信任感，富有情趣的良好气氛和心境，这是创设课堂教学高潮的必要条件之一。大量的教学实践表明，师生之间的情感不仅影响教师的教学思路，更对学生的感知、记忆、想象、思维等认知活动产生影响。斯卡

特金还认为，未经过人的积极情感强化和加温的知识将使人变得冷漠，由于它难以拨动人们的心弦，很快就会被遗忘。也有研究成果表明：在轻松愉快的学习情绪中学习，效率可提高30%。可见，构建和谐的师生关系，使学生进入“乐学境界”应成为我们追求的最终目标。

第四节　创设课堂教学高潮的思考

一、创设教学高潮与夯实基础的关系

我以为切不可盲目追求所谓的教学高潮，而丢掉课堂教学本质的东西。其关键是在教学中做到两个字：实、活。“实”即侧重基础、分析到位、训练扎实，“活”即结合实际、教得灵活、学得灵活。“实”是根本，是为师之道，为生之道；“活”对教师而言是教学之法，对培养学生能力而言则又是一个目标。

二、创设教学高潮与面向全体的关系

面向全体学生是创设课堂教学高潮的一个重要原则，教学中教师应注意不要只关注个别表现活跃的学生，要“目中有人”，尤其应重视、照顾那些反应稍慢或学习有困难的学生，创造各种条件和机会，让他们也能体验到成功的喜悦，如此创设的教学高潮才有现实意义。

三、创设教学高潮与合理分配时间的关系

课堂教学中，教师应有较强的时间意识。把宝贵的时间用在最重要的教学内容上，花在关键处。教育心理学研究表明：上课后的第4分钟至第25分钟是学生注意力最集中的时间。因此，课堂教学要做到“二快”“一慢”。“二快”即导课要快，一般不超过3分钟，使学生尽快切入重点内容的学习，切不可拖泥带水，浪费时间，影响课堂教学效率；课堂练习要随着学生熟练程度的提高逐步加快，这样既可培养学生思维的敏捷性，又可增大课堂容量。“一慢”是指学生进入重点、难点的学习之后，教学速度应慢，花费的时间应多一点，要给学生留足充裕的思维空间，响鼓重锤，反复强调，形成教学高潮。对那些非重点、难点、疑点

的内容应一带而过，使教学松弛有度，疏密相间，达到有序、省时、高效的目的。

四、创设教学高潮应有一个“度”

心理学研究表明：不同年龄的学生，大脑皮层的兴奋与抑制的活动规律不同，单调的刺激容易引起大脑疲劳。因此，要科学设置教学兴奋点，灵活运用多种教学方法，使课堂错落有致，不断地激活学生思维，掀起思维高潮，让学生思维始终处于兴奋状态。

创设课堂教学高潮是辅助课堂教学的一种手段，因此，形式要灵活多样，生动活泼，能激发学生的想象思维，调动学生的学习兴趣。掀起课堂教学高潮的次数要适宜，太多也就无所谓“高潮”了；次数少或者没有高潮，则不能有效地调动学生的积极性，课堂气氛沉闷，不利于学生对知识的掌握，更不利于教学目标的实现。

教学是一门科学，又是一门艺术。教学有法而无定法，贵在得法。正如中国科学院心理研究所博士生导师张梅玲教授所说的：一名非常热爱教育事业、热爱每一个孩子的教师，一定会把自己的职业看作将为之奋斗终生的事业，在实际行动上一定会主动地学习与教育有关的各种理论和经验，并十分重视把理论付诸具体课堂教学实践，使自己不仅爱教而且又会教，会教之后又会进一步增强爱教的情感，在“爱”与“会”的融合中，其课堂教学也就达到了更高的艺术境地。

愿我们每一位热爱教育事业的教师都能尽快达到这样的境地！

作者授课身影

第三章　精彩课堂的文化之基[1]

第一节　文化与课堂文化

文化是什么？解释颇多，这里不一一列举。文化是一种符号，是一种印记，更是一种力量，是一种让置身其中的每一个人都受到潜移默化影响并获得能量的氛围。好的课堂文化让人获得正能量，受到积极的影响，能促进师生的健康成长；坏的课堂文化让人获得负能量，受到消极的影响，会阻碍师生的成长和发展。

课堂文化是什么？课堂文化是教师和学生等多种教育要素在课堂教学过程中形成的影响师生获取能量的课堂印记、课堂力量，它包括课堂风气、心理环境、价值观念、思维方式与行为方式等。课堂文化既有受制度文化制约的相对稳定的特征，又具有主体间对话、互动而动态变化、不断生成的特性。课堂文化的核心，是课堂教学的价值取向和教学方式。课堂文化强烈地影响着教师和学生的课堂生活和行为，对课堂改革具有重要的制约作用。课堂改革能否顺利推行，关键是看课堂文化能否为其提供合适的生长和发展环境。当然，课堂改革也会影响、改变课堂文化，甚至创造新的课堂文化。从这个意义上说，课堂改革同时也是课堂文化的转型，是对课堂文化的重塑。坦率地说，我提出创造更加精彩的课堂，离不开当年在南宁沛鸿民族中学任校长时倡导并主持的课堂文化建设经历的影响和感悟。2012 年 11 月 15 日，在南宁沛鸿民族中学建校六十周年庆典系列学术活动之一的全国优秀中学校长“高中课改与课堂文化建设”论坛上，我与来自全国十多个省（区、市）的优秀中学校长分享了我的研究成果。

1.2012 年 11 月 15 日，在南宁沛鸿民族中学建校六十周年庆典（11 月 16 日）即将到来之际，由南宁市教育局主办，广西教育科学研究所、《广西教育》杂志社、广西雷沛鸿教育研究会协办，南宁沛鸿民族中学承办的全国优秀中学校长“高中课改与课堂文化建设”论坛在南宁沛鸿民族中学江南校区新落成的艺术中心礼堂举行，时任南宁沛鸿民族中学校长戴启猛在论坛上做“在传承中创新在创新中发展”主题演讲，与来自全国十多个省（区、市）的全国优秀中学校长分享学校在高中课改与课堂文化建设方面所取得的成果。本章主干内容引自此次演讲稿，文中列举案例参考了时任南宁沛鸿民族中学科研处主任刘方富老师撰写的南宁沛鸿民族中学“民主、合作、生动、有效”课堂文化建设阶段性总结材料。

记得当时我曾说："今天论坛的主题是'高中课改与课堂文化建设'，那么，高中课程改革究竟要改什么呢？我以为其核心在课程，但最终的落脚点在课堂。我想，再美好的课改理论最终还得靠全体一线教师落实到课堂中去才能真正取得课改的实效。华东师范大学郑金洲教授曾说，认识了课堂，才算真正理解了教育；改变了课堂，才算真正落实了新课程。那么，如何落实？如何通过以教师教学方式的改变促进学生学习方式的改变？一句话：构建新的课堂文化。"

第二节　课堂文化的重构

在新课程进入课堂的实施过程中，人们发现虽然课程改革谋求每一个学生的发展，追求教育的民主化和生活化、文化价值观的多元化、学生发展的个性化等教育理念，倡导自主、合作、探究、体验、对话等教学方式和学习方式，但是课堂里并没有真正发生课程改革所期望发生的这些变革，理论并没有转化为课堂现实，课堂教学在很大程度上仍然在原来的轨道上运行。课程改革仅仅局限于课堂教学活动本身，没有触及支撑课堂教学活动的课堂文化，是产生这种现象的重要原因。课程改革、课堂教学活动和课堂文化这三者的关系，就如同海面上的风、海面与深层的海水的关系，当风从海面上刮过，海面可能涌起波涛，但是深层的海水可能还是那样的平静。自上而下的课程改革，若没有课堂文化变革的呼应，课堂教学活动极有可能在一阵喧嚣与躁动之后归于平静。

课程改革的深入推进对课堂文化的重建提出了紧迫要求，课堂文化的变革或重建势在必行。福建师范大学基础教育课程研究中心余文森教授对课堂文化重建进行了研究，他认为：课堂教学改革是课程改革的重头戏，课堂教学改革绝不仅仅是观念、模式、方式、行为的变革，即教学活动本身的改革，它首先而且主要是课堂文化的重建——这是核心、根本和终极追求。

华东师范大学基础教育改革与发展研究所研究员冯大鸣教授认为，学校文化领导不同于制度管理，不能依靠由上至下的垂直贯彻，而主要依靠同事间日常共处中的横向弥漫。课堂文化建设也是如此，我们在构建新的课堂文化时，坚持走群众路线，即从群众中来，到群众中去。注重传承，理念引领，在传承中创新，在创新中发展。

2011年春季学期，南宁沛鸿民族中学分别在两个校区20多个教研组中开展有效课堂的大讨论，要求各教研组集中回答时任校长的我向全体教师提出的三个问题：

“就本学科课堂教学而言，我们存在的最大问题是什么？

“就本学科课堂教学而言，我们应遵循哪些教学原则？

“就本学科课堂教学而言，我们应关注哪些教学环节？”

经过近两个月的讨论与思考，每一个教研组均提出本学科课堂教学改进和加强本学科课堂文化建设的意见和建议。

一、课堂教学存在的问题

初中数学组经过讨论，认为存在的最大问题是：学生不会主动学习，缺乏动力、热情，老师教得很累却无效果。学生不愿意去反思，更不会去归纳、迁移。本学科教学最应该遵循的原则：将学习与生活实际相结合，让学生有动力、有兴趣学习，快乐学习，学有所获。本学科最应重视的环节：数学思维能力的培养。

初中政治组通过讨论认为：本学科教学中最应关注的环节是如何设计、落实和调控好课堂教学中的合作环节，促使学生探究学习和合作学习，引导学生学会发现问题、分析问题和解决问题；培养学生的创新思维、创新精神和实践能力，从而树立正确的人生观、价值观和世界观。

初中语文组更是对本学科教学存在的问题进行了深刻的反思：当应试教育和素质教育产生矛盾时，语文课堂功利化、简单化地趋向了应试教育。其中最大的问题就是在现行招生考试制度、评价制度与计划生育国策制约下教育的功利化。这种现象，由高中起始，迅速蔓延到初中。很多老师迫于学校评价和社会期盼的压力，在应试教育和素质教育产生矛盾时无奈地选择了前者。于是我们的课堂上，老师讲得多，学生参与少；课后，学生练习多，阅读少。从学科性质来说，语文是最具人文性的，应该是非功利的。上海市语文特级教师郑朝晖老师说：“语文能力不是知识结构的习得，而是体验的积累与提升。”人民教育出版社中学语文室副编审聂鸿飞也曾反复强调，语文的学习，要“少做题，多看书”，但学生阅读量锐减，阅读体验生成微薄，课堂就难以互动。我们的老师，在无奈中屈从，在屈从中习惯，这是一个痛苦的过程，悲哀的结局。这个问题，不是我们一所学校的问题，而是一个普遍的问题，有这两年不断下滑的中高考语文平均分为证。

在充分思考的基础上，初中语文组提出：本学科教学应遵循以学生为本的原则，着眼于学生的终身发展，培养学生的语文素养。最应该关注文本的研读及学生的参与和发展的环节。

高中各学科教研组的讨论同样热烈，其中高中数学组老师们认为存在的主要问题是：学生按老师预先设置好的教学模式学习，一味听从老师的现象普遍存在，这大大地限制了学生的发散性、创造性思维能力的培养。学生在课堂上基本就是听与记，缺乏主体参与，丧失主体地位，更丧失创新能力。

二、课堂教学应遵循的教学原则

1. 情境性原则。创设问题情境，切实采取有效方法方式激发学生的兴趣。

2. 层次性原则。教师应从不同层次学生的学习基础出发，组织学生参与教学活动，使他们在原有的学习基础上通过参与教学都有所发展，即不同的学生都能在解决问题中得到自我能力的最佳发挥，有自己特有的收获。

3. 发散性原则。学生通过参与教学活动使其发散性思维得到发展。

4. 适度性原则。由于课堂教学受到课时的制约，教学内容容量要合适，在教学中应把握好开放的程度，必要时教师可做一些铺垫。

三、课堂教学应关注的教学环节

高中数学学科最值得关注的环节：

1. 课堂“数学化”[1]过程。

2. 学生解决问题的过程。

3. 学生的课后反思过程，等等。

显然，过去老师们对这一类问题的讨论和思考太少，甚至从未讨论和思考过，所以各学科老师对何为“最”还拿捏不准，因此我在这里提出“最”应遵循的教

1. 数学化也可以称为数字化、字符化，是在各门科学研究实践中广泛应用数学方法的整个实施过程。随着人类社会发展和科学进步，数学广泛渗透到自然科学和社会各领域。是把数字的高度抽象性、严格逻辑性、语言简明性、广泛实用性集中用于人类进行理论思维、逻辑分析、认识客观世界的一种辅助工具和表现手段，以达到规范系统的高度。由于经典（精确）数学、随机（概率）数学、模糊数学以及灰色系统理论的不断发展，数学计量方法已被广泛地应用于社会的各行各业，使之对事物的经验定性描述发展到科学的定量与定性相结合的阶段，又使得自然科学、社会科学乃至思维科学都能加以较准确地计量判别，从而评出事物间的优劣等级，达到消除纯经验定性弊端的目的。

学原则和“最”值得关注的教学环节，供各位同仁参考借鉴。

与此同时，学校从两个校区选派优秀骨干教师，分三批到当时区内外课改名校听课观摩其“合作课堂”模式。在此基础上，我亲自主持召开各学科教研组长会议，讨论学校应努力构建怎样的课堂文化。经民主讨论，上下互动，集中智慧，最终达成一致共识：提出构建“民主、合作、生动、有效”的课堂文化。

2018 年 12 月 17 日，作者在桂林独秀书房

第三节 理解新课堂文化

如何理解“民主、合作、生动、有效”的新课堂文化？当时，我们在学校两个校区的各教研组开展了广泛而深入的探讨，今天回过头来看，探讨的过程实质上就是再学习、再思考的过程，更是落实和交流的过程。

一、何为民主、何为民主课堂

民主，意味着自由、平等、尊重、多元、包容、协商、和平等观念，这些观念渗透于社会的每一个角落，体现于生活的每一个细节。民主，要求教师相信学生的潜能，相信每个学生都蕴含着发展的无限可能性；相信在日常生活与工作中，教师与学生之间能够和睦相处、真诚合作。

遇到学生上课说话或不说话，中国老师与美国老师的两种不同反应值得我们思考。

学生上课说话，中国老师会以为：“我讲得真的那么没意思吗？你们都想替我讲了？”

学生上课不说话，美国老师会以为：“我讲的内容那么无趣吗？你们怎么这么沉默？”

这一现象，值得我们反思中国的课堂文化。老师不一定什么都懂，有的老师有知识，不一定有思想；有的老师既有知识也有思想，但也是思想之一种。而学生是多元的，可以无拘无束地发挥自己的想象力、创造性。因而，要培养学生的创新精神与民主意识，需要构建民主课堂。

民主课堂教学模式的本质是：教师与学生具有相同的权利，即民主课堂让每个学生都自愿参与与课堂学习相关的各个环节。它是西方民主教育理念的具体体现。民主课堂最早是由美国加利福尼亚大学教育系 Art Pearl 教授等提出来的。它的目的是为学习者提供一个最佳授业与育人的课堂环境,以满足学习者在舒适感、胜任感、意义感、实用感、兴奋感、创造感等诸多方面的要求，从而使学习者最大限度地发挥自主学习的潜能，提高学习效率。

通俗地说，民主的课堂就是充满民主教育理念的课堂，它意味着教师对学生能力与潜力的无限信任，意味着教师必须尊重学生原有的基础与个性，意味着师生是在探求知识真理道路上志同道合的伙伴和朋友，意味着还学生自主学习的权利，意味着让学生成为课堂的主人……“民主课堂”是建立在师生人格平等基础上的课堂，是以师生积极交流对话生成为主的课堂，是使学生真正成为学习主人的课堂，是充满生命幸福与人性光芒的课堂。

“民主课堂”的核心理念：让学生成为课堂的主人。这是“以人为本”的教育理念在课堂上的真正体现。让学生成为课堂的主人，就必须变革课堂中的师生关系，把教师“教”的过程变为学生“学”的过程，让教师的“教”服务于甚至服从于学生的“学”。教学民主也是新课程的核心理念和价值追求。它是一种教学思想、教学理念，是一种教学制度、教学规则，是一种教学作风、教学态度。

著名特级教师李镇西老师任成都市武侯实验中学校长时曾提出民主教育的八个特征，并不断践行，努力推动着中国的课堂教学改革。这八个特征是：

第一，民主教育是充满爱心的教育。充满爱心的民主教育是充满人性、人情和人道的教育，而不是专制教育中的非人教育。

第二，民主教育是尊重个性的教育。尊重个性，就是要尊重学生的主体性，尊重学生发展的主动性，承认他作为个体的差异性。

第三，民主教育是追求自由的教育。尊重学生心灵的自由，就是尊重学生思想的自由、情感的自由、创造的自由。

第四，民主教育是体现平等的教育。真正优秀的教师应该是学生的引路人，也是和学生一起追求新知、探求真理的志同道合者。合作学习的态度，就是平等精神在民主教育中的体现。

第五，民主教育是重视法治的教育。教育中的法治精神还体现于学生班级管理从“人治”走向“法治”，让学生在实践中受到民主精神、法治观念、平等意识、独立人格的启蒙教育。

第六，民主教育是倡导宽容的教育。民主本身就意味着宽容：宽容他人的个性，宽容他人的歧见，宽容他人的错误，宽容他人的与众不同。在充满宽容的课堂上，不应只有教师的声音；教师更不应该将自己定于一尊，而应允许学生有不同的看法。

第七，民主教育是讲究妥协的教育。在民主教育过程中，如果说“宽容”是善待他人的不同观点，那么“妥协”则是对话双方都勇敢地接纳对方观点中的合理因素，彼此相长，共同提高。

第八，民主教育是激发创造的教育。民主是对人的本质的解放，而人的本质在于创造。发展学生的创造精神，是民主教育的使命。

二、如何营造民主课堂

（一）开发和利用学生资源，激发学生学习兴趣，及时提醒注意力分散的学生

所谓学生资源，是指在课堂内外，可被开发者利用的、有助于提高教学效率和实现课程目标的学生的体力、智力与情感等因素的总和及其形成基础，主要包括学生的经验、知识、感受、见解、问题、困惑、兴趣、创意、态度，学生间的差异，学生的社会生活信息，学生的思维方式，学生的错误等。

新课程方案要求：课程选择应体现时代精神，贴近社会生活，贴近学生生活。在传统教学中，学生的生命力在课堂中得不到充分发挥，学生在课堂上实际扮演

着配合教师完成教案的角色。新课程方案要求教师在教学中开发与利用学生资源，这样能充分突显学生的主体地位，激发学习兴趣，实现教学的生活化，提高教学的有效性，让课堂焕发生命的活力。

课例1

数学学科苗园园老师在2011年南宁沛鸿民族中学"青蓝杯"比赛中执教课例的教学设计贴合学生实际，并且是学生很感兴趣的现实问题：以"三月三"民族传统美食和物品采购的效益最大化方案为背景引出课题，利用广受学生喜爱的《非常6+1》节目为组织方式，设计出贴合学生现实的问题，极大地激发了学生的学习兴趣和解决问题的积极性。

课例2

历史学科刘方富老师执教《甲午中日战争》一课时，首先播放了一段甲午中日战争期间，李鸿章和当时的日本首相伊藤博文进行谈判的一段动画片，并一本正经地说："今天老师给大家带来了一段动画片，可惜只有画面，没有声音，不知道你们能不能看懂。"有的学生建议："给动画片配上解说词吧!"刘老师说："好主意。在正式配音之前，老师建议大家把课本上的资料仔细阅读一下。然后，小组合作，看哪一组配音效果最好。"在接下来的配音练习中，学生们出了不少笑话，但都能紧扣动画片的主题，表现出了两位人物截然不同的心态和语气。学生在自评与互评中交流着各自的看法和独特体验，不仅熟知了课本的内容，更锻炼了他们观察问题、分析问题的能力。

在这一课中，刘老师还设置了让学生"以不同的身份给慈禧太后写信"的情境，并把写信、提建议、分析事件等多项实践活动巧妙整合，这是一项融观察、分析、想象、创新于一体的多维度、高效率的思维活动。让学生以不同身份给慈禧太后写信，旨在促使学生从不同的角度与教材展开对话。当学生以大臣、平民、朋友、儿子的身份，站在不同立场，与教材展开对话时，对话的实质已经超越了教材，跨越了时空，不仅是和教材对话，而且是与历史交谈，实现了学生的"现实世界"与教材的"历史世界"的融合。"对话"的本质不是把一种观点强加给另一方，而是一种共享，一种平等，一种民主。

一堂令人难忘的好课，必然是师生在和谐、民主、平等的气氛中交流互动，在充满人文关怀的背景下实现生命的成长。课堂给予学生的不单单是知识的传授、技能的形成，更多的是学习动机的唤醒、学习习惯的养成和思维品质的提升。

1. 课堂教学中捕捉与利用学生资源的策略：

（1）善于观察，关注动态生成；

（2）学会倾听与讨论，放大学生创新思维；

（3）鼓励学生，欣赏学生，多元评价；

（4）利用学生丰富的情感，创造共鸣，内化价值观；

（5）利用分层教学，关注差异资源；

（6）捕捉与利用学生的质疑。

2. 课堂教学中开发学生资源的有效途径有：

（1）开展多样化调查，了解学生资源；

（2）创设情境，营造氛围，挖掘学生资源；

（3）借助语言艺术，引发学生资源；

（4）变革学生学习方式，激活学生资源；

（5）通过研究型社团活动，开发学生个性资源与兴趣资源；

（6）通过评价方式的多样化调动学生资源。

（二）用心倾听学生的不同见解，多方式多渠道地与学生平等交流

民主的课堂就是在教师的引导下，学生以极大的热情参与课堂教学。在课堂上，他们能够无拘无束地发表自己的见解，表达自己的情感；在与同学的讨论中，在与老师的交流中能随时迸发出智慧的火花。这样的课堂，才能较好地启迪学生的思维，较好地开发学生的智力，较大地提高学生的能力。

1. 教师要宽容，用心倾听学生的不同见解

教师的宽容，说到底仍然是尊重学生思考的权利，并给学生提供发表独立见解的机会。不要怕学生说错，不跌跟头的人永远长不大，所谓“拒绝错误就是毁灭进步”，正是这个意思。课堂应成为学生思考的王国，而不只是教师思想的橱窗。如果不允许学生说错，无异于剥夺了他们的思考的权利。在充满宽容的课堂上，不应只有教师的声音，教师更不应该定于一尊，而应允许学生有不同的看法，在教学的过程中引导学生独立思考，提倡学生展开思想碰撞，鼓励学生发表富有创造性的观点或看法。努力使整个教学课堂具有一种开放性的学术氛围，让不同层次的学生既有共同的提高又有不同的收获。

课例 3　是否拥护"天朝田亩制度"

2011 年 9 月 10 日，历史学科刘方富老师在高一（7）班执教《太平天国运动的兴起与发展》一课时，需要对"天朝田亩制度"进行评价，刘老师没有以评价的形式问，而是让学生阅读课本的节选材料，然后创设了一个情境：假如你是当时的一位农民，你会拥护"天朝田亩制度"吗？为什么？

学生马上讨论起来，有一位同学根据课本的传统观点，认为应当拥护，理由是从当时农民与封建地主关系的角度来看，有了这一制度，农民可以分到田地，不再受压迫。还有一位同学说，虽然当时因战争环境没真正实施，但有目标就有了方向，才会去奋斗。此时，另外一位女生突然站起来说："我不赞成你们的观点，因为绝对分配不利于促进生产者积极性，同时，每户留足口粮，其余归圣库，意味着农民没有多余的产品可交换，不利于商品经济的发展。"

听到不同的观点，当时刘老师很高兴，尤其是最后一位同学能从经济学的角度分析该制度弊端，这是一个难点，她却能想到，真是难能可贵。接着刘老师转头问其他同学："你们赞成她的观点吗？"绝大部分同学都表示赞同，刘老师借机表扬了这位女同学独到的见解和陈述自己观点的勇气。相信这一幕会给这位女同学留下深刻的印象，也许就是因为刘老师的这一次鼓励，让她深深地爱上了历史，也有可能因为刘老师的这一次肯定，改变了这位女同学的未来选择和人生规划。

民主教育就是要求每一位教育者要重新审视师生关系。教师应善于在教学过程中以自己的宽容向学生示范，在鼓励每一个学生珍视表达自己见解权利的同时，也尊重别人发表不同看法的权利——既勇于表达又善于倾听，既当仁不让又虚怀若谷。

课例 4　学生小组合作讲评试卷

每次测验的试卷，批改完后，老师都会把试卷上所有的题目根据题序、学生答题情况及题目的难易程度分成若干题组，学生分组合作学习（每组 4～6 人），让小组针对本组成员的答题失误开展讨论、整理本组成员的错题解答心得，然后选择一些小组代表讲评分享，老师则以学生的身份认真倾听，不轻易评价对与错，而是适时引导学生展开他们思维的过程，问其他组是否有不同的看法。出现不同意见时，其他组会很踊跃地补充。

当教师认真倾听、与学生平等交流时，就会发现他们的很多创新思维（或亮点），使课堂焕发生命的活力，也会更加了解学生资源。

2. 与学生平等交流

平等，还不仅仅是人与人之间尊严的平等，更重要的是人与人之间权利的平等，特别是学生受教育的权利的平等。学生是否真正享受平等的受教育权利，在很大程度上还取决于教师是否真正平等地尊重每一个学生：教学活动，是让少数“精英学生”独领风骚呢，还是让所有学生共同参与？上公开课，是只让个别“尖子生”举手答问以显示教学效果呢，还是让每一个学生都积极参与讨论以展示所有学生的真实思维状况？……这些都体现出教育者是否真正平等地尊重学生的权利。

教师不但应该对所有学生一视同仁，而且还应该在教学中营造一种师生之间互相尊重、真诚友好、平等相处的氛围。让学生在这平等的氛围中感受平等，并学会平等相处。

（三）积极鼓励学生对老师或同学的观点大胆质疑

民主是对人的本质的解放，而人的本质在于创造。发展学生的创造精神，是民主教育的使命。所谓“激发创造”，在我看来，不是对学生进行“从零开始”的所谓“培养”，而是“发展”他们与生俱来的创造性。首先是要点燃学生的思想火炬并使其熊熊燃烧，让学生拥有自由飞翔的心灵。我坚信，每一位学生都有着巨大的创造潜能，所以，教师要做的，是提供机会让学生心灵的泉水无拘无束地奔涌，说得通俗一点，就是要让学生“敢想”。创造，意味着思想解放。而学生一旦获得了思想解放，他们所迸发出来的创造力往往远远超出我们的想象，出乎我们的意料。

积极鼓励学生对老师或同学的观点大胆质疑。明代教育家陈献章说过：“学贵有疑，小疑则小进，大疑则大进。”它说明了质疑在学习过程中的重要作用，是学生提高能力的重要方法之一。因此，教师在教学中应培养学生大胆质疑，敢于提出问题，并能自己思考和解决问题的能力，从而培养学生的探索创新精神。那么，用什么方法培养学生提问的习惯呢？这就需要教师创设一个宽松和谐的教学氛围。现在的学生对新事物、新知识的好奇心很大，对老师讲授的新知识都有很多疑问，但很多老师会觉得在讲授新知识的时候，同学们都不敢提出问题，究其原因：老师对学生提出的问题不耐烦，认为“这么简单的问题还问，能力太差”。

久而久之，则导致学生不愿提问。殊不知，新知识对教师而言是已教过多遍的旧知识，所以教师认为轻而易举就能解决，但这些知识对每一个学生来说却都是新内容，对它的认识、应用都会有难度，需要老师帮助解决。老师应耐心细致地为他们解答问题，即使是价值不大的问题，也不能随意地批评他们，而应给予学生积极的肯定，这样就能激发学生质疑的积极性，使学生敢于畅所欲言，从而增强学生的学习积极性。

比如，有经验的老师在设计辅助教学的学案时，都会在最后一个环节让学生把学习中遇到的困惑记录下来，以小组为单位递给科代表或直接交给老师，然后筛选出有代表性的问题，在课堂上组织同学们一起来讨论解决，教师适时对提出有深度的问题的同学给予充分的肯定和称赞。

（四）教态亲切自然，氛围轻松和谐

营造轻松和谐的氛围是民主课堂的保证。新课程背景下，教师不再处于高高在上的地位，课堂也不再是教师的“一言堂”。教师要在教学活动的组织上、教学内容的讲解上、教学效果的评价上及师生关系的建设上真正做到放下权威、尊重学生、珍视差异、培养个性，努力创设一个宽松的环境和积极向上的班级共同体。一个民主的课堂一定是充满友爱和愉悦、积极和向上的课堂，那些给人带来恐惧、紧张、压抑、不安和没有归属感的课堂是冷漠的课堂，这样的课堂气氛不可能鼓励学生积极参与教学活动和民主决策，也注定不是民主的课堂。那么，如何营造轻松和谐的氛围呢?

1. 学会微笑

著名教育家于永正曾说：“教师的微笑对学生来说，是理解，是信任，是鼓励，是宽容，他们从微笑中感受到老师的爱，对生活充满了自信。教师的微笑是世界上最美丽的笑容，是暖暖的阳光，是涓涓的清泉，是和煦的春风，是绚丽的花朵……”微笑可以缩短人与人之间的距离，它是一种无声的问候，它对构建轻松和谐的课堂氛围起着十分重要的作用。

“微笑是教师职业的需要”，教师走向讲台时，就像演员走向舞台一样，应立即进入角色。无论在生活中遇到什么不愉快的事情，决不能将情绪带入教室，应用微笑给课堂定下一个愉快而舒适的基调，为学生创设一个良好的学习心理环境。作为教师,我们面对的是活生生的孩子,在课堂上各种各样的问题都可能发生。

课例 5

一位语文老师正在讲毛泽东的《沁园春·雪》，讲着讲着，一个特调皮的男孩唱起了《塞北的雪》，虽然声音很轻，可是全班学生都听到了。此时，大家都把目光投向了那个学生，有的脸上出现厌恶的神情，大概觉得这样捣乱不应该；有的学生竟狂笑了起来，或许觉得有好戏看了。面对这种突发情况，这位老师停止讲课，咳嗽了一声，面带笑容地对大家说："秋天到了，冬天还会远吗？这位唱歌的同学唱得多深情呀，我们班的文艺委员非他莫属。"全体学生竟然鼓起了掌。

反思一下，如果这位老师采取强行阻止或批评的方式处理，学生会认为教师太权威，不给他们面子，还可能带动一大群孩子上课捣乱。老师们，不妨一试，微笑教学会让你收到意想不到的效果。

2. 运用中肯、风趣、幽默、健康的口语和亲切、和蔼的体态语

有人称教师的工作为"舌耕"，维系课堂教学全过程的是教师和学生间的互动对话。教师使用的语言，对于营造良好的课堂气氛起着重要作用，直接关系到师生互动的好坏，关系到学生思维活跃的程度。风趣、幽默的语言可以引人注意、愉悦心情、引发兴趣、激发心智；中肯、健康的语言可以增强人的自信心、上进心。亲切的目光，干练利索的动作，自然优美的姿态，会使学生变得活跃、大方、生气勃勃。

课例 6 《赤壁赋》

语文老师执教《赤壁赋》，当他向学生介绍这是一篇自己很喜欢的非常优美的辞赋时，一个同学却小声说道："等我老了以后再来喜欢。"老师没有反驳这个学生，而是轻轻拍着他的肩膀，顺着他的话说："不必等到以后，我们可以进行跨越时空的'爱恋'，让我们大家都戴上白发，贴上胡子来爱恋《赤壁赋》一回吧。或许你今天真的会喜欢上它呢。"话音一落，全班大笑，紧接着就愉快地进入到集体研读、整体感知的学习中。

民主、活跃的气氛，极大地激发了学生的学习兴趣，学生的学习积极性也随之提高。在教学中，老师的每一个举动、每一句话都会影响到学生的学习情绪，影响到整个课堂的师生互动。老师的语言、体态得当，不仅能激活学生课内的思维，而且还能扩展学生的思维，激起学生课外学习的欲望。同时，还可以启发教师不断修正自己的教学，真正实现师生互动、师生互学的目的。

民主课堂既要有“度”，又要有“理”。“度”是指民主与集中是相对的，不能强调民主，就认为课堂是海阔天空，漫无边际。

课例 7

有一节《游褒禅山记》的公开课，整整一节课，除课程开始请一个同学读过一遍课文之外，其余时间就是全班同学“穿越时空隧道”与王安石“对话”。二十几个同学，你方说罢他登场，没有一个“论域”、没有一个话题，海阔天空、信马由缰。热闹是热闹，民主是可谓极为民主，可热闹之后呢？一团乱麻，没有正误的判断，谈不上知识的吸收。

要建设真正民主的课堂，那就要正确认识课堂中的师生关系，别把“热闹”作为“民主”的尺度。而是要服务于学生的“学”，对学生的观点要恰当点评，对学生不妥的观点要及时纠正，做到围绕目标，有的放矢，适时引导，张弛有度。把握“度”关键要掌握课之“理”。学生主要依靠直觉思维和创造性思维进行知识体系的构建，“探索”“获取知识”应是开放性的过程，需要宽松的、民主的，甚至紧张的气氛，但又离不开教师的指导，这个指导既要有条理性，又要蕴含深刻的哲理。如此才能较好地实现由“感”到“知”的转化。追求表面的活跃，忘了课堂学习的本性，课堂“民主”就失去了意义。比如《阿 Q 正传》的教学，文中许多幽默的描写，会让学生一下子就喜欢上那个滑稽、可笑的阿 Q，他们都会很激动，课堂气氛也会异常热闹。这时，引导学生去认识、感受、体验鲁迅笔下阿 Q 的生活、思想，去感悟阿 Q 留给我们的种种思考，才是具有民主本质，引导学生积极参与的好课。

总之，学生在课堂上所进行的学习是一种发展性学习，教师只有充分发挥学生的主动性，尽力为他们营造一个和谐、民主的课堂气氛，用感情激发他们的感情，用智慧启迪他们的智慧，让他们在学习中意识到自己的力量，体验到创造的乐趣，做到“乐知好学”，才能真正实现师生间的最佳互动，最终提高课堂效率，达到教学的预期目的。

三、合作课堂基本范式、小组构建、如何合作

（一）合作学习及其方式

合作学习是 20 世纪 70 年代初兴起于美国，并在 20 世纪 70 年代中期至 80

年代中期取得实质性进展的一种富有创意和实效的教学理论与策略。由于它在改善课堂内的社会心理气氛，大面积提高学生的学业成绩，促进学生形成良好非认知品质等方面实效显著，很快引起了世界各国的关注，并成为当代主流教学理论与策略之一，曾被人们誉为“近十几年来最重要和最成功的教学改革”。自 20 世纪 80 年代末、90 年代初开始，我国也出现了合作学习的研究与实验，并取得了较好的效果。

合作学习是一种结构化的、系统的学习策略，由 2 ～ 6 名能力各异的学生组成一个小组，以合作和互助的方式从事学习活动，共同完成小组学习目标，在提升每个人的学习水平的前提下，提高整体成绩，获取小组奖励。

当前，在国内外普遍采用以下 5 种合作学习的学习方式。

1. 问题式合作学习

问题式合作学习是指教师和学生互相提问、互为解答、互做教师，既答疑解难又能激发学生的学习兴趣的一种合作学习形式。这种合作学习模式又可分为生问生答、生问师答、师问生答，抢答式知识竞赛等形式。在实施教学时，应根据学生的学习心理特征设置问题。

2. 表演式合作学习

表演式合作学习即通过表演的形式，激发学生的学习兴趣，培养学生自主探究的学习品质，或作为课堂的小结形式，检验学生对所学知识的理解。

3. 讨论式合作学习

讨论式合作学习即让学生对某一内容进行讨论，在讨论的过程中实施自我教育，以达到完成教学任务的目的。

4. 论文式合作学习

论文式合作学习是指教师带领学生开展社会调查实践，并指导学生以论文的形式汇报社会实践的结果。此类活动一般每学期举行 2 ～ 3 次，主要在寒暑假进行。

5. 学科式合作学习

学科式合作学习是指将几门学科联合起来开展合作学习。如语文课学了与春天有关的文章，可让各学习小组围绕春天去画春天、唱春天、颂春天，找与春天相关的各种数据、观察与春天相关的各种事物等，最后写成活动总结。

显然，我们这里提及的合作课堂采取的学习方式主要是问题式合作学习、表演式合作学习和讨论式合作学习。

（二）合作课堂的基本范式及时机

1. 合作课堂的基本范式

合作课堂的基本范式分为以下四个步骤。

（1）预习。包含学生课前预习课文、完成教师设计的用以辅助教学的学案和记录疑惑等思考过程。

（2）小组合作交流、展示成果。学生通过组内交流后对所学内容进行展示，是学生对于学习过程中的知识与技能的学习、过程与方法的思考，以及情感态度与价值观的感受和提升等，进行全面的交流和展示的探究过程。具体包括：任务分工、合作探究、精彩展示、反馈以及总结提升。

（3）教师精讲和点拨。一是针对学生的展示进行点评。二是对学生模糊不清的疑难，给出启发式的帮助或做出明确的答复。三是对重难点问题进行点拨讲解，归纳方法和规律。教师的讲要语言简练，直奔问题，点深点透。四是针对展示的情况对小组和个人进行科学的评价。

（4）当堂测评。对预设的学习目标进行回归性的检测。检测方式可以是口头检查，也可以设计题目进行书面检测，还可以是其他方式，总之要根据当堂内容灵活进行，注重实效。

在合作学习的具体实施过程中，可能会面临如下挑战：

第一，分组如何兼顾学生意愿？大多数合作学习者主张分层随机分组，也就是根据学生的性别比例、个性特征、学业水平、交往技能、守纪情况、家庭背景等分类分层次随机分组，其理由是异质分组能创造多样化的学习环境。但在小组合作的过程中，若小组成员间彼此互不信任，就不利于学生之间互相帮助和深入交流。并且异质小组内交往的双方往往彼此间缺乏共同语言，难以互相开启心扉，敞开各自的信息库，形成信息互补、心心相印、和谐共存的氛围。

第二，分组如何兼顾学习进度？学生学习同一材料的速度是不一致的。在小组合作学习中，一些能力差的学生要么跟不上小组的速度，要么死记硬背学习内容，勉强赶上。如果小组因害怕这些学生掉队，而放慢甚至暂停小组学习，辅导他们，这对于大部分学生来说是不公平的。

第三，分组如何对待“小权威”？异质小组内不可避免地出现能力强的学生控制小组的局面，这便阻碍了全组成员平等参与小组活动，尤其对内向、文静的和能力较差的学生不利。“小权威”往往独断专行，包办任务，以自己的见解代替全组的想法。那些内向的学生不敢或不愿表达思想，做出自己的解答，最后沦为“复制”“小权威”思维成果的听众。不仅如此，“小权威”的出现还会为懒惰的学生营造“避风港”。懒惰的学生在小组内不出力，却享受小组共同的成果。

第四，如何处理组内冲突？由于小组内成员的个性、背景等各不相同，小组内容易出现争吵、不愿合作的情况，影响正常的教学秩序。

第五，奖励如何实现公平？合作学习中，教师采取一些模式来鼓励学生。例如小组的每一个人完成了一个工作单元或一次好的测验时，将其总分进行汇总，按小组的成绩（即分数）决定是否给予奖励；另一种模式是按小组的得分进行平均，把平均分数作为小组成员的个人成绩，以平均分作为是否给予奖励的依据；第三种是一个小组完成一项集体任务得一分，在一段时间内所得到的分数作为这个小组每个成员的得分。这三种模式对小组中某些成员是不公平的。

第六，小组人数多少合适？合作小组规模究竟多大为宜，合作学习研究者没能达成一致。有的人主张小组人数应该尽可能地少，以便保证小组内人人尽责，每个人有充分的时间参与活动；另外一些人则认为小组人多有利于形成丰富多样的学习环境，这造成实践中教师随意安排小组人数，导致合作学习寡效。

所有这些挑战，都需要我们教师在开展合作学习、构建合作课堂中逐步去磨合、化解，从而找到一个平衡点，以求获得合作学习的最佳效果。

2. 合作学习的时机

在课堂教学中，什么情况下开展合作学习比较适宜呢？

（1）解题时。学生在独立学习或解题时，往往会碰到似曾相识，但又无从下手，不能立即解答的问题，甚至对自己的想法和思维产生疑问，并且又希望从别人的发言中受到启发，从别人的评价中得到验证，同时又有对解决问题的渴望，自然会产生一种比较强烈的交流欲望。这时，开展合作学习的效果较好。

（2）操作实验时。在教学中，许多学科的知识需要学生用看、听、问、量、画、剪、拼等操作方式来探究、发现和总结出规律和结论，有时仅靠个人的力量是不够的，需要师生、生生间的互相合作，依靠集体的智慧去实施和完成。

（3）意见不统一时。在分析和解决问题过程中，有时会出现较大的意见分歧。

这时的思维矛盾和认知冲突是学生产生学习动机的源泉，也是学生参与合作学习的极好时机。可以形成极为浓厚的研究氛围和强烈的求知欲望，模糊的地方可以质疑，不同的观点可以辩论。在这种过程中，思想的交锋，智慧的碰撞，思维的积极性、主动性和敏捷性，语言表达的完整性和准确性都将得到相应的提高。

（三）合作学习的小组构建及操作要素

1. 合作学习小组构建

一般情况下，学生分为 4 ～ 6 人一组（以 6 人组为主），按学生座位就近的位置分组，这样有利于他们更方便地交流信息，也有利于小组内的合作学习。

小组一般情况下设常规组长，管理小组的常规事务，同时建议分设各学科的学科组长，不同的学科组长可以由不同的学生担任。小组学习强调的是对小组进行凝聚力的建设，强调学生的合作意识、合作技能以及合作相处的技巧等方面的训练。基于小组的作用，合作课堂的评价应强调小组评价和个人评价相结合的方式，尤其要注意的是每位小组成员都要力争发挥独特的作用和做出独特的贡献。在课堂上，老师需要面对的常常是若干小组而不仅仅是若干个个人。

2. 合作学习的操作要素

要使合作学习能够切实有效地开展，教师在组织合作学习时必须尽可能多地渗透以下要素。

（1）明确学习目标。在实施合作学习之前，教师必须向学生讲明，通过合作学习，他们必须掌握哪一方面的知识和技能，即学习目标要明确。

（2）认可既定目标。全体学生必须接受和认可既定的学习目标，每个小组的全体成员必须把他们所在小组的学习目标当作必须完成的任务来对待。

（3）恰当选择内容。教学中，有的内容适合于合作交流，有的内容适合于独立思考，有的内容适合于动手操作，有的内容适合于教师演示，等等，因而教师要根据教材内容和学生的实际情况进行选择。要选择有一定思考价值的问题，要靠近学生思维的最近发展区，让学生“跳一跳”能够摘到“果子”。一般说来，对于那些空间较大的问题，如条件、问题、思路、答案具有探索性和开放性的问题可采用合作学习的方式。

（4）提前进行指导。教师必须在实施前给学生以明确的指导，包括学生要做什么、以何种次序、用什么资料以及证明学生已掌握知识和技能的考核办法等。

（5）控制小组差异。小组的成员组成必须多元化，即小组内成员之间必须有一定的差异，包括学习能力、家庭背景、个性特征和交往技能等方面的差异，使学生能够接触到尽可能多的不同观点，增大知识面。

（6）同等成功机会。让每一个学生相信自己享有和别人一样的学习机会和成功的机会。

（7）积极相互帮助。使学生在合作学习过程中能够积极地相互依赖、相互帮助。教师分配给每一个小组的学习任务要求学生只有通过互相合作才能完成，让学生感到他们是一个战斗集体，谁也离不开谁。

（8）当面直接讨论。要求学生必须进行面对面的直接交流和讨论。

（9）掌握社交技能。要求学生要学会与别人积极交流、友好相处，学会处理问题，学会接受建设性批评意见，学会妥协和谈判。教师要向学生讲明正确的社交行为和社交技能。

（10）加工内部知识。每一个学生都必须完成一系列与学习目标相关的内部知识加工任务，如理解、解释、建立知识点之间的联系，赋予含义，组织数据和评价所学知识的相关性以及应用所学知识。

（11）掌握所学知识。教师在实施教学时必须考虑要让学生能够真正理解和掌握应学内容知识的重点，学习目标和考试内容要一致。

（12）保证学习时间。教师必须提供每一个学生和小组应有的充足的时间以便完成学习目标，否则学习效果会受到影响。

（13）完成个人职责。合作学习的目的是提高学习效率。每一个成员都必须对自己承担的任务负责，因而事先必须对每个学生的能力有一个正确的估计，分配给他相应的力所能及的学习研究任务。

（14）表扬学习成果。对小组在学习中获得的成功进行认可和表彰，对出色完成学习任务的小组给予认可和实质性的鼓励和表扬。

（15）总结学习结果。小组合作学习任务完成后，指导学生对以下几个方面进行分析总结：①小组学习目标完成得如何；②在学习中互相帮助得怎么样；③在小组中的协作精神、学习态度好不好；④下次怎样做得更好。

（四）如何合作及其技术要求

我们的民主、合作、生动、有效课堂文化建设，对课堂如何合作做了如下要求：

1. 引发学生合作（形式不限）互动的问题（至少 1 个）要有价值

这里强调的是提问要有效、有价值，而且要能激发学生合作互动的热情。何为有价值？即能围绕课堂的重点或难点，通过合作互动能更好地完成课程目标。如何才能激发学生合作互动的热情呢？我认为：必须能引发学生思考、交流的兴趣，注重关注学生的经验，增强课程内容与社会生活的联系，能激发学生的发散思维。

为保证课堂师生互动、生生互动的教学效果，课前学科教师可以对学生进行异质分组，以保证每个小组实力相当，每个小组还可以个性化命制组名。小组合作学习的任务应基于教材又贴近学生实际，并精心设计抢答、抽答、自由发言及采访等互动环节，充分调动学生的积极性。

课例 8　互动的问题有价值

政治学科陈圣老师在 2011 年学校"青蓝杯"比赛中，执教的课题是"办事情要善于抓住重点"，他紧贴时政，以家乡梧州市旅游业当前面临的困境为主题，让学生合作交流，如何帮助其家乡发展并说明理由。

这个问题不仅充分调动学生的积极性，而且培养了学生如何抓住重点的实践能力，很好地落实课题的重点。

课例 9　互动的问题有价值

历史学科刘方富老师执教《中国民族资本主义进一步发展》，设计了这样一个问题：

材料：张謇一生从科举状元到实业家。在他生命的 73 年中，前半生为科举仕途而寒窗苦读，历尽艰辛，41 岁那年终于成为新科状元。但他却突然背叛"学而优则仕"的传统，投奔实业，最后以失败告终，成为一位"伟大的失败的英雄"。

俗话说："男怕入错行，女怕嫁错郎。"如果一切能够重新来过，你认为张謇会选择什么样的人生道路？是回头走仕途，还是继续走发展实业之路？或是会走上其他道路（如革命等）？请说说你的理由。

这个问题的设置使学生很有兴趣去合作交流，并且不管回答选择哪条道路都必须走进历史深处，考虑当时的国情，这对学生全面理解、把握此阶段的历史很有帮助，既能让学生掌握基础知识与基本技能，又能使学生的情感态度与价值观得到升华。

2. 善于利用动态生成性资源激活教学

动态生成性课程资源是教师与教材、学生与教材、学生与学生以及教师与学生双向或多向互动时产生的资源，它主要存在于教师、学生、教材三者的互动中。在这些互动中，产生的知识、经验、理解、问题、困惑、情感、态度和价值观等非文本资源进入课程，进入教学过程时，就成为动态生成性资源。这些动态生成的课程资源是更加鲜活和细致的素材性课程资源，是校内课程资源的重要组成部分，对于它们的开发和运用，在很大程度上考量着教师的教学能力和水平。

动态生成性资源是在教学过程的现实场景中动态生成的，因此，它不同于文本的资源，而具有潜伏性、偶发性和瞬时性特点。如果不能有意识、有能力去发现、捕捉，就会很快流失。这需要教师自己在课程观念、教学设计、教学过程、师生关系、教师角色等方面随着新课程改革而相应地改变。因此，动态生成性资源的开发运用实际上是教师和学生资源开发的重要方面。

华东师范大学终身教授叶澜认为："教学过程中师生的内在关系是教学过程创造主体之间的交往（对话、合作、沟通）关系，这种关系在教学过程中的动态生成中得以展开和实现。教学过程的内在逻辑是'多向互动、动态生成'。"课堂动态生成性课程资源的捕捉就是在师生交往中实现的。

教师教学的起点在哪里？起点应该是学生在学习的过程中出现的问题。可能是学生的知识不足，不能达到教师的教学预期；可能是学生的认知的原因，出现与教师和教科书不一致的观点，等等，叶小兵称之为教学中的"意外问题"。这些意外问题是偶发的和即时的，是宝贵的课程资源，具有很强的动态生成性，教师应及时地捕捉、归纳和总结，使之成为教学过程的重要生长点。

我们可能会听到某个教师说："今天早上的课上得不错，尽管与我计划的有些不一样。"这说明，课程计划与机智的教学并非不兼容。课堂教学应该是动态生成性的，因课堂情境而动，应学生发展而变。教师围绕学生发展精心展开教学，寻找"兴奋点"促使学生学习兴趣化，抓住"情感点"实现教学目标最优化，寻找"结合点"体现教学生活化，重视"生命点"发挥学生主体性，充分运用自己的教育智慧，保持课堂的高度灵活性和开放性。

（1）策略一：更改教学设计

课例 10　"互相提问，不打瞌睡"

6 月 12 日下午历史学科刘方富老师在高一（7）班执教第一节历史课，因为这天是全部停课复习会考科目，刘老师原打算布置学生看会考复习提纲和大事年表，但一进教室发现气氛不对：学生很困，甚至有七八个学生伏台睡觉。他问：“怎么回事啊？”学生说：“老师，我们看了一上午的书，看不下去了。”这时，刘老师捕捉到这一学生资源，于是，灵机一动，他说：“这节课我保证让你睡不着。”学生听了很是惊讶。于是，刘老师布置学生同桌之间就学业水平考试的知识点互相提问，鼓励男女生之间互相提问，把对方给考倒。这样一来，学生的好胜心理就被激发了，整节课学生之间提问很积极，很活跃，刘老师不时也参与提问，结果整节课真的没有一人睡觉，而且学生学习情绪始终饱满。

严格按教案施教的执教模式，日益受到新课程理念的冲击。“预设性和生成性因势融合的课是最佳的课……但是，当课堂现场出现的新情况，当学习主体创造的新情境、自然生成的教育时机冲击着预设教学设计的时候，如果能够凭借教育机制从预案中超越出来，顺应并推动新的态势有效发展，那么，这样的课是充满教育智慧的最佳的课。”[1]

（2）策略二：对话与引导

课例 11　“邓世昌死得愚蠢吗？”

在进行人教版历史教材（必修Ⅰ）中的专题二第二课《近代中国维护国家主权的斗争》教学时，教师深情讲述了黄海海战过程中“邓世昌大海沉舟”的悲壮故事，旨在引导学生树立为民族、国家的奉献精神和责任感。

生 1（突然）：邓世昌选择死真是愚蠢，如果我是他，我就逃生，“留得青山在，不怕没柴烧”。

（有几个同学随声附和）

师（沉思片刻后轻声反问）：邓世昌真的愚蠢吗？

（学生议论纷纷）

师（进一步引导）：你们如何看待邓世昌？如果你是邓世昌，你会怎么做？

生 2：我认为邓世昌的做法是对的，他将自己的生死置之度外。人都有一死，大丈夫就是死，也要死得壮烈。如果我是他，我也会这么做，我要死得轰轰烈烈，让后人记住我。

（全班鼓掌）

生 3：邓世昌精神可嘉，但是他大可不必这么做。

1. 施铁军、王仁甫：《当下评课中几个焦点的思考性辨正》，《上海教育科研》2006 年第 4 期。

生4：邓世昌的死是有价值的，因为他的死可以激励更多的中国人投身民族抗争和复兴事业；邓世昌的生也是有价值的，他可以在民族解放路途上继续亲力亲为，并发挥自己的影响力而扩充战斗人群。无论他选择生或死，他都是为了民族振兴，因此都是有价值的。

师：同学们说得很好。就如你们接下来将要面对的一系列选择：文科或理科，清华或北大，医学或史学，等等，只要你的选择是对自己的尊重，而选择之后都能尽职尽责，就是有价值的。因此，你们的选择都对社会有益。

（学生若有所悟）

学生不同于教师的意见，促使教师正视这瞬间产生的新问题，并以此为课堂的生长点，展开讨论，促进了学生对历史人物的理解。同时，教师的参与和引导使得师生的情感、态度和价值观在讨论中得以升华，使学生由简单的对历史人物的理解，转而向自己人生选择的理解和感悟。

（3）策略三：创造生成情境

课例 12 “说说你的建厂方案”

【探究问题】假如你是1918年的一位准备办厂的企业家，现在你有50万元资金，考察了当时的中国市场后，提出你的建厂方案，包括：①投入行业；②建厂所选城市；③厂名；④未来三年的发展前景预测等。（注意结合民企发展的特点）

学生讨论后回答（略）。

动态生成性课堂强调的是在课堂上动态生成出在教师原教学设计中所没有预见的“新问题”“新情境”，既可能是学生个体思想碰撞的结果，也可能是教师与学生之间、学生与学生之间的“对话”“互动”，甚至是教师个体活动的主观创设。所以，产生课堂生成性教学“情境”的主体应该是多重的，不要忽视了教师在情境创设中的主体性地位和作用。其实，教师完全可以在课前教学设计时有意识地创设可生成性的情境，实现教学生成的广泛开展。在课例12中，教师设置情境，将学生置于当时的历史环境，结合当时民族资本主义发展的特点，思考如何投资设厂，学生的主体性得到了较为充分的发挥，所学历史知识也得到了积极运用。

四、生动的标准及如何让课堂更生动

（一）教学语言生动，教学内容的呈现形式丰富

在课堂上，能否吸引学生很大程度上取决于教师是否运用了生动而富有感染力的语言。著名教育家苏霍姆林斯基认为教师的语言“在很大程度上决定着学生在课堂上的脑力劳动的效率”。教师教学语言准确精练，严谨流畅，幽默含蓄，会深深地吸引学生。教师在讲课时，既要注意语言表达的科学性、思想性、教育性，又要注意语言表达的形象性和艺术性。用形象生动的语言描述事物或事件，如使用抒情的文学语句、趣闻、故事等，能将抽象的事物和比较枯燥的事件变成一幅美丽的画卷，展现在学生的脑海之中，使学生能从原以为无趣的课堂中得到意想不到的享受和乐趣，从而调节和活跃课堂气氛。

语言来自生活，离开了生活，语言就好比“无源之水，无本之木”。以英语课为例，教学语法时，如果我们干巴巴地只教授语法规则，结果只会是“教者痛苦不堪，学者厌烦无边”，学习效果也就可想而知了。我们在日常教学中，可随时随地取材于生活。我们的家庭，我们的学习，我们的工作及所处的社会环境都可以成为语言学习的材料。教学语言的教师有必要了解一些学生们感兴趣的领域，比如歌星、影星及网络红人等。如果教师时不时将这些话题带入课堂，作为语言教学的材料，一定会激发学生的学习兴趣，使课堂更生动。

以历史课为例，要让学生获得真切的历史感，如临其境、如见其人、如闻其声，激发学生学习历史的兴趣，引发学生对历史事件、历史人物和历史现象的关注和思考，就需要把教学内容形象生动地呈现出来。历史的“过去性”特征，使人们只能凭借史料去想象历史、认识历史和理解历史。现代信息技术在历史教学中的运用，可以使学生迅速便捷地看到历史“原貌”，“再现”历史过程，使他们“闻其声、见其形、临其境”。多媒体技术将图、文、音结合起来，使抽象的历史形象化，文字材料音像化，复杂的历史简单化，使历史感染力大大增强。

比如，执教“丝绸之路”时，教师可以剪辑北京奥运会开幕式视频中关于“丝路”的片段，学生既有兴趣，又很快了解了丝绸之路的路线及意义，还激发了学生的民族自豪感，从而落实“情感、态度与价值观”的教学目标。

（二）师生互动、生生互动，至少让五分之一的学生有独立阐述自己观点的机会

随着新课程改革的逐步深化，传统教学中缺少师生互动、僵硬刻板的课堂局面开始受到批判及摒弃，构建“生动课堂”成为教学变革的重要主张。人们致力于“把课堂还给学生，让课堂充满生命的活力”，让课堂“动”起来、“活”起来，在“动”和“活”的过程中生成新的知识、技能与情感，使课堂成为师生不可或缺的彰显生命力的场所。“生动课堂”的教学理念则认为课堂教学是师生交往、积极互动和共同发展的活动，它关注课堂中的每一个人，关注人个性的彰显，关注师生情感的体验和发展，顺应了教育教学的基本规律，还原了课堂教学的应然状态。

什么样的课堂才是“生动课堂”？人们见仁见智。通常认为，“生动课堂”是通过师生、生生多主体间的互动和交往活动，达成一种动态的、生成的、和谐的、有序有效的课堂，它包含四个层次的规定性。

第一，学生动。“学生动”是课堂生动之根本，包括学生外显的“行动”和内隐的“心动”。“生动课堂”首先表现为学生外在的行动，课堂上的活动、对话等都是外显的行为。但若这些外在行动成为教师的硬性要求，并以此来考核学生，学生也会顺从，甚至屈服，但是他们提出的问题是“假问题”，其讨论流于形式，活动敷衍了事。因此，真正的“学生动”必须是学生的“心动”，是在调动学生学习兴趣的前提下，在学生对课堂教学充满好奇、存在质疑、要求寻根究底的情况下，对教学内容所进行的深入思考、积极反馈，至少让五分之一的学生有独立阐述自己观点的机会。如此，课堂才能真正“生动”起来，才具有真的生命力。

第二，多向互动。课堂互动是指师生、生生、生本在特定的课堂教学情境下的相互影响、相互作用，以达到师生在认识、情感和行为上的改变，是课堂中最基本的人际交往。没有互动，就不存在或未发生教学。因此，“生动课堂”不能停留在“学生动”的层次上。“生动课堂”是在师生、生生、生本多主体间互动性的行为活动中实现的。在课堂教学中，学生的困惑、质疑或异议，通过与同伴或教师的交流与合作，在行为和思想的交互作用中，达到对问题深刻的理解与认知。

第三，有序的动。“生动课堂”不等于热闹的课堂，更不是混乱的课堂。“生动课堂”需要“动”，但不仅限于“动”。“生动课堂”注重“动”中的“序”，它关注“生动”的过程与状态，具有明确的秩序意识。然而在实际的课堂教学中依然出现许多对“生动课堂”的误解，它们常常混淆目的和手段，为“生动”而“生动”，结果导致课堂秩序混乱，教学涣散。这样的课堂貌似生动，却不具备其最本质的东西，“生动课堂”的“动”必须是一种“有序”的动。

第四，有效的动。《现代汉语词典（第 7 版）》将“有效”界定为“能实现预期目的，有效果”[1]。课堂教学最终要追问教学目标达成状况和教学的效果。“生动课堂”反对灌输式、收效甚微的课堂，亦反对看似热闹、实则跑题的课堂。它要求教学目标明确、课前准备充分，在对预设和生成的合理调适中完成目标，在“动”的过程中点燃学生对知识渴求的火种，让学生在乐此不疲的课堂学习后有沉甸甸的收获。而教师也通过与学生的互动，更深刻地了解学生、了解教学，实现教学相长和教师的专业发展。若非如此，就会背离“生动课堂”最本真的意旨。

课例 13　《中国近现代史》（上册）第一章至第二章复习课

教学方式：采用智力游戏，小组大比拼方式。

第一个环节：自由抢答，为组争光（以谁最先站起来回答为准）：简答题，每人限答两题，每答对一道题给所在的小组加 10 分，如看书回答不但不得分，还要倒扣 10 分。

第二个环节：小组合作，力争上游（讨论 8 分钟）。老师说开始抢答后，小组代表才可以站起来抢答（共两题概述题，满分 50 分，请各小组接到问题后尽快选择其中的一题做准备，每组限答一题）。1. 请你们用自己的话简单概述一下第一章的内容；2. 请你们用自己的话简单概述一下第二章的内容。

第三个环节：勇于挑战，反败为胜。能背诵课本任意一个不平等条约的内容可为小组加 60 分，其他组不得重复背诵已经背过的条约。

第四个环节：实战演练，材料题攻关。（材料题略）

这节课，学生积极思考，抢答非常踊跃，小组合作环节组员之间相互分工，有的负责背诵，有的负责概述。在合作环节互相交流、整理答案，整节复习课生动有效，让一贯难上的复习课也精彩起来。

1. 中国社会科学院语言研究所词典编辑室：《现代汉语词典（第 7 版）》，商务印书馆，2016，第 1591 页。

五、何为有效及有效的标准

我们先从关于有效性的一个隐喻谈起：企业之间的竞争就好比是去穿越一块玉米地，那么，穿越玉米地要比什么呢？第一个要比谁穿越得快；第二个要比在穿越的过程当中掰玉米，看最后谁掰得多；第三个是在此过程中，玉米叶子可能会刮伤皮肤，穿越过去看谁身上的伤口少。

这就是企业平常所说的速度、收益和安全。成熟的企业家都知道速度、收益和安全必须要全面考虑，必须要整体考虑。

速度、收益、安全也是有效教学必须考虑的三个要素：速度可看作学习时间（长度）——投入；收益可看作学习结果（收获）——产出；安全可看作学习体验（苦乐）——体验。可以说，时间、结果和体验是考量学生有效学习的三个指标。

学习时间指学习特定内容所花费的时间，它意味着学习效率，即学习速度的快慢，显然，学习速度快，学习特定内容所花费的时间就少，效率也就高。节约学习时间，提高学习效率，首先要求把时间用在学习上，课堂教学不能把时间浪费在非学习上；其次要提高单位时间的学习质量。

学习结果指学生经过学习所发生的变化、获得的进步和取得的成绩。这是有效性的核心指标，也是我们平常所说的有效性，每节课都应该让学生有实实在在得到学习收获的感觉，它表现为：从不懂到懂，从少知到多知，从不会到会，从不能到能的变化和提高。学习结果不仅表现在双基上，而且表现在智能上，特别是学习方法的掌握以及思维的发展。

学习体验指的是学生的学习感受，即学习活动所伴随或生发的心理体验。这是被传统教学所忽视的考量有效性的一个向度。孔子说过：知之者不如好之者，好之者不如乐之者。教学过程应该成为学生一种愉悦的情绪生活和积极的情感体验，学生在课堂上是兴高采烈还是冷漠呆滞，是其乐融融还是愁眉苦脸？伴随着学科知识的获得，学生对学科学习的态度是越来越积极还是越来越消极？学生对学科学习的信心是越来越强还是越来越弱？这就是我们所强调的学习体验，它是有效性的灵魂，学生越来越爱学习是学习有效性的内在保证。

显然，这三个指标是相互关联、相互制约的，它们具有内在的统一性。学习时间是前提，投入一定的时间并提高学习效率，这是增进学习结果和强化（积极）

学习体验的基础；学习结果是关键，学生的学业进步和学力提升不仅能促进学习效率的提高，也能增进学生学习的积极体验；学习体验是灵魂，积极的体验和态度会促使学生乐于学习，并提高学习的效率和增进学习结果，实际上，学习体验本身也是重要的学习结果。总之，考量学生学习的有效性必须综合考虑这三个要素，提高学习效率、增进学习结果、强化（积极）学习体验是学习有效性的努力方向和追求目标。

六、如何构建"民主、合作、生动、有效"的课堂文化

我们认为，"民主、合作、生动、有效"八个字是落实新课程的核心文化。

首先，民主意味着自由、平等、尊重、多元、宽容、协商；民主是对人的本质的解放，而人的本质在于创造。构建民主的课堂文化对于培养学生的创新精神与民主意识，促进学生全面而有个性地发展具有重要意义。

其次，合作就是个人与个人、群体与群体之间为达到共同目的，彼此相互配合的一种联合行动、方式。通过师生、生生的合作，让学生学会正确认识自己，尊重他人，有助于培养学生的交流与合作能力，培养学生的团队精神和开放意识。

再次，生动指的是"具有活力能使人感动的"。新课程强调以人为本，课堂是人与人的交流，只有让课堂"动"起来、"活"起来，在"动"和"活"的过程中生成新的知识、技能与情感，才能使课堂焕发生命的活力。"生动课堂"是师生、生生交往、积极互动和共同发展的活动，它关注课堂中每一个人，关注个性的彰显，关注师生情感的体验和发展，顺应了教育的基本规律，还原了课堂教学的应然状态。

最后，有效是课堂的最终目的，教师在教学的设计及课程的实施中要牢固树立"有效"的意识。有效的标准即是否落实了新课程所要求的知识与能力、过程与方法、情感态度与价值观。因此，每节课都要围绕新课标去设计，通过民主、合作、生动等表现形式去达到教学的有效性，从而实现新课程目标。

2019 年 3 月 28 日，作者在桂林参加全国初中数学前沿课堂并做报告——“我们应追求怎样的课堂”

第四节　建设新课堂文化

如何让一种新的课堂文化成为一种符号、一种印记、一种力量，潜移默化影响师生，成为师生的一种自觉行为，并获得正能量呢？这就需要通过课堂文化建设，让它成为师生的一种文化自觉。

一、通过有效课堂大讨论，达成新共识

华东师范大学博士生导师冯大鸣教授认为，学校文化领导不同于制度管理，

不能依靠由上至下的垂直贯彻，而主要依靠同事间日常共处中的横向弥漫。课堂文化建设也应如此，我们在构建新的课堂文化时，坚持走群众路线，即从群众中来，到群众中去。注重传承，理念引领，在传承中创新，在创新中发展。

2011 年春季学期，时任南宁沛鸿民族中学校长的我分别在两个校区 20 多个教研组中开展有效课堂的大讨论，要求各教研组集中回答我向全体教师提出的三个问题：就本学科课堂教学而言，我们存在的最大问题是什么？我们应遵循哪些教学原则？我们应关注哪些教学环节？经过近两个月的讨论与思考，每一个教研组均提出本学科课堂教学改进和加强本学科课堂文化建设的意见。与此同时，学校从两个校区选派优秀骨干教师，分三批到南宁市隆安中学、山东昌乐中学等学校听课观摩其“合作课堂”模式。

在此基础上，我亲自在桃源校区主持教研组长会议集中讨论学校应努力构建怎样的课堂文化。经集体的智慧，最终达成一致共识：打造“民主、合作、生动、有效”的课堂文化。

接着，学校要求各学科组就上述“八字”课堂文化，结合本学科教学特点，深入讨论如何在课堂教学中体现民主、合作、生动、有效。2012 年春季学期开学，我就“民主、合作、生动、有效”课堂文化建设分别在学校中层干部春季培训会及新学期教职工集中大会上又提出了自己的理解和想法，引起与会干部和教职工的热议。

随着“民主、合作、生动、有效”课堂文化建设的推进，教师们迫切需要一个能指导他们教学的意见，为此，我与教务科研处的同志认真思考，在讨论并充分发表意见的基础上大家形成共识，制定了《南宁沛鸿民族中学“民主、合作、生动、有效”课堂文化建设观察量表（试用）》（见本书第 88 页的表 1），根据“民主、合作、生动、有效”四个观察视角，梳理出 11 个观察要点。我以为，通过有效课堂大讨论，不仅让全校教师关注课堂、聚焦课堂、研究课堂，最重要的是通过讨论促进教师对课堂教学新观念、新理念的吸收和理解，达成新共识，为新的课堂文化建设做了思想准备、理论准备和舆论准备。

二、通过课堂教学大引导，渗透新理念

（一）通过课堂教学观念的引导渗透新理念

课堂教学观念是教育实践的内在动力，它对课堂文化的形成起着指导和统帅作用。课堂文化的建设必须以观念的突破和更新为先导，尤其教师内在观念的改造更为根本。观念的改造是教师内在深层次的教育教学精神的改变，如果观念得以更新，哪怕在传统的教学行为中也可以体现出新的理念来。

为此，我在学校的各种大会上反复强调，学校工作的一个中心就是构建“民主、合作、生动、有效”的课堂文化，并把这一内容写入学校未来九年的发展规划，目的在于引导教师教学观念的更新。为了全面更新教师教学观念，构建新型的课堂文化，学校以加强教研组文化建设为抓手，要求各教研组长组织本组教师认真学习“民主、合作、生动、有效”的课堂文化建设观察量表并贯彻落实到课堂教学之中，同时，引导各教研组的教研活动要以“民主、合作、生动、有效”课堂文化建设为中心。

为进一步推进“民主、合作、生动、有效”的课堂文化建设，2012 年春季学期，我校在江南校区召开“民主、合作、生动、有效”的课堂文化建设推介会。在这个会上，教务科研处刘方富主任从内涵、理论依据、实践操作等层面深刻解读了“民主、合作、生动、有效”八个字的课堂文化，并给全体教师发放了解读文章，使老师们进一步了解了“民主、合作、生动、有效”课堂文化的基本框架与意义。

当然，作为校长我也时常借助教职工集中大会的机会把自己的一些读书学习心得与教职工们分享，以此来引导教职工去思考和实践。比如：在谈到课堂观察量表中的第六项“善于利用动态生成性资源激活教学”时，我引用了华东师范大学叶澜教授《让课堂焕发出生命活力——论中小学教育改革的深化》中的一段话：“教师只要思想上真正顾及了学生多方面成长，顾及了生命活动的多面性和师生共同活动中多种组合和发展方式的可能性，就能发现课堂教学具有生成性的特征。因为课堂上可能发生的一切，不是都能在备课时预测的。教学过程的真实推进及最终结果，更多由课的具体行进状态，以及教师当时处理状态的方式决定的。”我们把学校课堂文化建设的目标定在让学生在课堂焕发生命活力，就是引导广大教师构建师生全身心投入的课堂，在这样的课堂，师生不只是在教和学，他们还

在感受课堂中生命的涌动和成长，只有这样的课堂，学生才能获得多方面的满足和发展，教师的劳动才会闪现出创造的光辉和人性的魅力；这样的课堂不只是与科学，而且是与哲学、艺术相关，这样的课堂才会体现出育人的本质和实现育人的功能。

（二）通过改革师生评价机制引导新型课堂文化的建构

评价对于课堂文化的建构非常重要。没有评价内容和评价方式的变革，建构新型课堂文化就无从谈起。传统的教学评价以甄别、选拔为主，以掌握多少知识、提升了多少能力为唯一标准，强调统一要求，用"一把尺子"衡量所有学生，忽视学生的个体差异与实际发展。课堂文化的重建就必须改革现行的评价制度，明确评价以促进学生发展为根本目的，凸现评价的诊断与服务功能，注重评价的鼓励性、及时性和正效性，坚持评价的多元化，突出学生的主体地位。

因此，我们在设置"民主、合作、生动、有效"课堂评价量表的评价内容时，始终以高中新课程理念引领课堂的评价，关注学生的兴趣与个性差异，鼓励教师开发和利用学生资源；重视倾听学生的不同见解，多方式多渠道地与学生平等交流，积极鼓励学生对老师或同学的观点大胆质疑；要求课堂至少有 20% 的学生有独立阐述自己观点的机会。从有效的标准上，我们更强调的是让学生经历并体验知识产生和发展的过程与方法，目的在于促进学生生动、活泼、全面而有个性地发展，为学生的终身发展服务。

此外，为使新的课堂文化转化为教师的实际行动，我们建设了一个相对宽松的外部环境。而这种宽松的外部环境突出地表现为一种与新观念相一致的评价制度。如果现有的评价制度不改，那么将会使得教师不敢或不能轻易改变已有的经验和做法，不敢放开手脚大胆地去尝试种种新的思路和方式，建构新型课堂文化也将无从谈起。例如，我们在课堂教学效果评价定性等级上只设三项（很好、好、一般），不设"差"等级，以减轻教师们尝试的压力，同时，并不要求大家做好每一项指标，"先入轨后完善"。

又如，为引导年轻教师把新的课堂文化转化为自觉的教学行为，从 2021 年开始，我校的"青蓝杯"课堂教学大赛，课堂评价标准统一用《南宁沛鸿民族中学"民主、合作、生动、有效"课堂文化建设观察量表（试用）》中的 11 项指标作为评价项目，按"民主"占 20%，"合作"占 15%，"生动"占 30%，"有效”占35%的比例赋予分值。经过对比赛结果的统计分析，16位参赛选手在“民主”项目的平均得分为17.77，即本项目总分值的88.9%；“合作”项目的平均得分为12.31，即本项目总分值的82.1%；“生动”项目的平均得分为26.82，即本项目总分值的89.4%；“有效”项目的平均得分为32.19，即本项目总分值的92.0%。可见，表现突出的是课堂的“生动”与“有效”。

（三）通过教学常规管理引导新的课堂文化形成

我们通过课堂教学的常规管理，使“民主、合作、生动、有效”课堂文化建设常态化，让课堂文化弥漫我们的课堂。例如：每学期的开学第一天，我们要求每一位教师至少要听一节课，以南宁沛鸿民族中学“民主、合作、生动、有效”课堂文化建设观察量表作为课堂观察的视角并做评价记录，听完之后统一上交科研处统计分析。从秋季学期开学第一天听课反馈情况来看，高一年级（新课程改革对象）的课被评为“很好”的占72.18%，高二年级占61.85%，高三年级占54.27%。如果计算被评为“好”及以上的课在内，高一年级占97%，高二占96.2%，高三占94%。

此外，我校还建立推门听课制度，倡导教师之间开放课堂，可以不定时随时推门听课。学校教务处相应也建立了“民主、合作、生动、有效”课堂文化建设巡查制度，每天安排人员随机观察课堂上教师的“教”与学生的“学”。

三、通过微型课题大调研，形成新思想

课堂文化建设是课堂深层结构的变革，它需要教育理论工作者和教育实践工作者自觉地、积极地从理论和实践两方面进行不断探索与实践，以寻求课堂文化建设的有效途径。因此，学校组织教育理论工作者、一线教师分别从自身的角度加强对课堂的合作研究。

（一）微型课题全覆盖，学校总课程总支撑

为充分发挥教育科研的引领作用，解决高中新课程与课堂文化建设中遇到的问题与困惑，总结提升“民主、合作、生动、有效”课堂文化建设研究成果，科研处启动了学校承担的龙头课题“民主、合作、生动、有效课堂文化建设研究”项目，力图通过研究，建构符合新课程理念的“民主、合作、生动、有效”有机结合的科学系统的课堂文化，制定符合“民主、合作、生动、有效”课堂文化的

可操作性的课堂评价体系，让“民主、合作、生动、有效”课堂文化潜移默化地影响教师、学生与课堂，从而转变课堂教学模式，改变学生的学习方式，积极推进学校新课程的实施，提高课堂教学的效益和质量。

为营造教研促教、科研兴校的浓厚氛围，引导教师从依靠经验向依靠教研转变，实现从精英科研向全员科研转变，形成基于校本实践取向的教育科研方式，把解决教学实际问题作为科研的原动力，学校倡导广大教师重点围绕“民主、合作、生动、有效课堂文化建设”开展微型课题研究，并制定了《南宁沛鸿民族中学微型课题管理办法》，明确提出“一线教师如果没有微型课题，则年度继续教育经费不能使用”的规定。

为引导教师有目的地开展研究，科研处组织科研骨干深入课堂听课，进行了微型课题大调研，通过调研，制定了切合实际的《南宁沛鸿民族中学教育科学“十二五”规划微型课题研究指南》，其中围绕课堂文化建设的微型课题共有 50 项供老师们选择。经过老师们的申报，学校组织科研骨干进行评审，最终立项微型课题共有 55 项（两个校区），如：“师生互动策略研究”“历史教学中捕捉与利用学生资源的方法研究”“关于新课程下高中数学课堂有效提问的研究”“高中数学新课引入的策略研究”“高中英语有效作业的研究”，等等。

语文教研组遵循“教师与语文课程同步发展”的重要理念，对原有的教学模式进行反思，开展教师“模块合作教学”实验，力图打破原有的固定教师、固定教学班级、固定教育对象、固定教学行为的模式，探索一种既可以激励教师专业发展，又有利于学生自主发展的新的教学模式，目的只有一个，就是不断创先争优，持续提高教学质量，促进学生全面健康发展，从而更好地践行“顺人性”“求更好”的发展理念。

（二）积极开展微型课题研究培训

为提高广大教师的课题研究水平，更好地建设与提升课堂文化，我们举办了邀请专家到校指导与校本培训相结合的微型课题培训会。

首先，精心组织专家讲座。我们邀请了南宁市教育科学研究所科研室耿春华主任到我校给全体教职工做微型课题研究培训讲座，耿主任用通俗易懂的语言深入浅出地介绍了什么是微型课题，其特点是什么，以及我们教师为什么要进行微型课题研究等。她还介绍了教师为什么要做研究：一是从过程的角度考察，通过研究使教师成为反思者；二是从意义的角度考察，通过研究赋予教育教学工作以乐趣和价值；三是从结果的角度考察，通过研究使教师成为成功者；“为成人而科研——在成事中成人，通过成事促进成人；在成人中成事，通过成人促进成事”。讲座使大家茅塞顿开、豁然开朗。

其次，积极开展校本培训。2012 年春季学期，江南校区（高中部）科研处组织了微型课题研究推介会。在会上，分管教学的时任副校长郑应（现任书记）给全体教师做了很好的引导，他重点强调了以下三点：

第一，教师要一改自己以前的“教书匠”的角色定位，认识到自己是课堂研究的主体，增强课堂研究的意识。教师要成为行动研究者，把课堂文化的研究纳入自己的行为当中来，运用自己的智慧和创造性，对教育理论进行批判性的学习和研讨，对教学实践进行归纳性总结、提炼，对影响课堂文化的因素进行去伪存真的分析、评价，寻求制约课堂文化发展的内因和外因。这样通过在不断地发现问题、提出解决问题的策略、对行动进行反思、调整策略的循环中，持续地提高课堂文化的质量和水平，达到不断优化的效果。

第二，科研处不仅要引导教师作为研究者学习和掌握基本的研究理论与方法，还要在工作中把教育理论工作者的研究成果、自己的研究成果和教师的研究成果统一起来，为理论向实践转化提供必要的范例和指导，以帮助教师更加有效地开展课堂文化研究。

第三，教师应勤于反思。反思是课堂文化重建的关键，这是因为教师是课堂文化建设的主体，他们以自己的实际行为维持或改进课堂文化。教师在长期的教育实践中会形成各种信念和假设，这些信念和假设既有可能是正确的，也有可能是不正确的。如果不对其进行反思，教师就有可能认为它们都是正确、合理的，并成为自己课堂行为的指导和教学思想。这必然会阻碍新型课堂文化的形成。

据此，我特别强调，教师要将反思作为自己教学行为中的重要组成部分，作为职业生活的一种方式，增强反思意识，掌握一定的反思方法，持续不断地提高自我反思的能力。通过不断地反思自己的知识、信念、行为和各种视之为当然的观点，转变那些不正确的假设、信念，修正自己不合理的行为，改进课堂中已有的弊端，提升教学水平，以创建更加和谐、高质量的课堂文化。

（三）提升教师研究课堂的技术手段

工欲善其事，必先利其器。为方便教师研究课堂，我校两个校区均建设了高标准的微格教室。微格教室是装有多媒体、电视摄像、声像编辑录制系统等设施的特殊教室，它是借助摄像机、录像机等媒体，进行教师技能训练和教学研究的良好环境。微格教室具有实况录像、播放和转播功能，在中心控制室可以转播任一模拟教学现场供其他模拟教室或示范观摩室的师生观看，方便组内教师研讨和执教教师研究某个教学环节及课后反思。微格教室最受教师喜爱的一点是教师上完课，教研组（备课组）即可根据录制好的录像资料与主讲教师一起分析、学习试讲内容，纠正其错误和不良习惯，以提高主讲教师的授课水平和心理素质。事实证明，这种把教学能力和过程细分后进行训练的方法，对优化教师的教学行为、启发教师创造性教学起到了显著的作用。

为了更好地适应现代教育信息技术发展的需要，实现信息技术与学科教学的有效整合，我校早在 2006 年就启动了多媒体进教室工程，2021 年已完成更新换第二代产品；2012 年秋季学期，学校给教师专门购买了《教师微型课题研究指南》（袁玥著）等研究资料（人手一册），为一线教师更新了办公电脑（人手一台一体机）；学校还在专设的合作课堂教室安装了交互式电子白板教学设备，这些资料和设备为教师研究课堂，提高课堂的有效性、生动性提供了良好的技术支持。

四、通过典型榜样大展示，培育新文化

人们常说，榜样的力量是无穷的。有了榜样，就会有努力的方向和赶超的目标，就能从榜样成功的案例中得到激励。为了加强课堂文化建设，促使"民主、合作、生动、有效"课堂文化在教师中横向弥漫，学校充分发挥各教研组的团队引领作用，在教龄在5年以上且年龄在40岁以下的骨干教师中精心培育先进典型，每一个教研组各推出一名典型代表给全校教师上一节"民主、合作、生动、有效"的课堂文化展示课，以发挥课堂文化榜样引领的作用。在展示过程中，将安排执教者围绕"民主、合作、生动、有效"八个字进行授课反思、听课者畅谈观感和专家现场点评。力图通过此项课堂文化展示活动创设"民主、合作、生动、有效"

的课堂文化情境，从而潜移默化地去引领大家，形成新型的课堂文化。

除校内的“民主、合作、生动、有效”课堂文化展示活动外，学校还抓住各种对外交流的机会进行课堂文化展示，目的在于集思广益，吸收先进的教育理念，不断完善课堂文化。

例如：2012 年 2 月 22 日上午，南宁市教育局、南宁市教育科学研究所牵头组织的全市普通高中 2012 年高考备考视导调研活动在南宁沛鸿民族中学江南校区举行，为了充分展示“民主、合作、生动、有效”课堂文化建设成果，学校给参加此次活动的领导、老师共 200 多人发放《南宁沛鸿民族中学“民主、合作、生动、有效”课堂文化建设观察量表（试用）》作为听课反馈表，精选沛鸿名师、沛鸿优秀教师上视导课。通过反馈情况来看，学校的“民主、合作、生动、有效”课堂文化建设得到了与会领导、专家和同行的充分肯定，被南宁市教育局杨捷副局长称赞为“走在高中新课改的前沿”。

再如，2012 年 2 月 24 日，南宁市江南区（含经开区）——南宁沛鸿民族中学城乡初中学校共同体建设启动仪式暨课堂文化交流活动在我校桃源校区举行。启动仪式后，与会的市教育局章志宏副局长，市教科所邓雅学所长，共同体成员学校领导及语文、英语、政治三个学科的教研组长近 250 人参加了语文、英语、政治三个学科的“民主、合作、生动、有效”课堂文化建设展示交流活动，也得到与会领导、专家的高度评价。

当然，我校构建“民主、合作、生动、有效”课堂文化的实践，虽说是在广西实施高中新课程改革之前就已谋划并富有成效地开展，但与来自全国其他各省兄弟学校相比，我们在这一块的工作只能算是刚刚起步。尽管在行进的路上也赢得了同行们的一些认可与肯定，但我们深知这是大家对我们的鼓励与鞭策。我们将继续探索，不断反思，注重在传承中创新，在创新中发展，努力为南宁市、为广西推进高中新课程改革做出我们应有的贡献。

表 1　南宁沛鸿民族中学“民主、合作、生动、有效”课堂文化建设观察量表（试用）

<table>
<tr><td colspan="2">时间</td><td>姓名</td><td>班级</td><td colspan="3">课题</td></tr>
<tr><td colspan="2"></td><td></td><td></td><td colspan="3"></td></tr>
<tr><td rowspan="15">观察记录</td><td colspan="3" rowspan="2">观察视角及要点</td><td colspan="3">效果评价</td></tr>
<tr><td>很好</td><td>好</td><td>一般</td></tr>
<tr><td rowspan="4">民主（20 分）</td><td colspan="2">1. 开发和利用学生资源，激发学生学习兴趣，及时提醒注意力分散的学生</td><td></td><td></td><td></td></tr>
<tr><td colspan="2">2. 用心倾听学生的不同见解，多方式多渠道地与学生平等交流</td><td></td><td></td><td></td></tr>
<tr><td colspan="2">3. 积极鼓励学生对老师或同学的观点大胆质疑</td><td></td><td></td><td></td></tr>
<tr><td colspan="2">4. 教态亲切自然，氛围轻松和谐</td><td></td><td></td><td></td></tr>
<tr><td rowspan="2">合作（15 分）</td><td colspan="2">1. 引发学生合作（形式不限）互动的问题（至少 1 个）有价值</td><td></td><td></td><td></td></tr>
<tr><td colspan="2">2. 善于利用动态生成性资源激活教学</td><td></td><td></td><td></td></tr>
<tr><td rowspan="2">生动（30 分）</td><td colspan="2">1. 教学语言生动，教学内容的呈现形式丰富</td><td></td><td></td><td></td></tr>
<tr><td colspan="2">2. 师生互动、生生互动。至少有 20% 的学生有独立阐述自己观点的机会</td><td></td><td></td><td></td></tr>
<tr><td rowspan="3">有效（35 分）</td><td colspan="2">1. 学生理解并掌握基础知识与基本技能</td><td></td><td></td><td></td></tr>
<tr><td colspan="2">2. 学生经历并体验知识产生和发展的过程与方法</td><td></td><td></td><td></td></tr>
<tr><td colspan="2">3. 学生的情感态度与价值观得到升华</td><td></td><td></td><td></td></tr>
<tr><td colspan="6">亮点与建议：</td></tr>
</table>

注：2012 年 11 月 15 日，作者参加全国优秀中学校长“高中课改与课堂文化建设”论坛，本表即作者在论坛上与各位与会专家、校长分享的观察量表。

第四章 精彩课堂的生成之法——“四度六步”教学法

2019 年 11 月 20 日，教育部在其官方网站公布的《2018 年国家义务教育质量监测——数学学习质量监测结果报告》显示：八年级学生与四年级学生相比，数学学业水平、数学学习兴趣、数学学习自信心均呈下降趋势，而学生数学学习焦虑程度不降反升。[1]这是我国首次发布分学科的义务教育质量监测结果。作为一名从教三十多年的中学数学教师和教学研究的专业人员，我陷入了自责和沉思。如何改变上述现状，进而让广大初中学生体验到数学学习的乐趣和成功？我潜心研究，形成和凝练教学成果——“四度六步”教学法。“四度六步”教学法的形成，并非一朝一夕之事。它有着二十多年的实践探索、思考论证、试验推广的过程，由表及里，由浅入深，日趋成熟，其间在形成初期归纳提炼、中期展示研讨、后期辐射完善阶段又经历了几次大的进展和突破，我不断地反思教学模式，夯实理论基础，凝练环节要领，最终形成独特的教学主张和实践架构。

第一节 “四度六步”教学法的逻辑起点

所谓逻辑起点是指研究对象（任何一种思想、理论、学说、流派）中最简单、最一般的本质规定，构成研究对象最直接和最基本的单位。“四度六步”教学法的形成有其丰富的实践支撑和厚实的教学根基，它与我三十多年来对初中数学教学的持续探索、研究和感悟紧密相连，可以说是一个循序渐进而日益完善的过程。

一、主张学生经历活动过程和探究学习感悟

最早可以追溯到 20 世纪 90 年代，1990 年 11 月我第 2 次参加南宁市中学数

1. 教育部基础教育质量监测中心在中华人民共和国教育部官网发布的《2018 年国家义务教育质量监测——数学学习质量监测结果报告》数据显示：四年级、八年级数学学业达到中等及以上水平的学生比例分别为 84.8%、78.8%，四年级、八年级学生数学学习兴趣高和较高的占比分别为 88.1%、67.9%。四年级、八年级学生数学学习自信心高和较高的占比分别为 72.9%、58.8%，四年级和八年级学生数学学习自信心高的比例分别为 24.3% 和 4.4%。四年级、八年级学生数学学习焦虑程度低和较低的占比分别为 75.2%、59.1%。

学新秀课（第二届）评比，以比较好的成绩获得二等奖。表彰会后，我应邀在南宁市第二十六中学面向全市初中数学教师上了一节公开课，课题是“圆与圆的位置关系”，我运用自制的两张重叠的幻灯片（分别画有一大一小两个圆）的相互移动，让学生体会了两个圆相对运动的全过程。后来我再上这一节课的时候又增加了一些实例，以丰富学生的经历和体会。如：图片展示奥运五环标志，汽车的两个轮子，等等；视频播放“月食”全过程，演示地球阴影和月亮之间的位置变化，使学生对两圆位置关系有一个初步的认识。其目的就是通过学生熟知的生活和自然现象的实例演示，充分调动学生探究的积极性和激发学生的求知欲望，紧扣主题，开展自然而有趣，引入新课的研究。1995 年 5 月我在《基础教育研究》杂志发表了教学论文处女作——《浅谈初中数学课引例的作用与设计》。可以说，这就是我主张在课堂上去探索前人发现定理（性质）或公式全过程的开端，也是让学生经历过程、探究学习、积累经验最生动的体现。

二、主张发展思维能力和师生平等合作交流

1997 年 9 月我在《南宁教研》（季刊）第 4 期上发表论文——《发展学生思维能力在初中数学教学中的地位及措施》。文中提出：“数学教学应注意在数学知识的提出过程中，数学知识的形成、发展过程中，解题思路的探索过程中，解题方法和规律的概括过程中展开学生的思维。”文章最后说：“发展学生的思维能力，就是要充分展示学生获取和运用知识的思维过程。教学中，教师起主导作用，学生是学习的主体。展示学生的思维过程，既要抓准时机、精心设计，更要给学生足够的时间思考和必要的知识铺垫。只要我们善于捕捉学生思维过程中的闪光点并加以肯定和引导，学生的良好思维能力就一定能形成并不断得到提高。”1997 年 12 月我又撰写了一篇论文——《展开学生的思维过程，发展学生的思维能力》，刊登在《广西教育》上，被南宁市教育科学研究所评为“1998 年优秀论文一等奖”，被广西教育学会中学数学教学专业委员会评为“1999 年广西中学数学教育论文二等奖”。

为了迎接新千年，《广西教研》杂志社组织一批面向新世纪教育的反思性文章，其中就有我撰写的《重新认识教育及应教会学生什么》，发表在《广西教研》2000 年第 1 期上，在这篇文章中我提出：“要重新认识教育……对于教育的作用，

应在于保证人人享有他们为充分发挥自己的才能和尽可能牢牢掌握自己的命运而需要的思想、判断、感情和想象方面的自由，而绝非教育者对受教育者思想、知识、能力、感情的简单转移和传递。从教育的过程看教育应使教育者与受教育者一同学习，一同成长。”

同时我还提出：“要教会学生学会合作……1996 年 8 月在香港举行的亚洲城市小学数学邀请赛上，团体赛（每队派 5 人参加，按各人比赛成绩的总分排列团体名次）中国的内地队遥遥领先，而队际赛（每队派 3 人，靠集体的力量完成 8 道题目，成绩最好、花时最少的为优胜者）却是中国香港地区队和日本队领先。这一结果不得不引起我们中国的教育工作者去思考：如何培养独生子女的合作意识和合作能力？合作意识是将来社会人必须具备的意识，未来竞争的成功很大程度上取决于个人是否善于合作。当人们为一些能使自己摆脱日常习惯、值得一做的项目共同努力时，人与人之间的分歧和冲突就会减弱甚至消失。为此，正规教育应在其计划中留出足够的时间和机会向学生提供尽可能多的合作项目……”

当然，这些理念也是我后来在南宁沛鸿民族中学任校长期间开展高中课改与课堂文化建设，提出建设“民主、合作、生动、有效”课堂文化的重要根基。

三、主张梯度设计教学和变式推向高潮

1997 年 11 月 21 日，我参加 1997 年广西初中数学优质课评比并荣获一等奖（第一名），主办方（广西教育学会中学数学教学专业委员会）给我颁发的奖品是《学会教学》这本书（青浦县[1]数学教改实验小组著，1991 年人民教育出版社出版），该书翔实地介绍了时任青浦县数学教研员的顾泠沅老师组织的青浦县数学教学改革实验的全过程及其取得的成果，我如获至宝，阅后获益匪浅。尤其是他们运用“尝试指导”和“效果回授”等心理效应改革数学教学的实验、用“出声想”方法评价学生解题思维过程的实验、面批鼓励在数学练习中的反馈效应实验及变式训练研究成果，不仅为我后来逐步形成“实、活、新、趣”的教学特色提供了实验的支撑和理论的依据，更坚定了我走个性化、特色化教学之路的意志和信心。

1998 年 11 月我以创设情境、梯度设计、变式深化，逐步把学生的思维推向高潮的独特教学设计代表广西参加当年全国第二届初中数学青年教师优秀课评比

1. 青浦县：现上海市青浦区。

（现场上课），一举成功，赢得所有评委和观摩教师的认可，在来自全国31个省（区、市）的32位参赛选手中，我的成绩名列前6名，获得一等奖。

1999年4月，入选广西“21世纪园丁工程”首批百名自治区级（A类）培养对象后，我向广西“21世纪园丁工程”办公室申报立项了一个课题——“初中数学课堂教学高潮创设策略研究”，接着便用了近3年的时间去研究把初中数学课堂教学推向高潮的创设策略。我的课题研究的心得自2001年12月起在《广西教育》B版连续刊登，这6篇系列论文在全区产生了一定的影响。其中，2002年7月《广西教育》B版刊登了《初中数学课创设教学高潮体会随笔（五）——变式深化，潮起潮涌》。

我在这篇论文写道：“兴趣是最好的老师。”在课堂教学中，激发、诱导学生的学习兴趣，适时引入学生感兴趣的问题，从而激发学生的创造欲、想象力，无疑是成功地将课堂教学引向高潮的一个重要方法。就数学课自身的特点，我以为恰当地运用“一题多解”和“一题多变”是激发、诱导学生学习兴趣的有效方法，是把数学课教“活”的重要手段。

该课题研究的成果之一——研究报告《让课堂充满激情与活力》得到东北师范大学全国中学数学骨干教师研究课题成果鉴定专家组成员的一致称赞，并被评为优秀等级。专家们的评价是：“该论文既有理论提升，也有实践经验总结，更有案例示范。是一篇对初中数学教学很有指导性的好文章。”

此研究报告的主要观点如下：

如何认识教学高潮？从教育学的角度来讲，教学内容与学生之间既有时间距离，也有空间距离。此外，教师枯燥无味的分析和灌输更强化了这种距离感，致使学生感到陌生遥远，很难激起学生的求知欲望。创设教学高潮就是为了缩短教学内容与学生之间的距离，促进师生情感交流，使教学贴近学生并符合学生认知发展的规律，使其产生共鸣，取得最佳教学效果。

课堂教学高潮是教师的教学活动内容与学生自身学习、发展需要和谐互动的一个过程。课堂教学高潮出现时往往并不是一个点而是一个阶段（或区间），它主要表现为师生互动、学生思维活动达到最佳状态。数学课堂教学高潮由于学科的特点，它更强调学生思维活动的活跃程度，至于学生由此展现出来的学习兴奋状态及课堂学习氛围的热烈程度则因人而异、因内容而异，显然后者不应成为评判课堂教学高潮是否到来的唯一标准。

从心理学的角度来讲，教学过程实质上也是个体心理发展的过程。换言之，教学过程是心理构建的过程，而完成这一构建活动的主体是学生。这个过程的各个阶段，学习者的“内部学习过程”即心理活动进程是由相应的教学事件的刺激或支持连续发生的。

基于上述认识，我认为课堂教学高潮作为每节课教学过程中的一部分，在符合上述教学规律的同时，又有其特定的含义：在教学过程中，教师围绕教学目标，根据教材的特点，学生的年龄及心理特征，抓住时机，充分发挥主导作用，精心设计教学环节，选择最佳的教学方式，拨动学生的心弦，使其产生情绪高涨、智力活动异常活跃的状态，从而使教师的教和学生学习的心理产生共鸣，获得最佳的教学效果，教学过程处于高度发展的阶段。

简言之，创设课堂教学高潮，就是指教师在课堂教学中遵循教学和学生身心发展的规律，采取恰当措施，把课堂教学的某一阶段推向高度发展的、富有创造性的教学活动的过程。课堂教学高潮到来之时必然出现如下一些特征：知识产生和发展过程及其内在本质充分暴露，问题情境紧扣心弦，师生活动融为一体，激情喷发，活力飞扬。

同时我还提出创设课堂教学高潮的主要原则：全面性原则，针对性原则，层次性原则，活动性原则，新颖性原则，可控性原则。创设教学高潮的具体策略：一是在新知识的引入部分创设教学高潮。具体有：创设情境，营造氛围；引例过渡，推向高潮。二是在新知识的透析部分创设教学高潮。具体有：激发思维，推波助澜；把握冲突，思辨探究；“师生易位”，激活课堂；变式深化，潮起潮涌。三是在新知识的升华部分创设教学高潮。具体有：联系生活，提炼升华；设置悬念，开拓延伸。最后提出要处理好四个关系：创设教学高潮与夯实基础的关系，创设教学高潮与面向全体的关系，创设教学高潮与合理分配时间的关系，创设教学高潮应有一个“度”。

四、主张尝试练习适时小结和教学生成

2005年3月，身为南宁外国语学校校长，我在全市上了一节公开课，课题是“游戏公平吗”［北师大版《数学》（七年级下册）］，这节课获得了广泛的好评。

本课教学实录与评析发表在《广西教育》2005年Z5期上。现在回过头来看，我认为这节课例最大的贡献是梳理出初中数学创造更加精彩课堂的“六步”环节，即（1）复习提问，温故孕新；（2）创设情境，引入课题；（3）合作探究，活动领悟；（4）师生互动，变式深化；（5）尝试练习，巩固提高；（6）合作小结，兴趣延伸。这与后来呈现给大家的“四度六步”教学法中的“六步”环节仅相差两个字，即“合作小结”改成了“适时小结”。

这节课例后来入选了广西2005年特级教师讲师团精选教案。我在参加广西2005年特级教师讲师团赴崇左等市巡回展示时，曾与各地同行们分享我的感悟：精彩的数学课堂，教师应该关注学生的思维角度、关注学生的思想内核、关注学生的情感体验，课堂中的惊喜与新奇，是师生共生而成的，甚至，大部分的惊喜是来自学生的，而不是教师事先准备好的包袱，适时抖开来，震惊一下学生。学生也许与教师事前准备的解法思路契合，也许还能够超越教师的预设，也许与教师准备的讲解和解法尚有一段距离——那又有什么要紧，课堂教学不应是揠苗助长。如果学生还无法达到教师所预设的高度，何妨暂时先让学生保留他自己的稚拙。只要思考不停止，总有一天，他会真正领悟，而那个时刻的自然到来，由于是他自己心灵的跋涉而得，将是怎样的一种欣喜啊！

我把努力使每一个学生在课堂上收获意外和惊喜作为评价自己课堂教学成败的一个重要指标。正如叶澜教授所说：“宁可留下真实的遗憾，不要追求虚假的完美。”“一节好课不完全是预先设计好的，而是在课堂中有教师和学生真实的、情感的、智慧的、思维和能力的投入，有互动的过程，气氛相当活跃。在这个过程中，既有资源的生成，又有过程状态生成。”

上述这些探索与研究，为我逐步凝练出初中数学创造更加精彩课堂的“六步”教学环节及“四度”教学主张提供了坚实的基础和深厚的底蕴，这也是“四度六步”教学法的全部逻辑起点。

2019 年 11 月 26 日，作者应邀参加在南宁市举行的广西初中数学主题教研暨优质课展示活动并做点评

第二节　“四度六步”教学法的理论基础

一、“四度六步”教学法的内涵

“四度六步”教学法，是指教师以追求“四度”课堂（有温度、有梯度、有深度和有宽度）为教学主张，依照“温故”（复习提问，温故孕新）、“引新”（创设情境，引入课题）、“探究”（合作探究，活动领悟）、“变式”（师生互动，变式深化）、“尝试”（尝试练习，巩固提高）、“提升”（适时小结，兴趣延伸）六步环节精准设计和精心组织的初中数学教学方法和策略。其中“四度”课堂是教学主张，“六步”环节是实践架构，目标是创造更加精彩的课堂。（操作模型如图 1 所示）

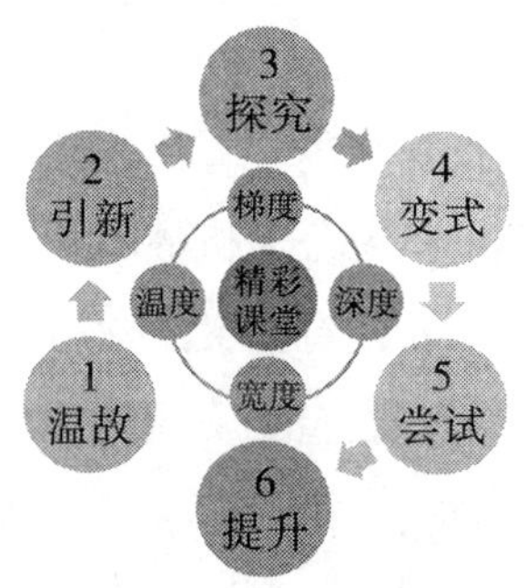

图 1　“四度六步”教学法模型

二、“四度六步”教学法的理论基础

（一）基于“最近发展区”理论

20世纪30年代初，维果茨基扬弃了西方心理学界关于心理发展与教学关系的几种理论，比如以让·皮亚杰为代表的“教学与发展无关论”、以桑代克为代表的“教学与发展同一论”等理论，提出了“最近发展区”理论，他认为，儿童的发展水平表征有两个层面：一是“现有发展水平”，即儿童的学习现实（也可以理解为儿童独立完成学习任务的心理水平）；二是“潜在发展水平”，即儿童通过主体性学习能够达到的水平（也可以理解为在有指导的情况下借外界的帮助所能达到的解决问题的水平），亦即儿童的学习可能。教学就是将儿童的“现有水平”导向儿童的“可能水平”。所谓“最近发展区”则是指儿童的“可能水平”与“现有水平”之间的差距，实际上是两个邻近发展阶段间的“过渡区域”。

“最近发展区”理论为“四度六步”教学法提供了重要的理论支撑。“四度六步”教学法便是为学生缩短“可能水平”与“现有水平”之间的差距，先经“温故”和“引新”适时给学生一副梯子、一个架子或一支拐棍，再通过“探究”“变式”“尝试”和“提升”帮助学生搭建并顺利攀上“最近发展区”的“脚手架”，最终到达“可能发展水平”的有效教学策略。根据认知心理学和教育心理学的研究成果，学生的认知发展不是跃升式的，而是由具体到抽象、由低级向高级、由简单向复杂逐渐过渡的。作为教师，我们必须明白：在整个儿童发展的过程中，教师只是“平等中的首席”，他只是儿童学习的参与者、合作者、指导者、分享（欣赏）者和激励者。教师能够也应该在学生“最近发展区”的范围内设计并组织教学，引导让学生去体验“跳一跳，便能够到”的喜悦和成功。

（二）基于奥苏贝尔的认知学习理念

戴维·奥苏贝尔是美国当代著名的教育心理学家。他按照学习材料与学习者原有认识的关系，将认知领域的学习分为机械的学习和有意义的学习。他认为学习的最佳方式是有意义的学习。所谓有意义的学习，是指将符号所表达的新知识与学习者认知结构中的适当观念建立起实质性的、非人为的联系。其前提条件是：第一，学习材料具有潜在逻辑意义；第二，学习者认知结构中具有同化新知识的相应知识结构；第三，学习者具有进行有意义学习的心向。奥苏贝尔主张学校应采用意义接受学习法，把有意义的讲解式教学作为课堂教学的主要形式。他认为，满足以上条件的有意义的学习是一种主动的学习，他坚信学生已有的先备知识在其后继学习中具有重要的作用。同时，教师对学生经验能力的了解并给予清楚的讲解引导，是形成有效教学的必要条件，教师必须想方设法让学生了解所学内容的意义并配合学生的能力与经验开展教学，学生才会产生有意义的学习。他提倡的讲解式教学可以分为两个阶段：第一阶段，提供先行组织者。所谓“先行组织者”，就是先于学习任务本身呈现的一种材料，有助于学生觉察自己已有的认知结构中与新知识有关的其他知识，提醒学生主动将新知识与这些知识建立意义联系，从而为学生接受新知识提供帮助。第二阶段，呈现学习材料。教师要遵守两个原则，即逐渐分化原则和整合协调原则。教师要通过举例或类比等方式，从一般概念出发逐渐进入详细的讲解，还要随时引导学生了解新知识与既有先备知识的异同并主动将分化后的知识连接起来，形成一个有组织的系统结构。

奥苏贝尔的认知学习理念为“四度六步”教学法提供了重要的理论基础。“四度六步”教学法中的“探究”和“变式”，即“合作探究，活动领悟”与“师生互动，变式深化”。其中，前者就是基于学生已有的认知结构中与新知识有关的其他知识，引领学生去经历前人发现定理、公式的过程；后者包括通过改变（部分或全部）题设，改变结论（或改变要求的量），采用设计有共同本质特征或相通解法的“题组”形式去组织教材，以及时复习巩固新学知识，提醒学生主动将新知识与已有知识建立意义联系，顺利实现知识和概念的正迁移，同时激发学生学习的积极性和创造性，培养学生分析思维和直觉思维的能力。

此外，“四度六步”教学法中的“提升”环节，即“适时小结，兴趣延伸”，是教师在学生对所学内容意义有了初步理解和学习活动经历有了初步体会后，所开展的教学。为什么我们强调数学课中，问题解决、解题技巧等方法的归纳和梳理，应是随时随地，恰时恰点，恰到好处，原因就在于此。其目的就是为了达到随时引导学生了解新知识与既有先备知识的异同，并主动将分化后的知识连接起来，形成一个有组织的系统结构。

（三）基于建构主义学习理论

建构主义思想最早来源于瑞士的现代儿童心理学家让·皮亚杰，按照皮亚杰的观点，生物的发展是个体组织环境和适应环境这两种活动的相互作用过程，也就是生物的内部活动和外部活动的相互作用过程。个体如何能对刺激做出反应呢？这是由于个体原来具有格局来同化这个刺激。个体把刺激纳入原有的格局之内，就好像消化系统将营养物吸收一样，这就是所谓同化。由于同化作用，个体于是能对刺激做反应。同化有三种水平：在物质上，把环境的成分作为养料，同化于体内的形式；感知运动智力，即把自己的行为加以组织；逻辑智力，把经验的内容同化为自己的思想形式。同化不能使格局改变或创新，只有自我调节才能起这种作用。调节是指个体受到刺激或环境的作用而引起和促进原有格局的变化和创新以适应外界环境的过程。调节因素是内在的。适应包括同化和调节两种作用和功能。通过同化和调节，认识结构就不断发展，以适应新环境。皮亚杰把适应看作智力的本质。在他看来，知识既不是客观的东西（经验论），也不是主观的东西（活力论），而是个体在与环境交互作用的过程中逐渐建构的结果。在皮亚杰看来，学习并不是个体获得越来越多外部信息的过程，而是学到越来越多有关他们认识事物的程序，即建构了新的认识图式。所以，当皮亚杰派学者在研究学习时，他们常常问：“你是怎么知道的？”而不是：“你知道吗？”在他们看来，如果儿童不能解释他是怎么知道的，就说明他实际上还没有学会。皮亚杰从内因和外因相互作用的关系上来研究儿童的认知发展。他认为，儿童通过同化和调节两种方式，与外界建立联系，不断地建构自己的认知图式，逐步建构起关于外部世界的知识。这是学习者主动建构的过程，具有多元性。

建构主义学习理论有以下基本观点：首先，建构主义理论认为知识是相对的。知识并不是对现实世界的客观反映和准确表征，而是动态生成的，是学生在与自然的对话中主动建构的。因而科学探究活动应该是从问题开始的，教师应为学生创设问题的情境，这种问题情境不是教师凭空想象的产物，而是教师依据学习的需要以及教学目标创设的。其次，建构主义理论主张学习者是学习的主体，学习过程是学生主动建构自己知识的过程。它认为，人的学习可以分为“初级学习”和“高级学习”两种类型。在初级学习阶段，学习过程主要是一种掌握结构性知识的过程，学习者由此获得的往往是普遍而抽象的事实、概念和原理。高级学习主要是获得非结构性的知识与经验的过程，学习者由此获得的是与具体情境相关联的知识，这些知识是在解决问题的过程中不断建构出来的。再者，建构主义理论认为，教学应让学生在各种实际情境中从多角度反复应用知识，进一步深化对知识的理解，扩大知识的心理应用范围，进而促进迁移的发生。

建构主义学习理论为“四度六步”教学法提供了重要的理论支持。尤其是“引新”和“变式”两个环节，即：创设情境，引入课题；师生互动，变式深化。教师通过创设情境，充分照顾学生原来具有的格局，设计问题，引发认知冲突，逐步指向知识的本质。教师通过变式“问题串”，次第增加难度，加之正例反例辨析，辅之以灵活追问，深刻揭示知识的本质。不仅激发了学生的学习兴趣，更引导学生深入地思考，挖掘学生的思维潜能，让课堂妙趣横生，让课堂趣味无穷。

（四）基于学习金字塔理论

“学习金字塔”最早是由美国著名学习专家爱德加·戴尔于 1946 年首先发现并提出的，后经美国缅因州的国家训练实验室研究修改，提出了学习金字塔理论。其成果用数字和塔式图表的形式（如图 2 所示）形象地展现了学生在不同指导方法下，学习 24 小时后对所学知识的平均保持率的多少。

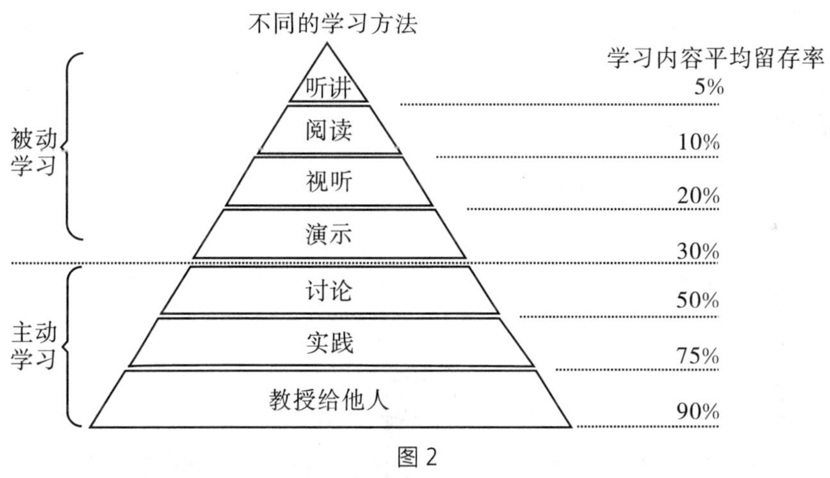

图 2

“学习金字塔”理论成果表明：在教师“讲授”“阅读”“视听结合”“示范”“讨论”“实践练习”及“向其他人教授 / 对所学内容的立即运用”七种常用指导方法中，处于塔尖的第一种指导方法“讲授”，也就是老师讲学生听，这种我们最熟悉最常用的方式，学习效果却是最低的，24 小时后学习的内容只能留下 5%。采用“阅读”“视听结合”（声音、图片）、“示范”“小组讨论”“实践练习”（即：“做中学”或“实际演练”）等方式，24 小时后所学内容的保持率依次为：10%、20%、30%、50%、75%。最后一种在金字塔基座位置的学习方式，是“教别人”（俗称“兵教兵”）或者“马上应用”，可以记住 90% 的学习内容，而这种指导方法恰恰是我们广大一线教师所忽视的。爱德加·戴尔提出，学习效果在 30% 以下的几种学习方式，属于个人学习或被动学习；而学习效果在 50% 以上的学习方式，属于团队学习、主动学习和参与式学习。

“学习金字塔”理论为“四度六步”教学法找到实验支撑和理论依据。无论是“探究”环节的“合作探究，活动领悟”，让学生动手实践、自主探索、合作交流，有足够的时间和空间经历观察、实验、猜测、计算、推理、验证等活动过程，还是“变式”环节的“师生互动，变式深化”，通过开展变式训练，让学生充分地展开思维过程，寻同、辨异，聚合、发散，分析、综合，鼓励学生大胆质疑、互动交流、展示分享，抑或是“尝试”环节的“尝试练习，巩固提高”，教师大胆放手，让学生真正地自主和尝试学习，都是指向学生自主学习、交流互动、活动领悟和尝试学习。即便是学生在尝试学习的过程中出现一些错误也是有意义的学习，正如心理学家让·皮亚杰认为的：错误是有意义的学习所必不可少的。为了使学生从事自我调节——这是平衡过程的实质性部分，学生须要经历某些冲突或不平衡。错误会引起学生顺化自己的知识结构，并把所观察到的结果及新经验同化到修正过了的知识结构中去。也就是说，让学生犯些错误是应该的。

2019 年 12 月 12 日，南宁市教育局举行特级教师戴启猛教育教学思想专场展示活动

第三节 “四度六步”教学法的实践架构

恩格斯曾说：“世界不是既成事物的集合体，而是过程的集合体。”教学也是一个过程，探寻教学基本规律，确立和实现教学任务，都离不开教学过程。教学工作的基本原理是教学过程的理论。教学过程的理论所要回答或解决的问题主要有两个：一是关于过程的性质问题，包括教学过程与其他自然、社会诸过程的联系和区别问题等；二是关于过程的结构、环节、阶段、程序等，即模式问题。我以为前者要解决的是教学思想、理念和主张，后者要解决的是教学架构、模式和环节，“四度六步”教学法便较好地回答或解决了这两个问题。它既是对我个人教学特色和主张的梳理和凝练，也是我这么多年对初中数学课堂教学研究成果的一种呈现和展示，更是我潜心初中数学课堂教学改革，致力有效教学、高效课堂的一种教学模式和教学策略。所谓“四度”，即追求有温度、有梯度、有深度、有宽度的课堂，这是“四度六步”教学法的教学理念，也可以说是我个人的教学主张；所谓“六步”，即“温故、引新、探究、变式、尝试、提升”六步教学环节，可以说是我个人的教学风格和教学模式。这一切的目标，是为了“创造更加精彩的课堂”。

我对“创造更加精彩的课堂”的理解也是有一个发展过程的。研究的初期，我的理解是：首要的标准是看学生的状态。精彩的课堂，学生不是压抑的、冷漠的，也不是狂躁的、敌视的，而应该是开放的、欢快的。精彩的课堂，应该能看到孩子们自信的眼神，听到孩子们生长的声音。精彩的课堂，师生的心灵应得到舒展，情感得到升华。说实在的，在那一段时间，我追求也比较看重课堂教学高潮的实现和到来。

研究的后期，我的理解是：精准把握课标、教材和学生，依照“温故、引新、探究、变式、尝试、提升”六步环节精心设计教学，精细达成教学目标，追求有温度、有梯度、有深度和有宽度的课堂，努力让师生在课堂一起出彩。可以说，这个时候，我对自己追求的课堂教学就比较全面和理性，更在意它的品质和内涵，那就是让课堂焕发生命活力，师生一同成长，一起出彩。

前后比较，如果说初期的理解更浪漫更文学但也更缥缈更空洞的话，那么后期的理解似乎更切实际更具体更有内容更易操作，更关注了师生的共同发展。

那么，“四度六步”教学法在初中数学课堂教学实践应用中有什么具体的要求呢？下面将“四度”教学主张和“六步”环节设计做具体解读和要领分析。

一、“四度六步”教学法的效能四维度

（一）追求有温度的课堂

法国作家拉封丹写过一则寓言[1]：有一天，南风与北风比威力，看谁能把行人身上的大衣脱掉。北风首先发威，来了一个寒风凛冽，寒冷刺骨，结果行人非但没脱去大衣，为了抵御风寒，他们反而将大衣裹得紧紧的。而南风呢，则徐徐吹动，使人顿感风和日丽，行人因觉春意渐浓，始而解开纽扣，继而脱去大衣。比赛结果：南风大获全胜。这则故事虽短，却寓意深刻，给人以启迪。南风不似北风，不从自己出发，而是尊重他人的内在需要，使他人的行为变成自觉行动。名篇《增广贤文》有言：“良言一句三冬暖，恶语伤人六月寒。”意思是说，在日常生活中，我们要学习用“爱语”结善缘，很多时候，一句同情理解的话，就能给人很大安慰，增添勇气，即使处于寒冷的冬季也感到温暖；而一句不合时宜的话，就如一把利剑，刺伤人们脆弱的心灵，即使在夏季6月，也感到阵阵的严寒。课堂教学也是如此，我提倡的追求有温度的课堂，就是要求教师要面向全体，尊重个性，让学生在课堂上有如沐春风之感，时刻感受到老师的关注和激励，并收获意外和惊喜。

1. 面向全体，追求有温度的课堂

我常思考一个问题：课堂上，学生理想的学习状态应该是什么样子的？其他学科，我不好说，也说不好。但就我们初中数学课堂来说，我以为学生理想的学习状态当然应该是：对数学的强烈兴趣，主动学习，培养一种专注于数学问题的习惯。20世纪80年代有一位时代先锋人物，他的事迹曾激起亿万中国人学习的热情。他就是我国数学巨匠——陈景润。在他众多的事迹中，给人留下最深刻印象的一件事，就是陈景润先生对数学的痴迷——他竟然在大街上会因为思考数学问题撞到电线杆而不知。我常对我们数学教师说，如果我们培养的学生对数学问题有了这样一种专注，何愁我们的学生学不好数学呢？我一直坚持认为，义务教育段的教师要有教学质量“保底”意识，上可以不“封顶”，但下要“保底”。

1. 李祥东：《“南风效应”的教育威力》，《教学与管理》2011年第2期。

也就是说，对于优秀学生，教师尽可以为满足他们对数学学习的个性需求适当“加料”，但对于学习困难学生，我们的数学教学必须为学生打下走向未来的必备学科基础，这就是“保底”。如果连面向全体学生都做不到，又谈何追求有温度的课堂呢？那么，如何才能做到面向全体学生？下面我就结合“四度六步”教学法谈一谈在初中数学具体教学实践中的应用和思考。

（1）讲究艺术，寓教于乐，拉近全体学生心距

无论接哪一届学生，第一次给学生上课，我总会花一点时间自我介绍，通常我会这么介绍自己。

案例 1　爱戴老师

师：同学们！7 年前你在干什么？

（学生一脸茫然）

师：同学们想不想知道老师 7 年前在干什么？

生（有点兴奋）：想。

师：请看照片（本人参加 2008 年奥运火炬传递的照片，学生见后显得很兴奋），能成为老师的学生自豪不？但老师这里也给大家提两点要求。（教师转身到黑板上板书 8 个字——孝敬父母，爱戴老师。）

师：同学们能接受吗？

生：能。

师：很好。父母生我们肉体，抚育我们长大。老师教我们知识，培养我们成才。所以，在每一个人的一生中，都要永远感恩自己的父母和老师。既然大家都能接受，那么就请全班同学把这两句话齐读一遍。

师（稍停，提笔转身在其中“戴”字下方点一点）：老师我就姓戴，请大家再念一遍。

学生哄堂大笑后，非常响亮地读了第二遍……

这是我于 2015 年 10 月 28 日在南宁市第十七中学和李婷老师开展同课异构活动的课堂实录。

苏联教育家苏霍姆林斯基曾说过：“教师的语言修养在极大的程度上决定着学生在课堂上脑力劳动的效率。”因此，作为教师我们应该反省，是否对学生说过类似“你怎么这么笨？我真怀疑你上节课有没有带脑袋来听课”这种讽刺、挖苦、伤学生自尊，指责、埋怨、令学生泄气的话。这种逞一时口舌之快的话语，

会对学生的自尊心造成很大伤害。也许从学生表面的反馈看不出什么，但这伤害是潜在的，威力是巨大的。大家都知道，我们教师主要是靠语言向学生传授知识，因此教师教学时应讲究艺术，要特别注重表达的方式、方法和技巧，包括和蔼的面部表情、亲切的肢体动作和设计寓教于乐的活动，适宜用风趣幽默的语言拉近与学生之间的心理距离，用有趣有益的活动吸引全体学生，用充满智慧和正能量的语言启迪和鼓舞学生，以达到"亲其师，信其道"的师生和谐的教学境界。

（2）复习提问，多彩呈现，夯实全体学生基础

初中数学课，为什么要强调复习提问？我在多种场合表达过这样的观点：[1]第一，教师应尽量避免学生学习的累积"误差"。一个不争的事实，当前我国初中生相比小学生，学生数学学业水平、数学学习兴趣、数学学习自信心均呈下降趋势，而学生数学学习焦虑程度却是上升的。对此，我主张日常教学，教师应尽量避免学生数学学习的累积"误差"。什么意思呢？我这里说的"误差"有两层含义：一是耽误，二是差距。也就是说，如果每天学生学习耽误一点点，与教学目标差那么一点点，试想，一个月、两个月，一个学期、两个学期，一年、两年……这个差距就是惊人的，这就是所谓的累积"误差"。数学学科之所以容易出现两极分化，除学科自身特别强调基础及大多数初中学生没有养成良好的学习习惯之外，学生每天出现的"误差"是非常重要的原因。所以，为了改善学生的学习，教师在日常教学中就必须设法把学生的"误差"补回来，及时而到位的复习无疑是非常有效的。第二，教师应尽量给学生搭建学习的"脚手架"。课堂教学，学生是主体，教师是主导。有效的教学，教师应善于帮助和支持学生学习，这就需要我们教师用多种方式呈现新知，多个角度设计问题，并适时给学生一副梯子、一个架子或一支拐棍，就好似砌房盖楼，需要搭建"脚手架"一样，当房子的主体完成了，便可以拆去"脚手架"。教学也是如此，很多学生正是因为有了教师搭建的学习"脚手架"，他们才有可能在自身存在学习"误差"的情况下追赶上来，从而逐步树立起学习的自信。

1. 戴启猛：《创造更加精彩的课堂：初中数学"四度六步教学法"的 20 年实践与探索》，《广西教育》2020 年第 2 期。

案例2 “因式分解”教学节录

通常情况下，我们会首先复习多项式乘法，然后根据因式分解与整式乘法是方向相反的变形的关系导入新课教学。2019年12月10日，我在厦门参加全国初中数学青年教师优秀课展示和培训活动中观摩了北京师范大学厦门海沧附属学校陈磊老师执教的一节“因式分解”单元教学研究课，深受启发。下面是课堂教学实录：

师：在本章节的学习过程中我们对教材内容的顺序做了小小的调整，我们首先学习了整式的乘法。大家还记得在学习整式（单项式与多项式）的乘法运算时，我们学习了哪几种类型？

生：单项式乘单项式，单项式乘多项式或多项式乘单项式，多项式乘多项式。

师：很好。接着，我们学习了两种类型的整式除法。还记得是哪两种？

生：单项式除以单项式，多项式除以单项式。

师：类比整式的乘法运算，对于整式的除法，你觉得还可以研究什么类型的整式除法？

生：多项式除以多项式。

师：多项式除以多项式如何研究呢？我们知道，在小学，对于数的除法，我们首先研究了两个整数能够整除这种特殊的情况，例如：$6\div3=2$，类似地，多项式除以多项式是否存在结果仍然为整式这种特殊的情况呢？我们先来看一些大家熟悉的整式除法。

（PPT展示）

【计算题】

（1）$(x^2+x)\div x$

（2）$(x+1)\cdot x\div x$

（3）$(x^2+x)\div(x+1)$

（学生稍做思考）

师：对于算式“$(x^2+x)\div(x+1)$”，我强调多项式除以多项式，确实存在结果仍然为整式的特殊情况，并且在这种特殊情况中，如果把多项式“x^2+x”化成“$(x+1)x$”的形式，我们就可以很快得到答案。我们知道，把30化成2，3，5三个整数乘积的形式叫作30这个数的因数分解。那么类比因数分解，像这样的多项式变形可以叫作什么？

（教师从而自然引出课题）

从上述设计，我们不难看出，从运算体系看，类比数的运算，在多项式乘法的基础上研究多项式除法是理所当然、水到渠成的。从学生认知的角度看，在整式的乘法基础上提出整式除法也是自然合理、顺理成章的。在此基础上提出，如果能将一个多项式转化为几个整式乘积的形式（即通过因式分解），那么我们就可以利用新的表达形式方便地进行除法运算。如此复习，不仅夯实学生学习因式分解所需整式乘法的必备知识基础，而且还多彩呈现整式除法中学生已经学过的或即将要学习的新知识体系，更重要的是自然渗透新课“因式分解”和旧知“因数分解”的联系及学习“因式分解”的必要性和重要性。

长期以来，我以为数学课堂有点“冷”，大多数学生感觉数学难学，数学课难听，尤其是那些上课不做任何铺垫、不进行任何复习的数学课，更是吓退了很多有数学潜力的学生。追求有温度的数学课堂，教师就应该想学生之所想，急学生之所急。教师不仅要帮助学生补齐必备的知识短板，同时要帮助学生建构新知学习的意义，更重要的是要激发学生学习的内驱力。从而让每一个学生在获得不错的学习效益的同时，增加对数学学习的信心和兴趣。

（3）创设情境，多样教法，激发全体学生兴趣

子曰：“知之者不如好之者，好之者不如乐之者。”心理学家的研究也表明，要想使学生能够全身心地投入到学习之中，就要使他们面临一个个他们感兴趣的问题情境。兴趣是甜蜜的牵引，是推动人认识事物、探求真知的重要动机，是维系学生课堂注意力的一个重要因素。[1]因此，教师要力求让数学课更有趣一些，精心选择贴切的教学方法，引导学生走进生活、走出教室、走向大自然去学数学。当学生会用数学的眼光观察生活，会用数学的思维思考生活，会用学到的数学知识解决生活中的问题时，学生能不爱上数学、喜欢学数学吗？

案例3 “等腰三角形”（人教版八年级上册）

【活动1】测一测

师：上周末我们一起去青秀山秋游，某同学意外发现青秀山大门口悬挂的牌匾的上下边缘没有与地面平行（展示照片），试想：用什么办法能检测这位同学的发现是否正确呢？

1. 陈文俊：《营造轻松课堂氛围，构建和谐课堂情境》，《读与写》2020年第2期。

（此问题有一定的难度，但与学生的生活密切联系，容易引发学生学习的兴趣）

师：课前我与某同学讨论这个问题，他想了一个办法来检测牌匾挂得是否水平，即首先在等腰直角三角尺斜边中点拴一条线绳，线绳的另一端挂一个铅锤，然后把这块三角尺的斜边贴紧牌匾的横边上，三角尺的直角顶点在斜边的下方，如果线绳经过三角尺的直角顶点，就能判断牌匾是水平的。同学们你们说，这个办法行得通吗？为什么？

师：要回答这个问题，只要我们学习了今天这一节课就明白了。大家有没有注意到在检测牌匾是否水平的过程中，提到了一个大家很熟悉的图形？

生：等腰三角形。

师：对。这就是我们今天将一起来学习的内容。

（教师随即转身板书课题：等腰三角形）

师：同学们在小学就已经接触过等腰三角形，在前几节课中我们也曾提及等腰三角形。谁还记得等腰三角形是具有什么特征的三角形？

（展示小学课本，唤起童年记忆）

生：两条边相等的三角形叫作等腰三角形。这相等的两条边叫等腰三角形的腰，第三条边称为等腰三角形的底边。两条腰夹的角称为顶角，腰与底边所夹的角称为底角。

师：请同学们拿出作图工具，我们一起作一个等腰三角形。

（教师在黑板上用尺规作图作一个等腰三角形，注意与课前已经剪裁好的等腰三角形纸片全等。并标出腰、底边、顶角、底角）

师：谁知道等腰三角形还是什么特殊图形？

生：轴对称图形。

师：很好。谁能说一说什么是轴对称图形？轴对称图形有哪些性质？

师：请大家打开课本翻到 p.58（倒数第 7 行），大家一起把轴对称图形朗读一遍：如果一个平面图形沿一条直线折叠，直线两旁的部分能够互相重合，这个图形就叫作轴对称图形，这条直线就是它的对称轴，这时，我们也说这个图形关于这条直线（成轴）对称。

注意强调：（1）轴对称图形的对称轴是一条直线；（2）轴对称图形的对称轴是任何一对对应点所连线段的垂直平分线。

【活动 2】分组讨论探究：叠一叠，剪一剪，如何把一张长方形的纸片剪出一个等腰三角形？

［PPT 展示课本 p.75 的剪法（见图 3），提供参考］

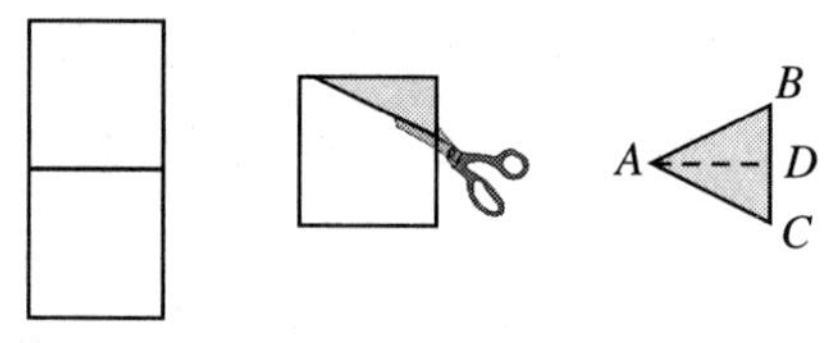

图 3

师：每个学习小组都剪好一个等腰三角形了吗？还有不同的剪法吗？

（抽两个学习小组展示不同的剪法）

师：很好。同学们的展示很精彩，老师在课前也用此法剪出一个等腰三角形，同学们想不想看一下？

（教师借机把等腰三角形纸片贴在黑板上，注意与黑板上画出的等腰三角形完全重合，半边粘贴，以便后面分析证法使用）

【活动 3】动一动

师：（1）请同学们把剪好的等腰三角形纸片拿出来。

（2）把三角形的顶角顶点记为 A，底角顶点记为 B、C。

（3）把三角形对折，让两腰 AB，AC 重叠在一起，折痕为 AD。通过折叠你发现图形中有哪些相等的线段或角？

这节课是我于 2015 年 10 月 28 日与南宁市第十九中学李坤华老师开展同课异构教研活动的真实记录。事后反思本节课的亮点，我以为就是让学生动了起来，通过测一测、叠一叠、剪一剪、说一说、动一动、找一找，从而引导学生去发现等腰三角形的两个底角相等，并通过在折叠过程中留下深刻印象的折痕为后面的性质证明添加辅助线埋下伏笔。一节课是否成功，首先要看课堂结构是否清晰。很显然，这节课的整体结构是十分明确清晰的。从情境引入开始吸引学生产生学习的欲望，紧接着老师设计了活动 2，通过学生的亲手操作体验，对等腰三角形的概念进行辨析。在基本概念明确的基础上进一步进行等腰三角形性质的探究（猜想与证明），练习巩固，变式拓展，适时小结。整个教学流程自然流畅，可谓一气呵成。

我们都知道，情感是学生行为的动因，它能直接转化为学习的动机。我的体会是指向教学目标、引导学生发现问题、丰富多彩且内容适合的教学情境创设能有效降低学生学习的难度，激发学生学习兴趣，调动学生自主探究能力，有助于数学课堂的高效开展和学生数学核心素养的培养。

2. 尊重个性，追求有温度的课堂

著名教育思想家吕型伟先生曾说过：“人人有才，人无全才，扬长避短，人人成才。”这话对我们教育的启示就是，教育必须尊重学生的个性，让每一个学生都获得理想的个性化成长和发展。

1999 年，我入选广西“21 世纪园丁工程”之后，写了一篇个人教学方法总结性文章——《初中数学教学之我见》，这篇文章的一些观点也是后来我在很多场合与同行们交流初中数学教学时经常分享的。文章的第一个观点就是强调初中数学教学必须以学生的发展为本。我在文章中写道：“学生的发展，是课堂 45 分钟教学的灵魂和中心，课堂教学必须以学生全面、主动、和谐的发展为中心。教师应努力挖掘和发展每个学生的潜能，相信每个学生都能学好，注重学生个性发展，满足学生的兴趣爱好，促使学生在知识、能力、情感、意志、特长方面都得到程度不同的转化，通过老师的情、老师的爱，老师的教学魅力、教学艺术，使学生从‘要我学’转化为‘我要学’，通过课堂 45 分钟让每一个学生在原有的基础上都有所提高。”今天回味这些观点，我以为仍然是很有价值的。试想如果学生在你的课堂什么也没得到，没有提高，他会是什么感觉？至少与我们今天追求有温度的课堂是相悖的。那么，初中数学课堂教学如何才能做到尊重学生的个性呢？

（1）发挥“显能”挖掘“潜能”

能力也可以分为已表现出来的能力（显能）和尚未表现出来的能力（潜能）。有关研究表明，一个人潜在的能力远远大于已表现出来的能力。这就要求我们教师注意发掘每个学生的潜在能力。北京大学中文系教授钱理群曾这样说：“一个好的导师最大的本事是能把一个学生本身潜在的创造想象力诱发出来，而且在这个过程中，教育与被教育者相互诱发创造想象力，最后是双方都得到升华，我认为这就是比较理想的教育状态。”为此，教师在课堂上既要充分发挥每个学生已有的“显能”，更应创设条件挖掘每个学生“潜能”，每一个教师都应尽可能创造更多的机会让学生展示自己的潜能，让学生自我调节，促使知识的广度和深度不断提高。不要让天才埋没在我们手里。

（2）鼓励冒尖，容忍缺点

在确保课程标准应达到的要求下，最大限度满足学生个体的选择需要，鼓励发挥各自的特长。有明显优点的人，通常也有明显的缺点。我们成年人尚且需要理解，更何况未成年学生？为此，教师应关注学生在学习活动中的差异，采取有效策略，适时点拨，适时等待，适时重复，适时归纳，多一点期待，多一点肯定，多一点欣赏，让每一个学生都能自信而主动地享受学习活动的时间与空间。正如德国教育家第斯多惠所说：“教学艺术的本质不在于传授的本领，而在于激励、唤醒、鼓舞。”

（3）提供机会，体验成功

每一位初中数学教师都应该知道，我们所教的数学不只是公式、符号、结论，还有故事、想象、画面和无限的可能。帮助学生打开思维的翅膀，遨游于数学的海洋，这样的学习才不枯燥。为此，教师应努力创造课堂中多向、多种类型信息交流的条件，培养学生质疑的习惯，激发并满足学生释疑的愿望。为此，教师在课堂上应努力给学生提供经历、琢磨和独立探究的条件和机会，让每一个学生都能体验到学习的成功。

3. 收获惊喜，追求有温度的课堂

这几年，在给新入职教师的培训讲座上，我时常会提出一个问题：“我们最喜欢听哪种老师的课？”我之所以在培训的开始设计这个问题，是因为听讲者都是准备做教师的，而且刚从师范院校毕业，所以相信这个问题会引起听课者热烈的反响。一方面可以拉近我与听讲者心理的距离，缓和课堂气氛，另一方面也是想与大家分享我对教师这个角色的理解。我一般会说：“答案虽在各人的心里，但有两点我相信是能形成共识的：第一，风趣幽默；第二，收获意外。”第一点大家很容易想到，但第二点却是很多人感觉意外的。就拿怎样理解“尊重学生”这个问题来说，我以为对学生最大的尊重并不只是在日常学习中和学生交朋友，关心他的学习和生活，而是在课堂上给他惊喜。也就是让每一个学生在你的课堂上要有收获。那么这个惊喜指的是什么呢？我的理解是我们课堂当中常常会有出乎学生意料的、又能够让学生感觉很有收获的一些东西，他可能想到了，但是他感受到的没有我们课堂上所提供的东西那么深刻，于是他成长了，他领悟得更深刻了，对他来说这就是“惊喜”。还有一种情况，就是他压根就没想到，结果老师给了一个他前所未有的想法、观念，或者挖掘出了他自己都没有意识到的一个想法、观念，而且这个想法和观念有相当的合理性和说服力。

也正是出于这样的认识，我倡导追求有温度的课堂，就是要克服初中数学课堂无趣和乏味，就是要克服偏见和歧视，要变教师一头“热”为师生心心相通，学生心有灵犀。有温度的课堂是民主的、平等的，真情互动，倾情付出，每个学生都能收获意外或惊喜，会受到不同程度的激励和鼓舞。

（二）追求有梯度的课堂

什么是梯度？根据《现代汉语词典（第 7 版）》给出的解释，梯度的其中一个意思是“依照一定次序分出的层次”[1]。比如：考试命题要讲究题型有变化，难易有梯度。我以为，追求有梯度的课堂，要求教师在课堂教学中要有分层教学的意识和智慧，分类指导的设计和举措，多维评价的理念和行动，以帮助每一个学生在课堂获得不同程度的提升，体会到自己的独特和精彩。追求有梯度的课堂，不仅是践行面向全体的教育理念，更是落实因材施教的教学原则。

到了初中阶段，学生在数学学习中的个体差异逐渐显现出来，且显示出较大的差距。我以为学生大致可以分成三部分：第一部分学生成绩优异，能够轻松完成课本内容的学习，甚至有个别学生是超常少年，一教就会，一点就通，但这部分学生绝对是少数；第二部分学生是俗称的中等生，占大多数，他们可以在老师的指导下有条不紊地进行学习，能或基本能完成对课本内容的掌握，对这一部分学生来说，升学是不存在问题的，事实证明，这一部分学生的将来也可以根据自己个性特长有比较好的发展；第三部分学生数学内容缺漏过多，基础较差，上课基本是听不懂，加之一些不良的学习习惯，已经无法跟上初中课程的教学，出现学习困难的现象。面对此种情况，教师的教学活动应实施分层教学、分类指导，多维评价。具体地说，就是对有数学天赋、基础扎实的学生应注重“培优”，教师应根据学生的具体情况进行个性化的指导，必要时对教学内容进行适度的拓展、延伸甚至拔高，一句话：“不要让天才埋没在我们手中”；对于中等生，必须明确这是我们教学的中心和备课的重点，所谓“教育教学要注重抓中间带（促）两头”，

1. 中国社会科学院语言研究所词典编辑室：《现代汉语词典（第 7 版）》，商务印书馆，2016，第 1284 页。

就是这个意思。教师要以课程标准的要求和内容为基准，引导他们扎实掌握初中数学学习的内容，注重数学学习方法的指导，并激发他们热爱数学的兴趣，为学生日后的数学学习奠定良好的基础；对于学困生，教师要做到不放弃，不抛弃，要适时给这些学生更多的关爱和鼓励，让学生从自己的基础做起，哪怕是从小学内容开始，只要他们肯投入到数学学习中来，对他们哪怕是微小的进步都要给予肯定和表扬，从而培养他们学习数学的信心。同时，教师要和学生一起去寻找造成他们学习困难的原因，并谋求克服学习困难的方法，促使学生每天都能进步一点点，逐步树立其学习的自信。教师要注重多维评价，时常反思自己在教学过程是否做到了倡导和鼓励学生多样化地解决问题，尊重学生独特的学习体验和思维方式，允许学生用相对笨拙的方式独立解决问题，给学生留下更多的学习空间。[1]

1. 分层教学，分类指导，追求有梯度的课堂

分层教学的本意是指教师根据学生现有的知识、能力水平和潜力倾向，把学生科学地分成几组各自水平相近的群体并区别对待，这些群体应在教师恰当的分层策略和相互作用中得到最好的发展和提高。因此，分层教学又称分组教学、能力分组，学生按照智力测验分数和学业成绩分成不同水平的班组，教师根据不同班组的实际水平进行教学。

但在班额普遍较大且教学资源紧缺的广西，我提出的分层教学不是那种西方发达国家已经有效实施的分层走班模式[2]，而是指在现有的教学行政班内，在教学中，从好、中、差各类学生的实际出发，确定不同层次的目标，进行不同层次的教学和辅导，组织不同层次的检测，使各类学生得到充分的发展。或是在具体的教学中实施一种叫“分层互动”的教学模式，这里的“分层”是一种隐性的分层，教师要通过调查和观察，掌握班级内每个学生的学习状况、知识水平、特长爱好及社会环境，将学生按照心理特点分组，形成一个个学习群体。利用小组合作学习和成员之间的互帮互学形式，充分发挥师生之间、学生之间的互动、激励，为每个学生创造整体发展的机会。特别是学生间的人际互动，利用学生层次的差异性与合作意识，形成有利于每个成员协调发展的集体力量。下面我就以“圆周角”

1. 杨伟明：《关于初中数学教学反思的几点思考》，《学周刊》2020 年第 3 期。

2. 分层走班模式的具体做法：①了解差异，分类建组；②针对差异，分类目标；③面向全体，因材施教；④阶段考查，分类考核；⑤发展性评价，不断提高。

［人教版《数学》（九年级上册）］一课的教学为例分享自己的一些做法和体会。

（1）从学生实际出发，确定不同层次的目标

根据对学生的观察和学习分析，我以为学生对“圆周角”一课的学习会分成三种情形：一部分学生基础较好，反应较快，他们对前三节课学习圆的有关性质及圆心角相关知识掌握得比较扎实，对接下来圆周角的概念及分类证明的学习也充满信心；另一部分学生是中等生，他们需要跟着老师，必要时还得要老师扶一把，尤其是本节课分三种情况证明圆周角定理，为什么要分？怎么分？对这一部分学生来说绝对是一个难点；还有一部分学生基础较差，不要说对前面学习的内容不甚清楚，可能对于直线型有关角的概念都是模糊的。面对这种情况，我们如何实现分层教学以满足不同层次学生的需求？“四度六步”教学法的“温故”（复习提问，温故孕新）和“引新”（创设情境，引入课题）环节就是从学生实际出发，在实践架构的层面为分层教学做好了铺垫。常规的复习可能会聚焦两个问题：一是圆心角的概念及其特征，二是弧、弦、圆心角的关系。不同于常规做法，我在上这节课时在“孕新”和“情境”的设计上下真功夫，以实现不同层次的教学目标，即：让掌握了的学生感觉有新的认识，让了解大概的学生认识更清晰、更完整，让感觉模糊的学生也能唤起记忆、提起兴趣，不至于放弃。

（2）照顾不同层次需求，精心设计教学内容

①复习提问，温故孕新

师：同学们，前几节课我们研究了一类与圆有关的特殊的角——圆心角，学习了它的特征和性质。请大家在自己的本子上先随意画一个圆心角，谁愿意到黑板上来画？

师：小组同学互相看一看，检查对方所画的圆心角有没有抓住圆心角的特征。

生：顶点在圆心的角叫圆心角。

师：很好！请大家看图（见图 4），我们可以把圆心角看成是哪些简单的几何图形叠加在一起？谁能描述一下它们是怎么叠加的？

生：是角与圆的叠加。角的顶点与圆心重合，角的两边与圆相交。

（注意：教师要引导学生根据角的要素进行描述，这种图形刻画与文字描述两种“数学语言”的相互转换是非常重要的一种能力训练。）

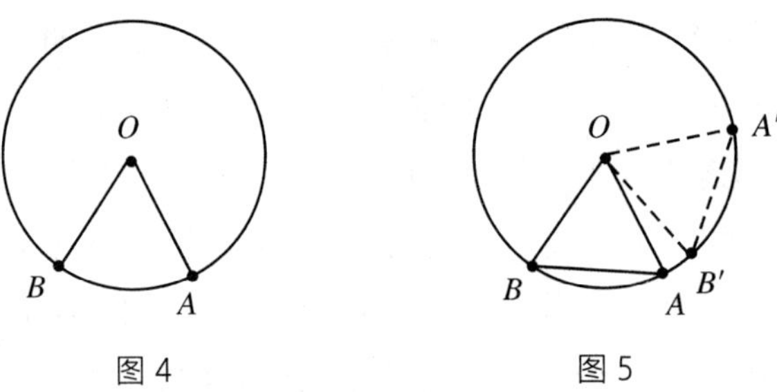

图 4　　图 5

师：既然圆心角是角与圆的一种特殊叠加，那么在同一个圆中的两个相等的圆心角（见图 5），将其中一个角绕圆心旋转会出现什么情况？（注意：先让学生想象，然后老师用几何画板动画演示，同时添加圆心角所对的弦，借此复习同圆或等圆中相等的弧、弦、圆心角的关系定理。这里，教师引导学生复习圆心角的概念，从几何叠加角度再次识别圆心角及同圆或等圆中相等的弧、弦、圆心角的关系，从而为后续学习圆周角定义和认识圆周角中角与圆的联系做好铺垫。）

师：如果我们单纯地从叠加角度来研究图形，你认为将角和圆这两个基本图形进行叠加，除了将角的顶点与圆心重合，还可以把角的顶点放在哪里也比较特殊？

（教师转身在黑板上另画一个圆，并拿出事先准备好的铁丝做出来的角的模型）

师：谁愿意来画一下？还有吗？请同学们在自己的本子上画一画将圆与角叠加后可能出现的图形，注意要有重叠。

②创设情境，引入课题

师：老师课前也做了准备，画出了圆与角叠加后可能出现的图形，请同学们比较一下，你画的和老师画的有没有不一样的？

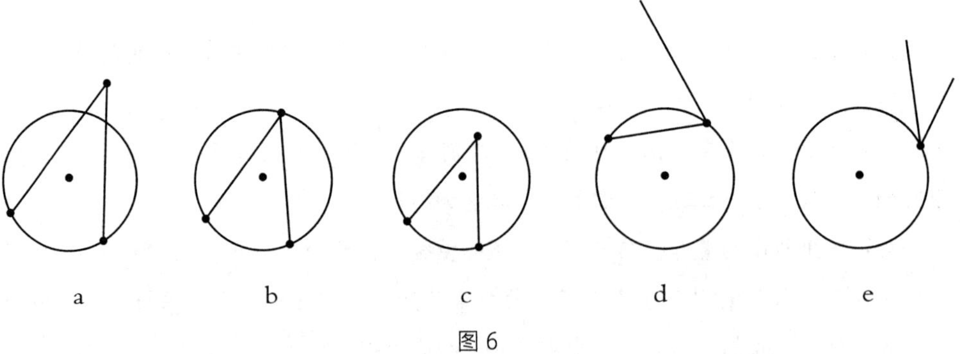

图 6

师：很好！现在老师想请同学认真观察一下，在上面这五个图中（见图 6），有没有与圆关系最密切的一个角？请分小组讨论一下，你认为是哪一个？请说出你的理由。（注意：以此引发同学们讨论，并归纳出图 6b 的独特之处，从而自然地引入课题，并轻松把握圆周角的特征，进而理解圆周角的定义。）

本节课是通过复习圆心角定义，明确从角的构成要素和从叠加图形的两个视角关注圆与角的联系，类比迁移生成圆周角的概念，后续对于圆周角定理的学习，教师会引导学生去关注圆与圆周角叠加时，角两边与圆的两个交点将确定一段弧，而该弧与圆周角存在对应关系。类比同圆或等圆中相等的弧、弦、圆心角的关系定理，自然感受到圆周角与其所对弧之密切联系，然后再由猜想、检验、从特殊到一般分类证明、应用等，从而加深对圆周角概念及其性质的理解。由此不难体会到，“四度六步”教学法的“温故”（复习提问，温故孕新）和“引新”（创设情境，引入课题）环节的设计，不是简单地照顾中等生或学困生去“炒旧饭”，把前一节课所讲内容再重述一遍，而是换一个角度、多一个视角新颖呈现前一课学习的主要内容，设计指向与本节新知有关联的知识情境，在复习旧知中孕育新知，为新知学习做扎实的铺垫。我所倡导的分层教学，教师要有分层教学的意识，因材施教的理念，教学内容的梯度设计，教学问题的分层思考，合作学习的有效举措。教师要以创新的教学内容设计，吸引学生，引发学生的思考，激发学生参与和表达的欲望，从而在学生展开思维的过程中，适时点拨和启发，达到在有序的分层教学中分类指导学生，让每一个学生都能在我们的精彩课堂中体会自己独特而不一样的精彩。

2. 灵活追问，变式深化，追求有梯度的课堂

《义务教育数学课程标准（2011 年版）》指出：“教师应成为学生学习活动的组织者、引导者、合作者，为学生的发展提供良好的环境和条件。”“教师的‘组织’作用主要体现在两个方面：第一，教师应当准确把握教学内容的数学实质和学生的实际情况，确定合理的教学目标，设计一个好的教学方案；第二，在教学活动中，教师要选择适当的教学方式，因势利导、适时调控，努力营造师生互动、生生互动、生动活泼的课堂氛围，形成有效的学习活动。”“教师的‘引导’作用主要体现在：通过恰当的问题，或者准确、清晰、富有启发性的讲授，引导学生积极思考、求知求真，激发学生的好奇心；通过恰当的归纳和示范，使学生理解知识、掌握技能、积累经验、感悟思想；能关注学生的差异，用不同层

次的问题或教学手段，引导每一个学生都能积极参与学习活动，提高教学活动的针对性和有效性。"这就要求我们在课堂教学中，要精心设计教学活动和问题，通过灵活追问，变式深化，逐步趋向对数学知识本质的理解。

（1）由表及里，灵活追问

古人云："善问者，如攻坚木，先其易者，后其节目。"课堂追问艺术亦是如此，从简单开始，逐步深入渗透。教师必须在教学中反复实践，不断完善，灵活运用追问方式，选择和抓住有利时机，以追问形式激发学生学习兴趣，引导学生深入思考，挖掘学生的思维潜能，让课堂妙趣横生，让课堂趣味无穷。[1]

不管哪个学科的课堂教学，优秀的教师一般都是追问的高手。数学课堂教学更是如此。追问不仅是一项教学手段，更是一门教学艺术。

这里我分享三种有效做法：[2]

第一，有的放矢，以追问激发思维的广度。

新课程提倡师生互动，要求学生主动参与课堂，在课堂中培养学生自主学习意识和探究能力，追问就是教师激发学生兴趣，吸引学生积极参与的重要途径。

然而，追问必须注重质量。一些教师为了营造课堂气氛，调动学生积极性，追问连续不断，可是由于追问次数多，缺乏必要的考虑，追问质量不高，学生随声附和，回答得仓促应付。因此，课堂追问要避免热热闹闹流于表面，而应追求真正实效。即教师的追问不在多，而在精；不在形式，而在质量。2000年8月26日，我曾应广西教育学院教研部的邀请在全区初中数学教学大纲教材（修订版）研讨会上上公开课，课程内容是"三角形的内角和"，在引导学生证明"三角形内角和等于180°"这个定理时，我设计了如下"追问"：

师：请同学们认真地对照图形看一看、想一想。本题已知什么？求证什么？

生：已知$\triangle ABC$，求证$\angle A+\angle B+\angle C=180°$。

师：分别在图上用简单的符号标一标、画一画，有没有一些在图上找不到的？是什么？

生：有，180°。

师：$\angle A$、$\angle B$、$\angle C$都在图上，就是这180°（在其下方画横线，意在强调）

1. 戴启猛：《创造更加精彩的课堂：初中数学"四度六步教学法"的20年实践与探索》，《广西教育》2020年第2期。
2. 奚小慧：《有的放矢，注重梯度——浅谈初中语文课堂追问艺术》，《文理导航》2014年第11期。

不知是从哪掉下来的？同学们由 180° 会联想到什么呢？

生：平角。

师：图上有平角吗？如果有，那我们就可以把问题转化为去证∠*A*+ ∠*B*+ ∠*C* 等于这个平角！

生：没有。

师：对。图上没有平角。怎么办呢？

师：有没有办法构造一个平角？请同学们先讨论一下，然后学习小组推荐一名同学汇报。

（教师参与学生讨论，然后组织学生交流，学生的思维一下就打开了，如图 7 所示四个图形都是学生的想法）

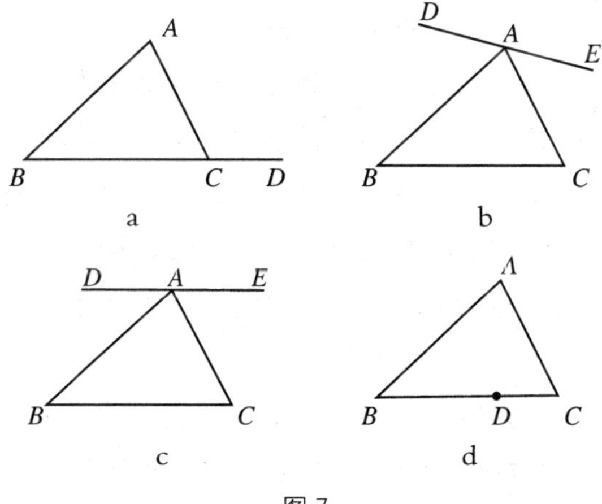

图 7

生 1：作 *BC* 的延长线 *CD*。（见图 7a）

生 2：过点 *A* 作直线 *DE*。（见图 7b）

师：可以作一条特殊的线吗？

生 3：可以，过点 *A* 作 *BC* 的平行线 *DE*。（见图 7c）

生 4：在 *BC* 上任取一点 *D*。（见图 7d）

师：很好！同学们一下子想出了四种构造平角的方法。但是在添画的这四个图形中，哪一个图形对我们寻找三角形的三个内角与平角的关系最有利呢？我们可以选择哪一个图形来证明呢？

引导学生利用图 7c 去证明。当师生一起完成了证明，我又提出一个问题：从刚才证明"三角形内角和等于180°"来看，很显然，同学们联想到"180°是一个平角"是证明的关键。请问看到"180°"除了会联想到是一个平角，还会想到什么？于是我又引导同学们通过"互为补角"把问题转化为证明角相等，在让学生发现和感悟新的证明途径和方法的同时，也让课堂再次掀起思维的新高潮。

苏联数学教育家斯托利亚尔在《数学教育学》一书中指出，数学教学是数学活动（思维活动）的教学。他在列举数学教学目的时把发展学生的思维能力放在第一位。我们知道思维是数学教学的核心问题，人们获取或发展数学知识都是思维的结果。所以，我以为，教师通过由表及里，灵活追问的方式，逐步趋向数学知识的本质不仅非常有效且是深受学生喜爱的教学方法，更是追求有梯度的课堂的有效策略和成功之举。

第二，巧妙假设，以追问挖掘思维的深度。

教学中追问的方式不拘一格，需要教师深入研读教材，找准追问点，以有效的追问挖掘学生思维的深度。如在数学教学中，教师应引导学生通过对问题设问的情境、设问的角度和设问的方法等显性信息及命题的意图、解题的方法和方向、答题的区域等隐性信息的追问，以帮助学生从中挖掘出题干的重要信息，从而快速、准确地回答问题、解答试题。假设式追问就是常用的一种追问方法，合理使用可以起到梯度学习，事半功倍的效果。

课本[1]中有这样一道习题："如图（见图8），E、F、G、H分别是正方形$ABCD$各边的中点，四边形$EFGH$是什么四边形？为什么？"根据学生对四边形的认知水平，不妨对本题进行改编并采取假设式追问："如图（见图8），E、F、G、H分别是四边形$ABCD$各边的中点，欲使四边形$EFGH$是菱形，请问四边形$ABCD$应是什么四边形？为什么？欲使四边形$EFGH$是矩形呢？"

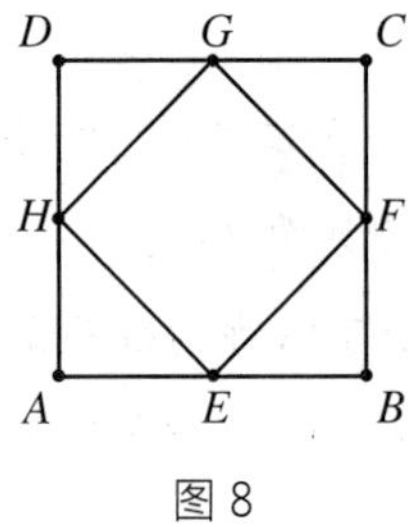

图8

1. 林群主编《数学》（八年级下册），人民教育出版社，2013，第67页。

通过这样的改造和追问，借助于分析与归纳、类比与联想，猜想与验证等手段可以使本来较抽象的结构转换为相对直观的形象解释，能从一道习题的求解中获得整章知识内在联系的系统建构，能使一些看似无处着手的问题转化成极具规律的数学模型。

第三，把握时机，以追问培养思维的梯度。

子曰：“不愤不启，不悱不发。”课堂上的追问更应如此。当学生出现疑惑的时候，也正是老师发挥引导作用的时候。因此，老师要灵活驾驭课堂，准确把握追问时机，注重思维梯度，加强学生的个性体验。

（2）变式深化，攀“梯”登“顶”

什么是变式题？原上海市青浦县数学教改实验小组的研究成果表明，一个数学问题可以分解为三个基本成分：A.初始状态——问题的条件；B.解决的过程——根据一定的知识和经验，变换问题的条件，向结论过渡；C.最终状态——问题的结论。[1]如果一道题的条件和结论都很明确，其解题过程也是学生所熟知的，那么我们就称它为标准题。如果对标准题做一些改造和变化，使三个基本成分中缺少一个或两个，这些成分学生不知道或不明确，这样得到的题我们称它为变式题。它们与不同的教学水平相对应，如表1所示，其中 x、y、z 是题的未知成分。

表1　标准题、变式题与不同教学水平的对应关系

标准题	封闭性变式题	开放性变式题
记忆水平	说明性理解水平	探究性理解水平
ABC	*AyC*	*Ayz*
	ABz	*xBz*
	xBC	*xyC*

一道题到底属于哪一级，还取决于教学的情况，取决于学习该题的学生。对某个班级来说，这道题教师已讲透彻，并且要求学生熟练掌握，那它应是标准题。对另一个班级来说，这道题学生尚未接触过，需要自己摸索求解的过程，那它应该是变式题。同一题在不同的学习阶段也不一样，例如“解方程 $x^2+x-6=0$”[2]这道题，在学生学习了求根公式之后，它是封闭性变式题（*ABz* 型）；但在此之前求解，

1. 青浦县数学教改实验小组：《学会教学》，人民教育出版社，1991，第251—252页。
2. 林群主编《数学》（九年级上册），人民教育出版社，2014，第12页。

需要配方试探或用“两个因式的积等于零”的性质去求解，求解的过程和结论事先都不明确，就是一道开放性变式题（Ayz 型）。布卢姆在进行目标分类时曾经意识到这一现象带来的麻烦，他说，两个学生解同样的代数题，一名学生因为他以前已经学过这样的题，所以凭记忆就能解决它，而另一名学生以前未学过这种题目，必须应用一般原理推导结论。就是说，达到同一分类目标，对经验背景不同的学生来说往往并不意味着付出了同样的智慧努力。由于布卢姆的分类理论仅以教学结果的外显行为作根据，未与教学过程中的行为及其水平联系起来，因此无法解决这一矛盾。但我以为，对数学题做这样的划分，不仅能促成教与学的水平的递进，而且因为初中数学教材中的绝大部分标准题，都能根据符合教学实际、把握设计梯度、指向知识本质等要求进行适当的改造，形成一系列相关联的变式习题，从而在日常教学中对不同学习水平的学生进行由浅入深、富有成效的训练，这不仅有利于发展学生的思维能力，更能激发学生学习数学的兴趣且有效达成教学的目标。

3. 因材施教，多维评价，追求有梯度的课堂

广西教育科学研究所原所长、资深教育研究专家梁全进研究员在指导我等开展国家级课题“广西少数民族地区中小学转变教学行为和学习方式与开发学生优势智能的研究”研究中曾说过：“因材施教是以承认人的心理的个别差异和学情为基础的教学策略。从总体上说，就是激励学生积极性，明确学习目标，掌握学习方法，使学生通过学习，各得其所，在原有基础上得到发展和提高。”我理解的因材施教，实际上就是根据学生的情况进行分层教学，分类指导，做到“帮困保底”“扶中提高”“培优拔尖”，也就是我常说的义务教育数学学科教学应树立的教学理念——上不“封顶”，下要“保底”。对待资优生，老师尽可以根据学生的兴趣特长去“加料”拓展、延伸、拔高，但对于学困生，老师得帮助他掌握走向未来的必备数学学科基础知识。一般来说，教学上的因材施教主要是以智力差异为基础，教育上的区别对待主要是以性格差异为基础。实行分层递进教学，使因材施教得到有效的实施。在因材施教中，“帮困”可以做到“转差”，保证基本教学目标的实现，也就是“保底”。“扶中”即扶助中等学生，使他们在原有基础上得到提高，课堂教学中，应设法给他们展示的机会，从而在学习的成功体验中逐步树立起学习的自信心。对待资优生，教师应适时发挥他们的“小先生”

作用，学习金字塔理论指出：“教别人”（俗称“兵教兵”）或者“马上应用”，是学生记忆效果最佳的教学方式。我们要相信同龄学生的思维方式和特点是相近的，老师再高明，但也是成年人，其思维方式和特点，包括表达方式和特点与学生都是有距离的。同时注意在课外给资优生适当“开小灶”，满足他们的求知欲，维持和发展他们的优势，使他们得到提高和拔尖。

《义务教育数学课程标准（2011年版）》指出：“评价不仅要关注学生的学习结果，更要关注学生在学习过程中的发展和变化。应采用多样化的评价方式，恰当呈现并合理利用评价结果，发挥评价的激励作用，保护学生的自尊心和自信心。通过评价得到的信息，可以了解学生数学学习达到的水平和存在的问题，帮助教师进行总结与反思，调整和改进教学内容与教学过程。”

我的体会是，数学教学评价不但要关注学生的学习结果，比如建立课堂教学日日清、周周清、单元测、期末评相结合的评价制度，更应关注对学生在学习过程中的分析、思考、推理、判断、假设等情况，多维度及时评价，即便是学生回答文不对题，无中生有，教师也可以从学生钻研问题的认真态度，表述问题的坚定语气，甚至声音的优雅甜美和洪亮浑厚，换一个角度给学生以肯定，因为毕竟将来学习数学专业的学生还是少数，数学教师除关注学生数学学习外，也应该去激发学生发展的无限可能，让学生感受到自己的每一点长处及在学习过程中每一步所做的探究和努力都能获得老师及时的关注和中肯的认可，教师应通过评价给予学生以信心和勇气，从而使学生从一个成功走向另一个成功。

苏联心理学家克鲁切茨基曾说过：“即便有最完善的教学方法，在数学能力上也总会有个别差异——一些学生更有能力，另一些学生则较少有能力。在这方面永远不会平等。因此，数学教师应当在发展所有学生的数学能力上，在培养他们对数学的兴趣与爱好上系统地做工作，同时也要特别注意数学上超常的学生，为他们组织特殊的作业，以便进一步发展他们的数学能力。”[1]这也是我提出因材施教，多维评价，追求有梯度的课堂的全部要义。

（三）追求有深度的课堂

我以为中学数学教育的根本宗旨是教会学生思考。数学活动的本质是数学思

1.〔苏〕克鲁切茨基：《中小学生数学能力心理学》，教育科学出版社，1984，第5页。

维活动。"四度六步"教学法[1]提出追求有深度的课堂不是追求教学的"繁难偏"，而是通过教师的深度钻研，紧扣课程标准，力求呈现知识的本质，力求让教学因为师生的深度思考而变得简单、清晰与生动。换言之，有深度的课堂是一种变复杂为简单，深入浅出的教学，学生的学科核心素养得到充分的滋养。

1. 深究教材，指向本质，追求有深度的课堂

深究教材，是对教师提出的要求。抑或是说教学"必须研读教材，吃透教材，依据教材，但不是教教材，而是用教材教，是创造性地使用教材"。人民教育出版社资深编审章建跃博士说："教好数学的前提是自己先把数学理解好，数学理解不到位，不可能产生好课。如何提高数学理解水平呢？我认为主要可以从如下几个方面入手：了解概念的背景，知道概念的逻辑意义，理解内容所反映的思想方法，懂得知识所蕴含的科学方法、理性思维过程和价值观资源；要区分核心知识和非核心知识等。"[2]有深度的课堂教学就是要引领学生触及数学知识的本质，感受数学知识内蕴的思想和方法，形成学生自己的数学学科核心素养。

案例 1　"运用平方差公式因式分解"

【引例 1】根据因式分解的概念，判断下列由左边到右边的变形，哪些是因式分解，哪些不是，为什么？

（1）$(2x-1)^2=4x^2-4x+1$；

（2）$3x^2+9xy-3x=3x(x+3y-1)$；

（3）$4x^2-1-4xy+y^2=(2x+1)(2x-1)-y(4x-y)$。

设计意图：复习并强化概念：把一个多项式化为几个整式的乘积的形式，就是因式分解。夯实本节课的教学基础，找到或回到学习新知识的"生长点"和背景。

【引例 2】把下列各式因式分解（口答）：

（1）$ax-ay=$__________；

（2）$12abc-3bc^2=$__________；

（3）$3a(a+b)-5(a+b)=$__________。

设计意图：复习并强化运用提公因式法因式分解。自然生发探求因式分解新方法客观需求。

1. 戴启猛：《基于初中数学"四度六步"教学法的理论基础与实践架构》，《中小学课堂教学研究》2020 年第 3 期。
2. 章建跃：《数学教育随想录（下卷）》，浙江教育出版社，2017，第 589 页。

【引例 3】试试在横线内填上适当的式子，使等式成立：

（1）$(x+5)(x-5)=$______________；

（2）$(4x-3y)(4x+3y)=$______________；

（3）$(a+b)(a-b)=$______________，

以上运算运用了公式：______________；

（4）$x^2-25=(x+5)\times$（______）；

（5）$x^2-9y^2=$（______）$\times(x-3y)$；

（6）$a^2-b^2=(a+b)\times$（______）。

审视这些多项式分解因式的过程，你有什么发现？

设计意图：引导学生观察，通过对比，启发学生领悟新旧知识的内在联系。帮助学生建立学习新知的逻辑意义。

本案例因为有引例 1、引例 2 的铺垫，引例 3 的设计相比教材[1]直接提出思考“多项式 a^2-b^2 有什么特点？你能将它分解因式吗”，然后通过给出因式分解的平方差公式，便出示“例 3 分解因式：（1）x^2-9y^2；（2）$(x+p)^2-(x+p)^2$”。我以为既照顾了学生的学习基础，又引导了学生去经历发现因式分解平方差公式的过程，感悟运用平方差公式分解因式的本质特征：一是运用平方差公式分解因式就是将学生已经掌握的整式乘法的平方差公式的等号两边互换位置，从而在对比中进一步加深对因式分解的理解，因式分解与整式乘法是方向相反的变形；二是引例 3 中 6 道习题的设计是从熟知的整式乘法平方差公式到未知的运用平方差公式因式分解，从简单到复杂，从特殊到一般，使学生逐步去认清所要分解的多项式中的各项如何用公式中的项分别表示，把这个多项式变为完全符合平方差公式的形式，然后再进行因式分解。《义务教育数学课程标准（2011 年版）》指出：“教师应注重数学知识与学生生活经验的联系、与学生学科知识的联系，组织学生开展实验、操作、尝试等活动，引导学生进行观察、分析，抽象概括，运用知识进行判断。教师还应揭示知识的数学实质及其体现的数学思想，帮助学生理清相关知识之间的区别和联系等。”数学知识的教学，就应像运用平方差公式因式分解教学，注重学生对所学知识的理解，体会数学知识之间的关联，引领学生逐步触及数学知识的本质。

1. 人民教育出版社课程教材研究所：《数学》（八年级上册），人民教育出版社，2013，第 45 页。

深究教材，我以为除了要在概念定义、公式法则、定理及性质等数学知识理解上下功夫，对教材中的例题和习题也要细致琢磨，用心领悟编者的意图。教材中的例题和习题不仅具有解题的示范功能，更具有问题的可拓展功能。[1]作为长期从事中考命题和研究的教师，我负责任地说，以教材中的例题和习题为母题改编的中考试题可谓比比皆是。当然这也是中考试题凸显源于教材又高于教材的命题理念，突出中考试题考查数学通性通法的命题要求，从而能让学生在熟悉的"风景"中感受到更加美丽的意象之美，最终达到既考查数学基础知识，又兼具选拔性的目的。为此，初中数学教学，基本的要求是使学生能熟练地解答教材中的例题和习题等基础题。其次教师应对本地乃至国内先进地区历年中考试题进行深入的研究与思考，找到同类型题目之间，尤其是与教材中的例题和习题的本质联系，将之展现给学生，引导学生去发现规律，从而在提高学生解题能力的同时提升其数学核心素养。

案例 2　"有关圆的切线问题"专题复习[2]

【例 1】$\triangle ABC$ 为等腰三角形（如图 9 所示），O 是底边 BC 的中点，腰 AB 与 $\odot O$ 相切于点 D，求证：AC 是 $\odot O$ 的切线。

【例 2】如图（见图 10），AB 是 $\odot O$ 的直径，$\angle ABT=45°$，$AT=AB$。

求证：AT 是 $\odot O$ 的切线。

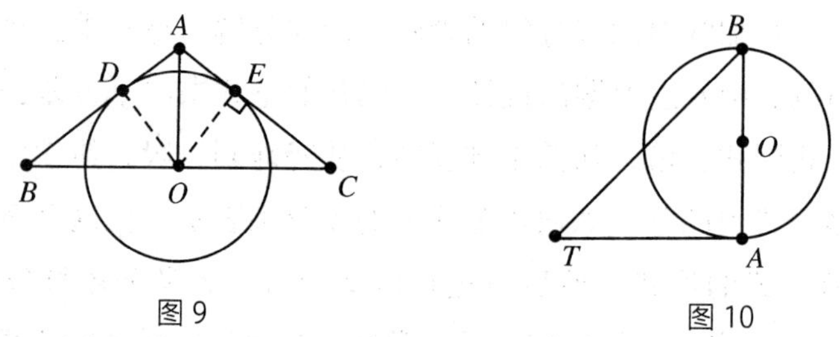

图 9　　　　图 10

本节课教师选择的两道典型例题均为课本原题[3]，旨在让初三中考复习回归课本，同时帮助学生掌握通用解法，为此我在上课时首先引导学生去分析这两道典型例题的区别与联系。

两道例题最明显的不同就在于要证明与圆相切的直线经过圆上一点是否明确，

1. 谢勇、唐雪锋：《垂径定理牵手勾股定理》，《数理化解题研究》2018 年第 5 期。
2. 引自 2020 年 2 月 28 日广西中小学"空中课堂"九年级展播课例，执教：戴启猛。
3. 人民教育出版社课程教材研究所：《数学》（八年级上册），人民教育出版社，2013，第 98 页。

例 1 是不明确的，但例 2 是明确的。证明方法有什么不同呢？乍看似乎都是用切线的判定定理，但用法是不一样的，例 1 因为要证明与圆相切的直线和圆的公共点不明确，所以解决这一类问题常常需要添加辅助线，即作出过切点的半径，本例是过圆心 O 作直线 AC 的垂线，垂足为 E，去证明这条垂线段 OE 就是半径。当然，证出 $OE=OD$，实质上也可以说直线 AC 到圆心 O 的距离（OE 的长度）等于半径 OD，所以例 1 也可以利用直线和圆相切的等价关系（$d=r$）判定 AC 与 $\odot O$ 相切。所以说例 1 不一定非得要利用切线的判定定理。

但例 2 就不同了，因为要判定与圆相切的直线 AT 有一点就在圆上，而且还是直径的一个端点 A，所以遇上这一类问题，我们马上会想到去证明直线 AT 与这条直径 AB 垂直就可以了。事实上根据题目的条件是很容易做到的。

据此，我们可以从课本的两道典型例题，获得如下两方面的经验和体会：

一是证明切线的问题，根据直线和圆的公共点是否明确区别对待。如果公共点明确，直接证直线垂直于经过这个公共点的半径即可（这条半径如果没有，可先连接经过公共点的半径）；如果公共点不明确，那么我们往往需要添加辅助线去作出过切点的半径。多数情况下是过圆心作直线的垂线，去证明垂足到圆心的连线段等于某条特殊的半径。

总之，利用判定定理证明切线，就是要确保直线满足“经过半径的外端”且“垂直于这条半径”两个条件，二者缺一不可。即经过半径的外端并且垂直于这条半径的直线是圆的切线。

二是这两道典型例题的图形也是非常重要的基本图形，牢记图中的一些相等的量和基本关系对解决有关圆的切线问题大有益处。

例 1 图实质上也可以变形为课本 p.99 上的探究问题图形（注：证明切线长定理的图形），图形有什么特点呢？

（1）判断与圆相切的直线和圆的公共点不明确；

（2）图形的基本结构：等腰三角形 + 圆。

我们知道，等腰三角形和圆都是轴对称图形，把它们进行组合是绝配。这是有关圆的切线问题常用的基本图形，图形中有丰富的等量和关系。

例 2 图也是一个常用的基本图形，有什么特点？

（1）判断与圆相切的直线和圆的公共点是明确的；

（2）图形的基本结构：直角三角形 + 圆。

值得一提的是，本题如果设 BT 与⊙O 的交点为 C，由于∠ABC 是圆周角，那么在这个基本图形上再添加一些线，就会出现很多角的关系；加上 AT 这条切线，就把圆外的角与圆内的角建立了数量关系（∠ATB+∠ABT=90°）。利用这些关系，就会变化出很多意想不到的问题。这也是中考命题喜欢用它做母题的一个重要原因。

在此基础上，教师给出一组变式题：

【变式 1】如图（见图 11），AB 为⊙O 的直径，点 C 是弧 AB 中点，连接 AC 延长至点 D，使得 CD=AC。

求证：BD 为⊙O 的切线。

分析：这道题的原型是课本中的哪一道题？图形的基本结构属于哪一种？与之相比，变了什么？

［证法要点］有公共点，找（连）半径，证垂直。

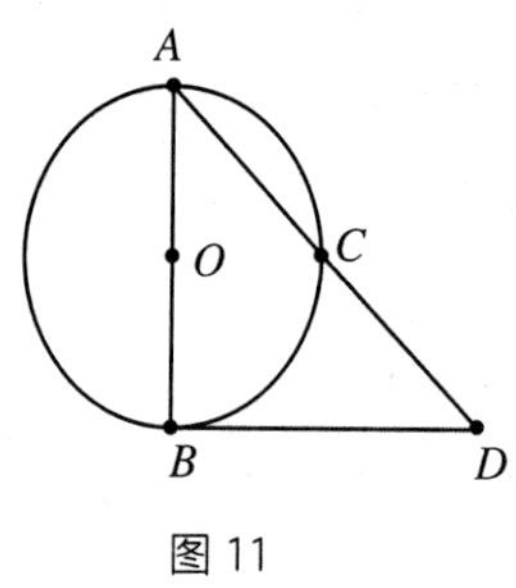

图 11

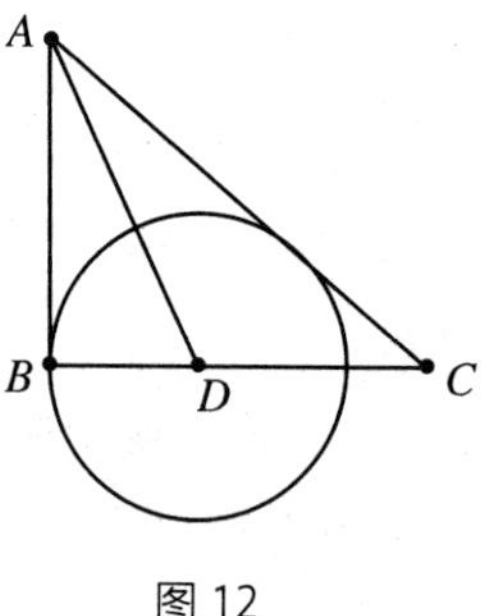

图 12

【变式 2】在 Rt△ABC 中，∠B=90°，∠BAC 的角平分线交 BC 于 D，以 D 为圆心，DB 长为半径作⊙D。（见图 12）

求证：AC 是⊙D 的切线。

分析：这道题的原形又是课本中的哪一道题？与之相比，变了什么？

［证法要点］无公共点，作垂直，证等径。

【变式 3】如图（见图 13），AB 是⊙O 的直径，BC 是和⊙O 相切于点 B 的切线，⊙O 的弦 AD 平行于 OC。

求证：DC 是⊙O 的切线。

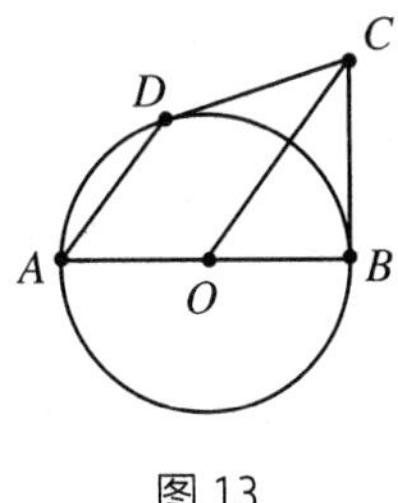

图 13

［证法要点］有公共点，连半径，证垂直。

【变式 4】（2015 年南宁市中考题）如图（见图 14），AB 是⊙O 的直径，C，G 是⊙O 上两点，且 $\overset{\frown}{AC}=\overset{\frown}{CG}$，过点 C 的直线 $CD\perp BG$ 于点 D，交 BA 的延长线于点 E。求证：CD 是⊙O 的切线。

［证法要点］有公共点，连半径，证垂直。

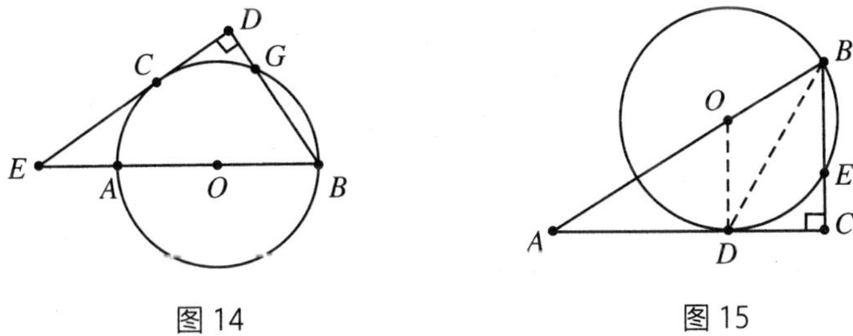

图 14　　图 15

【变式 5】（2016 年南宁市中考题）如图（见图 15），在 Rt△ABC 中，∠C=90°，BD 是角平分线，点 O 在 AB 上，以点 O 为圆心，OB 为半径的圆经过点 D，交 BC 于点 E。求证：AC 是⊙O 的切线。

［证法要点］有公共点，连半径，证垂直。

本节课教学，从回归课本原题分析逐步演变到中考真题求解，整个过程注重对几何图形基本结构及其等量和关系的归纳总结，适时引导学生“一题多解”，体会数学问题“一题多变”及通性通法万变不离其宗的魅力。既激发了学生学习的积极性和创造性，也促进了学生对旧知识的巩固和解题方法、证明技巧的熟练，更提高了学生综合应用的能力，从而提升学生的学科核心素养。

2. 注重思维，深度学习，追求有深度的课堂

数学教学中，发展思维能力是培养能力的核心。我们知道，儿童的发展主要依赖于间接经验，掌握数学知识主要依靠理性思维。因为数学的研究对象是抽象

的，它决定了数学与现实之间存在着内在的距离，原则上讲，数学本质难以通过生活体验而获得理解，因此，直接经验不能成为数学学习的主要基础。

2019 年 11 月 26 日，我曾应邀参加一次省级主题教研活动，曾听评这么一节课：

案例 3　“运用平方差公式因式分解”

问题导入：

【问题 1】公园有一块大正方形草地需要重新做景观规划，从中挖掉一块小正方形做花圃。测得大正方形的边长为 66.6 米，小正方形的边长为 33.4 米，那么剩下的草地面积是多少平方米？（如图 16 所示）

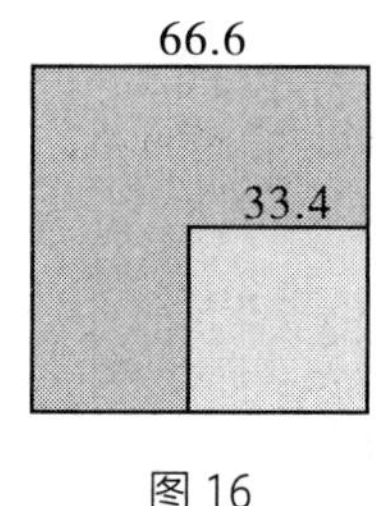

图 16

通过分析问题 1，老师引导学生去思考问题 2 和问题 3。

新知探究：

【问题 2】请你说说，你是如何计算的？

$66.6^2-33.4^2=$

【问题 3】爱思考的小明在进行直接计算时，遇到了困难，于是他转念一想，是否可以从图形入手，将不规则的图形，分割拼接成规则图形呢？你是否也能受小明的启发，找到解决问题的方法？

很显然这是教师为了让学生在“经验”的基础上学习而绞尽脑汁创设的“生活”情境。然而对比案例 3 与案例 1，我们不难发现，这是一种片面强调学生“直接经验”“生活体验”的低效的教学设计。教育教学要适应学生的现有发展水平，但又要超越学生的现有发展水平，并积极地促进其发展。从人的智能发展规律看，小学低年级学生所掌握的概念大部分是具体的，可以直接感知的，要求他们说出概念主要的、本质的东西比较困难，但他们的思维中也有着抽象概括的成分；小学高年级学生逐渐学会运用抽象概念进行思维、辨别概念中的本质与非本质特征、掌握初步的科学定义、独立进行逻辑论证，思维水平逐步从以具体形象思维为主过渡到以抽象逻辑思维为主；中学生的思维能力获得迅速发展，抽象逻辑思维处于优势地位，从初中二年级开始，学生的抽象逻辑思维开始由经验型水平向理论型水平转化，到高中二年级初步完成。[1]根据学生智能发展的上述特点，初中学生因其知识水平的提高和抽象思维的发展，在多数情况下数学学习是可以离开直接经验而有效地接受抽象的数学知识，这时应及时提高数学教学的抽象水平，发挥间接经验的作用，以发展学生的抽象逻辑思维。当然，教师也要讲究教学方法，发挥学生的主体性，使他们学会学习。像案例 1 那样，既有最基本、最重要的数学知识做基础，又有科学的获取知识的方法做保障，学生才能有生动活泼、创造性地继续发展的源泉和动力。[2]

为此，追求有深度的课堂，教师应引导学生开展有针对性的数学思维活动。其主要目的就是对学生进行思维训练，在思维训练过程中使学生掌握知识、形成技能、培养能力、发展智力，培养科学态度，形成正确的世界观。数学思维是对人类思维实践的理性总结，也是对思维过程的形式概括，包括概念与判断、辨别与比较、分析与综合、归纳与演绎等，它们既是数学思维活动的一般规律，又是获得数学知识的有效手段。[3]

深度学习是希望学生达到的境界。我理解的深度学习是指在教师的引领下，学生围绕具有挑战性的学习主题，全身心积极参与、体验成功、获得发展的有意义的学习过程。“深度学习”是个新词，但深度学习并不是新东西，它就是“真”教学，就是教学应该有的样子。它是对以往一切优秀教学的精华的概括和提炼，是“好”教学的代名词。要把它理解为教学规律在教学实践中的具体化，它的表现形式也许有千万种，但核心要点是共同的：[4]

第一，深度学习是教学中的学生学习而不是一般的学习者的自学，因而必有教师的引导和帮助。

第二，深度学习的内容是有挑战性的人类已有认识成果。

第三，深度学习是学生感知觉、思维、情感、意志、价值观全面参与的、全

1. 林崇德：《学习与发展》，北京师范大学出版社，1999，第 196—208、416—431 页。
2. 章建跃：《章建跃数学教育随想录》，浙江教育出版社，2017，第 20 页。
3. 章建跃：《章建跃数学教育随想录》，浙江教育出版社，2017，第 23 页。
4. 田慧生、刘月霞：《深度学习：走向核心素养》，教育科学出版社，2018，第 31 页。

身心投入的活动。

第四，深度学习的目的指向具体的、社会的人的全面发展，是形成学生核心素养的基本途径。

面向未来的未知世界的学习，学习者必须获得对概念更深层次的理解。有研究表明，与以识记、复述知识等为特征的浅层学习不同，深度学习是学生想要去理解以及从学习内容中提取意义这两者的结合。[1] 理解，不仅仅是单纯字面意思上的知道、了解、明白，它更强调一种深层次的思考，即解释、思辨、推理、验证、应用等更有难度、更加复杂和更具综合性的学习结果。但是仅仅有这样的理解还不够，还需要学生能够将这些已经理解的知识应用于生活，即理解是学生灵活地运用所知进行思考和行动的能力。[2]

就拿上面所举案例 1 来说，我们知道平方差公式是乘法公式的一种，而乘法公式是在进行整式乘法运算时，对一些特殊情况归纳出的简化运算的特殊形式。多项式的乘法法则是一个一般性的法则，乘法公式是整式乘法法则的下位，是一般法则形式下特殊形式的特征表达。因为有了整式乘法公式的学习经验的初步积累，所以在教学运用平方差公式因式分解时，更应在深度理解公式上下功夫。也就是要设法让学生去经历归纳公式的全过程，而不是像教材中仅用一个干巴巴的问题思考便引出公式。为此，在教学"运用平方差公式因式分解"时，不仅要引导学生理解引例 3（1）～（3）的算理是整式乘法平方差公式及（4）～（6）是整式变形，属于逆向使用整式乘法平方差公式对一个多项式进行因式分解，同时要特别强调让学生经历归纳公式的过程，也就是要在教学中潜移默化地教给学生一些基本套路。这个基本套路其实和概念教学是类似的，也是要经过归纳公式（"举三反一"，概括其本质属性）—表示公式（文字、符号语言表示）—辨析公式（明确其结构特征）—应用公式（"举一反三"）等过程，其核心仍是归纳，最重要的是让学生去发现去归纳去表达，而不是教师包办代替。开始可以说得不够准确、不够简洁，但这有什么要紧呢？让学生经历从不够准确、不够简洁到精准精炼，同样是学生能力和素养提升必须要体验的过程。归纳也是数学教学的核心，归纳地想、归纳地发现规律，如此经历和体悟多了，数学思想乃至数学学科的核心素

1.BAETEN M and DOCHY F，STRUYVEN K，"Students' approaches to learning and assessment preferences in a portfolio-based learning environment，" *Instructional Science*，No. 36（2008）：359—374.

2. 田慧生、刘月霞：《深度学习：走向核心素养》，教育科学出版社，2018，第 8—9 页。

养自然也就体现出来了。我在执教“有关圆的切线问题”专题复习时曾说：“初中数学复习的过程中，同学们一定要学会比较、联系、归纳。相似的概念、相似的式子、相似的定理、相似的图形都要学会去对比，找出它们的相同点和不同点、区别和联系。很多时候，我们的解题灵感就源于此，所以聪明的同学往往比较注意把相关联的知识和方法串起来，归纳出学数学的规律。也许他学到的是单个知识，但注意联系和归纳的同学复习后却能把众多单一知识织成一个知识网络，牵一发而动全身，解一道题，能联想一类题，精通一类题。”我的这个判断也可以从苏联心理学家克鲁切茨基的研究中找到理论支撑。克鲁切茨基认为，解答数学题时的心理活动有三个基本阶段：收集解题所需要的信息；对信息进行加工，获得一个答案；然后把有关这个答案的信息保持下来。其中的每一个阶段都和一种或多种能力相适应。数学上特别有能力的学生比能力差的学生能更好地更快速地抓住问题的实质。有能力的学生能迅速而容易地概括数学材料；在逻辑论证上则倾向于越过中间步骤，能容易地变换其他的解题方法，而且只要有可能便力求找出一个“漂亮的”答案；必要时，他们能容易地逆转思维的进程。最后，如果说有能力的学生和能力差的学生在数学记忆上也有某些差别的话，那么，前者偏于记忆题目中的关系和解题的原理，而后者则偏于记忆题目的具体细节。[1] 当然，克鲁切茨基的研究也启发我们教师在教学中应引导学生关注题目中的关系和解题的原理，重视揭示问题的知识本质。

最后，我想强调的是教师应力求创设前人发现数学概念、公式、定理和性质的过程，让学生深层次理解数学概念、公式、定理和性质等数学知识。这就意味着学习者拥有的知识是围绕着该学科的核心概念、主题及问题组织起来的，从多角度对其加以表征的，并能在真实、复杂情境中应用的知识。学生只有知道在什么样的情境中应用这些知识，知道在面对新的、真实世界的情境时如何调适、修正这些知识，在他们能够解释信息、创建模型、解决问题、建立与其他概念和学科及真实世界情境的关联从而形成理解世界的新方式时，我们才认为发生了真实的、有深度的学习。这样的课堂才算得上是有深度的课堂。

1.〔苏〕克鲁切茨基：《中小学生数学能力心理学》，教育科学出版社，1984，第 9 页。

（四）追求有宽度的课堂

什么是宽度？在《现代汉语词典（第7版）》中，宽度的其中一个意思是"宽窄的程度"[1]。其中，"宽"的意思是"横的距离大，范围广（跟"窄"相对）"[2]。追求有宽度的课堂，不仅指数学学科知识层面和范围的拓宽，更是指数学课程标准规定范围和学生可接受程度知识的内在联系和适度拓展，以及学科知识之间的有机融合。注重利用线上教学资源，拓宽学生获取知识的渠道，引导学生把课内的共同学习延伸至课外的主动探究。[3]

1. 注重知识之间的内在联系，把握知识的宽度

美国加州伯克利大学终身教授、美国国家数学课程标准的制定者、世界知名几何学家伍鸿熙教授提出数学的五个基本原则[4]：

原则1：每个数学概念必须精确定义，而定义构成逻辑推理的基础。

原则2：数学表述要精确，在任何时候，什么已知什么未知都要很清楚。

原则3：每一个结论都是逻辑推理的结果，推理是数学的命脉，是解决问题的平台。

原则4：数学是连贯的，数学的概念和方法组成了一个逻辑严密的整体。

原则5：数学是目标明确的，每个数学概念和方法都有其目的。

人教社资深编审章建跃博士认为，以这五个原则进行数学教学，是"数学课教数学"的基本要求。[5]我以为其中原则4恰恰说明明晰数学知识的内在联系对学生整体把握数学概念和方法是至关重要的。数学教学必须注重数学的整体性，这是由数学的学科特点决定的。这种整体性，既体现在数学概念及其反映的数学思想方法的一体性上，又体现在各部分内容的有机联系上。从教的角度说，把握好整体性，才能有准确的教学目标，才能把数学教得本质而自然，教学行为才能"准""精""简"，才能充分发挥数学的育人功能；从学的角度看，注重整体性，才能了解知识的源头、发展和去向，才能掌握不同内容的联系性，既学到"好数学"，又学得兴趣盎然，从而体会数学知识的真正宽度。

1. 中国社会科学院语言研究所词典编辑室：《现代汉语词典（第7版）》，商务印书馆，2016，第758页。
2. 中国社会科学院语言研究所词典编辑室：《现代汉语词典（第7版）》，商务印书馆，2016，第758页。
3. 戴启猛：《基于初中数学"四度六步"教学法的理论基础与实践架构》，《中小学课堂教学研究》2020年第3期。
4. 伍鸿熙、张洁（译）：《凤凰涅槃——让核心数学标准焕发生机》，《数学通报》2012年第4期。
5. 章建跃：《章建跃数学教育随想录》，浙江教育出版社，2017，第745—750页。

案例1 “有理数的混合运算”

本节是人教版教材《数学》（七年级上册）第一章第五节“乘方”[1]的内容。教材关于有理数的混合运算的编写是非常经典而简约的。学生学习掌握了有理数的乘方概念及如何运算之后，教材便直接呈现有理数的混合运算顺序，然后仅出示一道例3，给出两道有理数的混合运算题，包括例3的解题过程仅15行文字。但作为教师，我们都知道有理数的混合运算是有理数知识系统的重要内容，是有理数运算学习要求最终落实的关键。它既是小学四则混合运算的延伸，又是实数混合运算的基础，更是今后学习代数式、方程、不等式和函数等代数内容的运算基础。所以我以为，关于有理数的混合运算，教师至少要用一节课的时间专门讲解和训练。这就需要我们教师根据学生的实际合理地选编处理教材，用适当的方式方法引导学生去经历知识发生、发展的过程，领悟运算的本质。

①复习提问、温故孕新

【引例1】我们在小学学习过加减乘除四则混合运算，不知道你们的老师是否教过“24点游戏”？请同学们看题，比一比，谁算得最快？

请用加、减、乘、除中的若干种运算（可用括号）将4个自然数：3、4、5、6列成一个算式，使得计算结果恰好等于24。

生：口述算式是［3+（5−4）］×6。

（学生边说，教师边板书）

师：这个算式的结果是否为24？你是按怎样的顺序算的？

设计意图：本题看似不难，但做起来不易，对学生有一定的挑战性，旨在激发学生学习兴趣，引导学生复习加、减、乘、除四则混合运算的顺序和运算。

②创设情境、引入课题

【引例2】请用加、减、乘、除和乘方中的若干种运算（可用括号）将4个有理数：2、2、−4、4列成一个算式，使得计算结果恰好等于24。（指数和底数都需不重复地从这4个数中选择。）

生：$2\times4+(-4)^2$或$(-4)^2+2\times4$。

师：同学们所列出的这两个算式（呈现在黑板上）包含了哪些运算？你是如何

1. 人民教育出版社、课程教材研究所、中学数学课程教材研究开发中心：《数学》（七年级上册），人民教育出版社，2012，第41—43页。

计算的？

生：乘方、加法和乘法。先乘方，再乘法，最后相加。

师：这就是我们今天要学习的新课——有理数的混合运算。那么有理数的混合运算应按怎样的顺序来计算呢？请大家打开课本，翻至43页，大家一起阅读第4行内容，去思考有理数混合运算的顺序与我们在小学学习的加、减、乘、除四则混合运算的顺序有什么区别与联系。

设计意图：教材中本节课的内容篇幅较少，形式较为枯燥，为顺应七年级学生的身心发展规律，我以学生熟悉的24点游戏引入，激发学生的学习兴趣。通过“自然数版”24点游戏让学生回顾小学的四则混合运算法则，再通过变式得到的“有理数版”24点游戏，创设情境，引入课题。在已经学习了有理数乘方与四则混合运算法则的基础上，引导学生通过引例2去经历有理数混合运算法则的产生过程，并通过寻找和比较有理数混合运算的顺序与整数四则混合运算的顺序的联系和区别去理解有理数混合运算法则的合理性、连贯性，彰显有理数混合运算和整数四则混合运算的内在联系。

《义务教育数学课程标准（2011年版）》指出：数学知识的教学，要注重知识的“生长点”与“延伸点”，把每堂课教学的知识置于整体知识的体系中，注重知识的结构和体系，处理好局部知识与整体知识的关系，引导学生感受数学的整体性。案例1以游戏的方式展开，通过学生的积极思考、讨论交流等方式经历有理数混合运算法则产生、发展的全过程，充分体现了学生的主体性和教师的主导作用。接下来教师再讲解有理数混合运算就显得顺理成章，水到渠成，学生也在不知不觉中实现数系扩充后混合运算能力的有效迁移。

追求有宽度的课堂，要求教师不能只会照本宣科，书云则云，书无则无，而是把知识教“活”，把解题方法教“活”。让学生能举一反三，能一通百通，达到学得灵活，用得灵活。把知识教“活”，关键不在于形式上是否按课本的顺序和内容讲授，而是教师必须吃透教材，弄清数学知识和方法的来龙去脉，理解知识的本质，了解知识发生、发展的过程，根据学生的实际合理地选编处理教材，用适当的方式，符合认知规律的方法，与学生一道去研究、去探求。比如，可以引导学生去分析思考新知与哪些旧知有关联，探究发现如何通过旧知引入新知，由未知索求已知；或是由此及彼，由表及里，由浅入深，从而在问题解决中揭示知识之间的内在联系，把握知识的宽度。

2. 加强学科知识之间的融合，拓宽知识的维度

数学的许多内容与其他学科知识有着密切的联系，随着学生学习的深入，其他学科的知识应成为呈现学生学习数学内容的“现实”素材。苏联心理学家克鲁切茨基曾说过：“科学发展的特点是更倾向于数学化，这不仅适用于物理学、天文学和化学，而且也适用于像近代生物学、考古学、医学、气象学、经济学、设计规划、语言学以及其他有关科学。数学的方法和思考方式已经渗透到各个方面，很难找到有一种知识领域和数学完全无关。数学在人类研究的各个领域里都年复一年地得到广泛的应用，正如数学家、苏联科学院院士科尔莫戈罗夫所指出的：原则上，数学应用的领域是无限的。”[1]

案例 2 “实际问题与二次函数”

本节是人教版教材《数学》（九年级上册）第二十二章第三节“实际问题与二次函数”[2]的内容。课的开始，教师引导学生首先复习利用二次函数解决实际问题的一般思路：建系→找出点的坐标→求出抛物线的解析式→求出点的坐标（解决实际问题）。然后创设情境，引入课题。

师：大家喜欢打篮球吗？其实投篮时篮球的运行路径也是一条抛物线，那么我们同样可以用抛物线的知识解决投篮的命中的问题。首先我们一起来感受一下篮球投中的过程。

【问题 1】如图 17 所示，一名篮球运动员在距篮圈中心 4 m（水平距离）处跳起投篮，篮球准确落入篮圈。已知篮球运行的路线为抛物线，当篮球运行的水平距离为 2.5 m 时，篮球达到最大高度，且最大高度为 3.5 m。如果篮圈中心距离地面 3.05 m，那么篮球在该运动员出手时的高度是多少？

1.〔苏〕克鲁切茨基：《中小学生数学能力心理学》，教育科学出版社，1984，第 4—5 页。

2. 人民教育出版社、课程教材研究所、中学数学课程教材研究开发中心：《数学》（九年级上册），人民教育出版社，2014，第 49—53 页。

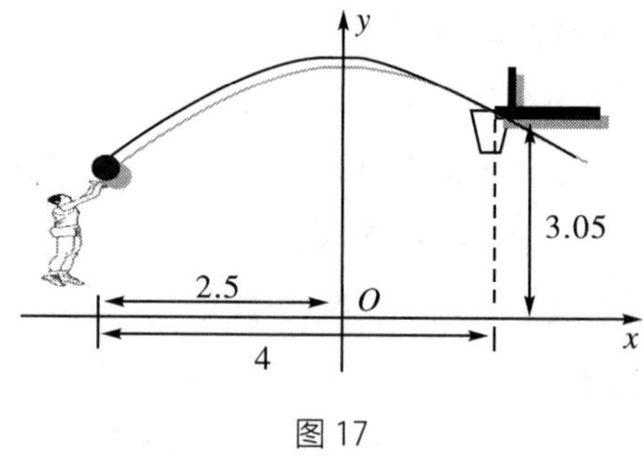

图 17

首先，教师引导学生认真审题，在图形中标出相应的数据，分析题目中所蕴含的信息量。

学生分组讨论交流：你知道哪些有效的信息；如何解决实际问题，你有什么方法吗？

然后，教师引导学生采用“建系→求出抛物线的解析式→求点的坐标”分步去解决这个实际问题：

第一步，请同学们在如图所示的直角坐标系下，求出抛物线的表达式。

学生展示：一名学生在黑板上书写过程，师生共同进行矫正。

第二步，求出篮球在该运动员出手时的高度是多少米。

教师引导学生分析篮球在该运动员出手时的高度，也就是运动员跳起后，篮球距离地面的高度，即转化为求抛物线上点的坐标。

在学生求出篮球距离地面的高度，教师继续引导学生分析篮球距离地面的高度都与什么有关，引出下面的问题：

该运动员的身高 1.7 m，跳投时，球在头顶上方 0.25 m 处离手，问球离手瞬间，运动员距地面的高度是多少？

师（提示）：运动员距离地面的高度也就是运动员跳起的高度。

师（小结）：运动员投篮是否命中，与运动员的身高、跳起的高度以及与篮圈中心（水平距离）的远近都有关系。

【变式】在一场篮球赛中，小明跳起投篮，已知球离手瞬间球离地面高$\frac{20}{9}$ m，与篮圈中心的水平距离为 8 m，当球离手后该水平距离为 4 m 时到达最大高度 4 m。设篮球运行的路线为抛物线，篮圈中心距离地面 3 m。问此球能否投中？（见图 18）

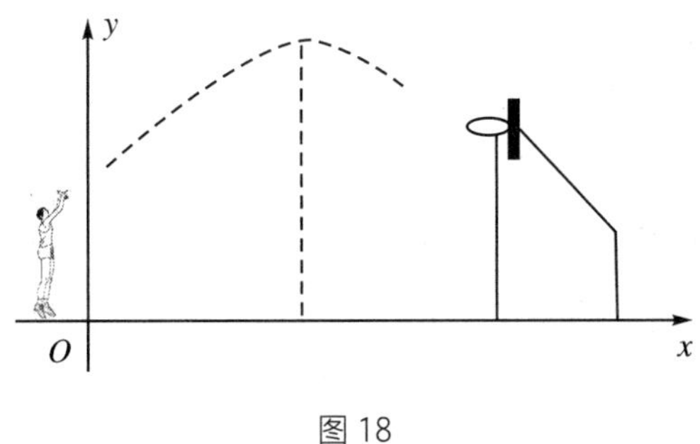

图 18

师：亲爱的同学们，你知道小明这次投篮，投中了吗？如果他没有投中，在他出手角度和出手力度都不变的情况下，请你帮他调整一下位置，看怎样才能让篮球投中。

学生独立思考后，小组合作交流，得出简单的结论，可以跳得更高些，也可以向篮圈方向靠近些。教师再辅助动画演示，以直观形象的方式帮助有困难的学生去理解领悟。

设计意图：本节课以篮球运动为背景，自然融合二次函数求解析式的问题，并有机渗透运用函数解决实际问题的建模思想。

对学生来说，本节课的问题虽有难度，但学生学得津津有味，跃跃欲试，学生学习的热情空前高涨，课堂教学的实际效果非常好，我以为，是问题的体育学科的背景材料深深地吸引学生，引起了学生强烈的探究欲望和学习兴趣。近代分科教学让学科之间相互割裂，无法让学生形成更加全面、整体性的认识。为了弥补分科教学的缺陷，日常教学中教师应注重学科知识的融合，尤其是在学科知识的应用中融合。因为学生掌握数学知识，不能依赖死记硬背，而应以理解为基础，并在知识的应用中不断巩固和深化。为了帮助学生真正理解数学知识，教师应注重知识与学生生活经验的联系、与学生学科知识的联系，多组织学生开展实验、操作、尝试等活动，引导学生进行观察、分析，抽象概括，运用知识进行判断，体会数学应用的广泛性。郑毓信先生说：“数学基础知识的教学不应求全，而应求联；数学基本技能的教学不应求全，而应求变。”他还说数学教师有三个层次或境界：“如果仅仅停留于知识和技能的传授，你就只是一个教师匠；如果能够帮助学生通过数学学会思维，你就是一个智者，因为你能给人以智慧；如果能给学生无形的文化熏陶，那么，即使你是名小学教师，或者身处深山老林、偏僻农村，也是一位真正的大师，你的生命也将因此而具有真正的价值。”[1]

3. 注重课内学习向课外延伸，拓展学习的空间

义务教育段的教师要有教学质量的“保底”意识，强调的是下要保底，但上可以不封顶。什么意思呢？就拿数学学科来说，对于大多数学生而言，日常教学应根据数学课程标准规定的要求组织教学，必须为学生，尤其是为学习有困难的学生打下走向未来的必备学科基础，这就是“保底”。但对于优秀学生，尤其是一些早慧学生，智力超常学生（据专家调查，这类学生约占同龄儿童的 2%），教师也应该不失时机地结合课内教学内容适度向课外延伸，通过成立数学课外活动小组等方式，尽可能为满足他们对数学学习的个性需求特别“加料”，激发、激励他们不断去攀登自己的数学“高峰”。

必须看到，近几年为了教育的公平和减轻学生不必要的课业负担，国家加强了对各级各类数学竞赛及各类数学奥赛辅导班的管控，这是非常必要的。因为类似的竞赛和辅导班已经演变成个别课外培训机构招生的“噱头”和一些学生择校的“敲门砖”。但是我强烈主张每一所学校，每一个学科，尤其是数学学科应该指导学生成立数学课外活动小组。组织数学课外活动小组并开展数学研究活动，不仅有利于促进学生课内学习向课外学习延伸，更有利于提高课内数学教学质量和发现、培养数学专门人才。当然活动的有效性主要取决于活动内容或课题的选择、活动的方式以及辅导员的水平。有经验的教师，时常会在课内教学的结尾出示一些富有挑战性的问题，引导学生带着问题走出课堂，激发学生课外去“攻关”。初中数学可以延伸至课外的内容应尽量与课程内容结合得紧密一些，最佳的内容就是课堂教学内容的适时拓展、适度延伸、适当“拔高”，让学生体会数学学习的挑战性。比如代数中在学完一元一次方程、二元一次方程组之后，可以将不定方程作为课外研究的内容，并研究诸如著名的《孙子算经》中的问题：“今有物不知其数，三三数之剩二，五五数之剩三，七七数之剩二，问物几何？”这些内容或课题与课内有关，研究了这样的内容以后，既可以深化课内学习内容，又扩展了学生的认识领域。解决这些课题一般需要更高的技巧、更灵活的思维，因而有利于开发学生的智力，培养学生的创造性思维能力。再如可以为有需要的学生补充“十字相乘法”“添项法”“拆项法”因式分解及平面几何中的“反证法”，

1. 郑毓信：《数学 · 哲学 · 教育——我的“跨界”教育人生》，《中小学课堂教学研究》2019 年第 4 期。

还可以利用数学课外活动小组，在课内学习了三角形的内容之后去研究梅涅劳斯定理及其逆定理，塞瓦定理等；在学习圆的内接四边形内容以后，去研究托勒密定理；在学习完解直角三角形内容以后，去研究正弦定理和余弦定理，等等。我以为追求有宽度的课堂，注重课内向课外延伸，就是“教师应为儿童向更高层次的发展提供必要的启示、指导”[1]。

4. 加强线上线下教学的融合，拓宽教学的空间

2020 年开春，一场突如其来的新冠病毒感染的肺炎疫情，对每一个中国人来说，都是记忆深刻的。疫情改变了世界，改变了人们的生活，也改变了我们的工作方式，包括我们的教育教学。疫情期间，作为广西有史以来最大规模面向中小学生“空中课堂”的组织者，我在开展了 53 万网友同时在线观看的直播专题讲座“线上线下教学无缝衔接的制胜秘籍”之后，应“学习强国”“央视频”和“一起”联袂推出的“数字化教育与未来”公益大讲堂的邀请，在线分享我对线上线下教学无缝衔接的实践和思考。说实话，疫情期间我的很多工作是被“逼”出来的，包括“线上教学”和“线上教研”。这些工作前无古人，无可借鉴。然而，随着互联网及电脑几乎已进入每一个家庭，学校教育，尤其是课堂教学一定会因为这一次应对疫情防控而兴起的全国最大规模的“网课”而改变，也可以预测如何将线上教学资源和线下课堂教学有机融合必定会成为未来学校教师教学改革的一个方向。线上教学依托网络，直播或录播课程，而线下教学则需要师生共处，进行面对面教学。线上教学，因为上课时老师不在学生身边，是通过视频进行教学，所以更考验教师语言的感染力、线上实时监控的技术和学生的自觉性。线下教学，师生面对面交流互动，所以更考验教师的教学能力、教学艺术和学生的积极配合。线上教学和线下教学虽然教学形式不同，但都是教学的有效方法。然而最有效的教学形式和方法一定是这两种不同教学形式和方法的有机融合。比如，如何将城市优质教育资源与落后的乡村共享以缩小城乡教育的差异？城市优质的线上教学与乡镇配套线下教学有机融合肯定是优选的解决策略。还有，学校日常教学一般以课堂线下教学为主，但遇到诸如此次新冠疫情等特殊时期或开展个性化辅导或组织学科教学辅导时，均可以采用线上教学与线下检查相结合的方式。教育部基础教育课程教材发展中心刘月霞副主任说，当死记硬背所获得的知

1. 郑毓信：《数学·哲学·教育——我的“跨界”教育人生》，《中小学课堂教学研究》2019 年第 4 期。

识“百度”一下即知即得时，学生应该学什么、怎么学的焦虑感逐渐上升。世界改变了，我们的学校却被卡在过去的某个时间点上，停滞不前。[1]未来已来，大势所趋，作为学科教师只能适应，不可能回避。只有既注重日常线上教学资源的开发和运用，又注重线下教学方法的改进和提升，不断拓宽教学的空间，方能成为一名专业而优秀的教师。

《义务教育数学课程标准（2011年版）》指出：“数学素养是现代社会每一个公民应该具备的基本素养。作为促进学生全面发展教育的重要组成部分，数学教育既要使学生掌握现代生活和学习中所需要的数学知识与技能，更要发挥数学在培养人的思维能力和创新能力方面的不可替代的作用。”我认为数学课程标准规定的数学知识和能力要求是全体适龄儿童都必须达到的基本要求。如果学不好数学，或者不学数学，学生的知识结构就不完整，思维发展就会存在某种缺陷。因此，教师应注重学科知识的融合和学习空间的拓展，尽量创设丰富有趣的问题情境，让学生体会学好数学的必要性及数学应用的广泛性。当然，在学生可以接受的前提下，优秀的数学教师应当追求以发展学生数学学科核心素养为目标，适度拓展知识和能力要求，并善于将学生的思维引向课外、引向高度，引导学生去挑战自己的数学才能。[2]让学生把更多的不可能变成可能，成为更好的自己。

追求有宽度的课堂，就应该做到注重学科知识之间的内在联系，注重学科之间的融合，注重将教学内容从课内向课外延伸，注重线上优质教学资源与线下课堂教学的融合，教学内容素材的呈现应贴近学生现实，创设丰富、有趣的问题情境，让学生用问题导学，带着更高层次的问题走出课堂，引导学生不断地去挑战自我，激发潜能，体会数学的趣味性、学法的多样性和应用的广泛性。

二、“四度六步”教学法的实施六步骤

（一）“温故”（复习提问，温故孕新）环节设计的技术要领

俄国著名生理学家、心理学家伊万·彼德罗维奇·巴甫洛夫指出：“任何一个新的问题的解决都是利用主体经验中已有的旧工具实现的。”也就是说各种新知识，都是从旧知识中发展出来的。根据心理学的迁移规律，当新知识与旧知识

1. 刘月霞、郭华：《深度学习：走向核心素养》，教育科学出版社，2018，第14页。
2. 戴启猛：《创造更加精彩的课堂：初中数学“四度六步教学法”的20年实践与探索》，《广西教育》2020年第2期。

联系紧密时，可把与新知识有关的旧知识抽出来作为新知识的“生长点”，为引进新知作铺垫，形成正迁移，这就是初中数学课设计“复习提问，温故孕新”环节的理论基础。

此外，在长期的初中数学教学实践中，我发现学生对初中数学学习的兴趣及数学学业成绩两极分化很严重。究其原因，除了数学学科自身特别强调基础及多数初中生没有养成良好的数学学习习惯，学生每天出现的“误差”累积是根本原因。为了改善学生的学习，教师在课堂上就必须设法把学生的“误差”补回来。

教师在此环节设计的“复习提问，温故孕新”应把握三个技术要领：

一是“温故”应指向前一课学习的主要内容。

二是“温故”应指向与本节新课关联的知识。

三是“温故”应设计为孕育新知铺垫的问题。

案例1　“分式”教学实录节选

师：前面我们学习了整式，知道可以用整式表示某些数量关系，但是不是所有的数量关系都可以用整式来表示呢？请看下面的问题：

【例题】列代数式填空：

（1）今年八、九月份，我国长江流域遭受特大洪灾，人民生命财产受到严重威胁，解放军某部奉命参加抗洪战斗，若以每小时 53 km 的速度行进，部队要抵达距离驻地 166 km 的灾区需________小时。

（2）120 公顷麦田共收小麦（n+3）t，平均每公顷产量________ t。（即课本 p.58 例的变式）

（3）甲、乙两人做同种机器零件，已知甲每小时比乙多做 6 个，如果设甲每小时做 x 个零件，那么甲做 90 个零件需________小时，乙做 60 个零件需________小时。（即课本 p.57 引例的变式）

（4）轮船在静水中每小时航行 a km，水流的速度是 b km/h，则轮船逆流航行 s km 需________小时。（即课本 p.58 例）

（学生一一作答，师生共同纠正）

师：我们知道，两个数相除可以表示成分数的形式，同样，在代数中，整式的除法也可以类似地表示。请同学们观察思考一下这里所列出的式子是否都是我们学过的整式。哪些是，哪些不是？为什么不是？那么它们是什么？

如此设计，一方面通过列举与学生生活紧密相关的一组实例，由特殊到一般，由浅入深，循序渐进复习旧知；另一方面也是为了方便学生类比在小学已经掌握了的"分数"旧知，孕育"分式"新知，显现分式学习的必要性，可谓独具匠心。

之所以设计"温故"环节，就是想特别强调数学知识的独特逻辑和系统，高明的数学教师一定是在复习旧知识的过程中蕴含新的教学内容，为新知识的学习铺平道路。这既是设计"温故"环节的意义，也是数学教学独特魅力的体现。

（二）"引新"（创设情境，引入课题）环节设计的技术要领

情境主要是指现实情境、数学情境和科学情境。问题是指在情境中提出的数学问题。教学情境真的那么重要吗?

德国一位学者有过一个精辟的比喻：将 15 克盐放在你的面前，无论如何你都难以下咽。但当将 15 克盐放入一碗美味可口的汤中，你在享用佳肴时，就将 15 克盐全部吸收了。情境之于知识，犹如汤之于盐。盐须溶入汤中，才能被吸收；知识须要融入情境之中，才能显示出活力和美感。

教师在此环节设计的"创设情境，引入课题"应把握三个技术要领：

第一，"引新"应基于学生已有的知识和经验。我们知道学生是学习的真正主体，建构主义学习理论认为，学习活动是学生以自身的知识和经验为基础的主动建构。为此，教学就需要创设一种情境，这种情境是基于学生已有的知识和经验的，是沟通学生已有经验和所学数学内容的桥梁。

第二，"引新"应指向教学目标和核心的学习内容。创设情境的目的是引入课题，也就是有机呈现新课的教学主题和核心的学习内容。情境不是目的，目的是与新知识的教学自然过渡。为此，在"引新"环节一定不能本末倒置，切忌前松后紧。

第三，"引新"应具有思考性、探索性和开放性。古人云："授人以鱼，不如授人以渔。"鄙人曰："授人以渔，不如诱人以欲。"兴趣是最好的老师。我的体会是，将新知融于富有思考性、探索性的情境之中，不但可以引发学生的学习兴趣，更可以大大提高学习效率和质量。同时，我以为"引新"环节设计还应当具有一定的开放性，以满足不同学生的学习需求。

案例2　“同底数幂的乘法”教学实录节选

【游戏1】用数字2和10编算式，你能编出哪些？

师：同学们还记得吗，我们在七年级都学了有理数的哪些运算？

生：有理数的加、减、乘、除运算。

师：后来我们又学习了整式，对于整式，我们学习了哪些运算？

生：整式的加、减运算。

师：照此下去，如果我们要继续学习整式的运算，你能否类比有理数的运算，猜想我们将要学习整式的哪种运算？

【游戏2】从下面给出的四个整式中任取两个构造乘法算式，你能列出哪些？（只需列式，不要求计算。）

a^2、a^3、a^3+ab、$a+ab$

此外，请试着将你列出的式子分类，说说你分类的标准。

师：很显然这些都是整式的乘法，在这些算式中，你认为哪一个最简单？

师：猜猜最简单的算式 $a^2a^3=$？

师：学了今天这节课，我们就可以解决这个问题，让我们一起开启全章学习的大门——研究幂的第一个基本运算。

（教师板书课题：同底数幂的乘法。）

这个情境的设计就紧紧围绕“同底数幂的乘法”教学目标和学习主题，一方面，复习有理数的所有运算，通过类比有理数的运算，学生比较容易引出本章学习主题；另一方面，设计的游戏具有思考性、探索性和开放性，有利于激发学生思考，拓展学生的思维。整个设计让学生在整体感知整式乘法的大概内容，并体验到幂的基本运算是解决整式乘法的基础，猜想 a^2a^3 等于多少时，产生认知冲突和求知欲，为揭秘而引出课题，点题可谓水到渠成。

对此，我的体会是：成功的教学应走进学生的心灵。教师要千方百计地捕捉和创设教学的共鸣点，激起学生心灵的共振，在学生兴味盎然的状态下，在充满激情与活力的教学过程中，与他们一同探究，一同发展。

这里，需要强调的是创设情境不仅仅是生活情境，数学自身也是情境的丰富源泉（案例2便是如此）。此外，需要注意的是“情境与数学化不是‘华丽的装饰’，而是数学课程的承重墙”。在教学中，最重要的是认真思考希望通过情境使学生获得什么，也就是设计情境的目的，这是情境设计的"魂"。

（三）"探究"（合作探究，活动领悟）环节设计的技术要领

《义务教育数学课程标准（2011 年版）》指出："学生学习应当是一个生动活泼的、主动的和富有个性的过程。除接受学习外，动手实践、自主探索与合作交流同样是学习数学的重要方式。学生应当有足够的时间和空间经历观察、实验、猜测、计算、推理、验证等活动过程。"

探究是新课程倡导的自主学习、合作学习和探究学习的三种学习方式之一。什么是探究学习？探究学习是指学生在教师指导下，以类似科学研究的方式去主动获取知识、应用知识、解决问题、形成观点的一种学习。这种学习不沉湎于纯粹的数学知识，也不直接给出现成的结论，而是让学生在理论学习、史料阅读、问题讨论、动手操作、课题研究中获得学习能力、掌握学习方法，从而学会学习。显然，探究学习改变了以往学生被动接受的学习方式，教师应创造条件让学生能积极主动地去探索、尝试，更好地发挥个体创造潜能，真正成为学习的主人。

教师在此环节设计的"合作探究，活动领悟"应把握两个技术要领：

第一，"探究"的关键是设计好的数学问题。好的数学问题对学生合作探究，活动领悟至关重要。尽管我们不能给出一个好的问题的评判标准，但从教学实践看，"好"的数学问题应该具备如下几个特征：能引发学生的兴趣、能紧扣教学的主题、能激活学生的经验、能展开学生的思维，"好"的数学问题还要能推广、扩充和引申。

第二，"探究"的实效是学生参与的广度和深度。"探究"是否能取得实效，归根到底是以学生是否参与、参与多少和怎样参与、参与到什么程度来决定，即参与的广度和参与的深度。"四度六步"教学法设计的"探究"环节，强调每一位学生的参与，经历活动，尤其是合作探究。为此，教师应该注重学生日常教学常规的训练和良好学习习惯的养成。成立相对固定的合作学习小组，在日常教学中注意发挥每一位学生在合作学习小组中的作用（要有明确的学习任务，并有学习反馈的评价），让学生感受在合作学习小组中的被认可和自己独特的价值（要有明确的分工和代表小组展示的机会），体验学习的收获和喜悦，这是激发学生参与合作、探究学习热情和培养学生学习自信心和进取精神的有效策略。

案例 3 几何习题课——“探究规律”教学实录节选[1]

【例题】（1）已知点 A、B、C 在同一直线上，若线段 $AB=a$，$BC=b$（$a>b$），求 AC；

（2）已知$\angle ABC=\alpha$，$\angle ABD=\beta$（$\alpha>\beta$），求$\angle CBD$。

本题较为容易，但需要学生画图，个别学生易犯只考虑一种情况的错误，解决的办法就是请两个同学到黑板上来画图展示过程，然后教师引导学生去自我发现、自我纠正。

师：请同学们抬头看黑板上的两个图形，你们发现了什么？

生：每道题都有两种情况。

师：点 B 与线段 AC 的位置与结果有什么关系吗？射线 AB 与$\angle CBD$的位置与结果有什么关系吗？两者之间有什么联系吗？谁来说一说？

学生只要能表达出“内外”位置影响“和差”结果即可。事实上，在几何里有上述特点的问题还蛮多，今天我们就一起来探究其规律，请看下列问题：

【探究 1】已知直线 $AB \parallel CD$，点 E、F 分别在 AB、CD 上，P 点为平面内一点（不在直线 AB、CD 上），连接 PE、PF。（如图 19 所示）

（1）如图 19a，探究$\angle BEP$、$\angle DFP$、$\angle P$的数量关系；

（2）如图 19b，探究$\angle BEP$、$\angle DFP$、$\angle P$的数量关系。

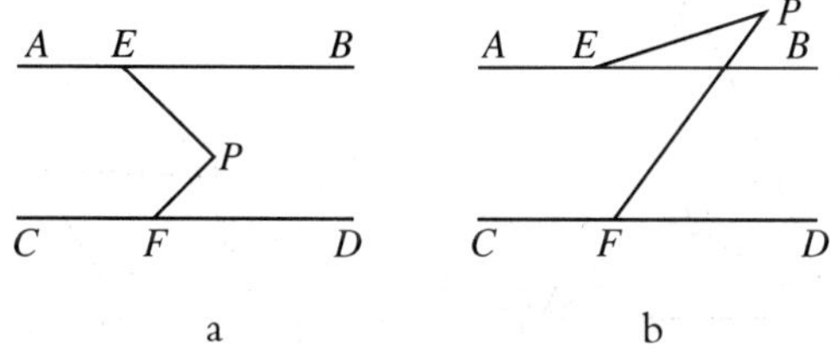

图 19

【探究 2】如图 20a 所示，在△CDE 中，$\angle DCE=90°$，$CD=CE$，直线 AB 经过点 C，$DA \perp AB$，$EB \perp AB$，垂足分别为 A、B。

（1）当 AB 绕点 C 旋转到图 20a 位置时，判断线段 AB 与 AD、BE 的数量关系，并说明理由。

1. 注：本案例例题选编自卜以楼于 2018 年在陕西师范大学出版总社出版的《生长数学：卜以楼初中数学教学主张》一书（第 79—81 页）。

（2）当 AB 绕点 C 旋转到图 20b 位置时，判断线段 AB 与 AD、BE 的数量关系，并说明理由。

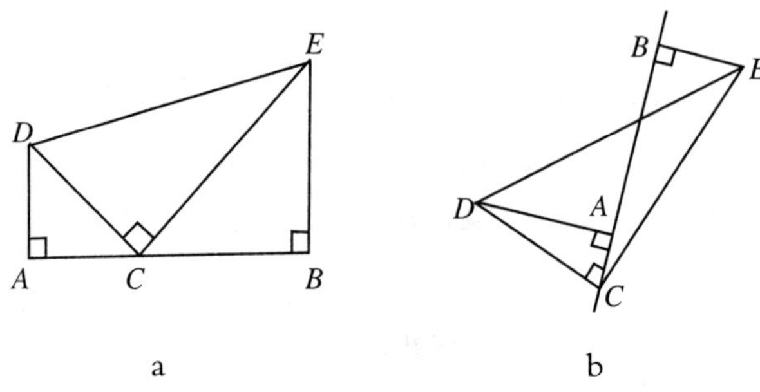

图 20

至此，应适时引导学生回顾探究 1、2 与引例，去思考其中蕴藏着的规律，即：特殊点在“形内外”与结果表达式的“正负性”有必然的联系。

【探究 3】在△ABC 中，

（1）如图 21a 所示，若∠ABC、∠ACB 的平分线相交于点 O，请探究∠BOC 与∠ A 的数关系；

（2）如图 21b 所示，若∠ABC、∠ACB 的外角平分线相交于点 O'，请探究∠$BO'C$ 与∠A 的数关系。

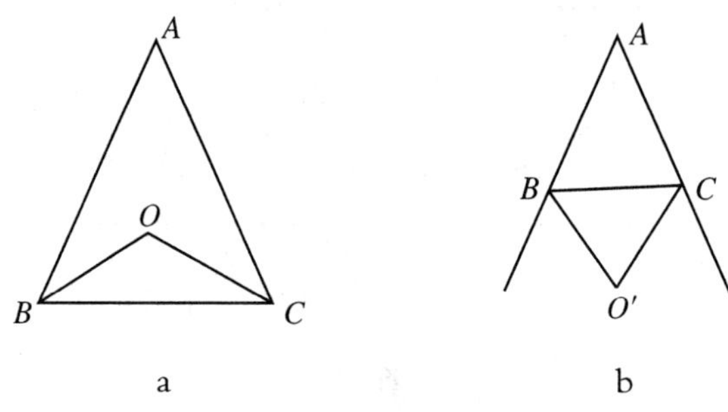

图 21

【探究 4】把△ ABC 的纸片沿 DE 折叠。

（1）如图 22a 所示，若点 A 落在四边形 $BCDE$ 内部点 A' 的位置，请探究∠A'、∠1、∠2 的数量关系；

（2）如图 22b，若点 A 落在四边形 $BCDE$ 外部点 A' 的位置，请探究∠A'、∠1、∠2 的数量关系。

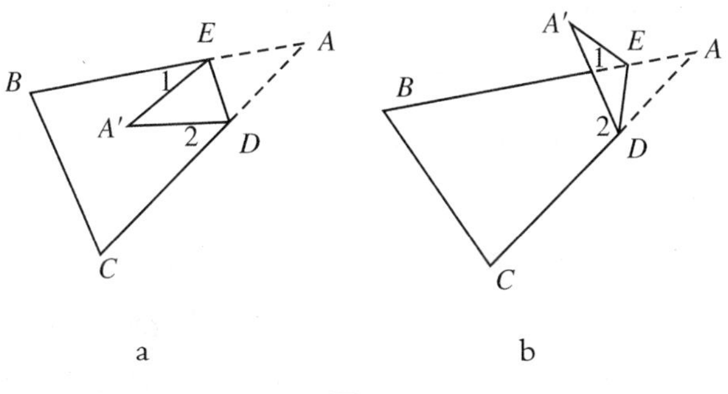

a　　b

图 22

【探究 5】已知△ ABC 中，$AB=AC$。

（1）如图 23a，若点 D 为 BC 上任意一点，$DE\perp AB$，$DF\perp AC$，垂足分别为 E、F，$CM\perp AB$ 于 M，求证：$CM=DE+DF$。

（2）如图 23b，若点 D 为 BC 延长线上任意一点，$DE\perp AB$，$DF\perp AC$，垂足分别为 E、F，$CM\perp AB$ 于 M，探究 CM、DE、DF 之间的数量关系。

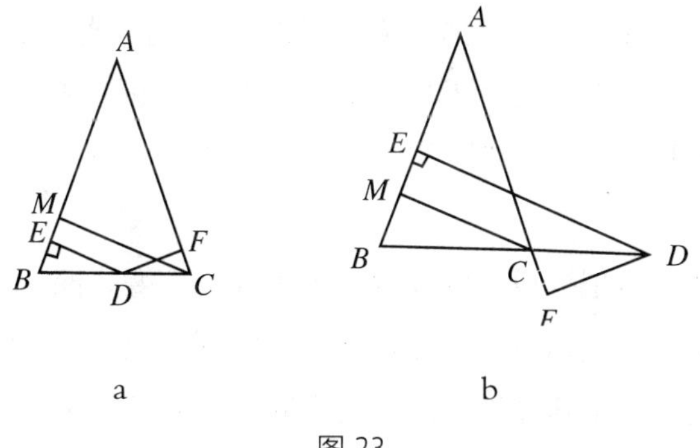

a　　b

图 23

师：今天，我们用几组图形去揭示特殊点在“形内外”与其结果表达式的“正负性”有必然的联系。几何中，有这样规律的图形还有很多，请同学们在今后的学习中注意归纳，也许你会有不一样的发现。

如此设计，目的就是让学生动手操作，合作探究，活动领悟，在亲身体验和探索中认识数学、解决问题，理解和掌握基本的数学知识、技能和方法。使学生在合作交流、与人分享和独立思考的氛围中倾听、质疑、说服、推广而直至感到豁然开朗。探究学习要求教师尽量减少对学生的限制，并适时适度地给学生以指导和帮助，鼓励学生充分发挥自己的主观能动性，独立思考，大胆探索，标新立异，积极提出自己的新观点、新思路和新方法。

对于初中数学教学，我以为学生活动经历有时比纯粹的知识学习更重要。教师应该精心设计活动，想方设法让学生去经历前人发现定理、公式的全过程，揭示知识发生、发展的过程，从而让学生在活动中领悟规律，学会新知。

（四）“变式”（师生互动，变式深化）环节设计的技术要领

心理学实验的报告指出：学习者克服图形非标准化的影响和背景复杂化的干扰，从而独立地观察图形的能力与他们在数学学习中的分析性思维和类比推理能力之间，存在着显著的正相关。这一结论为初中数学课堂教学开展变式训练，培养学生思维能力提供了理论的依据。

有关变式题的原理及设计在追求有梯度的课堂部分已经有了较为详细的论述，这里无须赘言。

教师在此环节设计的“师生互动，变式深化”应把握三个技术要领：

第一，“变式”应符合教学的实际。教师选编变式训练题要达到什么目的，着重训练什么，练到什么程度，都必须以课程标准为依据，而且要紧密联系学生的实际和教学的实际要求，要善于从课本中的例题、练习和习题中去找灵感，做适度的挖掘、引申和拓展，对“标”（课标）对“本”（课本），切勿设计难题、偏题和怪题。

第二，“变式”应把握设计的梯度。师生互动，变式深化。强调次第推进，螺旋上升。根据学生的认知特点，变式练习应区别为三个不同的阶段：第一，初步练习阶段，这是在初学新知识之后，为牢固掌握基础知识并初步学会运用这些知识而设置。所选习题的变化不能太大，难度不宜太高。第二，熟练掌握阶段，这是在学生已经初步掌握基本知识和技能的基础上组织的练习，可采用多种形式的变式题，精心挑选，合理编排，通过训练使学生达到预期的技能技巧水平。第三，灵活应用阶段，这是在学生已经熟练掌握一般练习的基础上进行练习，此时可选择一些有一定难度的综合题、技巧题等，训练学生灵活应用知识的本领。总之，“变式”应把握设计的梯度，主要是强调变式训练应力求做到循序渐进。

第三，“变式”应指向知识的本质。教师选编变式训练题，应当注意突出教学重点，指向新知识的本质。一方面，重点知识要多选多练，恰当地运用“一题多解”和“一题多变”，务使学生牢固掌握；对于次要的和一般的知识也应当适

当选配一些练习。另一方面，教师要善于指向知识的本质设计变式训练题（包括正例、反例），可以让学生充分地展开思维过程，寻同、辨异，聚合、发散，分析、综合，鼓励学生大胆质疑、互动交流、展示分享。通过变式，去展示数学问题变化的艺术和知识迁移的巧妙，逐步将课程引向深入，让学生的能力在不知不觉中达到新的高度。

案例 4　“等腰三角形的判定”教学实录节选

【例 2】如图 24a 所示，△ *ABC* 中，*AB*=*AC*，∠ *A*=36°，*BD* 是∠ *ABC* 的平分线，说出图中有哪些等腰三角形？

（1）若过点 *D* 作 *DE* // *BC* 交 *AB* 于点 *E*（见图 24b），图中又增加了几个等腰三角形？

（2）若去掉∠ *A*=36° 这个条件，其他条件不变（见图 24c），图中有哪些等腰三角形？

（3）若再去掉 *AB*=*AC* 这个条件（见图 24d），图中还剩下哪些等腰三角形？试说明思考过程。

（4）△ *ABC* 中，∠ *ABC*，∠ *ACB* 的平分线交于点 *F*，过点 *F* 作 *DE* // *BC* 分别交 *AB*、*AC* 于 *D*、*E*（见图 24e），图中有哪些等腰三角形，线段 *DE* 与 *DB*、*CE* 有什么关系？试叙述证明过程。

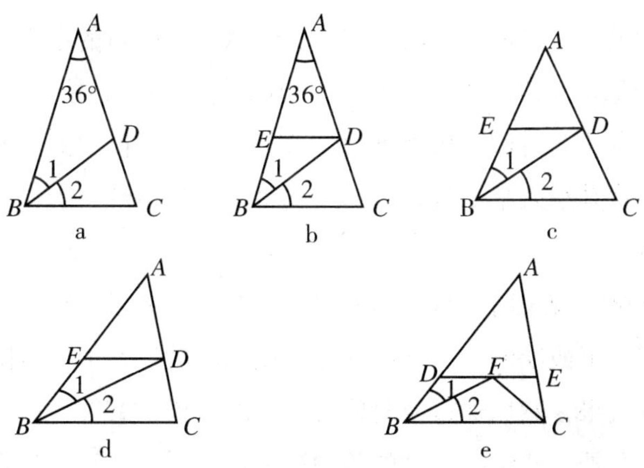

图 24

本题是在实践中取得满意效果的一道几何变式题，由“特殊到一般”再由“一般到特殊”，学生通过教师巧设的“台阶”竟能发现并证明出图 24e 中一般三角形具有的特殊结论，要知道这个结论可是课本中三角形单元配备的习题B组中的最后一题。这不能不说明变式训练，尤其是“一题多变”对激发学生学习兴趣，激励师生互动、生生互动探究问题有着神奇的力量。

（五）“尝试”（尝试练习，巩固提高）环节设计的技术要领

俗话说：“事非经过不知难。”如果说“温故”“引新”“探究”“变式”这4个环节都有教师“扶”的因素，那么“尝试”环节就是学生真正地自主学习和尝试学习。我坚持认为，主体不参与，学习就不可能发生。初中数学课，强调尝试和巩固，这不仅符合青少年的认知规律，也是大面积提升初中数学教学质量的不二法门。值得注意的是，学生在尝试练习的过程中，教师一定要克制言行，“闭上嘴巴”。你可以巡堂指导、帮助学习有困难的学生，但在对学生进行个别指导时不要干扰其他学生的思维，一定要在集中讲评前，让大多数学生有专心分析，深度思考的安静环境，切不可发现一个学生的问题，就大声提醒全班学生，生怕学生走了弯路。

教师在此环节设计的“尝试练习，巩固提高”应把握三个技术要领：

第一，“尝试”应适合学生认知层次。尝试练习，提倡梯度设置，由浅入深，难易适中。教师要拟订适合学生认知水平的尝试层次，确定“高而可攀”的步子，让学生“跳一跳”就能够得到。

第二，“尝试”应指向新知巩固提高。尝试练习的目的是巩固新学内容，为此，教师要善于组织学生根据尝试所得，归纳出有关知识和技能方面的一般结论，然后通过必要的点拨和讲解，由教师揭示这些结论在整体中的相互关系和结构上的统一性，从而将其纳入整个教材所建立起来的知识系统中去，把零碎的知识点织成知识的网络。

第三，“尝试”应及时回授练习效果。回授尝试效果，组织质疑和讲解，这是“尝试”环节不可或缺的。教师在学生尝试练习的过程中，应随时收集与评判学生尝试学习的效果，然后通过及时回授评定的结果，有针对性地组织质疑和讲解。质疑要质在疑处，使学生尝试的问题进一步展开；讲解则是在学生尝试的基础上，解决疑难问题，帮助学生克服思想障碍，对那些不易被学生发现的问题加以明确的阐述。

案例 5 “同底数幂的乘法”教学实录节选

1. 判断正误：以下的计算是否正确？如果有错误，请指出产生错误的原因，并加以改正。

（1）$a^2+a^2=a^4$　　（2）$a^2\cdot a^3=a^6$

（3）$a^2\cdot(-a)^3=-a^5$　　（4）$x^m+x^m=2x^m$

（5）$x^m\cdot x^m=2x^m$　　（6）$3^m+2^m=5^m$

（7）$-x^m\cdot x^m=x^{2m}$　　（8）$-3^m+3^m=-6^m$

2. 计算。

（1）$(-8)^{12}\times(-8)^5$　　（2）$(x+y)\cdot(x+y)^7$

（3）$(-a)^3\cdot a^6$　　（4）$a^{3m}\cdot a^{2m-1}$（m 是正整数）

（视情况补充课本 p.96 练习）

3. 计算下列各式，计算结果用幂的形式表示。

（1）$(-5)^2\times(-5)^3\times5^4$

（2）$(a-b)^2\cdot(a-b)$

（3）$(a-b)^2\cdot(b-a)$

此处尝试练习设计直指同底数幂的乘法，考查学生是否达成“理解法则的意义和适用条件，能熟练运用法则进行计算，体验化归思想，并能解决一些简单实际问题”的教学目标。也就是，一要会判断是否是同底数幂的乘法；二是知道同底数幂的乘法如何运算。题 1 共设置 4 种典型错题，让学生辨析，达到以错纠错的目的，帮助学生进一步理解和掌握法则，特别注意题 1（3）意欲引导学生用两种方法将它们化成同底数幂（讲评时建议追问学生：你是怎么算的？），旨在优化算法，体验转化思想，突破“将底数互为相反数的幂的乘法，转化为同底数幂的乘法”的教学难点。题 2 和题 3 旨在通过两组变式题丰富学生经历，让学生体会不同形式的数和式子作为幂的底的同底数幂的乘法如何运算，“尝试练习，巩固提高”的意图显而易见。

（六）“提升”（适时小结，兴趣延伸）环节设计的技术要领

我以为，初中数学课中，解决问题、解题技巧等方法和思想的归纳和梳理，需要随时随地，顺势而为，恰时恰点，恰到好处。对于重点内容、重要方法的强调，也应该是次第重复，螺旋上升。而不是到了下课铃响才想起，不痛不痒地问一句：“同学们，这节课我们都学习了什么？”或是“都有什么收获？”我反对

为了追求所谓课堂结构完整的拖堂小结，也不赞成简单地把“适时小结，兴趣延伸”理解为对知识脉络的简单重复。我提倡教学中每讲解完一道题或一类题，应引导学生回头思考问题和解法的特点和异同，从而适时感悟规律，及时提炼方法。

教师在此环节设计的“适时小结，兴趣延伸”应把握三个技术要领：

第一，帮助学生解开思维疙瘩，恰时点拨。

第二，指向主要知识方法思路，恰点归纳。

第三，重在激发学生学习兴趣，恰到好处。

案例6　“同底数幂的乘法”教学实录节选

师：同学们，到这，我们今天的数学学习之旅就该准备结束了，今天我们发现、归纳并运用了一个新法则。大家还记得这条法则的内容是什么吗？运用法则要注意什么？谁能与我们分享一下自己的体会？

生：同底数幂的乘法法则是同底数幂相乘，底数不变，指数相加。

师：很好。同底数幂的乘法，是整式乘法运算的基础。我们在运用同底数幂的乘法法则时，应注意什么？

生（师生一起补充）：

（1）用法则时，首先要看是否同底，底不同就不能直接用；

（2）指数相加，而不是相乘（不能与后面的幂的乘方法则相混淆）；

（3）底数不一定只是一个数或一个字母，可以是一个单项式或多项式；

（4）幂的个数可以推广到任意个数；

（5）底数是相反数时，可以由幂的运算性质（负数的偶次幂为正，负数的奇次幂为负。先确定符号，再确定绝对值）变成同底数的幂进行运算。

师：老师课前对此也做了归纳，请大家对照PPT补充笔记。

同底数幂的乘法法则：同底数幂相乘，底数不变，指数相加。

运用法则的五点注意：

（1）运用法则要看是否同底、是否是同底数幂相乘；

（2）同底数幂相乘其结果是底数不变，指数相加而不是相乘；

（3）底数可以是一个单项式或多项式；

（4）幂的个数可以推广到任意个数；

（5）底数互为相反数的幂相乘，先转化为同底数幂，确定结果的符号，再用法则。

师：本节课我们是通过具体的两个同底数幂相乘的实例计算到用字母表示底的两个同底数幂相乘去发现、归纳同底数幂的乘法法则的。这就是“从特殊到一般”的数学思想方法。其实，后面我们将学习的幂的乘方、积的乘方也是计算单项式乘单项式的基础，它们的法则又是如何呢？有兴趣的同学可在课后试着类比同底数幂的乘法法则的研究路径和方法自主探究。相信你一定行！

【课后作业】

1. 必做题

p.96（1）～（4），同时要求背诵同底数幂的乘法法则。并预习下一节幂的乘方。

2. 选做题

（1）已知 $a^m=2$，$a^n=3$，求 a^{m+n} 的值。

（2）已知 $2^{x+2}=m$，用含 m 的代数式表示 2^x。

此处“提升”设计，旨在引导学生从知识内容、研究方法以及运用过程三个方面总结自己的收获，让学生全面把握本节课的核心内容，并启发学生用类比的方法学习后续课程。此外，分层作业的设计，也是把“人人都能获得良好的数学教育，不同的人在数学上得到不同的发展”的数学教学理念落实在日常教学中的具体行动，更是激发学生学好数学，向数学更高峰攀登的有效教学策略。

华东师范大学终身教授叶澜老师曾经说过：“在一节课中，学生的学习首先是有意义的。初步的意义是他学到了新的知识；进一步是锻炼了他的能力；往前发展是在这个过程中有良好的、积极的情感体验，产生进一步学习的强烈要求；再发展一步，是他越来越会主动投入到学习中去。这样学习，学生才会学到新东西。”学生上课，“进来以前和出去的时候是不是有了变化”，如果没有变化就没有意义。我认为，“适时小结，兴趣延伸”就是要让学生的学习更有意义。

最后，我想引用广西师范大学教育学部资深教授王枬老师在南宁市教育局举办的特级教师戴启猛教育教学思想专场展示活动中一段评价语：“戴启猛的‘四度六步’教学法的探索以及对‘创造更加精彩的课堂’的追求，其立场是独特的，是基于师生共同发展提出的。它既不是单纯着眼于教师，也不是只考虑学生，而是既关注了学生，也关注了教师。戴启猛的‘四度六步’教学法，其内在的逻辑关系应是：‘四度’是一种价值的引领和课堂文化的境界，‘六步’是实现这种价值追求的具体方法。而‘四度六步’教学法最终指向的是师生共同发展。也就是说，创造更加精彩的课堂，是以'四度六步'教学法促进师生共同发展。"感恩王枬老师道出了我的心声和志向！是的，创造更加精彩的课堂，促进师生共同发展，将是我一生的不懈追求。

作者深入中小学做报告

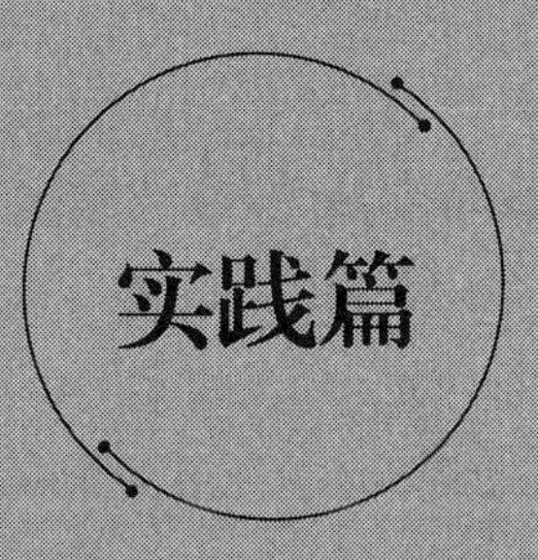

实践篇

第五章　精彩课堂的燎原之势
——“四度六步”教学法的实践与应用

第一节　“四度六步”教学法在中小学数学教学中的应用

1.1　怎样拼周长最短[1]

执教：周聪[2]　评析：戴启猛

适用学段及学科：

小学，数学。

教学内容与解析：

1. 教学内容

人教版《数学》（三年级上册）第七单元例 5。

2. 解析

本节课是“长方形和正方形”这个单元的新增内容，编排在认识长方形、正方形的特征及其周长的计算方法之后，目的在于综合运用长方形、正方形的特征及周长计算的知识来解决问题。这节课以问题解决为导向，引导学生学会研究规律，注重发展学生的空间观念。通过完成学习任务，学生不仅掌握解决问题的一般方法，而且经历想象、猜测、验证、发现规律以及运用规律进行演绎推理的过程。

1.2021 年 12 月 28 日，应用“四度六步”教学法　助推“双减”政策落实——南宁市青秀区开展小学数学学科推广应用“四度六步”教学法主题教研活动在南宁市凤翔路小学举行。本节课是本书作者戴启猛指导的展示课例。

2. 周聪，二级教师，南宁市凤翔路小学景晖校区科研室副主任，南宁市教育科学“十四五”规划 2022 年度立项课题《基于“四度六步”教学法的小学数学“现场改课”教研范式实践研究》（立项编号：2022C580）主持人，广西壮族自治区“十四五”规划 2021 年课题《“四度六步”教学法在小学部分学科推广应用的行动研究——以凤翔路小学为例》（立项编号：2021C530）课题成员（已结题）。

教学目标与解析：

1. 教学目标

（1）巩固对长方形、正方形特征的认识及周长的计算方法，发展数学思维，提高解决问题的能力。

（2）经历合作探究的活动过程，会运用拼合、画图来解决问题，提高探究能力和解决问题的能力。

（3）通过自主探究，发展几何直观想象，培养空间观念。

2. 解析

达成目标（1）的标志：通过探究活动，学生能加深对长方形、正方形特征的理解，掌握周长的计算方法，并用所学知识解决实际问题。

达成目标（2）的标志：通过逐步增加小正方形的个数，学生知道用一些小正方形拼合图形，并懂得只有拼成正方形时，才会使周长最短；不能拼成正方形时，长和宽越接近，则周长越短。

达成目标（3）的标志：学生能抽离出拼、摆的数学活动，通过几何想象解决问题。

教学问题诊断分析：

由于本节课的内容是教材改版后新增的内容，教师缺乏相关的授课经验，能找到的资料也寥寥无几。因此，笔者在教学前思考了以下几个问题：

（1）在内容编排上，教材将"用 16 个正方形拼长方形或正方形"作为例题，这涉及的数据较大，给教学带来了一定的困难。此外，因为通过 16 个正方形可以直接得出"拼成正方形时周长最短"的结论，所以教师在教学时是否应该从简入繁、从一般到特殊。

（2）在探索的过程中，学生是否需要既操作又画图。

（3）在得出"拼成正方形时，周长最短"的结论后，学生是否需要通过探索应用乘法口诀来发现能否拼成正方形的规律。

基于以上的课前思考，笔者结合"四度六步"教学法的理论基础和实践框架进行教学设计，并根据"温故—引新—探究—变式—尝试—提升"的六步教学模式开展教学活动。

教学过程：

（一）复习提问，温故孕新

【活动 1】

师（用 PPT 展示校庆集体照）：同学们还记得这张照片是什么时候拍的吗？

生：这是我们在学校建校十周年的集体照。

师：当时我们都给学校送上了自己的寄语。老师挑选了一些同学写的寄语卡片。下面我们一起来欣赏一下吧。（注：此时，教师用 PPT 滚动播放学生寄语卡。）

【活动 2】

师（在 PPT 上展示一幅绘画作品）：请问，你认为这幅作品是什么图形？

生：它是边长为 1 分米的正方形。

师：你真是有数学眼光的孩子！我们把这个磁吸片看作边长为 1 分米的正方形（注：此时，教师转身书写板书，即“单位：分米”。）

【活动 3】

师：如果用彩带把这幅作品围一圈，至少需要多长的彩带？（注：此时，教师在 PPT 上展示围彩带的动画过程。）

生：4 分米。

师：你是怎么想的？

生：围一圈彩带就是正方形的周长。

师：这个正方形的周长你是怎么算出来的？

生：4 条边的长度相加。

师：很好。（注：教师转身书写板书，即“1×4=4”。）

【活动 4】

师（用 PPT 展示两幅作品）：请看这两幅作品，我们怎么做可以节省彩带？

生：我们可以把两个正方形拼在一起。（注：此时，教师请学生上台用磁吸片演示。）

师：很好！请算一算拼在一起后的图形的周长。

生：（略）

【活动 5】

师：请看这两组正方形，你有什么想说的吗？一个正方形的周长是 4 分米，为什么两个正方形拼在一起的周长不是 8 分米呢？

生：因为我们少算了两条边。（注：此时，教师请学生上台指一指减少的边。）

师：很好！我们像这样把两个正方形拼起来后，里面藏了几条边？

生：两条。

师：是的。我们也可以说藏了1组边，这就少了2分米。由此，我们知道把一些相同的正方形拼在一起后，一些边就会被藏起来，从而使周长变短。

设计意图：“复习提问”环节选取了学生身边的事物，给学生营造熟悉的学习氛围，让学生感受到数学课堂的温度。同时，学生在老师的引导下养成了用数学的眼光发现生活中的数学问题的习惯。通过完成两个拼图形活动，教师带领学生复习了长方形的周长计算，让学生熟悉本节课动手操作拼图形的技巧，为后续的探究环节做好铺垫。此外，教师通过追问“为什么两个正方形拼在一起后周长不是8分米”，引出正方形拼在一起后有些边会隐藏起来，很好地为接下来研究周长的变化奠定了基础。

（二）创设情境，引入课题

【活动1】

师：今天我们就来研究这样的问题，请看题目。（注：此时，教师在PPT展示例题。）请问，题目告诉我们什么信息？我们要解决什么问题？

生：根据题意，现在想要把12幅作品拼成一个长方形展出。用彩带围一圈，我们怎样拼可以最节省彩带。

师：谁能用自己的话说一说？

生1：把12幅作品拼成长方形，怎样拼可以最节省彩带。

生2：把12个正方形拼成长方形，怎样拼可以节省彩带。

师：很好！也就是说，题目要我们把12个正方形拼成一个长方形，那么怎样拼才能使周长最短。（注：此时，教师及时在PPT上展示变换后的题目。）

【活动2】

师：要解决这个问题，我们需要做几件事？

生：我们要先找把12个正方形拼成长方形的方法。

师：然后呢？

生：接着，我们再从拼出来的长方形里找到周长最短的拼法。

师：很棒！也就是说，我们需要做两件事情：第一件事是怎样拼；第二件事是把拼出来的图形算一算、比一比，找到周长最短的拼法。（注：此时，教师转身书写板书，即“怎样拼周长最短”。）这就是我们这节课要一起研究的问题。请大家一起读一读课题。

（三）合作探究，活动领悟

【活动 1】

师：接下来是小组活动时间，请看活动要求。（注：此时，教师在 PPT 展示活动要求。）请问，谁能来读一下活动要求？

生：（略）

师：哪位同学对活动的要求还有不明白的地方吗？如果没有，那么请大家开始小组活动。

【活动 2】

师：请 A 组派代表展示你们的成果。

生：（展示过程略）

师：非常好！大家都进行了很好的思考。

【活动 3】

师：哪个小组还有不一样的拼法吗？

生：没有。

师：我们来观察这个小组的三种拼法。它们哪里变了？哪里没变？

生 1：三种拼法都是用 12 个正方形拼出来的。

生 2：三种拼法得出的长方形，它们的长和宽变了，周长也变了。

师：同样是由 12 个正方形拼成的。为什么它们的长和宽不一样，而且周长变短了呢？

生 1：因为一些边隐藏起来了。

生 2：拼出来的长方形不一样，隐藏起来的边的数量也不一样。

【活动 4】

师：那么，长和宽到底怎样变，才能使周长变短呢？

生：长越来越短、宽越来越长的时候，周长就变短了。

师：在拼成的长方形中，长越来越短，宽越来越长，长和宽就越来越——

生：接近。

（注：此时教师转身书写板书，即“长和宽越接近”。）

师：根据刚才的探究，我们发现，在小正方形的大小、数量都相同的前提下，拼成图形的长与宽越接近，藏起来的边就越多，周长就越短。

设计意图：在这一环节中，学生经历了小组合作的过程，并在教师的引导下逐渐发现“当长与宽越接近，周长就越短”的规律，从而得出“减少的周长，隐藏在长方形的里面”的结论。在培养学生思维的过程中，教师需要让学生知其然，更要知其所以然。因此，在学生通过计算得出周长最短的图形拼法后，教师需进一步引导学生观察正方形重合的边的数量以及所引起的周长变化。之所以这样教学，是因为此时学生虽然能直觉上感受周长变短，但还需要理解其中的原理，尤其要理解周长变短的本质，即隐藏起来的边变多。因此，这样的教学设计让课堂更有温度。

【活动 5】

师：如果是 16 个正方形呢？请看题目。（注：此时，教师在 PPT 上展示题目。）请全班一起朗读题目。

生：（朗读过程略）

【活动 6】

师：试着想象一下，你可以怎样拼？请把你的想法和同桌说一说，共同完成“学习任务单”。

学习任务单

用 16 张边长是 1 分米的正方形纸拼长方形和正方形，怎么拼，才能使拼成的图形周长最短？

长（每行拼的个数）/ 分米	宽（行数）/ 分米	周长 / 分米
观察比较：用 16 个小正方形拼成的长方形和正方形中，（ ）周长最短。		

【活动7】

师：请B组派代表展示你们的成果。

生：(展示过程略)

师：非常好！大家都进行了很好的思考。

【活动8】

师：在课本上，三个小朋友也在跟我们思考一样的问题。请同学们打开数学课本，并翻到第86页。请看看课本上的小朋友们摆的图形，你们的想法跟他们的一样吗？在他们三个人中，谁拼出的图形周长最短呢？

生：(略)

师：通过前面的探究，我们知道了“长与宽越接近，周长就会越短”。如果我们像这样继续想象下去，当长与宽越来越接近，越来越接近，越来越接近……就这样无限地接近下去，直到长与宽相等，那么我们就得到了一个正方形。(注：此时教师转身书写板书，即正方形）所以我们拼成了正方形时，周长最短。哪位同学还有不明白的地方吗？

设计意图：在这一环节中，学生经历了从拼图到不拼、从具象到想象的过程，实现了从实物到图象，再到想象的数学化过程，使空间观念得到了发展。经过之前的学习，学生已经发现“长和宽越接近，周长越短”的规律，并且当拼成的图形是正方形时，长和宽一样，从而使周长最短。在课堂设置中，教师从一般的图形入手，引导学生得出结论，再让学生将结论应用在特殊的拼法上，使课堂教学由浅入深，呈现出本节课的梯度。

（四）师生互动，变式深化

【变式1】

师：同学们，如果我们要用25个正方形拼图形，怎么拼才能使周长最短？

生：拼成边长是5分米的大正方形。

【变式2】

师：36个正方形呢？

生：拼成边长是6分米的大正方形。

师：很好！在用一些正方形拼图形时，如果我们能拼成正方形，那么周长是最短的。如果小正方形的数量拼不成大正方形，那么在拼成的图形中，长和宽越接近，周长就越短。

设计意图：经过之前的学习，学生已经知道"长和宽越接近，周长越短"的规律。因此，虽然正方形的个数逐渐增加，但是学生可以利用前面得出的结论快速地找到"怎样拼周长最短"的答案。在这一环节中，学生在经历了发现问题、提出问题、分析问题、解决问题的过程中，并应用所形成的规律来解决问题，从而完成了对规律的验证。

(五)尝试练习，巩固提高

师：看来同学们都明白了。接下来，请独立完成以下练习题。

(1)用 4 个边长为 1 厘米的正方形拼成下面图形，周长最短的是(　　)。

A. 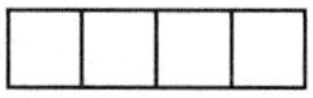　　B. 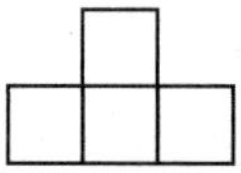　　C.

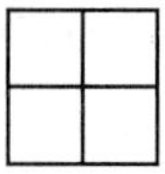

(2)贝贝用 6 个边长为 1 厘米的正方形拼成下面图形，其中(　　)的周长最长。

A. 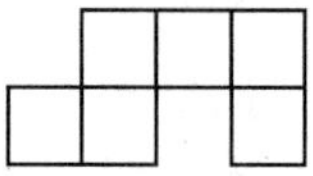　　B. 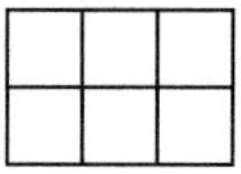　　C.

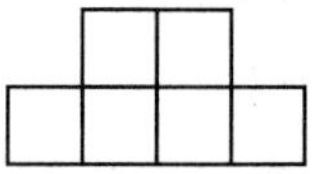

生：(解题过程略)

师：回顾一下我们这节课的学习过程，我们首先找到了拼图形的方法，然后经过计算和比较找到了周长最短的拼法，最后我们从探究中发现"长和宽越接近，拼出来的图形周长就越短"的规律。

设计意图：第(1)题应用了"长和宽越接近，周长越短"的结论来判断，而第(2)题应用了"隐藏起来的边越少，周长越长"的知识进行反推。通过完成用不同数量的正方形的拼图，学生已经明白"拼出的图形长和宽越接近，周长越短"。在完成尝试练习后，学生能进一步加深对所学知识的认识和理解。这样有宽度的课堂设置可以让学生将所学的知识灵活地应用到生活中。

(六)适时小结，兴趣延伸

【思考题】同学们，元旦准备到了。接下来，三年级(1)班正准备装饰教室。他们的班主任李老师想把教室后面的黑板报布置一下。现在李老师选出了 18 幅同学们的作品来贴在板报上，再用彩带围一圈进行装饰。请同学们帮助李老师设计一下，看看怎么摆放才能最节省彩带。

设计意图：学生学习数学的最终意义是将数学知识应用到生活中，并解决生活中的实际问题。这道题的解决方法不止一种，并且周长最短的拼法也不是拼成长方形或正方形的情况。通过设置这样开放式的题目，教师可以让学生脱离固有的思维，提高灵活应用知识的能力。

教学总评：

“怎样拼周长最短”是教材修订后新增的内容。本节课既是一节解决问题的课，又是一节研究规律的课，是发展学生空间观念的有效载体。通过学习本节课的内容，学生掌握了解决问题的一般方法，并经历了想象、猜想、验证、发现规律以及运用规律进行演绎推理的过程。

著名教育家陶行知曾说：“我们要有自己的经验做‘根’，以这经验所发生的知识做‘枝’，然后别人的知识才能接得上去，别人的知识方才成为我们知识有机体的一部分。”因此，教师在教学中要创设更多的活动情境，让学生更多亲历、更多体验、更多积累，让经验的“根”扎得更深、更广。对于三年级的学生，他们对于解决问题的经验积累并不充分，空间想象能力还处于发展阶段，在综合解决问题的过程中有序地、完整地思考的能力还有待进一步培养。因此，教师在本节课的教学设计和课堂组织就变得很必要，也很有价值。

数学的基本思想有抽象、推理、模型三种，这和数学核心素养中提出的“用数学的眼光观察世界，用数学的思维思考世界，用数学的语言表达世界”的内涵是一致的。为了实现更好的教学效果，落实数学核心素养，教师在本节课中对教材进行了创造性的演绎，并结合“四度六步”教学法将整节课的探索活动有机融入“六步”教学环节中。同时，教师还通过有效的方式和手段促使课堂教学有温度、有梯度、有深度和有宽度。可见，这是一节精彩纷呈的小学数学课。

1.2 "游戏公平吗"教学实录与评析[1]

执教：戴启猛　评析：邓国显[2]

适用学段及学科：

初中，数学。

教学内容：

北师大版《数学》(七年级下册)"游戏公平吗"。

教学过程：

（一）复习提问，温故孕新

师：同学们，每天我们都会遇上很多事，也会经历很多事。有些事肯定会发生，有些事可能会发生，但有些事肯定不会发生。上学期老师曾专门和同学们一起研究了事件的有关常识，今天校长想先测一测同学们对学过的知识掌握得怎么样，请同学们先看两个问题：

【问题1】什么是必然事件、不可能事件、不确定事件？能举例说明更好。

生：老师今天上午第二节给我们上数学课是必然事件，太阳从东方落下是不可能事件，今天下雨是不确定事件。

师：为什么？谁能谈谈对这几个事件的认识吗？

生：老师今天是对全市中学数学骨干教师上示范课，这是早计划好了的，所以这件事是不可能改变的；太阳只能在西方落下，这是生活常识；天气预报有时不准，所以今天下雨有可能不会发生，当然也可能会发生。

【问题2】事件发生的可能性有大小吗？试举例说明。

生：一个口袋里放有10个乒乓球，其中7个是红色的、3个是白色的，从袋中随机摸到的球是红色的可能性比是白色的可能性大。

师：为什么？

生：因为袋中红球比白球多。

师：很好！生活中，有些事我们事先能肯定它一定会发生。例如，一个玻璃杯从10层高楼落到水泥地面会摔碎，这类事情称为必然事件。有些事情我们事先能肯

1. 本节课是戴启猛于2005年3月应邀在南宁市中学数学青年教师专题培训活动上的公开课。详文参见由戴启猛、邓国显于2005年在《广西教育》（中教版）上发表的文章《有序·精心·高效——〈游戏公平吗〉教学实录与评析》。

2. 邓国显，时任广西教育学院教研部副主任、广西中学数学教研员。

定它一定不会发生。例如，明天太阳从西方升起，这类事情称为不可能事件。必然事件与不可能事件都是确定的。但是，也有许多事情我们事先无法肯定它会不会发生，这些事件称为不确定事件。例如，掷一枚硬币，有国徽的一面朝上。

而且我们还知道：一般地，不确定事件发生的可能性是有大小的。(摘其要点适当板书)

老师在课前也给同学们准备了一例，请看大屏幕：如图1所示，一只小猫在房间里走动，请同学们猜一猜小猫会在哪种颜色的方砖上停下？

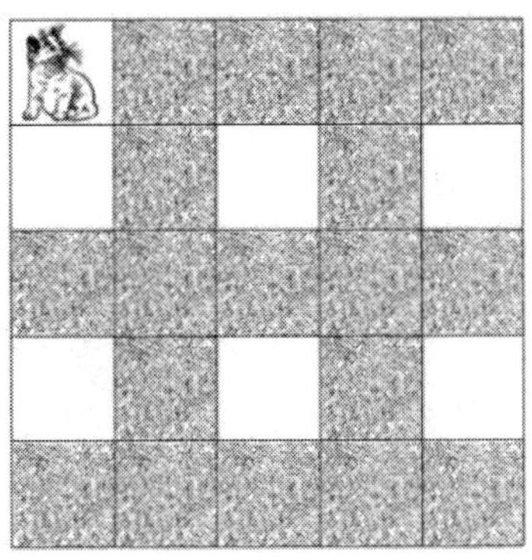

图1

生：小猫会在灰色的方砖上停下。

师：肯定吗？

生：不一定，小猫在两种颜色的方砖上都有可能停下。

师：既然小猫在两种颜色的方砖上都有可能停下，那么请同学们想一想：小猫在白色方砖上停下的可能性大呢，还是灰色的方砖上停下的可能性大？为什么？

生：小猫在灰色的方砖上停下的可能性大，因为房间中灰色的方砖比白色的方砖多。

师：你观察得真仔细。当然，遇到“小猫在房间里走动”这样的事情，还是比较简单的。但是小明和小华最近遇到了一件难事，我们班的同学们能不用自己的聪明才智帮助他们想一个解决的办法呢？请看大屏幕。

评析：问题2承上启下，自然过渡，直接切入本课主题，用“举例”方式易于激发学生自主探究的欲望，“复习”为温故开了好头。

（二）创设情境，引入课题

（注：师生一起读题。）

小明和小华都是超级足球迷，他们都想去看周末在自治区体育场举行的一场足球比赛，但只有一张门票，请你替他们想一个公平的办法，来决定谁去看这场足球比赛。

（注：此时，教师强调“公平”二字，并据此引出课题，即“游戏公平吗”。）

评析：在教材中，一开始就直接给出后面“变式 2”的游戏，对大多数学生而言，有较大的难度，不利于学生认识知识的发生、发展过程。用学生熟悉的问题来创设情境，围绕这一情境开展活动，体现了“用教材”，而不是“教教材”“把课程还给教师”的课程理念。

（三）合作探究，活动领悟

师：课前老师给每一个学习小组的同学发了一些学具。谁能用老师提供的学具或自己身边的东西替他们想一个办法？

生：任意掷一枚硬币，如果正面朝上，那么小明去；如果反面朝上，那么小华去。

师：哪一面是正面？

师：可以规定有国徽的一面为正面吗？

生：可以。

师：这么说规定哪一面是正面是人为的？

（注：此时，学生点头不语。）

师：好！不过在这里老师想请同学们注意，在掷硬币之前必须先规定好哪一面是正面，然后再掷硬币，否则掷硬币后就没有办法确定谁是赢家，这就叫“欲做游戏，先定好规则”。还有什么不同的办法？

生：任意掷一枚骰子，若朝上的数字是小的，则小明去；若朝上的数字是大的，那么小华去。

师：如何规定大小？

生：我们规定 1、2、3 为小，4、5、6 为大。

师：同学们想一想：在这里我们能规定 1、2 为小，3、4、5、6 为大吗？

生：不能。

师：为什么？

生：不公平。因为骰子共有 6 个面，如果规定 1、2 为小，3、4、5、6 为大，那么出现大数的可能性就大。这就不公平了。

师：对！也就是说游戏规则不仅要能决出胜负，而且还得体现公平。那你能示范掷一次骰子给我们看一看吗？

生：好！

师：朝上的数字是几？

生：5。

师：应该让谁去？

生：应该让小明去。

师：原来不是规定若朝上的数字是大的，则小华去吗？怎么这回出现 5 又让小明去呢？

生：不，不，是让小华去。

师（以风趣的口吻说）：玩游戏头脑可要清醒啊！在此，我想建议同学们在玩游戏之前，有必要先把约定的规则简单地记下，以免玩几次以后糊涂。

师：还有不同的方法吗？

生：我们可以采用抓阄的办法来决定由谁去。（方法略）

（四）师生互动，变式深化

师：接下来，请结合所学知识完成下列变式练习。

【变式 1】如果老师提供给大家的可以自由转动的转盘，如图 2 所示（转盘被分为 6 个相等的扇形），我们又该如何设计游戏规则呢？

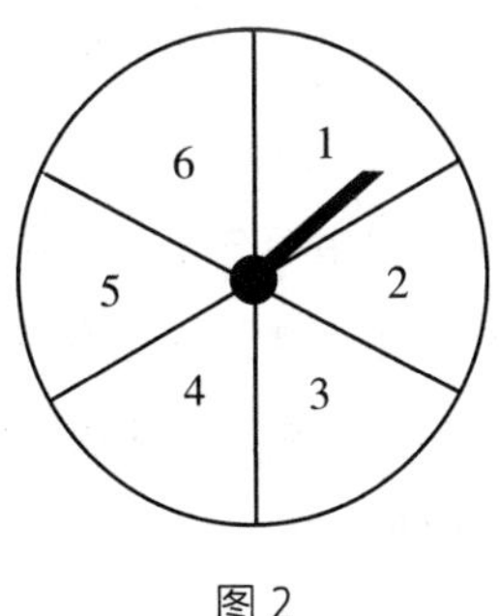

图 2

生：我们规定 1、2、3 为小，4、5、6 为大，若指针指向小的，则小明去；若指针指向大的，则小华去。

师：若指针正好指向分界线呢？

生：重新转一次。

师：这个规则公平吗？

生（全班齐答）：公平。

师：很好，这个规则很公平。

【变式 2】对上面的转盘，有人设计了以下的游戏规则：转盘停止后，指针指向几格，便顺时针走几格，得到一个数字（如：在转盘中，如果指针指向 3，就按顺时针方向走 3 格，得到数字 6），若最终得到的数字是偶数，则小明去；若最终得到的数字不是偶数，则小华去。

这个游戏对小华、小明公平吗？说说你的理由。

（注：师生一起做几次，让学生感悟。）

生：不公平。

师：为什么？

生：因为每次最终得到的数字都是偶数。

师：对。设计这个规则的人一定偏向小明。如果老师仍想用这个规则来游戏，那么你能否通过改进转盘使得这个游戏对双方都公平呢？

生：转盘停止后，指针指向几就后退（教师加重语气重复“后退？”，学生马上改口“是逆时针走”）几格，得到一个数字（比如，在转盘中，如果指针指向 3，就按逆时针方向走 3 格，得到数字 6），若最终得到的数字是偶数，则小明去；若最终得到数字不是偶数，则小华去。

师：这个办法行吗？

（注：师生一起做两次，发现不妥。）

师：这个办法是否可行，我想留给同学们课后去探究，但老师要求同学改的是转盘，而不是规则。这个问题有一定难度，老师介绍一个办法，大家可得到一些启发：我们可以把转盘上的数字做如下的变动（见图 3），其他不变。这个办法在我们的课本 p.98 上，请同学们课后去检验一下。

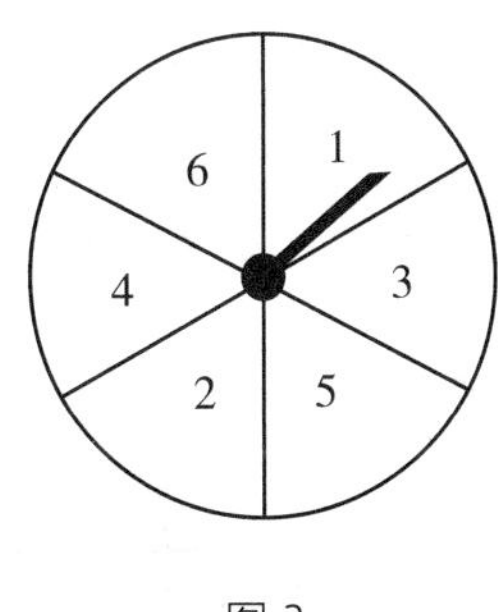

图3

为了加深同学们对变式2的认识，这里我想再提几个问题，请大家思考一下：

（1）对于变式2，“最终得到的数字是偶数”这个事件是必然的、不可能的还是不确定的？

（2）对于变式2，“最终得到的数字不是偶数”这个事件是必然的、不可能的还是不确定的？

（3）你能用自己的语言描述必然事件发生的可能性吗？不可能事件呢？

生（齐答）：（略）

评析：通过“变式”，把学生在活动中形成的感受、体验，逐步引向深入、引向理性，这才是数学课程改革追求的境界。

（五）尝试练习，巩固提高

师：根据我们学到的知识，请同学们解决几个问题。

【问题1】请将下列事件发生的不可能性标在图中的大致位置上。

（1）3个人分成两组，一定有2个人分在一组。

（2）你每小时可以跑30 km。

（3）任意掷出一个均匀的小立方（每个面上分别有数字1、2、3、4、5、6），朝上的数字小于6。

【问题2】现实生活中，为了强调某件事情一定会发生，有人会说：“这件事百分之二百会发生。”这句话在数学上对吗？

生（齐答）：（略）

（六）适时小结，兴趣延伸

师：很好。这节课我们要研究的内容就这些。下面请同学们谈谈本节课的收获和体会。

生：通过本节课的学习，我们知道了必然事件、不可能事件、不确定事件发生的可能性。

师：你能用数字来刻画必然事件、不可能事件、不确定事件发生的可能性吗？（见图 4）

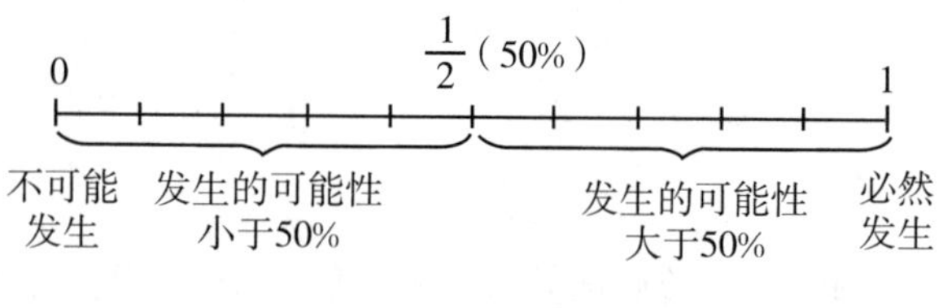

图 4

生：必然事件发生的可能性是 1，不可能事件发生的可能性是 0，不确定事件发生的可能性在 0 和 1 之间。

师：还有吗？

生：我们知道设计游戏规则要公平。

师：你是怎么理解“公平”的呢？怎样的游戏对参与的双方才是公平的？

生：双方获胜的可能性要相同。

师：好。公平是现代文明社会的一个重要特征，公平的意识应从小树立。记住：欲做游戏，先制定规则，规则要公平。

评析：短短两句话，学生听得懂、看得见、想得通，情感、态度、价值观的目标要求将深深地留在孩子的心中。

【课后作业】设计一个两人游戏，并验证自己设计的游戏规则对参与游戏的双方是否公平。

教学总评：

“游戏公平吗”是北师大版义务教育课程标准实验教科书《数学》（七年级下册）的一节课。教师和同学们一起把这节有关统计与概率内容的课上得知识充实、活动别致、情绪饱满，别开生面地呈现出新课改教学有序、精心、高效的新风貌。

1. 有序——这节课依据教材的知识结构和学生的认知结构，重新安排教学进程，经历了“创设情境”“活动领悟”“变式深化”“反思延伸”等主要环节。紧扣“公平”“可能性大小”“频率”等内容，把知识原始获得的实践活动过程，加以还原、展开、重整、再现，通过提炼、简化，上升到理性认识、结论，再用操作、言语呈现出来，体现了将知识打开、内化、外化的有序过程，保证了教学的有效性。

2. 精心——本节课设计的一系列活动，始终围绕核心知识来开展，紧密联系生活实际和学生的经验背景，而且有一定的挑战性。以公平贯穿全程的情景，指向明确，操作自主、分流充分、时间得当，最后集中到参与统计过程、变式深化思维的高潮中。

3. 高效——这节课课堂气氛活跃，师生情绪高涨，进程紧凑，高潮迭起，操作中不失思考，动情时更着力解疑。小结中的发言更使人感到，学生对学习的主题，已经有了一个整体的认识，形成了对事物的概念框架，有了进一步探究的愿望。这就是教学高效的显著特征。

1.3 由具体数学向形式数学的第一次转折

——《正数和负数》课堂教学实录及解析[1]

执教：戴启猛

适用学段及学科：

初中，数学。

教学内容：

人教版《数学》（七年级上册）“1.1 正数和负数”。

教学实录与评析：

（一）复习提问，温故孕新

师：在小学的六年时间里，我们学习了数及数的运算。不知道同学们是否体会到数的发展是一个漫长的历史过程。在日常生产和生活实践中，由于记数、测量、分配等方面的需要，人类发明了自然数、分数、小数。后来，为了表示现实生活中的一对具有相反意义的量（如货物的“增与减”、资金的“收入与支出”、物体的“上升与下降”和“前进与后退”，等等），我们又引进了负数，从而把数不断地扩充。

【问题 1】请问，下列这些图片介绍的是什么内容？谁愿意说一说？

1. 本文摘自戴启猛于2022年在《数学通讯》（半月刊）上发表的文章《由具体数向形式数学的第一次转折——“正数和负数”课堂实录及解析》（略有删改）。

由记数、排序，产生数 1，2，3，……

由表示"没有""空位"，产生数 0

由分物、测量，产生分数$\frac{1}{2}$，$\frac{1}{3}$，……

生：（略）

师生活动：在学生回答后，教师及时补充说明数的产生与日常生活、生产实践的关系，让学生感受数的扩充的必要性。

【问题 2】（1）月球表面白天的平均温度是零上 126°，记作________℃；夜间的平均温度为零下 150°，记作________℃。（2）通常，我们规定海平面的海拔高度为 0m，高于海平面的为正。如图，珠穆朗玛峰的海拔高度为________m，吐鲁番盆地的海拔高度为________m。

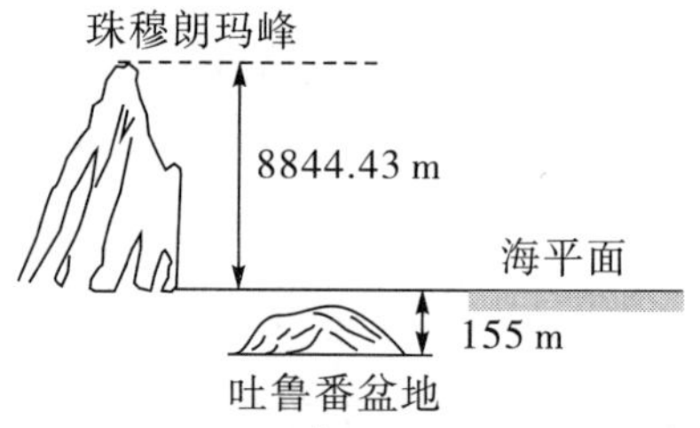

生：（1）+126° 和 −150°；（2）+8844.43m 和 −155m。

师：很好！这两道题是老师从你们学过的小学教科书[1]中摘抄的练习题。很显然，大家都会做。这说明同学们在小学打下的数学基础很扎实。

评析：在设计"复习提问，温故孕新"时，教师应把握三个要领，即一是"温故"应指向前一课学习的主要内容，二是"温故"应指向与本节新课关联的知识，三是"温故"应设计为孕育新知识做铺垫的问题。鉴于学生在小学阶段已经接触负数，但只会在熟悉的生活情境中了解负数的意义，并会用负数表示日常生活中的一些量。为了进一步学习正数和负数，教师联系学生生活，选取学生小

1. 人民教育出版社、课程教材研究所：《义务教育教科书　数学（七年级上册）》，人民教育出版社，2012，第 1 页。

学熟悉的生活场景描述和解答过的问题进行复习提问，这一方面唤起学生对有关的旧知识的记忆，为学习新知识确立“生长点”，另一方面使学生感受到数的产生和发展离不开生产和生活的需要。

（二）创设情境，引入课题

师：请同学们打开教科书，认真阅读本章的章前言和章前图[1]。你想说什么？（注：教师也可以通过教室的大屏幕，先把北京天安门的雪景图片展示出来，再引导同学阅读章前言。）

生：北京的天气一定很冷，都下雪了。

师：是的。我们生活在南方，能见到一次雪是非常不容易的。如果不是亲身体验，那么我们很难感受北京冰冻的雪天。其实，南宁是世界的宜居城市之一。因为南宁的年平均气温为零上22°，这是人体最适宜的温度。大家一定要树立远大理想，为把南宁建设得更美而努力学习。同学们能尝试回答一下章前言中的问题吗？

生：（略）

师：大家回答得都非常棒！刚才有同学在回答时涉及了“3-（-3）=？”等新问题。本章我们将在小学认识负数的基础上，把数的范围扩充到有理数，并在这个范围内研究数的表示、大小比较和运算等。有了这些知识，我们就能顺利解决上述问题了。今天我们就一起来进一步研究负数。

（教师转身板书课题：第一章　有理数　1.1　正数和负数）

评析：在这一环节中，有的学生凭生活经验可以回答章前言中的问题，而有的无法回答。教师通过让学生阅读并尝试回答问题，一方面让他们感受在生产、生活中需要用到负数，另一方面让他们知道要解决这些问题，就需要学习新的数的知识，从而激发学生的求知欲。

（三）合作探究，活动领悟

师：同学们，根据小学的知识，我们先一起来辨别一下在刚才章前言所涉及的问题中哪些是正数、哪些是负数。

师生活动：在学生回答，并给出正确答案后，教师给出正数、负数的描述性定义，即“大于0的数叫作正数，在正数面前加上符号“-”（负）的数叫作负数”。

---

1. 人民教育出版社、课程教材研究所：《义务教育教科书　数学（六年级下册）》，人民教育出版社，2014，第4页。

师：请阅读教科书第 2 页倒数第二段文字，你能举例说明什么叫一个数的符号吗？

师生活动： 学生阅读，并举例。教师对学生的回答进行点评。（注：只要学生能举出与教科书上不同的例子，并说明它们的符号，这就表明他们看懂了这段话。）

师：一般地，正数的符号是“+”，负数的符号是“−”。0 既不是正数，也不是负数。

评析： 教师通过让学生阅读教科书，培养了他们的读书习惯。通过让学生举例，教师可以检验他们对这段课文的理解情况，引导学生实现从文字到符号、从具体向形式的过渡。因为“0 既不是正数，也不是负数”是一种规定，所以教师直接说明，让学生记住即可。

【探究题】（1）一个月内，小明体重增加 2 kg，小华体重减少 1 kg，小强体重无变化。请分别写出他们这个月的体重增长值。（2）某年，下列国家的商品进出口总额比上年的变化情况是：美国减少 6.4%，德国增长 1.3%，法国减少 2.4%，英国减少 3.5%，意大利增长 0.2%，中国增长 7.5%。请分别写出这些国家这一年商品进出口总额的增长率。

师：你是怎么理解问题（1）的？

生：（略）

师（如果学生回答不完善，再追问）：在这个问题中，哪些词表明其中含有相反意义的量？比如，小华体重减少 1 kg，你认为应该怎样表示他的体重“增长值”？

生：（略）

师生活动： 学生按照教师的指示回答上述问题。如果学生在解释体重“增长值”的意义时出现困难，那么教师可以在学生解释的基础上补充总结：体重增长值可能是正的，也可能是负的；体重增长值为负数，相当于体重减少。

师：请仿照第（1）题的解答，分学习小组完成第（2）题。

生：（略）

评析： 用正数、负数表示具有相反意义的量时，难点是描述向指定方向变化的情况，即向指定方向变化用正数表示；向指定方向的相反方向变化用负数表示。这与学生的日常经验有一定的矛盾，需要一个“心理转换”，即“把‘体重减少 1 kg’转换为‘体重增长 −1 kg’，需要对‘负’与‘正’的相对性有较好的理解”。

此外，教师在设计“合作探究，活动领悟”环节时应把握两个要领：一是“探究”的关键在于设计好的数学问题。这对学生进行合作探究，并从活动中领悟数学思想至关重要。尽管我们不能给出一个好的数学问题的评判标准，但从教学实践看，好的数学问题应该具备这几个特征，即①能引发学生的兴趣；②能紧扣教学的主题；③能激活学生的经验；④能展开学生的思维；⑤能推广、扩充和引申。二是“探究”的实效取决于学生参与的广度和深度。在这一环节中，教师首先通过具体问题情境，使学生学会用正数与负数表示具有相反意义的量的方法；然后通过师生合作，突破用正数、负数表示指定方向变化的量这一难点；最后通过不断追问，引导学生逐步理解题意，抓住重点，并找出表示具有相反意义的量的词。

师：请同学们回过头来看一看我们刚才解答过的几个问题，并思考一下如何用正数、负数表示实际问题中具有相反意义的量。

生：（略）

师生活动：学生总结，师生共同补充、完善。具体应包括以下几点：

①要先找出表示具有相反意义的量的词，如“增加”和“减少”、“零上”和“零下”、“收入”和“支出”、“上升”和“下降”，等等。

②“负”与“正”是相对的。选定一方用正数表示，那么另一方就用负数表示。

③如果一个问题中出现相反意义的量，那么我们可以用正数和负数分别表示它们。比如，在探究题的第（2）题中，进出口总额减少 1%，就是增长 –1%；那么“减少 6.4%”就是增长 –6.4%。也就是说，如果增长量为一个负数，那么这实际上表示减少了，也可以说成是“负增长”。

④当数据没有变化时，增长率是 0。

⑤一般而言，我们习惯上把“上升”“盈利”“增加”“收入”等规定为正，而把与它们相反的量规定为负。（注：教师需要着重强调这一点）

评析：在教学中，教师每讲解完一道典型例题或一类问题，应引导学生思考问题和解法的特点和异同，从而让学生适时感悟规律，并及时提炼总结出可以指导解答其他同类问题的一般性结论和方法。教师通过提问“请同学们回过头来看一看我们刚才解答过的几个问题，思考一下如何用正数、负数表示实际问题中具有相反意义的量”，引发了师生互动、生生互动，以及活动感悟，这不仅是对前面新授内容的梳理和总结，更是对用正数、负数表示实际问题中具有相反意义的量的方法提炼和归纳。随之而来，由具体数学向形式数学的第一次转折也悄悄地发生着。

（四）师生互动，变式深化

【变式 1】（1）如果向北走 6 km 记作 +6 km，那么向南走 5 km 记作什么？（2）如果运进粮食 4 t 记作 +4 t，那么 −5 t 表示什么？

解：（1）向南走 5 km 记作 −5 km；（2）−5 t 表示运出粮食 5 t。

【变式 2】下列结论中正确的是（　　）

A.0 既是正数，又是负数　　　　B.0 是最小的正数

C.0 是最大的负数　　　　D.0 既不是正数，又不是负数

【变式 3】请同学们自己举出一个能用正数、负数表示其中的量的实际例子，并给出答案（注：主要解释其中相关数量的含义）。

评析：心理学实验的报告指出，学习者克服图形非标准化的影响和背景复杂化的干扰，从而独立地观察图形的能力与他们在数学学习中的分析性思维和类比推理能力之间，存在着显著的正相关。[1] 这一结论为初中数学课堂教学开展变式训练，培养学生思维能力提供了理论依据。教师在设计"师生互动，变式深化"环节应注意三个方面：一是"变式"应符合教学的实际，二是"变式"应把握设计的梯度，三是"变式"应指向知识的本质。通过师生互动，教师可以深化学生对概念的理解，并通过设计相应的变式题组直指学习的重点、难点。由此，学生能进一步理解"'0 既不是正数，又不是负数'是正数、负数定义的一部分"，并在引入负数后，清晰地明白"0 除了表示'没有'，还是正数与负数的分界"。了解了 0 的这一意义，学生能更好地理解正数、负数。教师通过引导学生进行比较，让学生感受数 0 的特殊性，并为后续学习有理数的分类做铺垫。

（五）尝试练习，巩固提高

【练习题】（1）2010 年我国年平均降水量比上年增加 108.7 mm，2009 年比上年减少 81.5 mm，2008 年比上年增加 53.5 mm. 用正数和复数表示这三年我国全年平均降水量比上年的增长量。（2）如果把一个物体向右移动 1 m 记作移动 +1 m，那么这个物体又移动了 −1 m 是什么意思？如何描述这时物体的位置？

1. 青浦县数学教改实验小组：《学会教学》，人民教育出版社，1991，第 250 页。

评析：这两道题是教科书第 3 页的练习题。初中数学课强调尝试和巩固，这不仅符合青少年的认知规律，而且是大面积提升初中数学教学质量的不二法门。笔者坚持认为要是主体不参与，学习就不可能发生。由于学生是课堂教学的主体，有效的教学一定要设法让学生“动”起来。尝试练习旨在巩固、提高，同时检验学生用正数、负数表示具有相反意义的量的掌握情况。

（六）适时小结，兴趣延伸

师：谁能借助老师在黑板上的板书，勾画一个结构图表示这节课所学的主要内容？

生：（略）

师：同学们都画得很好！这就是我们本节课的主要内容，如下图。

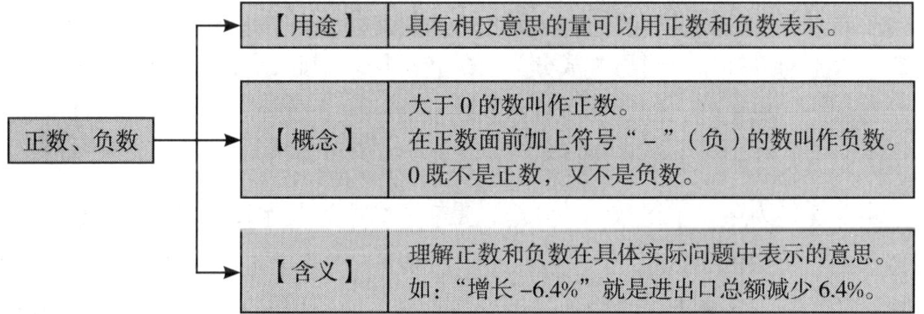

师生活动：在学生勾画结束后，教师可以挑选比较有代表性的结构图向全班学生展示，并进行点评。最后，教师通过 PPT 展示完整的结构图，让学生对本节课的内容有更清晰的了解。

【拓展】请按要求，回答下列问题。

（1）你能举例说明引入负数的必要性吗？

（2）你能用例子说明引入负数的必要性吗？

（3）有人说，增加一个负数就是减少一个正数，减少一个负数就是增加一个正数。你能举例说明吗？

（注：不要求学生全部在课内完成，可以让学生把问题带出课堂进一步思考。）

评析：华东师范大学终身教授叶澜老师曾说：“在这节课中，学生的学习是有意义的。初步的意义是他学到了新的知识；再进一步是锻炼了他的能力；再往前发展是在这个过程中有良好的积极的情感体验，使他产生更进一步学习的强烈的要求；再发展一步，在这个过程中他越来越会主动地投入到学习中去。这样学习学生会学到新东西，学生上课，'进来以前和出去的时候是不是有了变化'，没有变化就没有意义。"笔者认为，"适时小结，兴趣延伸"就是要引导学生把课内学到的零散知识"点"，梳理绘制或纺织成知识"线"和"网"，思考相关联且更有思维含量的问题，让学生的学习兴趣延伸到课外，使学习更有意义。

板书设计：

（略）

课后作业：

教科书习题 1.1 第 1、2、4、8 题。

教学总评：

从智力与能力发展的年龄特征看，七年级学生的思维正处于从以具体形象思维成分为主向以抽象逻辑思维成分为主的转折期。因此，教学内容的呈现应力求注意具体性、形象性，同时还要有适当的抽象、概括要求，从而既适应这一时期学生的能力发展水平，又能促进他们的思维向高一阶段发展。

本节课作为第三学段教学的开篇，是初中数学的起始课。从内容上看，本节课似乎是"负数的引入"，但学生在小学已具备"在熟悉的生活情境中了解负数的意义，并会用负数表示日常生活中的一些量"的知识。因此，事实上学生已经有了"负数"概念，只不过还很肤浅，还解决不了较为复杂的问题，需要深化对负数的理解和运用。鉴于此，本课实际上设计了三级阶梯，以帮助学生顺利实现从具体数学向形式数学的第一次转折。

在第一级阶梯，"温故"环节选取学生熟悉的生活场景对学生在小学曾解答过的问题进行描述和提问，让学生感受到"负数的引入"缘于人们生产和生活的需要，帮助学生构筑进一步学习"具有相反意思的量可以用正数和负数表示"的基础，为让学生实现从具体数学（"数可以描述生活中的量"）向形式数学（"负数表示指定方向变化的量"）的第一次转折寻找"生长点"。

在第二级阶梯，"引新"环节通过让学生讨论章前言中的问题，尤其理解"增长 –2.7%""结余 –1.2 元"表示的意思，从而引发学生的认知冲突，并进一步引导学生初步感受具体数学与形式数学的区别与联系。

在第三级阶梯，"探究""变式"环节通过合作探究，引导学生次第归纳什么是正数、什么是负数，以及如何表示，让学生掌握“0作为正数和负数的‘分界’”这一规定，并帮助学生理解在解决实际问题中“基准”作用的合理性，从而带领学生突破用正数、负数表示指定方向变化的量这一难点，使学生在活动中自主地领悟表示具有相反意义的量的关键和方法。此外，教师通过追问、变式、尝试和提升，助推学生最终实现从具体数学向形式数学的第一次转折。

整个设计体现了义务教育段课堂教学应有的梯度和数学学科应有的思维深度。在教学中，教师能做到多彩呈现教学内容，面向全体，关注全体。教法灵活多样，既注重激发学生的学习兴趣，也重视课内与课外的融合，做到适度的延伸和拓展。课堂上，教师重视板书设计，一方面适时指导学生阅读教材，并思考与本课有关的其他问题，另一方面适时小结，帮助学生及时巩固所学的知识。此外，课堂以问题开始，同样以问题结束，让学生带着问题进来，带着更高层次的问题离开课堂。可见，这是一节有温度、有梯度、有深度、有宽度的“四度”精彩课堂。

1.4 理解概念自成法

——《从算式到方程》课堂教学实录及解析[1]

执教：戴启猛

适用学段及学科：

初中，数学。

教学内容：

人教版《数学》(七年级上册)“3.1 从算式到方程”。

教学实录与评析：

（一）复习提问，温故孕新

师：我们知道表示数量的关系有相等和不相等之分。谁能举例说出一个表示相等或不相等关系的式子？

生：2+3=5，50+50=100，50+10 ＞ 50，50+10 ＜ 100，……

师：很好！在这些关系式中，等号或不等号两边都是具体数字。谁又能举例说

1. 本文摘自戴启猛于2021年在《中小学课堂教学研究》上发表的文章《基于“四度六步”教学法的“从算式到方程”教学设计与反思》（略有删改）。

出一个等号或不等号两边不完全是具体数字的等式呢？

生：$2+x=5$，$2x=50$，$50+2y=100$，$3y+1=4$，……

师：太棒了！很显然，同学们很好地掌握了小学阶段学过的一些带有字母未知数的等式。

评析：由于等式是方程的生长点，讲解方程的概念要从等式引入。学生通过小学的学习，已对等式有初步的认识。让学生通过回忆复习等式，尤其是"含有字母（未知数）的等式"，可以为方程概念的引入打下基础，符合学生的认知特点。

（二）创设情境，引入课题

师：在现实生活中，像上面 $2+x=5$，$2x=50$，$50+2y=100$，$3y+1=4$ 等"含有字母（未知数）的等式"是常常会碰到的。老师今天特地准备两道数学题，看同学们能不能用我们学过的方法去挑战一下。

【引例】（1）用一根长 24 cm 的铁丝围成一个正方形，正方形的边长是多少？（2）一台计算机已使用 1700 h，预计每月再使用 150 h，经过多少月这台计算机的使用时间达到规定的检修时间 2450 h？

师生活动：教师邀请四位同学上台演示计算过程，每小题由两位同学同时完成。在学生书写完毕后，教师对学生的解题进行点评。

以下是四位同学的解题方法。

（1）①方法一：$24\div4=6$。②方法二：设正方形的边长为 x cm，则依题意列方程：$4x=24$。

（2）①方法一：$(2450-1700)\div150=750\div150=5$。②方法二：设 x 个月后这台计算机的使用时间达到 2450 h，那么在 x 月里这台计算机使用了 $150x$ h，依题意列方程，即 $1700+150x=2450$。

师：他们的解法对吗？谁还有不同的解法？谁能解释一下方法二所列的式子等号两边分别表示什么意思？

生：（略）

师（追问）：在这些解法中，同学们归纳起来一共有几种方法？

生：共有两种方法。其中，一种是列算式，另一种是列方程。

师（追问）：正确。能否具体说一下这两种方法的不同？

生：用算式就是直接根据题目中的已知数直接列出一个算式，再计算求出结果。

列方程则先是将所求的量设为一个字母（未知数），也可以说是用一个字母来表示，然后用含有这个字母的式子去表示相关的量，再根据问题中的相等关系列出等式。这个等式既含有已知数，又含有未知数。

师：尽管我们在小学时涉及的方程知识并不多，内容也比较简单，但从刚刚的发言看，同学们对列方程还是蛮有体会的。有谁还记得什么是方程？

生：方程是含有未知数的等式。

师：很好！这里我要告诉同学们，方程是应用非常广泛的数学工具。在研究许多问题时，人们经常用字母表示其中的未知数，然后通过分析数量关系，列出方程，以表示相等关系，再解方程求出未知数。那么，我们怎样根据问题中的数量关系列方程？怎样解方程？从今天开始，我们将用近四个星期的时间一起学习初中阶段的第一类方程。

（教师转身板书课题：第三章　一元一次方程　3.1 从算式到方程）

评析：在这一环节中，教师通过创设真实问题情境，让学生用学过的知识解决两个有梯度的问题。此外，教师还通过提问“谁还有不同的解法？谁能解释一下方法二所列式子等号两边各表示什么意思？”，打开了学生的思维，引导学生关注到列出的方程不仅是等式，而且等号两边含未知数的式子都有明确的实际意思，让学生进一步体会依据问题中的相等关系列出含未知数的等式——方程的合理性。最后，教师让学生比较列算式与列方程解决实际问题的不同，这不仅突出了方程的根本特征，并引出方程的定义，而且能使学生认识到方程是比算式更有力的数学工具，以及字母（未知数）可以列入方程并参与运算，从而给解决问题带来更大的便利。经过学习，学生能真正感受从算术方法到代数方法是数学的进步。

（三）合作探究，活动领悟

师：接下来，请同学们打开课本，并翻至第 77 页。请看章前图及其右上角的表格，你看到了什么？结合章前图和表格中所提供的信息，你能想到一个什么数学问题？

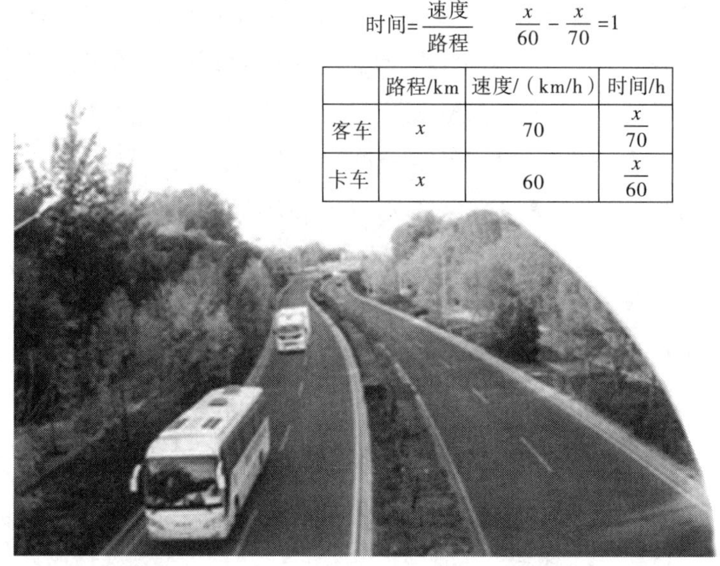

时间= $\frac{速度}{路程}$　　$\frac{x}{60}-\frac{x}{70}=1$

	路程/km	速度/（km/h）	时间/h
客车	x	70	$\frac{x}{70}$
卡车	x	60	$\frac{x}{60}$

生：在这幅章前图中，我看到在同一公路上同方向行驶的两辆汽车，分别是一辆客车和一辆卡车。从表格中，我知道客车和卡车的平均时速分别是 70 km/h 和 60 km/h，它们行驶的路程是相同的，但客车比卡车早 1 h 到达目的地，并且汽车的时间与行驶路程和速度之间的关系是“时间 $=\frac{路程}{速度}$”。

评析：通过借助本节课是章节起始课的特点，教师一方面利用章前言总结概括本章要研究的内容，起到承上启下的作用；另一方面利用章前图及其表格，引导学生读一读并获取图表所反映的信息，这不仅有利于训练学生三种数学语言（即图形、表格、文字）的转换能力，更有助于学生理解本节课将要重点探究的行程问题。

【探究题】一辆客车和一辆卡车同时从 A 地出发沿同一公路同方向行驶，客车的行驶速度是 70 km/h，卡车的行驶速度是 60 km/h，客车比卡车早 1 h 经过 B 地。A、B 两地间的路程是多少？

师：你会用算术方法解决这个问题吗？请尝试列一下算式。

生：（略）

师（追问）：除了算术方法，你能否列方程求解？（注：只要求列出方程，不要求解方程）为了厘清题目中涉及几种不同性质的量之间的关系，我们是否可以借鉴章前图中的表格分析题意？下面请各学习小组开始合作学习。结束时，请推荐一位同学进行展示。

师生活动：学生按要求进行合作学习。教师巡堂并参与个别小组的学习活动，并给予必要的指导。

师：请两个学习小组分别展示一下自己小组的学习成果，重点阐述你们是怎么想的。(注：教师根据巡堂挑选两个有代表性的学习小组。其中，一个小组使用的是算式法，另一个使用的是方程法。每一个学习小组派 1 名同学主讲，1 名同学配合投影展示过程。主讲完毕后，其他同学可以补充。教师则根据同学们的汇报，同时将主要的解题过程及式子书写在黑板上。)

以下是两个有代表性的学习小组的解题过程。

小组 A：路程是 $1\div(\frac{1}{60}-\frac{1}{70})$ km。

生 1：我们小组用了列算式的方法来解题。根据题意，我们知道客车比卡车早 1 h 经过 B 地。也就是说，客车的行驶时间比卡车的行驶时间少 1 h。为此，我们先求出行驶 1 km 的路程，则客车比卡车少用的时间是 $(\frac{1}{60}-\frac{1}{70})$ h。那么，当路程是多少千米时，客车比卡车少用 1 h 呢？于是，我们可以列出上面的算式。

小组 B：$\frac{x}{60}-\frac{x}{70}=1$。

生 2：我们小组用了列方程的方法来解题。我们借助章前图的表格来分析题意，并绘制了下面这个表格。

	路程 /km	速度 /（km/h）	时间 /h
客车	x	70	$\frac{x}{70}$
卡车	x	60	$\frac{x}{60}$

因为客车比卡车早 1 h 经过 B 地，所以 $\frac{x}{70}$ 比 $\frac{x}{60}$ 小 1，即 $\frac{x}{60}-\frac{x}{70}=1$。

师：这个小组分析题意的方法很特别！他们依靠小小的表格就把题目中涉及的相关量及它们的关系呈现得非常清楚，这真是太厉害了。希望同学们能多多借鉴。请问，其他小组还有什么不同的方法吗？

小组 C：$70t=60(t+1)$。

生 3：我们还可以设客车行驶到 B 地所有的时间为 t。由于两车行驶的路程是一样的，我们可以列出方程，即 70 t=60（t+1）。

师：太棒了！你们小组的思维就是与常人不一样。接下来，请同学们回过头来看看这两个小组的解法，并说说它们有什么不同。哪种解法更好理解呢？

生：就这道题而言，列出的算式比较难想，因为列出的算式表示用算术方法解题的计算过程，其中只含已知数；而列方程就不同了，方程是根据问题中的相等关系列出等式，其中既含有已知数，又含有用字母表示的未知数。

师：的确如此。在解这道题时，列方程比列算式更简单。经过今后的学习，大家还会逐步认识到方程为我们解决许多问题带来了便利。因此，方程是数学非常重要的工具，从算式到方程是数学的进步。下面请同学们观察本节课列出的所有方程。请问，它们有哪些共同的特征？

生：这些方程都只含有一个未知数，而且未知数的次数都是 1。

师：很好！同学们的观察和归纳能力都比较强。今天，我们已经熟练地用 x、y、z 等字母来表示未知数，但大家应该知道法国数学家笛卡尔才是最早这样做的人。在我国古代，人们通常用“天元、地元、人元、物元”等来表示未知数。为了尊重并传承这段历史，我们也把未知数叫作“元”。上面每个方程都只含有一个未知数（元），而且未知数的次数都是 1，等号两边都是整式。这样的方程就叫作一元一次方程。

评析：因为“真”，所以感动。“这个小组分析题意的方法很特别！他们依靠小小的表格就把题目中涉及的相关量及它们的关系呈现得非常清楚，这真是太厉害了。希望同学们能多多借鉴。”教师的这句话不仅是对这个学习小组的激励，更是对全班同学选用表格来分析行程问题方法的强化，让课堂充满温度。此外，“其他小组还有什么不同的方法吗？”这样的问题也是教师在课堂上打开学生思维、提升思维品质的关键。最后，教师适时小结，引导学生归纳解法的不同及所列方程的共同之处，突显方程及一元一次方程的本质特征，让学生明白通过列方程解决实际问题的便利和优越，从而培养学生的观察比较和归纳概括的能力，并渗透了数学抽象这一核心素养。

（四）师生互动，变式深化

【变式 1】一辆客车和一辆卡车分别从 A、B 两地同时出发沿同一公路反方向行驶，客车的行驶速度是 70 km/h，卡车的行驶速度是 60 km/h，客车比卡车早 1 h 到达目的地。A、B 两地间的路程是多少?

【变式 2】某校女生占全体学生人数的 52%，比男生多 80 人，这所学校共有多少学生?

师生活动：学生举手回答问题。老师结合学生的答案书写解题过程。师生互动，共同完成。

以下是这两道变式练习题的简解。

①变式 1：如果设 A、B 两地相距 x km，那么根据题意得：$\frac{x}{60}-\frac{x}{70}=1$。

②变式 2：如果设这个学校的学生为 x，那么女生数为 $0.52x$，男生数为 $(1-0.52)x$，则依题意列方程：$0.52x-(1-0.52)x=80$。

师：请问，所列的这两个方程都是什么方程？为什么？(注：在变式 2 中，如果个别学生列出算式，即“$80\div[52\%-(1-52\%)]=80\div4\%=2000$”，教师也应给予肯定。同时，教师也必须强调，既然要求从这一章重点学习的知识——一元一次方程来解决实际问题，那么建议同学们还是尽量去思考如何列出方程。)

师：列方程是解决问题的重要方法，但如何求出方程中的未知数呢？比如，变式 1 和变式 2 中的两个方程的未知数如何求？根据前面的学习，我们知道方程是含有未知数的等式。因此，大家应该思考 $x=?$ 时，等式 $4x=24$ 才会成立。通过简单的计算，我们可以发现当 $x=6$ 时，$4x$ 的值是 24。这时，方程等号左右两边相等。也就是说，方程 $4x=24$ 中未知数 x 的值应是 6。因此，$x=6$ 就叫作方程 $4x=24$ 的解。同样地，当 $x=5$ 时，$1700+150x$ 的值是 2450。这时，方程 $1700+150x=2450$ 等号左右两边相等，那么 $x=5$ 就叫作方程 $1700+150x=2450$ 的解。也就是说，方程 $1700+150x=2450$ 中未知数 x 的值应是 5。

【思考】方程 $0.52x-(1-0.52)x=80$ 的解，是 $x=1000$ 还是 $x=2000$？

师：判断的关键在于要弄清楚什么是方程的解。

知识小结：解方程就是求出使方程中等号左右两边相等的未知数的值 (x=a)，而这个值就是方程的解。

评析：数学被喻为使人聪明的学科。数学之所以有如此高的评价，就在于它对训练学生思维的独特贡献。初中数学课堂教学如果没有思维训练的“量”和“质”，那么就没了数学课的味道。“师生互动，变式深化”是互动和变式的重要手段。教师通过利用这种手段鼓励学生大胆质疑，积极互动交流，并引导学生完成相应的变式训练，从而将课程引向深入，促进学生深化对新知的理解。

（五）尝试练习，巩固提高

1. 判断下列方程是不是一元一次方程，并说明理由。

（1）$3x-2=y$　　（2）$2m+15=9$　　（3）$\frac{x}{3}=2$

（4）$\frac{3}{x}=5$　　（5）$x=2$　　（6）$x^2-1=0$

2. 根据下列问题，设未知数，列出方程。

（1）环形跑道一周长 400 m，沿跑道跑多少周，可以跑 3000 m？

（2）一个梯形的下底比上底多 2 cm，高是 5 cm，面积是 40 cm^2，求上底。

【追问】结合习题 2，并观察本节课的几个实际问题，想想我们是如何把一个实际问题转化成一元一次方程的？

实际问题 —相等关系（设未知数　列方程）→ 一元一次方程

（注：在分析实际问题中的数量关系时，我们利用其中的相等关系列出方程，这是用数学解决实际问题的一种方法。）

评析：“事非经过不知难”。如果说“温故”“引新”“探究”“变式”四个环节都有教师“扶”的因素，那么“尝试”环节就是学生真正地自主学习和尝试学习的阶段。此时，教师应尽可能地保持“安静”，为学生营造相对独立的学习“时空”。教师设计在此环节时应把握三个技术要领：一是“尝试”应适合学生认知层次；二是“尝试”应指向新知巩固提高；三是“尝试”应及时回授练习效果。教师在讲评中还要再次强调本节课的知识，充分彰显“尝试练习，巩固提高”的应有之意。在教学中，教师常常会发现一些学生“听懂但不会做，会做但又做不对”。因此，有效教学的一个具体指标就是教师在每一节课上必须引导学生至少要完整而规范地独立解答一道题。同时，教师还可以用像“观察本节课的几个实际问题，想想我们是如何把一个实际问题转化成一元一次方程的？”等的话语，带领学生归纳出实际问题转化为一元一次方程的过程，让学生初步体会数学建模这一核心素养。

（六）适时小结，兴趣延伸

师：谁能借助老师在黑板上的板书，勾画一个结构图来表示这节课所学的内容？

生：（略）

师：同学们都画得很好！这就是我们本节课的主要内容，如下图。

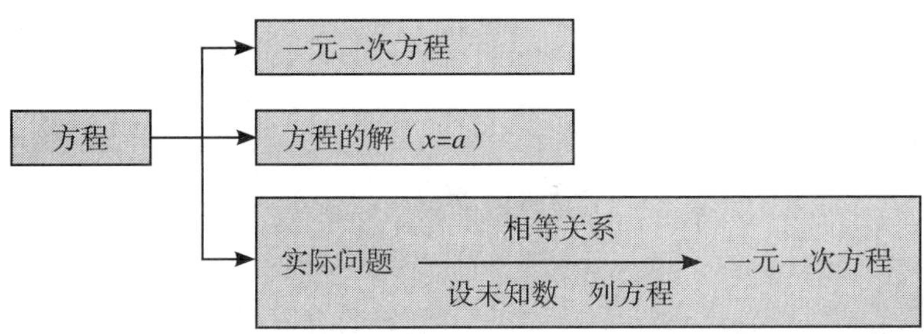

评析：在课堂教学中，笔者主张的“提升”策略应把握三个技术要领：一是帮助学生解开思维疙瘩，恰时点拨；二是指向主要知识、方法、思路，恰点归纳；三是重在激发学生学习兴趣，恰到好处。其实，在本节课例中，教师在此环节只是对原有的教学板书进行适当的补充和完善，并对关键的思想方法进行必要的重复和强调。这是因为在前述的教学过程中教师已经做到了恰时点拨，恰点归纳，恰当激励。

板书设计：

第三章　一元一次方程 3.1 从算式到方程	
1. 方程概念的引入 列出表示相等或不相等关系的式子，如 $2+3=5$，$50+10>50$，$2+x=5$，$3y+1=4$，等等。 2. 含有未知数的等式叫方程。 引例： （1）$4x=24$ （2）$1700+150x=2450$ 探究：$\frac{x}{60}-\frac{x}{70}=1$ 变式二：$0.52x-(1-0.52)x=80$	3. 只含有一个未知数（元），未知数的次数都是1，等号两边都是整式，这样的方程叫作一元一次方程。 4. 解方程就是求出使方程中等号左右两边相等的未知数的值（$x=a$），这个值就是方程的解。 5. 方法思路： 实际问题 —相等关系 / 设未知数　列方程→ 一元一次方程

课后作业：

请根据下列问题，设未知数，列出方程。

（1）甲种铅笔每支0.3元，乙种铅笔每支0.6元，用9元买了两种铅笔共20支。请问，两种铅笔各买了多少支？

（2）用买10个大水杯的钱，可以买15个小水杯，大水杯比小水杯的单价多5元。请问，两种水杯的单价各是多少元？

教学总评：

算式表示的是用算术方法进行计算的程序。算式往往只能含有已知数而不能含有未知数，这是列算式时必须遵守的规则。列方程主要依据的是问题中的数量关系，特别是相等关系，这打破了列算式时只能使用已知数的限制。方程往往可以含有相关的已知数，并且未知数在被解出之前会以字母的形式进入表示相等关系的式子，这是代数方法对于算术方法的新改革。正因为有了如此的新突破，我们才会说列方程要比列算式来得更直接、更自然，也具有更多的优越性。

让学生体会列算式与列方程解决实际问题的区别，进而逐步体会列方程的优越性，这是本课教学需要突破的难点。在本节课中，教师对教材进行了合理的重组，把教材中例题部分前置达到温故孕新的效果，并通过引导学生用列算式或列方程来解题，唤起学生对小学所学简易方程知识的记忆和理解，让学生初步体会列方程解决实际问题的便捷。

本课的一大亮点是教师对章前言、章前图及章前表格的合理使用。教师以"请看章前图及其右上角的表格，你看到了什么？结合章前图和表格中所提供信息的理解，你能想到一个什么数学问题？"这样的问题开启新课教学。一方面，这是对教材的尊重，体现了用教材而不是教教材。同时，教师让学生通过观察图形、表格思考问题，从而帮助学生建立图形、表格和问题之间的联系。另一方面，这也能帮助学生准确地把握学习数学的规律，为合作探究活动的开展做好方法上的铺垫。此外，教师通过分析问题并展示学生的探究成果，引导学生体会图表对理解题意的直观性和便捷性。

总的来说，在教学中，教师就是要努力在课堂上架设思维的"脚手架"，让学生自信而从容地向高处攀登。同时，教师还应适时利用"谁还有不同的解法？""请同学们回过头来看看这两个小组的解法，并说说它们有什么不同。哪种解法更好理解呢？”“其他小组还有什么不同的方法吗？”等问题，引发学生的深入思考，以展开学生的思维过程，发展学生的思维能力，让数学学习保持应有的思维深度。

1.5 基于“四度六步”教学法的初中数学专题复习课探讨

——以“巧用相似三角形的基本图形之‘K型’”为例[1]

执教：秦健[2] 评析：戴启猛

适用学段及学科：

初中，数学。

教学内容与解析：

1. 教学内容

相似三角形基本图形之“K型”图的建模与应用。

2. 解析

本节课属于中考专题复习课。此时，学生已经完成全部课程的学习，并复习了“图形的认识与三角形”“四边形”。为了更好地学习相似三角形的相关知识，教师带领学生从“K型”图及其变形出发，通过建立图感让学生在复杂的图形中迅速识别相似的三角形，帮助学生准确、快速地解决相关问题，为今后解决综合性问题奠定良好的基础。

基于上述分析，笔者确定了本节课的教学重点：相似三角形的基本图形之“K型”图的结构特征与应用。

教学目标与解析：

1. 教学目标

（1）学会观察相似三角形的基本图形之“K型”图的结构特征，并建立图感。

（2）在相似三角形的典型模型之“K型”的变式探究中，学生能充分理解模型思想在几何图形方面的运用。

2. 解析

达成目标（1）的标志：学生能认识相似三角形的基本图形之“K型”图的

1. 本文摘自秦健于2021年在《广西教育》期刊上发表的文章《基于四度六步教学法的初中数学专题复习课探讨——以〈巧用相似三角形的基本图形之“K型”为例〉》（略有删改）。

2. 秦健，南宁市天桃实验学校正高级教师，广西教学名师，广西特级教师，广西教研院兼职教研员，广西“园丁工程”、广西“名师深蓝工程”培养对象，南宁市教坛明星。

结构特征及其变形，并通过建立图感从复杂的图形中提取出基本图形，从而找出基本元素之间的关系。

达成目标（2）的标志：学生学会以课本为本，不断夯实基础知识，并通过完成变式拓展掌握分类、方程、转化、数形结合等数学思想，达到举一反三、触类旁通的目的，从而提高综合分析问题、解决问题的能力。

教学问题诊断分析：

在学习相似三角形之初，很多学生通常会感到吃力。面对复杂的图形，学生很难提取出基本的图形，更无法快速、准确地展开证明。进入中考备考阶段，大多数学生都有胆怯心理。为此，本节课从教材的习题出发，逐步向中考试题进行拓展，让学生在挑战自我的过程中得到新的收获，帮助学生增强对中考的自信心。

基于上述分析，笔者确定了本节课的教学难点：在复杂图形中迅速识别或补全相似三角形的基本图形之“K 型”。

教学实录与评析：

（一）“温故”——复习提问，温故孕新

师：“得模型者得几何”。虽然几何图形千变万化，但是它们都由数学的基本图形组成。对于数学的基本图形，我们应该怎么研究呢？本节课，我们将从教材中的习题入手，对这个问题进行探讨。

【引例 1】如图 1，请根据下列图中所注的条件，判断图中两个三角形是否相似，并求出 x 和 y 的值。

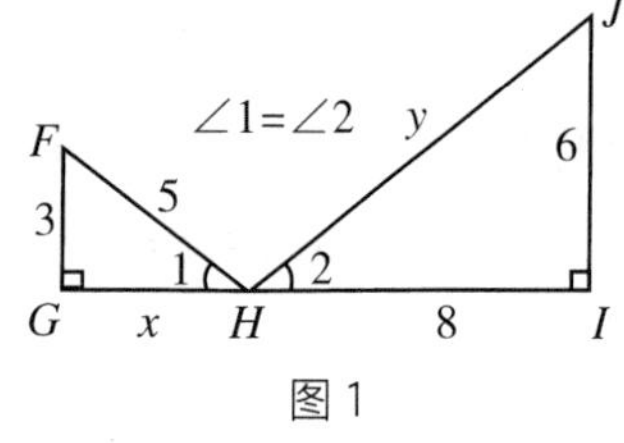

图 1

师：请问，我们需要解决几个问题？

生：我们需要解决三个问题，即①判断相似，②求 x 的值，③求 y 的值。

师：大家审题真仔细！请问，我们应该如何判断两个三角形是否相似呢？

生 1：因为 $FG \perp GH$，且 $JI \perp HI$，所以 $\angle G=\angle I=90°$。又因为 $\angle 1=\angle 2$，所以根据“两角对应相等的两个三角形相似”这个原理，我们即可得出 $\triangle FGH \backsim \triangle JIH$。

师：这位同学不但能条理清晰地证明两个三角形相似，而且能说出判断相似的依据。让我们一起为他的精准回答给出掌声！接下来，我们又如何求出 x 和 y 的值？

生 2：根据相似三角形的性质，即“对应边的比相等”，我们可以求得 $x=4$，

$y=10$。

评析：一方面，教师通过短短几句课堂开头语，激起了学生“我要学”的冲动，让学生认识到理解研究几何基本图形的重要性。另一方面，教师以教材的练习题为引例，不仅有效地帮助学生夯实基础知识，而且为学生探索新知识做好了铺垫。

（二）“引新”——创设情境，引入课题

师：经过刚刚的学习，同学们已经能在简单的图形中比较熟练地使用相似三角形的判定方法和性质。要是图形变复杂了，我们又该怎么办呢？接下来，请大家看看这道题。

【引例 2】如图 2，在正方形 $ABCD$ 中，E 是 BC 的中点，F 是 CD 上一点，且 $CF=\frac{1}{4}$CD。求证：$\angle AEF=90°$。

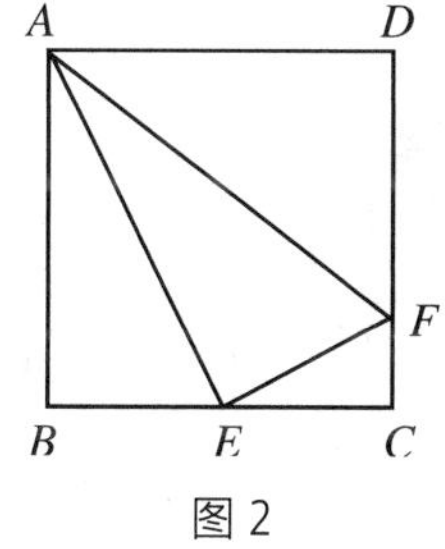

图 2

师：除了勾股定理和逆定理，你能利用相似三角形的相关知识来证明吗？

生：可以。根据已知条件，我们可以得到$\frac{AB}{EC}=\frac{BE}{FC}=\frac{2}{1}$，且$\angle B=\angle C=90°$。由此，根据“两边对应成比例且夹角相等的两个三角形相似”这个原理，我们可以确定$\triangle ABE \backsim \triangle ECF$，从而得出$\angle BAE=\angle CEF$。通过简单的证明，我们就可以得出$\angle AEF=90°$ 的结论。

师：回答得很棒！同学们，虽然这两道题的已知条件和求证问题都不同，但两者之间有本质的相同点。你们发现了吗？

生：在这两道题中，我们都需要证明两个三角形相似。

师：很好！证明两个三角形相似确实是我们解决问题的关键。如果老师将图形中与相似三角形无关的线条隐藏起来（如图 3、图 4），那么你会有什么发现呢？

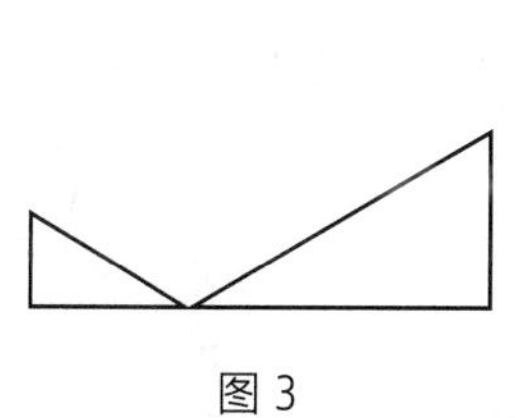
图 3

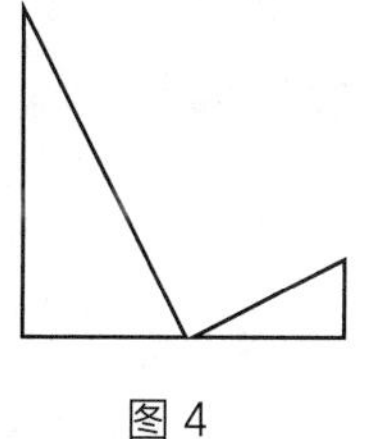
图 4

生：他们“长”得像字母“K”。

师：是的。大家观察得很仔细。本节课，我们将一起研究相似三角形的基本图形之“K 型”。

评析：教师通过将练习题的图形进行改良，把多余的线条隐藏起来，只留下相似的两个三角形，让学生很快得到了相似的“K 型”图，并带领学生体验了一次简单的数学建模过程。这样的教学设计浅显易懂，符合学生的认知规律，培养了学生的数学抽象思维，提高了学生的数学建模素养。此外，教师的巧妙设问和追问也体现了课堂应有的温度和梯度。

（三）“探究”——合作探究，活动领悟

师：为了便于叙述和区分，我们把图 5（∠1+∠2=90°）称为“直 K 型”，图 6（∠1=∠2）称为“斜 K 型”。请同学们认真观察这两个图形，并说出它们的共同特征。

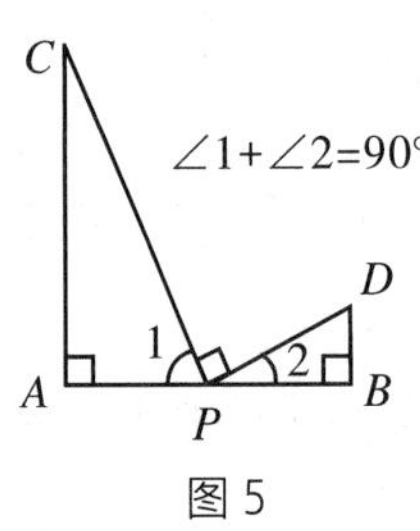

图 5

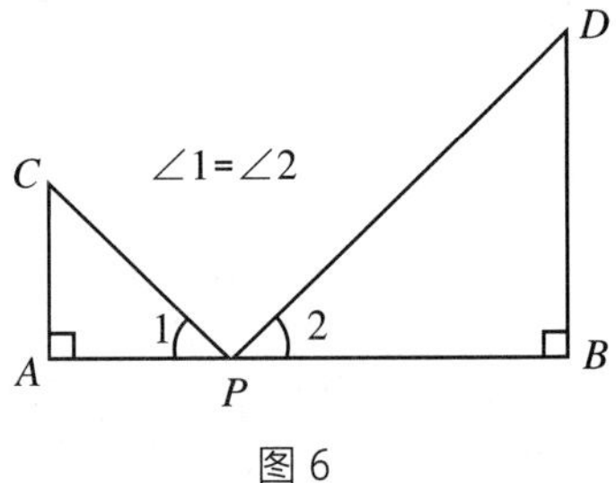

图 6

生 1：我发现两个图形都有∠A=∠B=90°。

生 2：两个三角形都在线段 AB 的这一侧。

生 3：它们都明确了∠1 和∠2 的关系，即∠1+∠2=90°（如图 5）或∠1=∠2（如图 6）。

生 4：根据已知条件，我们都能分别证明两个三角形相似。

生 5：由两个三角形相似，我们都可以推导出对应边的比相等、对应角相等。

师：大家观察得很仔细、很全面。这些发现恰好都是相似“K 型”图的关键特征。接下来，请大家分别写出两个“K 型”图中相似三角形对应边的比和相等的角。

生 6：在图 5 中，$\triangle APC \backsim \triangle BDP$，$\frac{AP}{BD}=\frac{AC}{BP}=\frac{CP}{PD}$，∠$A$=∠$B$，∠$C$=∠2，∠1=∠$D$。

生 7：在图 6 中，$\triangle APC \backsim \triangle BPD$，$\frac{AP}{BP}=\frac{AC}{BD}=\frac{CP}{DP}$，∠$A$=∠$B$，∠1=∠2，∠$C$=∠$D$。

师：这两位同学写得非常好！他们都注意将对应顶点写在对应的位置上，这是非常值得大家学习的地方。此外，由于“直 K 型”与“斜 K 型”的对应边不同，我们在书写时要注意两者的区别。

评析：“数缺形时少直观，形离数时难入微，数形结合百般好，隔离分家万事休。”这是数学家华罗庚先生的经典语录之一。可见，教师在这一环节可以通过开放性的问题，引导学生从“数”“形”两个方面观察并认识相似“K 型”图的形状特征，以及其中存在的数量关系，让学生明白相似“K 型”图的作用，帮助学生更好地掌握数形结合的思想，提高解题的效率。

（四）“变式”——师生互动，变式深化

师：在大家的共同努力下，我们充分地认识了相似的“K 型”图的形状特征和存在的数量关系。接下来，请结合所学知识，完成下列变式训练。

【变式 1】（2015·永州）如图 7，已知 $AB \perp BD$，$CD \perp BD$。若 $AB=9$，$CD=4$，$BD=12$，请问在 BD 上是否存在 P 点，使以 P、A、B 三点为顶点的三角形与 $\triangle PCD$ 相似？若存在，求 BP 的长；若不存在，请说明理由。

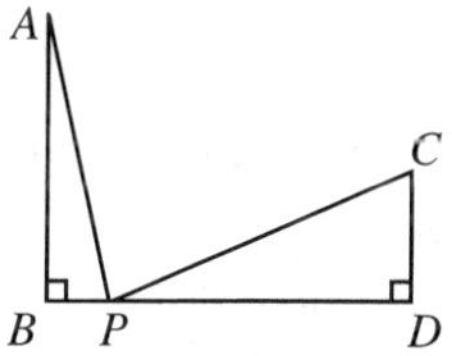

图 7

生：根据两个“K 型”图的结构特征，我们需要分成两种情况进行讨论，即①当 $\angle APB=\angle CPD$ 时（如图 8），②当 $\angle APB+\angle CPD=90°$ 时（如图 9）。

师：你能这样想，说明你对“K 型”图有了较为深刻的认识。接下来，请大家按照刚刚这个同学所说的解题思路，计算出 BP 的长。

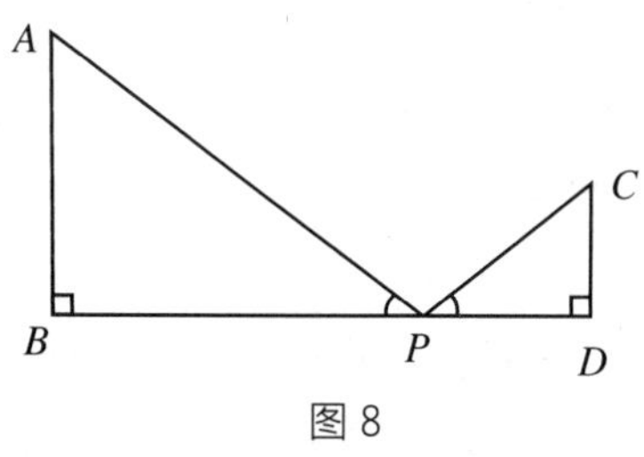

图 8

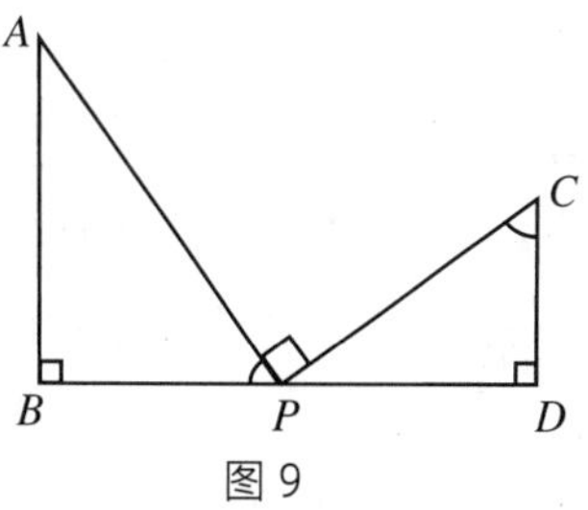

图 9

师生互动：首先，学生按要求书写答题过程，老师通过巡堂给予学生必要的指导。然后，教师用投影仪展示学生的答题过程，学生进行相互评析。最后，教师进行适时小结，即“角已知，可定图；角未知，思分类”。

评析：通过这一环节的学习，学生逐步加深了对基本图形的认识和理解，并将所学知识灵活地运用到解决实际问题的过程中。这样的教学设计不仅满足了不同层次学生的需求，而且向学生强调了知识的次第重复，让知识点以螺旋上升的形式呈现，从而使学生的思维能力得以提升。此外，教师的恰时点拨、恰点归纳、恰当鼓励也让学生的思维渐入佳境。

【变式 2】如图 7，已知∠ B=∠ D= ∠ APC。若 AB=9，CD=4，BD=12，请问在 BD 上是否存在 P 点，使以 P、A、B 三点为顶点的三角形与△ PCD 相似？若存在，求 BP 的长；若不存在，请说明理由。

师：结合所学的知识，你认为这道题要怎么解答？

生：通过观察下面三张图，我们可以发现随着角度的变化，图形可以呈现三种状态，即①当∠ B 为直角（如图 10）时，②∠ B 为锐角（如图 11）时，③∠ B 为钝角（如图 12）时。

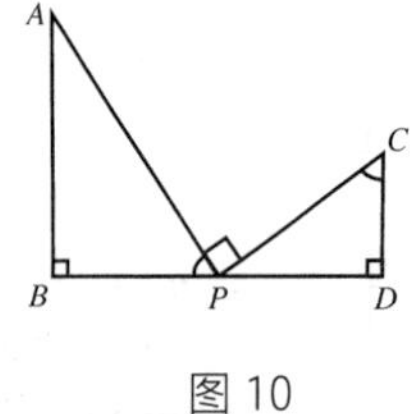

图 10

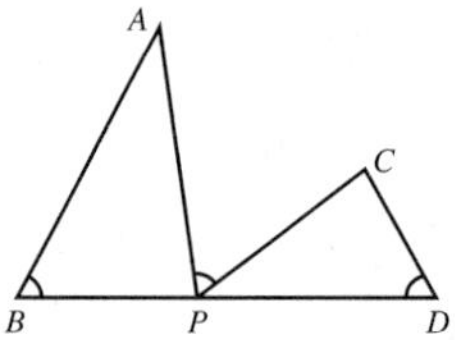

图 11

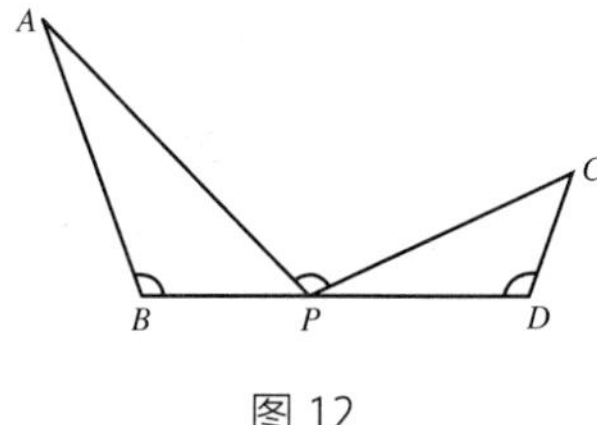

图 12

师：很棒！请问，你们还有什么新发现吗？

生 1：我发现在这三种情况下，我们证明相似的方法是相同的。

生 2：我发现 BP 的长在这三种情况下都是相同的。

师：请问，这三个图形有什么共性？

生 3：每个图形都有三个相等的角。

生 4：这三个相等的角的顶点都在一条线上。

生 5：这三个相等的角都在直线的同一侧。

师：大家真的太厉害了！同学们不仅想到了分类讨论，而且发现了变化图形中的共性，这对解题有着非常重要的作用。其实，我们通常把这三个图形称为相似的"一线三等角型"，而同学们的上述发现恰恰是相似"一线三等角型"的关键特征。

师生活动：学生按要求完成作答，教师通过提问引发学生的进一步思考。最后，教师适时进行小结，即从"直 K 型"到"一线三等角型"，虽然角度变了，图形变了，但是相似的关系和解题的方法并没有改变。

评析：此环节充分体现了教师的教学智慧。教师通过巧用“变”中的“不变”性，不仅拓展了学生的思维，而且培养了学生归纳概括的能力。此外，教师还通过改变题目的已知条件，将“直K型”变成了“一线三等角型”，既加深了学生对“K型”图的认识，也体现了数学课堂应有的思维深度，让学生深刻明白“数学问题虽然是千变万化的，但数学的思想方法并不会改变”这个道理。

（五）“尝试”——尝试练习，巩固提高

请按照各自的组别号所对应的题目序号，思考并完成作答。

【尝试1】在一次数学活动课中，秦老师带领学生用下面的方法来测量学校教学楼 AB 的高度：如图13，在一块平面镜上做一个标记，并将镜子放在距离教学大楼底端 A 点15米的地面 E 处。接着，小君同学来回移动，直至看到教学楼顶端 B 在镜子中的像与镜子上的标记重合。此时，我们测得小君与镜子的距离 $CE=1.8$ 米，小君的眼睛距地面高度 $DC=1.6$ 米。请你计算出教学楼的高度 AB 是________米。

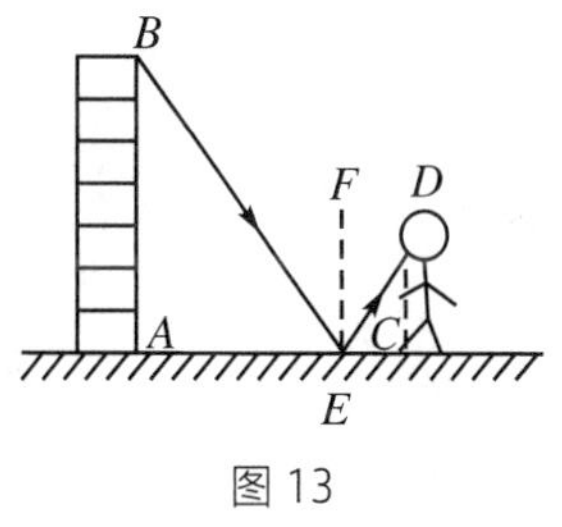

图13

解：

通过仿照相似“K型”图（如图14），并结合题意，我们可以得出 $\angle AEB=\angle CED$，$\angle BAE=\angle DCE=90°$。

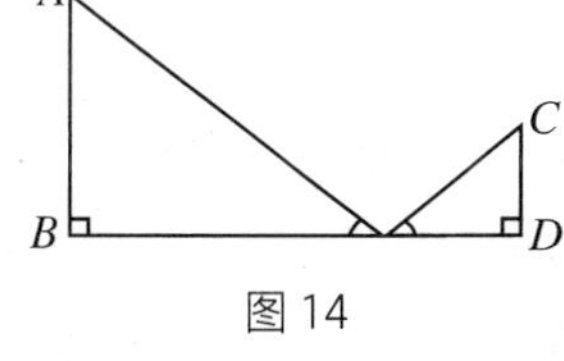

图14

$\therefore \triangle ABE \backsim \triangle CDE$，

$\therefore \dfrac{AB}{CD}=\dfrac{AE}{CE}$，

即 $\dfrac{AB}{1.6}=\dfrac{15}{1.8}$

$\therefore AB=\dfrac{40}{3}$

【尝试2】如图15，$\triangle ABC$ 的顶点 A、C 的坐标分别是（0，4）、（3，0），且 $\angle ACB=90°$，$\angle B=30°$，则顶点 B 的坐标是________.

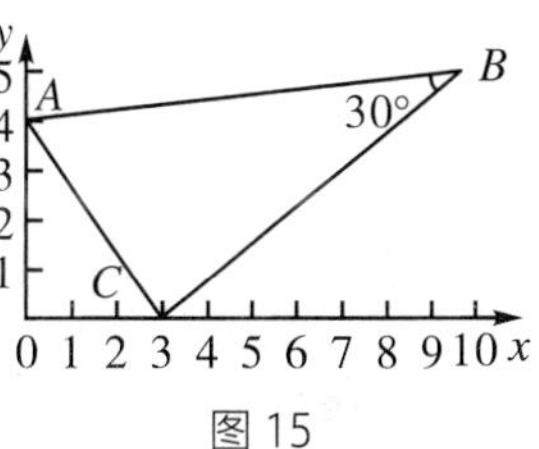

图15

解：

通过仿照相似“K型”（如图16），我们可以过点 B 作

$BH \perp x$ 轴于点 H，如图 17。

根据已知条件，我们可以确定$\triangle AOC \backsim \triangle CHB$。

$\therefore \frac{AO}{CH}=\frac{OC}{BH}=\frac{AC}{BC}$

$\therefore \frac{4}{CH}=\frac{3}{BH}=\frac{1}{\sqrt{3}}$，

又$\because \angle B=30°$

$\therefore \frac{AC}{BC}=\frac{1}{\sqrt{3}}$

通过计算，我们即可得出：$CH=4\sqrt{3}$，$BH=3\sqrt{3}$。

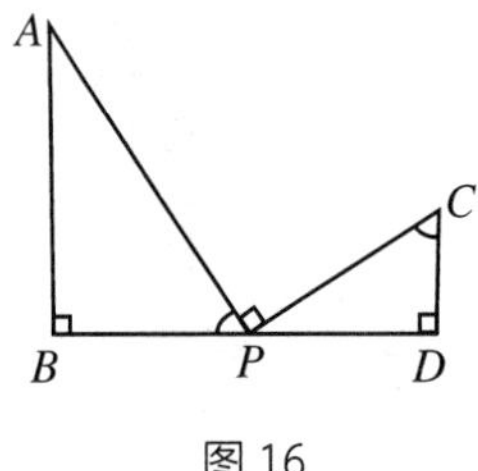

图 16

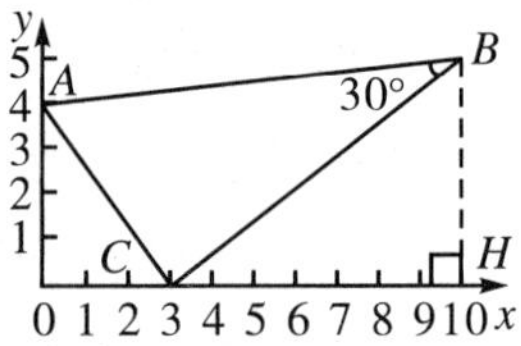

图 17

【尝试 3】（2019・重庆）如图 18，AB 为半圆 O 的直径，AD、BC 分别切$\odot O$ 于 A、B 两点，CD 切$\odot O$ 于点 E，AD 与 CD 相交于 D，BC 与 CD 相交于 C。已知 $AD=3$，$BC=\frac{16}{3}$，则四边形 $ABCD$ 的周长为____________。

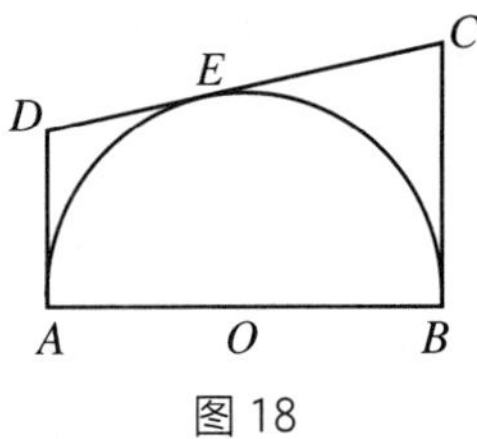

图 18

解：

通过仿照相似“K 型”（如图 19），我们可以连接 CO、DO（如图 20），从而得出$\angle 5=90°$。接着，根据相似三角形的性质，我们还可以得出 $\Delta AOD \backsim \Delta BCO$。

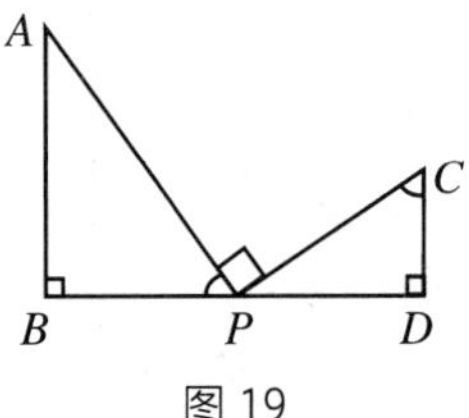

图 19

$\therefore \frac{AD}{OB}=\frac{AO}{BC}$

结合已知条件，设$\odot O$ 半径为 r，则$\frac{3}{r}=\frac{r}{\frac{16}{3}}$

通过计算，我们可以得出：$r=4$（$r>0$）。

$\therefore$四边形 $ABCD$ 的周长：$3+3+4+4+\frac{16}{3}+\frac{16}{3}=\frac{74}{3}$

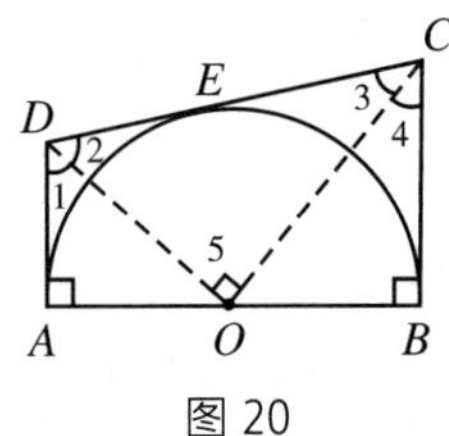

图 20

【尝试4】（2015·南宁）在平面直角坐标系中，已知A、B是抛物线$y=ax^2$（$a>0$）上两个不同的点，其中A在第二象限，B在第一象限。

（1）如图21所示，当直线AB与x轴平行，$\angle AOB=90°$，且$AB=2$时，求此抛物线的解析式和A、B两点的横坐标的乘积。

（2）如图22所示，在（1）所求得的抛物线上，当直线AB与x轴不平行，$\angle AOB$仍为$90°$时，A、B两点的横坐标的乘积是否为常数？如果是，请给予证明；如果不是，请说明理由。

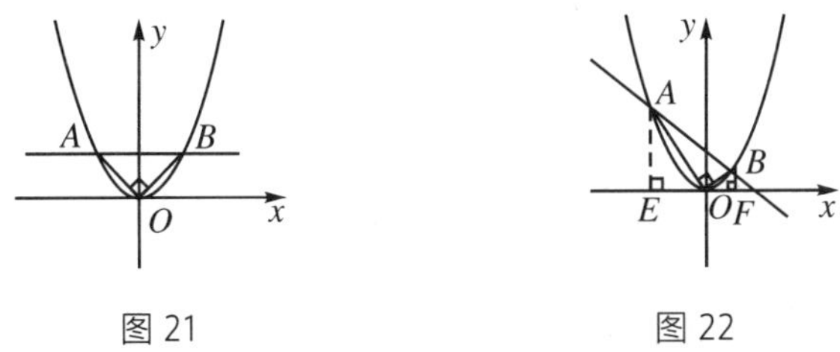

图21　　　　图22

师：请大家观察上述题目中的图形及解法，并谈谈你的想法。

生1：我们需要对照基本图形，缺什么就补什么。

生2：我们要善于发现隐含着的“K型”图。

师：大家回答得非常好。以下就是我们对相似三角形的基本图形之“K型”图的应用。

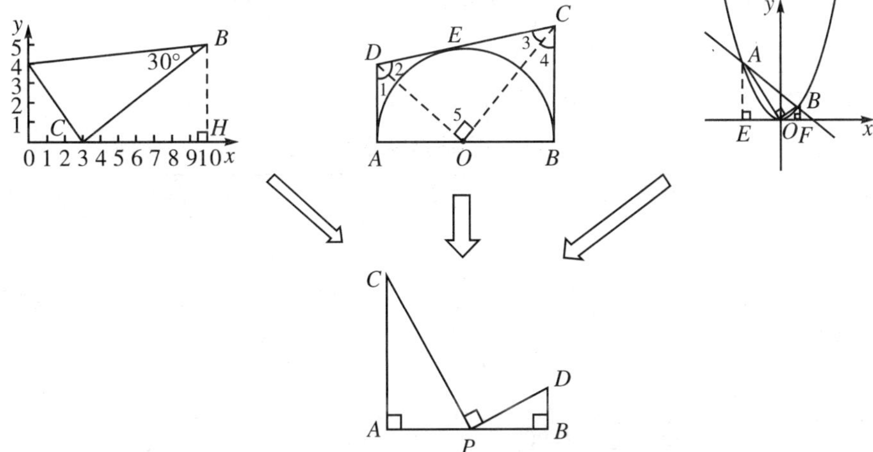

师生活动：学生按要求完成作答，教师在巡堂时给予学生必要的指导。待大多数同学对四道题进行相应的思考后，教师再选出具有代表性的解题过程，并进

行点评。最后，适时进行小结，即“遇局部，添辅助，仿模补全”。

评析：“尝试”环节是学生自主学习和尝试训练的重要步骤。教师在这一环节中融合了平面直角坐标系、四边形、圆、函数等复杂的几何图形，让学生自主地探索并发现隐藏着的“K型”图，并能通过适当添加辅助线构造出相似的“K型”图，使学生的思维能力实现“质”的飞跃，并不断增强学生建立数学模型的意识。讲评时，教师引导学生适时总结解题过程的新发现，让学生学会把未知转化为已知，帮助学生进一步强化数学的转化思想。最后，教师带领学生及时归纳解决问题的基本方法及思维模式，这使课堂不仅有深度，而且有宽度。

（六）“提升”——适时小结，兴趣延伸

师：本节课我们一起探究了相似的基本图形之“K型”。请问，我们经历了一个怎样的学习过程？

生1：从教材习题到中考题。

生2：从“K型”到“一线三等角型”。

生3：从简单图形到复杂图形。

生4：从完整的“K型”图到残缺的“K型”图。

师：大家回答得非常好。除了上述过程，我们还经历了一次数学几何模型的学习过程，即“建模→识模→用模→补模”（如表1）。今后，我们在学习数学几何模型时常常会经历这样的过程。当然，在相似三角形的基本图形中，除了“K型”，我们其实还有“A型”“X型”“手拉手型”等，详见表2。未来，同学们可以采用类似本节课的学习方法来研究这些其他类型的基本图形。

表1 数学几何模型的学习过程

建模（温故、引新）	识模（探究）	用模（变式）	补模（尝试、提升）
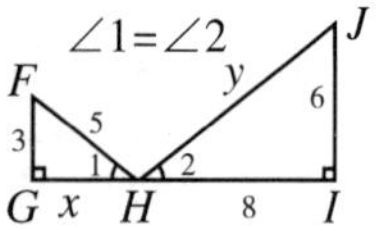 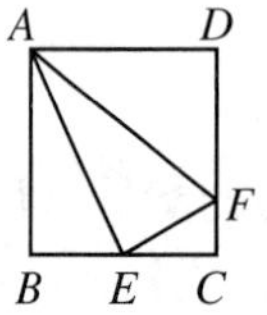 $\angle 1=\angle 2$	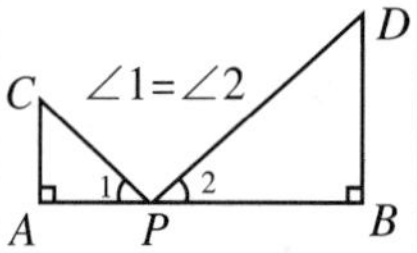 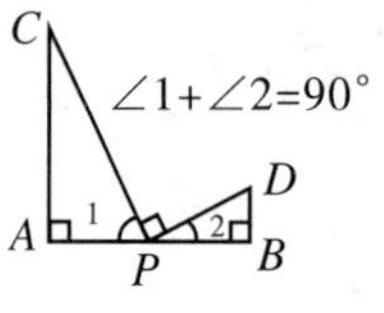 $\angle 1=\angle 2$	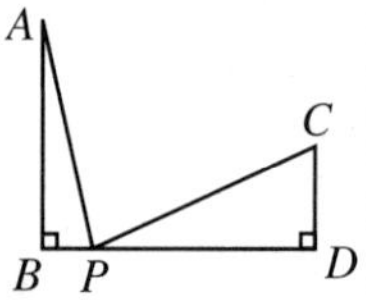 $AB=9$厘米 $\angle B=90°$ $CD=4$厘米 $\angle D=90°$ $BD=12$厘米 $\angle APC=90°$ 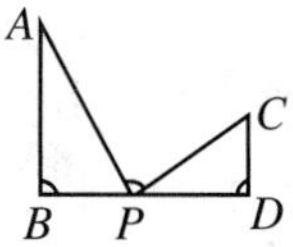	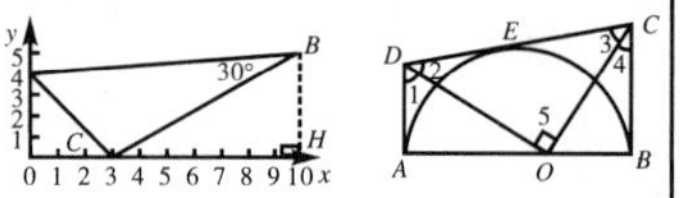 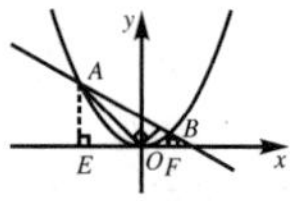
	$\angle 1+\angle 2=90°$		

表2　相似三角形的基本图形（部分）

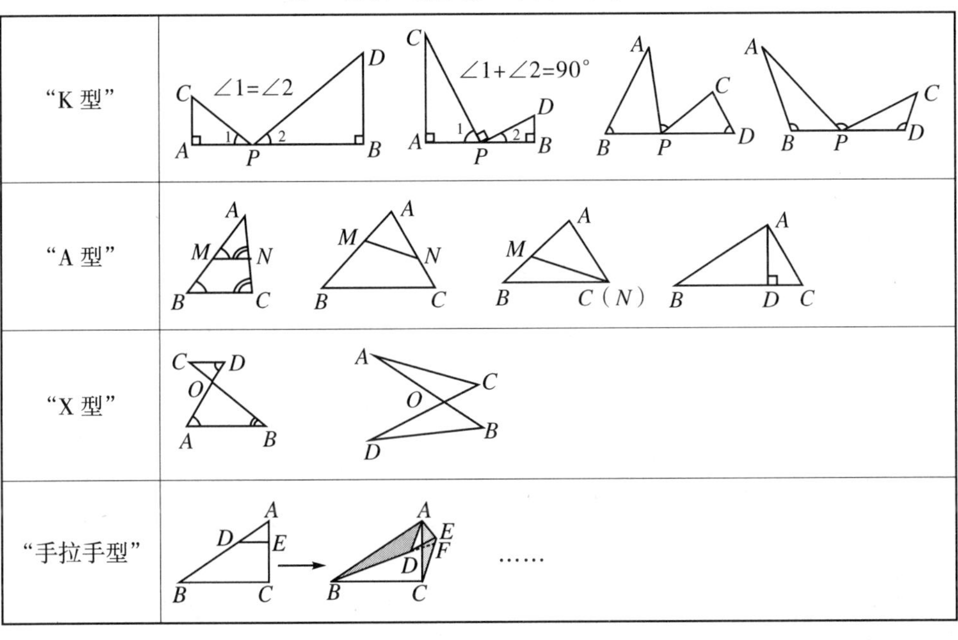

评析：这一环节包含了两个部分的内容，即①贯穿整个学习过程的知识内容和图象模型，帮助学生把握本课知识，培养自我归纳概括能力，形成知识系统；②总结数学模型的基本研究方法和数学思维模式，为后续类似内容的学习搭建桥梁。

课后作业：

1. 必做题

（1）如图23，已知 $AB\perp BD$，$ED\perp BD$，C 是线段 BD 的中点，且 $AC\perp CE$，$ED=1$，$BD=4$，那么 $AB=$__________.

（2）一天，小林蹲在地上，通过地面上的一块平面镜（即点 C），恰好能看到前方小树（即 DE）的树梢（即点 E），此时他测得镜子（点 C）的俯角为45°，然后她直接抬头观察树梢，测得树梢（点E）的仰角为30°，如图24所示。假设 $AB\perp BD$、$ED\perp BD$，小林蹲在地上时眼部到地面的距离（即AB）为0.7米。请结合所学知识，完成下列各题。

①【填空题】$\angle BAC=$______度，$\angle BCA=$______度，$BC=$______米，$\angle DCE=$______度。

②【计算题】在上一题的基础上计算出树高 DE。（结果保留 0.1 米，$\sqrt{2}\approx 1.4$，$\sqrt{3}\approx 1.7$）

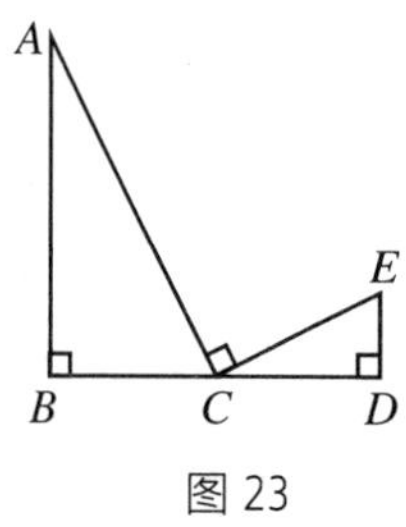

图 23

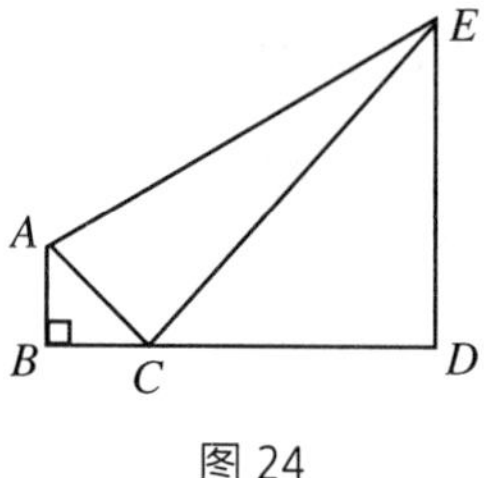

图 24

2. 选做题

（1）如图 25，$Rt\triangle OAB$ 的顶点 O 与坐标原点重合，$\angle AOB=90°$，$AO=BO$，当 A 点在反比例函数 $y=\frac{1}{x}$（$x>0$）的图象上移动时，B 点坐标满足的反比例函数解析式为____________.

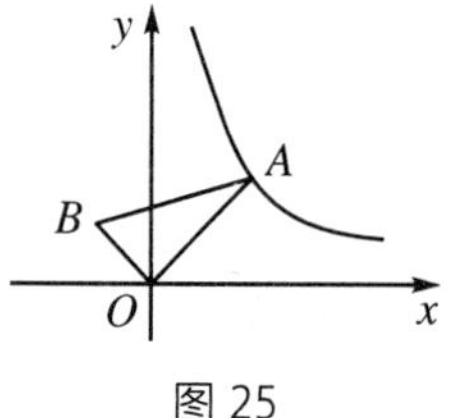

图 25

（2）如图 26，抛物线 $y=-\frac{1}{4}x^2+x+c$ 与 x 轴交于 A、B 两点，与 y 轴交于点 C，其中点 A 的坐标为（-2，0）.

①求此抛物线的解析式；

②若点 D 是第一象限内抛物线上的一个动点，过点 D 作 $DE\perp x$ 轴于 E，连接为直径作⊙M，试求当 CD 与⊙M 相切时 D 点的坐标 .

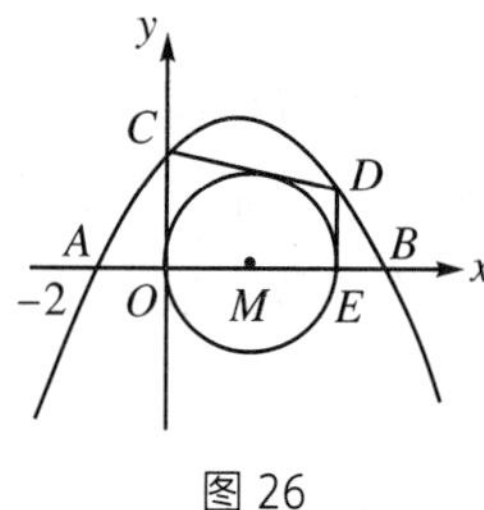

图 26

板书设计：

巧用相似的基本图形之“K 型”

一、基本图形

$\angle 1+\angle 2=90°$　　$\triangle APC\backsim\triangle BDP$

$\frac{AP}{BD}=\frac{AC}{BP}=\frac{CP}{PD}$

$\angle 1=\angle 2$　　$\triangle APC\backsim\triangle BPD$

$\frac{AP}{BP}=\frac{AC}{BD}=\frac{CP}{DP}$

“一线三等角型”

例题　　练习

二、基本方法

1. 角已知，可定图，角未知，思分类。

2. 遇局部，添辅助，仿模补全。

教学总评：

这是一节初中数学专题复习课。教师灵活运用了“四度六步”教学法，精心设计了教案。整体上，教学过程自然流畅，不仅师生、生生有序互动，而且学生也学得意犹未尽。通过这节课的学习，学生真正实现了由“学会”到“会学”的转变。可以说，这节课是“四度六步”教学法的一次经典实践。具体如下：

1.“六步”教学框架的巧妙设计

在“六步”教学策略的引导下，教师搭建了一个完整的教学框架，让学生经历了从“建模→识模→用模→补模”的数学模型学习过程。

①在“温故”环节，教师带领学复习了相似三角形的基本图形，利用学生所熟悉的教材练习题，帮助学生“预热”情绪，同时引发学生的思考，为孕育新知识做好铺垫。

②在“引新”环节，教师增加了图形复杂性，并通过对图形进行改良，得到相似的“K 型”图，让学生体验一次简单的数学建模过程，既符合学生的认知规律，也培养了学生的数学抽象思维、数学建模素养。

③在“探究”环节，教师通过开放性的问题，引导学生从“数”“形”两方面观察并认识相似“K 型”图的形状特征及存在的数量关系，培养了学生的数形结合思想。

④在“变式”环节，教师通过不同的变式训练让学生学会分类讨论，引导学生分析在具有图形共同结构特征的情况下所得到的共同结论，加深学生对基本图形的认识和理解。

⑤在“尝试”环节，教师引导学生主动发现复杂图形中所隐藏的基本图形，进一步培养学生用模意识，提高学生熟练、灵活运用基本图形解决问题的能力。

⑥在“提升”环节，教师以小见大，适时带领学生总结运用相似“K 型”图的方法和思维方式，并向学生展示了其他类型的相似基本图形，如“A 型”“X 型”“手拉手型”，为学生进行更深入的探究提供方向。

2.“四度”教学理念的巧妙融入

在这节课中，教师巧妙地融入了“四度”教学理念，让专题复习课变得有温度、有梯度、有深度、有宽度。具体如下：

①这是一节有温度的课。在教学中，教师亲切的态度、有效的提问、适当的

激励与评价，都充分体现了课堂应有的温度。

②这是一节有梯度的课。在教学设计上，教师让学生经历了从教材习题到中考题，从“K 型”到“一线三等角型”，从简单图形到复杂图形，从完整的“K 型”到残缺的“K 型”，从只需做一条辅助线到需要作两条辅助线等多种学习过程，充分体现了有梯度的教学，真正实践了“人人都能获得良好的数学教育，不同的人在数学上得到不同的开展”的教育理念。

③这是一节有深度的课。在这节数学复习课中，教师有意识地渗透了类比、分类、方程、数形结合等数学思想，引导学生运用模型、深化模型，帮助学生通过抓住其中不变的本质来解决变化的问题。这些数学思想方法不是由教师照本宣科式提出的，而是学生在练习变式、类比归纳、思考整合的过程中逐渐理解和掌握的，真正让学生在学习中感受和领悟应有的数学思想方法。

④这是一节有宽度的课。在教学中，教师尤其注重新旧知识的联系、融合，以及能力的迁移。比如，在“变式”环节中，老师引导学生探究“变”与“不变”之间的关系，带领学生归纳出“不变”的本质；在“提升”环节中，教师引导学生发现无论认识了除“K 型”之外的其他类型的相似三角形，如“A 型”“X 型”“手拉手型”，切实提高了学生利用相似三角形的性质解决实际问题的能力。

总的来说，这样的复习课设计既把教材知识教“活”了，也把解题方法讲“活”了，让学生真正做到举一反三、触类旁通。

1.6 基于“四度六步”教学法的教学设计与实践

——以高中人教A版必修1函数复习课“比较大小”为例[1]

执教：文尚平[2] 点评：戴启猛

适用学段及学科：

高中，数学。

学情分析：

本节课的受众是来自宾阳县某普通高中的学生。他们的数学基础较薄弱，对数学学习没有太大的兴趣，也没有养成良好的学习习惯。此外，他们在数学上的独立思考能力、合作交流能力都基本还没有形成。

基于学生层次较低的现状，本节课定位为面向全县数学教师开展一节章末复习的示范课。

教学内容与解析：

1. 教学内容

（1）高考考向

在近年的高考中，初等函数的考查经常以“比较大小”的方式出现。首先，基于素养立意，本节课主要考查学生对解决这一类关键问题的方法论和学科精神。其次，基于能力立意，本节课还考查学生对“代数运算、函数与方程”知识的创新意识和应用能力。最后，基于知识立意，本节课也考查学生对“函数图象与性质”知识与方法的掌握情况。由此可见，“比较大小”是中学数学最常见的基本问题之一。

1. 本文摘自文尚平、戴启猛于2021年在《数学通讯》上发表的文章《基于“四度六步”教学法的教学设计与实践——以高中人教A版必修1函数复习课“比较大小”为例》（略有删改）。该文章是2020年广西教育科学规划B类重点课题《基于核心素养下高中数学“学、教、评一致性”教学设计的理论与实践研究》的阶段成果。

2. 文尚平，南宁市第二中学数学教师，高级，硕士研究生，曾获全国数学优质课比赛一等奖，广西基础教育青蓝工程名师培养对象，广西教育研究院数学中心组成员，南宁市教科所兼职教研员。南宁市学科带头人，南宁二中数学竞赛教练，南宁二中优秀教师。

（2）知识图谱

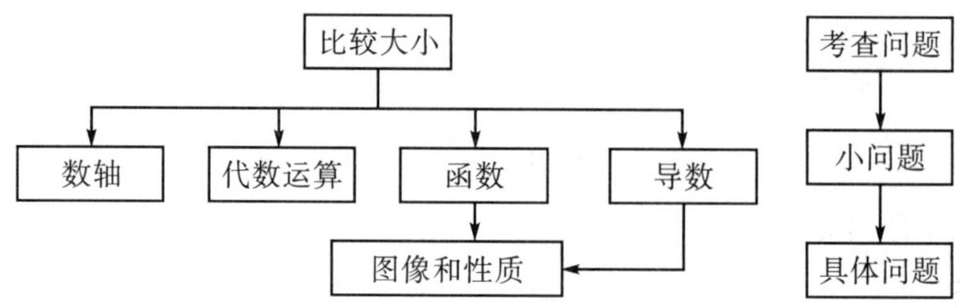

（3）内容主线

本节课主要通过利用代数运算与函数来展开对“比较大小”的复习，并寻找代数式之间的大小关系。教学重点是对初等函数（指数函数、对数函数、幂函数）的图象和性质的应用，同时突出数形结合的思想方法。

2. 解析

进入高中后，学生在知识得到不断丰富和发展的过程中，解决问题的能力也得到不断提升。“数值的大小比较”最开始应该来自数轴，因为所有实数都对应着数轴上的一个点，数轴的方向便规定了实数的大小。但字母的引入使一个数的代数表达形式发生了变化，我们就难以直接判断两个数的大小了。这时，我们就需要通过代数运算（减法或除法），甚至更高级的函数工具来辅助判断。此外，随着变量数学的发展，我们在用函数的观点比较大小时，主要利用函数的图象和性质，并还将用到与大小比较有关的前后知识，如初等函数的单调性、导数判断函数单调性等。

基于此，本节课主要通过比较大小，将过去一些重要知识进行重新整理并形成联系，实现对有关知识的综合应用和提升。

教学目标与解析：

1. 教学目标

（1）通过利用函数的图象和性质比较两个数的大小，学生能更好地掌握比较大小的知识、技能与方法。

（2）通过解决比较大小的相关问题，学生能培养函数与方程思想，增强运用数形结合的意识，并提高学生的推理论证能力。

2. 解析

达成目标（1）的标志：学生首先能利用函数的图象和性质比较两个数的大

小，包括将两个数的大小问题转化为函数值的比较问题，然后通过函数的图象进行观察比较，最后通过函数的单调性做出推理分析。

达成目标（2）的标志：通过本节课的学习，学生能学会将函数图象与图象上点的坐标联系起来，并分析函数的单调性，从而进一步提高推理论证能力。同时，学生能通过求解或证明具体问题来提高代数推理的思维能力，从而增强对运用数形结合的思想方法解决实际问题的意识。

教学问题诊断分析：

1. 在教学设计中，问题的设计、生成与变式是追求有效教学的重要因素。如何从课本的习题出发，设计出有梯度、有宽度、有深度的问题，这就需要教师对教材有深度的理解。

2. 在课堂交流中，在学生无法理解的时候，老师需要有“把学生问懂”的智慧，这除了要“提好”问题，还要提“好问题”，使问题的设计遵循“四度”教学理念。

3. 在课堂教学中，学生在课前对在解决问题的过程中需要用到的知识和方法进行回顾、整理。但由于学生的基础比较弱，教师需要通过及时的点拨，“扶”着孩子走，这会比“领”着孩子们走更合适。针对学生在解决问题解时所遇到的困难，教师可以结合具体情况进行适当的引导。

总之，代数推理能力需要一个长期的培养过程。教师在开展本节课的教学时需要遵循“六步”教学策略，融入“四度”教学理念，让学生学有所得、学有所悟。

教学支持条件分析：

1. 由于比较大小的题型比较灵活，解题的方法也比较繁多，教师非常有必要借助多媒体，采用思维导图的方式展开本节课的复习。

2. 基于函数的图象和性质，教师需要利用几何画板展示函数的图象，引导学生通过用数形结合的方式来比较大小。

基于“四度六步”教学法的教学过程设计：

（一）“温故”——复习提问，温故孕新

【问题 1】在数学中，我们有哪些常用的“比较大小”的知识和方法？

师：从小学、初中开始，我们就接触了“比较大小”。进入高中后，经过必修 1

的学习，我们对“比较大小”也有了更深的认识。我们以往有哪些比较大小的知识和方法呢？哪位同学愿意同我们分享？

生：我们学过“数”的大小比较以及“式”(幂、指、对代数式）的大小比较。

师：我们常用的“比较大小”的工具有哪些呢？

生：我们常利用数轴来解决“数”的大小比较，并利用函数的图象和性质来解决“式”的大小比较。

师：我们常用哪些方法来实施“比较大小”？

生：在方法上，我们常用做差或做商比较法、函数的单调性法、图象法。

师：大家回答得都很好！同学们不仅提到了“比较大小”相关的知识，也提到了“比较大小”的具体方法、工具。

设计意图：该问题的设计试图遵循“一明一暗”两条线原则。其中，明线是比较大小的知识结构，即数的大小比较——代数式的大小比较——变量数学中的大小比较；暗线则是比较大小的思想方法，即从数轴上两个数的大小比较，到通过做差（或做商）比较大小，再到利用函数的图象和性质比较大小（最后到利用导数比较大小）。

评析：问题的设计体现了由具体知识，到解决问题工具，再到解决问题所需的思想方法的回顾过程，整体呈现了学习的梯度，并逐步形成体系。此外，“一明一暗”也将中学数学的很多重要内容“串联”了起来，形成了一条具有丰富思想方法的知识线索，从而使教学的目标非常巧妙地“孕”藏其中。“哪位同学愿意同我们分享”这句话更是充满老师的真切期待，让学生听起来倍受激励、倍感温暖。

【问题 2】我们知道数学中的“大小比较”经历了“数—代数式—变量数学”三个阶段。那么，高考又是怎样考查比较大小的呢？

师：请同学们根据下面这道高考题目的结构特点，思考这道试题考查的是什么问题，以及考查了哪些学过的内容。

（2017 年课标 1，理 11）若 x，$y \in R^{+}$，且 $2^{x}=3^{y}=5^{z}$，则（　　）。

A. $2x<3y<5z$　　B. $5z<2x<3y$　　C. $3y<5z<2x$　　D. $3y<2x<5z$

生 1：本题考查的是“式”的大小比较问题。

生 2：本题考查了指数与对数的相互转化，指数、对数运算的知识，以及指数与对数函数的图象和性质等相关知识。

设计意图：复习课需要有高考的站位，“以考为向，以学定教”。在这一环节中，教师在抛出这一典型且有挑战性的高考真题后并不着急让学生解题（具体求解留在“师生互动，变式深化”环节），而是引导学生先挖掘此高考真题中考查的小问题，即具体的知识、结构特点，从而达到复习指、对、幂函数图象和性质等知识的目的。这样的教学设计既能让学生厘清高考中“比较大小”知识考查的主线，也能帮助学生明确高考考查的重点、难点、热点，从而让学生准确把握“比较大小”的考查要求，为学生科学备考提供依据。

师生活动：基于这一道高考关键的考查问题，教师需要带领学生回顾前面学过的“指、对、幂函数”的图象和性质。示例如下：

函数类型	$y=a^x$（$a>0$，且 $a\neq 1$）	$y=\log_a x$（$a>0$，且 $a\neq 1$）	$y=x^a$
函数图象	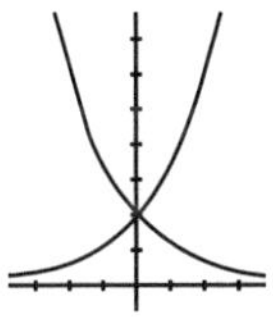	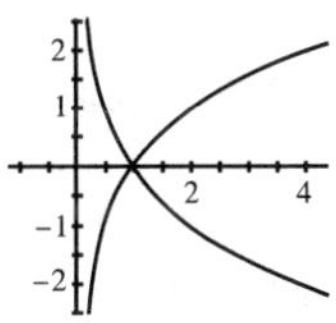	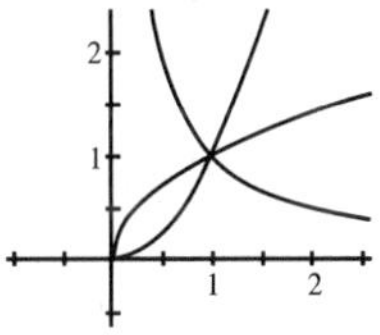
函数单调性	$0<a<1$，递减； $a>1$，递增	$0<a<1$，递减； $a>1$，递增	$a>0$，递增； $a<0$，递减
特殊点坐标	点（0，1），即 $a^0=1$	点（1，0），即 $\log_a 1=0$	点（1，1），即 $1=1^a$

设计意图：通过复习和巩固这三个初等函数的图象和性质，教师可以为本节课“比较大小”的学习搭好梯子、架子，并使内容通过表格的呈现变得更直观、形象。

评析：“学习并不是个体获得越来越多外部信息的过程，而是学到越来越多有关他们认识事物的程序，即建构了新的认识图式[1]。”这是瑞士现代儿童心理学家让·皮亚杰的观点。为此，根据“四度六步”教学法主张的“温故”策略，教师的设计应把握三个技术要领：一是“温故”应指向前一课学习的主要内容；二是“温故”应指向与本节新课关联的知识；三是“温故”应设计为孕育新知

1. 作为皮亚杰理念体系中的一个核心概念，图式（schema，在他后期著作中用 scheme 一词）是指个体对世界的知觉、理解和思考的方式。我们可以把图式看作心理活动的框架或组织结构。在皮亚杰看来，图式可以说是认知结构的起点和核心，或者说是人类认识事物的基础。因此，图式的形成和变化是认知发展的实质。

铺垫的问题。在设计“复习提问，温故孕新”这一环节时，教师从数值的大小比较到变量数学的大小比较，不仅体现了数学知识独特的逻辑和系统，而且在复习旧知识的过程中蕴含了新的教学内容，为新知识的教学铺平了道路，这充分诠释了复习提问的意义和数学教学的艺术。

（二）“引新”——创设情境，引入课题

师：有了前面的基础，下面我们围绕“式”的大小比较来展开本节课的学习。同学们能解决下面的问题吗？

【例题】（课本第 59 页，第 7 题）比较下列各组数的大小。

（1）$3^{0.8}$，$3^{0.7}$　（2）$1.01^{2.7}$，$1.01^{3.5}$　（3）$0.75^{-0.1}$，$0.75^{0.1}$　（4）$0.99^{3.3}$，$0.99^{4.5}$

生：每对函数中底数相同，因此（1）（2）可利用指数函数 $y=3^x$、$y=1.01^x$ 的单调递增性质进行判断，而（3）（4）可利用指数函数 $y=0.75^x$、$y=0.99^x$ 的单调递减性质进行判断。

师：面对同底数、不同指数的指数式，我们常利用指数函数的单调性比较大小。可是，如果指数相同、底数不同，甚至底数、指数都不同，我们又该怎么比较大小？

【变式题】比较下列各组数的大小。

（1）$(\frac{2}{3})^{0.5}$，$(\frac{3}{5})^{0.5}$　（2）$(\frac{1}{3})^{0.3}$，$3^{-0.2}$　（3）$4^{\frac{5}{2}}$，$27^{\frac{5}{3}}$　（4）$0.7^{3.1}$，$3^{0.7}$

生：（1）同指数 0.5，则利用幂函数 $y=x^{0.5}$ 的单调递增性质进行判断；（2）底数不同，则先化为同底数 3，再利用函数 $y=3^x$ 的单调递增性质进行判断；（3）指数不同，则先化为同指数 5，再利用函数 $y=x^5$ 的单调递增性质进行判断；（4）既不能化为同底数，也不能化为同指数，则利用中间量 1 来与 1 进行比较。

师生活动：在学生完成练习后，教师带领学生归纳、整理比较指数式大小的一般思路和方法。具体如下：

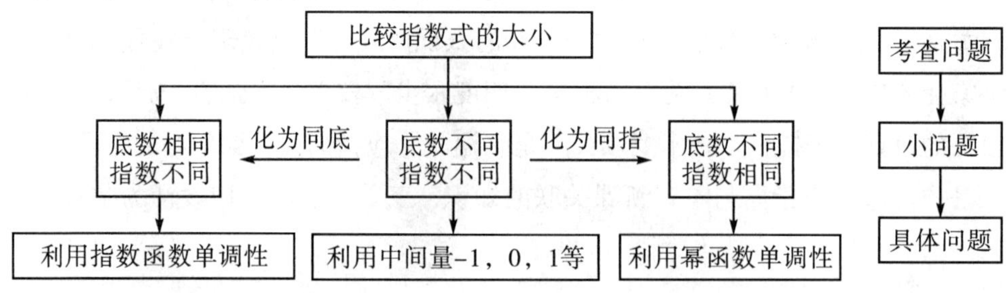

设计意图：通过设计题组训练，教师让学生聚焦了幂值大小比较最常见的三

种情形。同时，教师通过及时的归纳总结，有效地指导学生掌握这三种题型的基本解题思路，以及相关的思想方法。

评析：此环节的设计基于学生已有的知识和经验，一方面从课本的习题出发，对课本的习题进行变式，引导学生复习并思考底数、幂指数发生变化时的指数式大小比较的差异；另一方面，引导学生对所学知识进行迁移应用，强化学生对从特殊到一般获得问题解决的数学思维方法的理解。这样的课堂教学不仅指向核心的学习内容，更体现了数学课堂应有的梯度，从而保证课堂教学的“托底”。

（三）“探究”——合作探究，活动领悟

师：请同学们类比指数式的大小比较的复习，谈谈对数式大小比较的复习方法。

生1：在顺序上，我们先复习底数同、真数同的对数式的大小比较，再复习底数、真数均不同的对数式的大小比较。

生2：在策略上，我们应该利用对数函数的图象和性质。

师：根据同学们的想法，下面我们从一道课本习题出发，展开对数式大小比较的复习。

【例题】(课本第73页，第3题）比较下列各题中两个值的大小。

（1）$\lg 6$, $\lg 8$ （2）$\log_{0.5}6$, $\log_{0.5}4$ （3）$\log_{\frac{2}{3}}0.5$, $\log_{\frac{2}{3}}0.6$ （4）$\log_{1.5}1.6$, $\log_{1.5}1.4$

生：每一组都是同底数，则分别利用对数函数 $y=\lg x$，$\log_{0.5}x$，$\log_{\frac{2}{3}}x$，$\log_{1.5}x$ 的单调性性质进行判断。

师：如果底数不同，甚至底数、真数均不同，我们又该怎么比较大小？请同学们根据下面的变式题，以前后四人为一个小组进行讨论，并提出解决问题的思路和方法。

【变式题】比较下列各组数的大小。

（1）$\log_{0.3}7$，$\log_9 7$ （2）$\log_6 7$，$\log_7 6$ （3）$\log_3\pi$，$\log_2 0.8$

师：在底数不同的情况下，我们有办法化为同底数吗？

生：我们可以用换底公式 $\log_a b=\dfrac{\lg b}{\lg a}$。

师：这三个问题的解题过程是怎样的？

生:（1）同真数，则利用换底公式，或者根据底大图低（$x>1$）的规律进行判断；（2)(3）的底数、真数均不同，则利用中间量1、0来与1进行比较，从而做出判断。

师生活动：在学生完成练习后，教师带领学生归纳、整理比较指数式大小的一般思路和方法。具体如下：

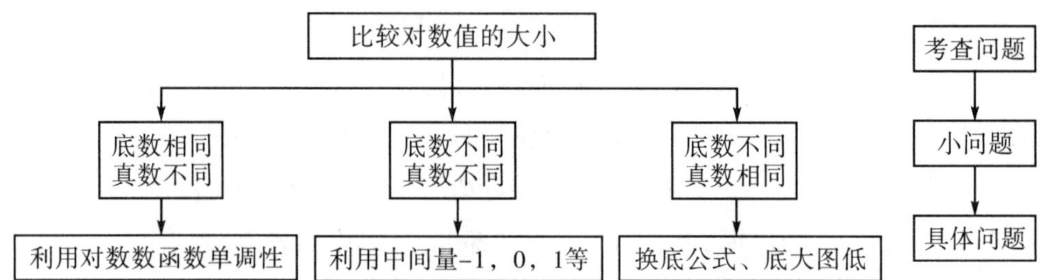

设计意图：通过设计题组训练，教师让学生聚焦了对数式大小比较常见的三种情形。同时，教师通过及时的归纳总结，有效地指导学生掌握这三种题型的基本解题思路，以及相关的思想方法。

评析：探究学习是指学生在教师的指导下，以类似科学研究的方式主动获取知识、应用知识、解决问题、形成观点的一种学习。这种学习不沉湎于纯粹的数学知识，也不直接给出现成的结论，而是让学生在理论学习、史料阅读、问题讨论、动手操作、课题研究中获得学习能力、掌握学习方法，从而学会学习。显然，探究学习改变了以往学生被动接受的学习方式。为此，教师在教学中应创造条件让学生积极主动地去探索、尝试，引导学生更好地发挥个体创造潜能，让学生真正成为学习的主人。因此，“探究”策略应把握两个技术要领：一是“探究”的关键在于设计好的数学问题；二是“探究”的实效主要体现在学生参与的广度和深度。在本环节中，教师引导学生通过类比指数式大小比较的学习，思考底数、真数发生变化时的对数式大小比较的差异，并让学生通过“合作探究，活动领悟”实现知识的迁移应用，从而强化学生对从特殊到一般获得解决问题的数学思维方法的理解。通过师生共同系统地归纳对数式的大小比较方法，教师可以让学生进一步领悟数学学习的本质，这体现了数学课堂应有的思维深度。

（四）“变式”——师生互动，变式深化

师：经过前面的学习，我们复习并归纳了有关幂值、对数值大小的比较常见的题型以及相应的解题方法。我们归根结底都是为了回到对初等函数的图象和性质的应用。然而，高考中有关大小的比较问题形式远不止这些。请同学们看下面的问题。

【例题】已知 x，$y \in R^+$，且 2^x，x^2，3^y 满足：

（1）若 $2^x=x^2$，则满足方程的解有几个？分别等于多少？

（2）试比较 2^x 与 x^2 的大小。

（3）若 $2^x=3^y$，试比较 $2x$ 与 $3y$ 的大小。

师：在第（1）小题中，方程的解存在吗？大家判断的依据是什么？

生：存在。通过利用函数的图象，我们可以确定该方程有解。

师：那么，该方程的解是什么？有几个？

生：这个方程有两个解，分别是2、4。

师：你是怎么做到的？

生：我先在（0，+∞）内取 x 的值，再比较 2^x 与 x^2 的大小。以下是具体的数据。

x	1	2	3	4	5	6	7	8	9
2^x	2	4	8	16	32	64	128	256	512
x^2	1	4	9	16	25	36	49	64	81

由表格我们可以看出，越往后，2^x 的值比 x^2 越大。因此，方程的根为2、4。

师：很好！这位同学利用了特值的思想方法，并选择了表格的呈现方式，使数据显得具体、直观。然而，我还是觉得不太放心，因为我无法确定是否存在其他的根，毕竟表格里的数据没有体现。

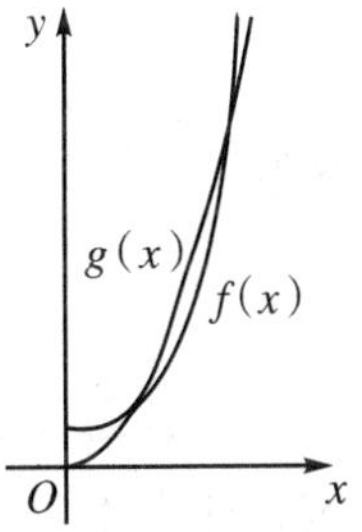

生：其实，我们可以利用几何画板，画出 $f(x)=2^x$，$g(x)=x^2$ 的图象（如右图），并结合图象和它们的增长快慢的特征进行判断。

y
g(x)
f(x)
O
x

师：很好！这位同学利用了指数函数“爆炸式增长”的图象特点来解决此问题。

师：在完成第（1）小题的基础上，那么第（2）小题的答案是什么？

生：当 $0<x<2$ 或 $x>4$ 时，$2^x>x^2$；当 $2<x<4$ 时，$2^x<x^2$；当 $x=2,4$ 时，$2^x=x^2$。

师：很棒！接下来，我们又如何解决第（3）小题呢？

生1：我们可以用特值法来判断，即当 $x=3$ 时，$2^x=8=y^3$，则 $y<2$，则 $2x=6<3y$。

生2：我们也可以用作差比较法，即令 $2^x=3^y=3$，则 $x=\log_2 3$，$y=1$，故 $2x-3y=\log_2\frac{9}{8}>0$。

生 3：我们还可以用作商比较法，即令 $2^x=3^y$，则 $\lg 2^x=\lg 3^y$，从而得出 $x\lg 2=y\lg 3$，故 $\frac{2^x}{3^y}=\frac{2\lg 3}{3\lg 2}=\frac{\lg 9}{\lg 8}>1$。

设计意图：方程的根的个数问题常转化为函数图象交点个数的问题。其本质是代数问题几何化，即数形结合的思想方法。学生通过利用几何画板展示两个函数图象交点情况，可以准确解决方程的根的个数问题、根的取值问题。而指数式、对数式的大小比较可以严格遵循程序化的解题方法。因此，特值化、作差、作商比较法是必须掌握的解题方法。

评析：在这一环节中，教师紧紧围绕"式"的大小比较这个主题，从指、对、幂函数综合角度设计问题，使解题思路既注重通性通法的掌握，也注重巧思巧解的分享，这体现了高中数学复习课应有的思维深度和综合宽度。其实，本环节设计的本质依然是渗透"知识"与"方法"这两条主线，并把三大函数模型的特征及联系有机地纳入其中。

（五）"尝试"——尝试练习，巩固提高

1.（2017 年课标 1，理 11）若 x，$y\in R^+$，且 $2^x=3^y=5^z$，则（　　）。

A. $2x<3y<5z$　　B. $5z<2x<3y$　　C. $3y<5z<2x$　　D. $3y<2x<5z$

2. 设 x，y，z 为大于 1 的正数，且 $\log_2 x=\log_3 y=\log_5 z$，则 $\frac{x}{2}$，$\frac{y}{3}$，$\frac{z}{5}$ 下列选项不可能成立的是（　　）。

A. $\frac{x}{2}<\frac{y}{3}<\frac{z}{5}$　　B. $\frac{y}{3}<\frac{x}{2}<\frac{z}{5}$　　C. $\frac{x}{2}=\frac{y}{3}=\frac{z}{5}$　　D. $\frac{x}{2}>\frac{y}{3}>\frac{z}{5}$

设计意图：这道练习题是基于问题的结构变式设计的，与课前的引例相呼应，让学生反复聚焦本节课的重点知识、主要方法，帮助学生进一步理清"式"的大小比较问题的解题思路和方法。

评析："事非经过不知难"。如果"温故""引新""探究""变式"四个环节都有教师"扶"的因素，那么"尝试"环节就是学生真正地自主学习和尝试学习的阶段。教师在设计此环节时应把握三个技术要领：一是"尝试"应适合学生认知层次，二是"尝试"应指向新知巩固提高，三是"尝试"应及时回授练习效果。教师在讲评中再次强调"类似本题所讨论的比较大小的问题，既可以转化为两个函数来分析，也可以做差后转化为利用一个函数的图象和性质进行分析。

当然，通过几何画板作图求值，能为我们提出问题和分析问题提供更加直观而便捷的帮助”，这充分彰显了“尝试练习，巩固提高”的应有之义。

（六）“提升”——适时小结，兴趣延伸

师：同学们能否画一个结构图表示这节课所学的内容？

生：（略）

师：同学们都画得很好！这就是我们本节课的主要内容，如下图。

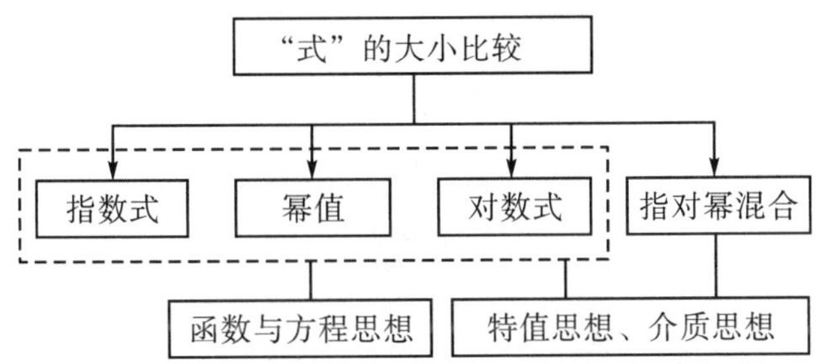

评析：在课堂教学中，根据“四度六步”教学法主张的“提升”策略，教师应把握三个技术要领：一是帮助学生解开思维疙瘩，恰时点拨；二是指向主要知识、方法、思路，恰点归纳；三是重在激发学生学习兴趣，恰到好处。其实，在本节课例中，教师在此环节只是对原有的教学板书进行适当的补充和完善，并对关键的思想方法进行必要的重复和强调。这是因为在前述的教学过程中教师已经做到了恰时点拨，恰点归纳，恰当激励。

课后作业：

（略）

板书设计：

（略）

教学总评：

1.“四度六步”教学法的理论框架

“四度六步”教学法是戴启猛老师历经20余年的教研实践后提出的数学教育教学主张和策略。它是指以追求“四度”（有温度、有梯度、有深度和有宽度）精彩课堂为目的，并遵照“温故”（复习提问，温故孕新）——“引新”（创设情境，引入课题）——“探究”（合作探究，活动领悟）——“变式”（师生互动，变式深化）——“尝试”（尝试练习，巩固提高）——“提升”（适时小结，兴趣延伸）

六个环节精准设计和组织的初中数学教学方法。其中，"四度"课堂是教学主张、教学理念；"六步"环节是实践架构，也是教学策略。"四度六步"教学法的目标是创造更加精彩的课堂[1]。操作模型如图所示。

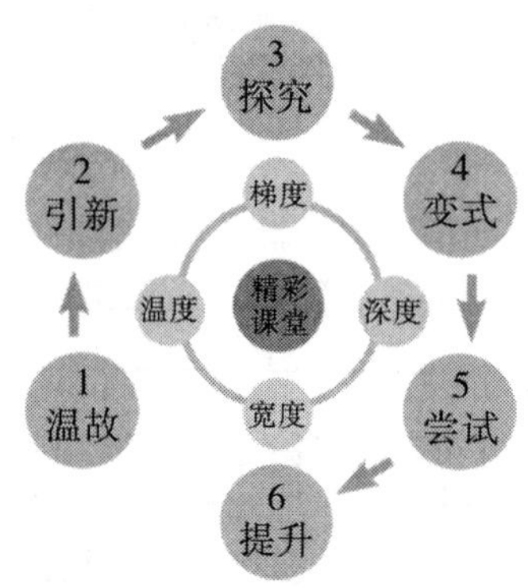

2. 如何让"四度六步"教学法指导高中数学单元（章末）复习课

基于"四度六步"教学法的数学单元（章末）复习课的教学任务是"构建网络，提炼模型，形成思想，学会思辨"[2]。其结构是"温故引新，构建网络；探究合作，提炼模型；问题变式，形成思想；尝试提升，学会思辨"。具体如下：

（1）"温故"——复习提问，温故孕新。它指以重温知识、构建知识网络为目的，将零碎的知识点系统化，并形成知识体系。"温故"既指向前单元典型问题学习的主要内容，也应指向与本节复习课关联的知识，还应指向设计为孕育新知识、方法做铺垫的教学活动。

（2）"引新"——创设情境，引入课题。它指提炼出单元典型问题的解题模型，进而对模型进行固化，并在建模和解模的过程中渗透基本方法、基本技能和基本活动经验。"引新"应基于学生已有的知识和经验，应指向教学目标和核心学习内容，还应遵循思考性、探索性和开放性的基本原则。

（3）"探究"——合作探究，活动领悟。它指通过合作学习，将典型问题与其他知识板块的交汇、拓展、引申，让学生在解决问题的过程中发展并形成数学思维，从而让学生体验单元（章末）复习的基本流程。"探究"的关键在于设计

1. 戴启猛：《创造更加精彩的课堂——初中数学"四度六步"教学法的 20 年实践与探索》，《广西教育》2020 年第 2 期。
2. 段小龙、叶强、罗文平：《基于"问题驱动"下的数学单元（章末）复习课的教学设计》，《数学通讯（下半月）》2018 年第 9 期。

好的数学问题，应指向学生课堂参与的广度和深度。

（4）“变式”——师生互动，变式深化。它指通过对问题进行变式教学，开展“一题多解”“多题一解”的教学活动，并通过固化问题得出求解模型，从而将模型内化为思想，帮助学生解决听得懂课而不会解题的困惑。“变式”应符合教学的实际，也应把握设计的梯度，还应指向知识的本质。

（5）“尝试”——尝试练习，巩固提高。它指通过指导学生用数学的眼光观察现实世界，用数学模型解决现实问题，用数学语言表达现实世界，帮助学生及时巩固所学的知识，发展数学思维。“尝试”应适合学生认知规律，也应指向新知巩固和提高，还应及时回授练习效果。

（6）“提升”——适时小结，兴趣延伸。它指通过思辨，培养学生的应用意识和创新意识，让学生在思考问题和解法的异同过程中学会适时感悟学习规律，并及时提炼方法。“提升”应帮助学生解开思维疙瘩，恰时点拨，也应指向主要知识方法思路，恰点归纳，还应以激发学生学习兴趣，恰到好处为基本原则。

总的来说，“四度六步”教学法以精彩的数学课堂为追求目标。而一节精彩的数学课关键在于课堂的“生态”、师生的“状态”[1]。在精彩的数学课堂中，学生应该是开放的、欢快的。同时，教师还应该能看到学生自信的眼神，听到学生生长的声音，从而使师生的心灵得到舒展，情感得到升华。在这节课中，执教的文尚平老师用自己成功的课例较好地诠释和遵循了“四度六步”教学法所倡导的理念和程式，让我们充分感受到一节精彩的高中数学复习课所体现出的惊人效果和独特魅力。

1. 戴启猛：《基于初中数学“四度六步”教学法的理论基础与实践架构》，《中小学课堂教学研》2020 年第 3 期。

第二节　“四度六步”教学法在基础教育跨学科中的应用

2.1　在读中感知，在读中感悟，在读中提升

——《少年中国说（节选）》（第一课时）的教学实录与评析[1]

执教：郑胜梅[2]　评析：戴启猛

适用学段及学科：

小学，语文。

教学内容与分析：

本节课是人教版《语文》（五年级上册）中的《少年中国说（节选）》（第一课时）。本单元的人文主题是“爱国情怀”，语文阅读要素是“结合资料，体会课文表达的思想感情”。纵向看语文要素，本单元的重点在于“结合资料”，应以“抓关键词、借助具体事物”的基础，为“场景、细节”的体会做准备，在培养学生“体会思想感情”的语文能力中起到承上启下的作用。人文主题与语文要素这一双线结构组合下的《少年中国说（节选）》，其落脚点在于“结合资料，透过文字体会爱国情怀”。这篇文章年代久远，文字看似浅显却不容易理解，学生读起来有些生涩，不容易体会到作者的思想感情。

教学目标与分析：

第一课时的教学内容主要为第二自然段，要求学生在初读识字的基础上展开学习探究，并借助注释和资料，理解事物的象征意义，体会爱国情怀。为了达成教学目标，教师除了带领学生反复诵读，还必须将思维训练引入其中，完成“作者笔下的少年中国是什么样的”“他用哪些事物赞美少年中国”“这些事物象征着少年中国的什么形象”“作者为什么要用这样的事物和语言来赞美少年中国”等

1. 本文摘自郑胜梅、戴启猛于2022年9月在《广西教育》上发表的文章《〈少年中国说〉（第一课时）教学实录与评析》（略有删改）。【注：2021年9月30日，南宁市上林县教育局在上林县政府礼堂召开上林县中小学推广应用戴启猛初中数学“四度六步”教学法主题教研活动现场会。南宁市凤翔路小学郑胜梅老师和南宁市新民中学谢周玲老师执教小学语文五年级上册第四单元《少年中国说》和七年级数学上册《2.1 整式》。本课例为郑胜梅老师课后整理的实录，戴启猛应邀进行点评，并在2021年基础教育精品课遴选活动中获得自治区级精品课。】

2. 郑胜梅，高级教师，南宁市凤翔路小学景晖校区常务副校长，南宁市学科带头人，广西优秀教师，教育部新时代中小学学科领军教师示范性培训学员。广西教育科学规划2021年度专项课题《“四度六步”教学法在小学部分学科推广的行动研究——以南宁市凤翔路小学为例》课题（良好等级结题）负责人。

问题的探究。

教学方法：

采用“四度六步”教学法，以好的问题带出资料，创设情境，带动有层次的“朗读”，让学生在读中感知形象、感悟意义、提升情感。

课堂实录：

（一）复习提问，温故孕新

师：同学们，大家还记得这句话吗？谁来读一读？（注：教师通过PPT展示“这里的桂花再香，也比不上家乡院子里的桂花”。）

生：（略）

师：很好！这是第一单元《桂花雨》中的一句话。请问，作者通过什么具体事物，抒发了什么样的情感呢？

生：作者通过描写桂花，抒发了对家乡的怀念之情。

师：在这里，桂花的意义就等同于——（注：此时，教师延长语气，让学生主动回答。）

生：家乡。

师：看来大家对前面的学习内容掌握得很扎实。在体会课文表达的思想感情时，大家已经懂得抓住关键语句，并能从具体事物所代表的意义进行深入的思考。今天，我们还要学习新的方法——结合资料去体会情感。接下来，让我们先看一段视频。

评析：“温故”环节围绕要素选内容。教师通过复习第一单元的句子，将体会情感的方法勾连到以往的学习经验之中，指向了知识的本质。这体现了语文学习螺旋上升的特点，为语文能力“体会课文表达的思想感情”的训练搭建了梯子，体现了教学设计必要的梯度。

（二）创设情境，引入课题

师：同学们，请大家先观看一段八国联军进入中国的视频资料。

生：（略）

师：这就是晚清时期的中国，外国列强称我们为“老大帝国”。那时，一些无知的国人也叫嚷：“中国不亡是无天理”。同学们，你认为中国是“老大帝国”还是“意气少年”？

生：我认为中国还是“意气少年”。

师：如今的中国，国富民强。我们很容易就得出了少年中国的结论。可是在当时，身处黑暗中的人们很难看到希望。有一位名叫梁启超的革命者，1900年就提出了“中国依然少年”的主张，并写下了名篇《少年中国说》。我们先来读一读，看看他笔下的中国是什么样的。（注：此时，教师板书课题，学生齐读课题）

评析：在“引新”环节，老师充分地运用了资料，把学生带入真实的背景情境，并通过设置问题情境“你认为中国是‘老大帝国’还是‘意气少年’”引发了学生的思考和讨论。接着，教师又在背景情境中提出“100多年前梁启超先生笔下的中国是什么样的”的问题，直接指向了本节课要探究的内容。如此一来，教师不仅创设了有温度的情境，而且激发了学生探究的热情。

（三）合作探究，活动领悟

1.学习生字，整体感知

师：请大家打开课本，自由读课文，圈画生字，并对照拼音和注释读准字音，读通句子。

生：（自学，并和同桌交流）

师：请问，大家都会读了吗？我们来检查一下，读一读下面的字词。

泻　　鳞　　惶　　胎　　履　　哉

倾泻　　鳞片　　惶恐　　胎儿　　步履　　美哉

生：（齐读字词）

师：很好！大家都会读这些生字了。如果我把它们放到句子中，那么你还会读吗？

生：会！

师：好！我们来开火车当小老师，教大家读句子。读对了，我们就跟读；读错了，我们就不能跟着读，并马上举手说出错在哪里。

生1：河出伏流，一泻汪洋。

生2：潜龙腾渊，鳞爪飞扬。

师：你怎不跟着读？有什么问题吗？

生：那个“鳞爪”的“爪”字，他读错了。在这里，“爪”字应该读“zhǎo”。

师：为什么呢？

生：爪是多音字。一般来说，小型动物的“爪”就读“zhuǎ”，而大型动物的脚趾要读“zhǎo”。龙当然是大型动物了，所以这里的“爪”应该读“zhǎo”。

师：你的知识学得很扎实，真棒！那我们按照正确的读音再一起读。

生（齐读）：潜龙腾渊，鳞爪飞扬。

师：小老师，请接着开火车。

生3：乳虎啸谷，百兽震惶。

生4：奇花初胎，矞矞皇皇。

生5：天戴其苍，地履其黄。

生6：美哉，我少年中国，与天不老！壮哉，我中国少年，举国无疆！

师：不错哦！大家都把这些难读的句子读准了。请问，“哉”又是什么意思呢？

生：“哉”表示感叹，相当于“啊”。

师：你会对照注释来理解，这很不错！那请你把“哉”换成“啊”，再读一读这两个句子，并读出感叹的语气来。

生：（略）

师：很棒！你把这个感叹读出来了。这是作者对少年中国和中国少年的——（注：此时，教师延长语气，让学生主动回答。）

生：赞美。

师：现在大家觉得文中还有没有难读的句子呢？

生：在“干将发硎，有作其芒”这个句子中，我拿不准前面两个字的读音。请问，它们是读“gàn jiàng”吗？

师：这个提问很好！刚才我听大家自由读课文的时候，也发现你们是这么读的。其实，这两个字的读音是“gān jiāng”。此外，这句话中“发”字也读第一声。请大家看看注释。请问，“干将”是指什么？

生：宝剑。

师：为什么“干将”要这么读？为什么它指的是“宝剑”呢？

生：好像古代有个铸剑师，他的名字就叫“干将”。

师：是的。这位名叫“干将”的铸剑师造出来的每一把剑都是举世无双的宝剑。这些宝剑一磨出来，就会发出耀眼的光芒。我们一起来读这句话：干将发硎，有作其芒。

生：（略）

评析：“书读百遍，其义自见”。作为“探究”的第一部分，教师带领学生从“读”开始，即读准字音、读通句子。在教师的有效组织和引导下，学生通过自由读、齐读、小老师带读、换字读、抓易错处读等方式整体感知课文主要内容——对少年中国和中国少年的赞美。如此充分而有梯度的安排为学生更好地理解句子的意思及其象征的意义做好了铺垫。

2. 探究少年中国的具体形象及象征意义

师：请大家默读第一自然段，看看作者心里的中国应该是什么样的。请大家在文中圈画出来。接下来，我们会请一名同学上台来圈画，并用自己的话说一说。

生：作者心里的中国是智慧的、富有的、强大的、独立的、自由的、进步的，这既是胜于欧洲的，也是雄于地球的。

师：因此，我们读这些字的时候，要读重一些。现在我们来试试看。（注：一名学生试读，全班齐读第一自然段。）

师：接下来，我们合作读第二自然段。为了方便大家读句子，我把格式做了小的调整。请女生读前半句，男生读后半句。（注：男女生合作读第二自然段。）

师：请问，作者在这段话用了哪些事物来赞美少年中国？

生：红日、河……

师：什么河？

生：黄河。

师：对，黄河是我们民族的母亲河。请继续说。

生：潜龙、乳虎、鹰隼……

师：鹰隼是一种什么动物？

生：就是雄鹰。

师：那隼呢？

生：隼是另外一种猛禽，它也能抓小动物吃。

师：是的。请大家看图片，鹰和隼是两种不同的动物。因为它们是同类，有着共同的特点，所以我们把它们放在一起，赋予它新的意义——猛禽。请问，还有哪些事物呢？

生：奇花、干将。

师：请问，刚才说过的干将是什么？

生（共同回答）：宝剑。

师：请大家对照大屏幕上的图片，完成作业纸上的任务，即读一读左边的句子，结合注释说说你仿佛看到的画面，再把句子和所象征的意义连起来。大家如果有问题，那么可以在4人小组中讨论、交流。

师生活动：学生自学、小组交流。教师巡视指导，并在学生回答的时候书写板书。

师：哪个小组愿意上来汇报你们的学习情况？（注：4人小组汇报。）

生1：红日初升，其道大光。我仿佛看见一轮红日刚刚升起，它的光芒万丈，前面一片灿烂，象征着少年中国蒸蒸日上，前程灿烂。

生2：河出伏流，一泻汪洋。我的眼前出现了奔涌的黄河，黄河的水汹涌而出，一泻千里，象征着势不可挡，前途不可限量。

生3：潜龙腾渊，鳞爪飞扬。我仿佛看见潜藏在深渊的巨龙突然腾空而起，在空中舞动着他的鳞爪，象征着少年中国突然崛起，震惊世人。

生4：乳虎啸谷，百兽震惶。小老虎在山谷里咆哮，它的声音特别大，百兽都吓得瑟瑟发抖，象征着少年中国声威巨大声名远播。

师：你们读出了文字背后的画面，描绘得如此细致，真了不起。我想问一问，“乳虎”指的是谁？

生：少年中国。

师：那“百兽”呢？请联系刚才的视频想一想。

生：百兽就是指日本、美国等那些欺负我们的国家。

师：所有曾经侵略过我们、想要欺负我们的国家，对吗？当少年中国强大起来，在山谷里一声长啸，就要吓得他们都赶紧滚回去！

师：请问，还有哪个小组愿意汇报？（注：此时，第二个小组举手示意，并上台汇报。）

生5：鹰隼试翼，风尘吸张。我看见猛禽鹰和隼在天空中试飞，卷起的风太大了，飞沙走石，象征着少年中国一飞冲天，气势雄伟。

生6：奇花初胎，矞矞皇皇。珍奇的花朵正在孕育，就已经透露出瑰丽美好的样子，还散发着奇香，象征着少年中国富丽堂皇、珍奇美好。

生7：干将发硎，有作其芒。宝剑刚刚从磨刀石上磨好，就发出耀眼的光芒，象征着少年中国锋芒毕露，奋发有为。

生8：我补充一下，“鹰隼试翼”说明了它们虽然还很年幼，还处在刚刚学飞的阶段，但是已经能有这么大的动静。等它们长大后，飞好了，就可能卷起一阵狂风，把侵略者卷走。

师：说得非常好！在第二自然段中，还有一些句子值得我们思考。你能像刚才那样，进一步想象句子背后的画面，并说说它们的意思吗？

生：可以。

师：“天戴其苍，地履其黄”是指少年中国——（注：此时，教师延长语气，让学生主动回答。）

生：头顶着苍天，脚踩着黄土大地。

师：这是顶天立地啊！“纵有千古，横有八荒”是指中国——（注：此时，教师延长语气，让学生主动回答。）

生：纵着看有千年历史，横着看疆土很辽阔。

师：“前途似海，来日方长”是说少年中国的前途——（注：此时，教师延长语气，让学生主动回答。）

生：像海一样宽阔。

师：未来的日子——（注：此时，教师延长语气，让学生主动回答。）

生：无限绵长。

师：同学们，从这些画面中，我们感受到一个新生的中国，顶天立地，独立富强，生机勃勃。现在让我们一起读出这种画面感吧！

评析：作为“探究”的第二部分，教师用有梯度的问题引领学生进行合作探究。这主要包括：一是用“圈画第一自然中少年中国的样子”让学生读准了第一自然段的节奏和重音；二是用“找出第二自然段中赞美少年中国的事物”训练学生“把书读薄”（检索）的能力，并在追问“黄河”“鹰隼”的过程中，让事物具象化；三是用“说说句子描绘的画面和象征的意义”训练学生“把书读厚”（想象与联想）的能力；四是用“读出画面感”来训练学生的表达力，让学生在语言的运用中实现审美的创造力的提升。此外，教师还引导学生通过男女生合作读、小组交流读、师生合作读等方式在读中感知、在读中感悟。这种有梯度的朗读有效地推动了思维的深入发展，实现了“有深度”的课堂教学主张。

（四）师生互动，变式深化

师：同样是描述少年中国的样子，第二自然段和第一自然段的表达有什么不一样呢？

生：第一段用的是形容词，如智慧、富有、强大、独立、自由等；而第二段则用了比喻。

师：是的。作者在这里用具体事物来象征美好前景。请问，还有吗？

生：第一段主要用了排比句，第二段都是4个字的词句。

师：我们来看看这些句子，每一句后面都押韵，我们称之为四字韵文，读起来朗朗上口，铿锵有力，很有气势。谁能读出这种节奏和气势来？（注：单个学生读第二自然段。）

师：梁启超为什么用这样的有气势的语言描绘少年中国的美好前景？我们来看背景资料。此时此刻，你感受到了梁启超先生的什么情感？（注：教师通过PPT给学生展示戊戌变法的资料，即“戊戌变法失败了，昏庸的慈禧太后发动政变，不仅把光绪皇帝关押起来，还残忍地杀害了戊戌六君子，梁启超先生只好逃亡日本。听到日本人嘲笑中国人老大帝国，不久将亡国，他愤然写了这篇《中国少年说》”。）

生1：我感到非常悲愤。

生2：我很难过。

生3：我痛恨帝国主义。

师：你甘心吗？甘心被人欺辱，被人嘲笑、被人践踏吗？

生：不甘心！

师：是的。中国人宁可砍头绝不低头，我们每个人心中，有一少年中国在，这就是我们中华民族伟大复兴的中国梦啊！请你带着如此炽热的爱国情怀，再一次有气势地读一读第二自然段吧！

评析：在这一环节中，教师一方面引导学生以比较求变式。学生通过比较了第二自然段与第一自然段表达上的不同之处，读出四字韵文的节奏和气势。另一方面，教师以追问促进思考。在引导学生探讨“梁启超为什么用如此有气势的语言来赞美少年中国”这一问题时，教师在结合写作背景的基础上继续发出“你甘心……吗”的追问，激发了学生的民族自尊心，让学生学会将自己与作者、与民族的情感联系在一起，并读出了中华民族伟大复兴的中国梦。这种有深度、有温度的教学让师生的情感在追问中产生共鸣，在朗读中得到提升，从而推动学生的思维和情感达到高潮。

（五）尝试练习，巩固提高

师：同学们，刚才我们通过探究具体事物与少年中国的联系，并结合写作背景，感受到了梁启超先生炽热的强国梦想。此外，大家也读好了第二自然段，而且读得很有气势。接下来，大家用结合资料、把情感放进去的方法，试着把整篇课文读下来，不仅要读得连贯而有气势，而且读出中国少年的雄心壮志！（注：师生配乐齐诵课文。）

生：（朗读过程略）

师：大家读得太棒了！这样美好的少年中国，相信它已经深深地印刻在了你的脑海之中。请问，有谁能根据板书，背诵课文的第二自然段吗？大家可以勇敢地站起来，试试看！

师生活动：在教师的动作提示下，学生根据板书，背诵课文第二自然段。

评析：在“尝试”环节中，教师引导学生将读好第二自然段的方法尝试运用到整篇课文的朗读中，让学生读得很有气势。此外，教师还鼓励学生尝试根据板书背诵第二自然段，在背诵中加深理解，积累语言。在不同形式的朗读中，学生拓宽了理解的渠道，巩固了学习方法，加深了理解与感悟，展现了“四度六步”教学法应追求的宽度和深度。

（六）适时小结，兴趣延伸

师：学到这里，我不禁要为你们点赞。在短短的一节课中，我们不仅结合资料理解了课文的主要内容，读出了梁启超先生的爱国热情，而且把第二自然段背诵下来了。这些都很了不起！请大家为自己鼓掌。

生：（略）

师：今天我们所学习的内容只是《少年中国说》后面的一部分，所以课文题目上有“节选”两个字。在这篇文章的前一部分，作者用各种方法论述了“中国仍是少年”。有兴趣的同学可以试着读一读，看看在中国历史上被公认为百科全书式的梁启超先生如何驳斥“老大帝国”的悖论。总的来说，《少年中国说》全文累计3000多字，真的很值得我们好好学习。

师：为了这个少年中国的强国梦，一代又一代人艰苦奋斗，为国家做出了卓越的贡献。屏幕上的这些人是他们中的杰出代表。请问，你了解他们的故事吗？你还知道哪些优秀人物的故事呢？

生：我知道数学家华罗庚。

师：你能讲讲他的故事吗？

生：我只知道他是著名的数学家。至于故事，我还不是很了解。

师：那你刚好可以用这个机会去了解一下他了。

生：我认识袁隆平爷爷。他是杂交水稻之父。中国以前很穷，没有足够的粮食。于是，袁隆平爷爷研究出了杂交水稻。粮食多了，中国人再也不挨饿了。

师：说得真好。如果没有他，我们现在连饭都吃不饱，那么我们又怎么可能如此有气势地朗读《少年中国说》呢？

课后作业：

1. 请大家自主地查找资料，读一读为国家富强而奋斗的杰出人物故事，并以小组合作的方式做一份手抄报。

2. 9 月 25 日，孟晚舟女士结束了三年的海外监控，回到了祖国的怀抱，她深情写下：“没有强大的祖国，就没有我今天的自由”“有五星红旗的地方，就有信念的灯塔。如果信念有颜色，那一定是中国红！”下节课，我们会一起结合资料探究：少年中国和中国少年之间到底有什么关系呢？请大家做好准备。

评析：在“提升”环节中，教师设置了三个方面的内容：一是激发学生进一步阅读《少年中国说》全文的兴趣，体现思维训练的深度；二是引导学生在课外自主阅读为国贡献的杰出人物的故事，以拓展学生的知识面；三是联系时事，关注国事，引导学生通过读孟晚舟的深情告白升华情感，追求有温度的课堂，并以此为突破口，将学生的学习探究的兴趣引向课外，为下一节课的学习做好铺垫。

板书设计：

13. 少年中国说（节选）

红日　　黄河

潜龙　　乳虎　　鹰隼

奇花　　干将

教学总评：

初中数学“四度六步”教学法自 2020 年 6 月开始在小学语文、数学学科推广应用以来，受到了广大小学教师的欢迎。其清晰的“六步”实践架构易于操作，为教师设计一节好课提供了具体的流程；而其鲜明的“四度”教学主张则指明了课程改革的方向，体现社会与学生的需求，是教师应追求的教学目标。如果说“六步”环节是课堂教学外显的形式，那么“四度”主张则为课堂教学内在的灵魂。郑胜梅老师的这节《少年中国说》，就是在精心设计的“温故”“引新”“探究”“变式”“尝试”“提升”环节中高位地实现了课堂“有温度”“有梯度”“有深度”“有宽度”的教学主张。这节课的目标定位精准，教学设计精巧，情境真实感人，互动恰当充分，让学生在读中感知，在读中感悟，在读中提升。因此，这可谓是一节基于“四度六步”教学法实现跨学段、跨学科教学的经典课例。

1.“六步”环节的层层推动，让课堂流畅自然

在这节课中，教师围绕着语文要素“结合资料，体会课文表达思想感情”，设计了不同的学习活动：“温故”——回忆体会作者表达情感的方法，找到新知的“生长点”；“引新”——创设真实感人的情境，引出新的知识点和课文内容；“探究”——理解课文内容及所象征的意义，读出画面感；“变式”——比较两个自然段在表达上的不同之处，结合背景资料体会情感，读出气势与情感；“尝试”——尝试读出全文的画面感、气势和情感，根据板书背诵第二自然段；“提升”——读三个维度的课外资料，提升爱国情怀。“六步”环节的学习一气呵成，畅快淋漓，让学生通过不同目的、不同形式的读既经历了能力提升的全过程，也锻炼了自身的思维，更提高了学习能力，从而使人文主题呼之欲出。此外，在授课现场，师生的情绪高昂，热泪盈眶，深受感动，使学科育德、课程育人的功能得到了自然的渗透和充分的体现。

教学之要在于“度”。在本节课的教学中，郑老师对“六步”环节处理恰当，拿捏得恰到好处，立足语文学习，实现了情感提升，使语文学习与德育有机渗透、融合，恰如其分。

2.“四度”主张的精彩呈现，让课堂高效高位

在本节课的教学中，为了帮助学生突破难点，准确理解课文，老师放弃了逐字逐句解释的方法，而是采用“朗读”这一策略，通过“读通——检索事

物——想象画面——体会形象”这一路径，让学生在读中感知形象、在读中感悟意义、在读中提升情感。为此，教师设计了层层深入的问题以追求有深度的课堂，开展了递进的学习活动以追求有梯度的课堂，提供了形式多样的资料，让学生自然融通，以追求有宽度的课堂。自始至终，教师都让整节课充满了温度。

在“双减”的背景下，教师在小学语文的课堂教学中将作业单引入课堂，以任务为指引，极大地提高学生的作业速度和学习效率。背诵目标的顺利实现也是课堂高效的标志。而本节课之所以能够如此高效、高位地达成教学目标，关键在于教师用心钻研教材、研究教法、研究学生，让学生在有梯度、有深度、有宽度的课堂中时时感受到学习的成功与快乐、挑战与顿悟。这种尊重学生主体的行为、这种对于人本身的关心、关注与激励，就是有温度课堂的最好注解。

2.2 “信息技术”赋能课堂品质，“四度六步”展现高效课堂[1]

——南宁市良庆区那黄小学英语教研团队参加南宁市“四度六步”教学法优秀课例展示团队汇报稿

汇报人：李红娟[2] 成员：陈菊[3]、卢晓[4]

适用学段及学科：

小学，英语。

1.2022 年 11 月 22 日至 23 日，由南宁市教育科学研究所主办、南宁市良庆区教育局承办的南宁市“四度六步”教学法小学全学科探究与实践阶段性成果展示活动在南宁市良庆区那黄小学举行。本文就是那黄小学校长李红娟在 11 月 23 日基于“四度六步”教学法设计并展示的一节课例（略有删改）。广西教育研究院教研员黄文凤老师应邀现场点评。此课例在 2022 年南宁市“四度六步”教学法小学全学科探究与实践阶段性成果展示中获评精品课例，并在 2023 年中小学英语教学教研资源评比——单元整体教学案例评选中荣获三等奖。“四度六步”教学法的创始人戴启猛老师对整个活动及所有展示的课例进行全程指导。

2. 李红娟，高级教师，南宁市良庆区那黄小学党支部书记、校长。第九届全国中小学外语教师园丁奖获得者、广西中小学英语教研先进个人、南宁市优秀教育工作者、南宁市骨干教师、南宁市优秀教师。参与的微型课题《“四度六步”教学法在小学英语校本歌曲歌谣教学中应用的实践研究——以那黄小学低年级为例》在南宁市 2022 年微型课题研究优秀成果评比中荣获三等奖。目前，那黄小学有关“四度六步”教学法研究的成果有 30 多项。

3. 陈菊，高级教师，南宁市良庆区教研室教研员。广西首届基础教育质量监测专家，广西外语专业委员会理事，南宁市第五届政府督学，南宁市学科带头人，南宁市优秀教师，南宁市“十三五”教育科研先进个人，南宁市教坛精英及教研员队伍领航工程培养对象，主持广西教育科学规划课题 3 项，参与教育部课题 1 项、自治区课题 3 项，获得广西首届基础教育教学成果二等奖。良庆区中小学英语学科“四度六步”教学法积极推广与应用的教研员。

4. 卢晓，一级教师，南宁市良庆区那黄小学教务处主任、英语教师。2017 年全国中小学青年教师教学基本功比赛综合一等奖获得者、南宁市教学骨干、良庆区优秀教师和优秀共产党员。主持南宁市“十四五”规划课题《应用“四度六步”教学法提升城市迁建小学教师课堂教学能力的实践研究——以南宁市良庆区那黄小学为例》已获得立项；参与“四度六步”专项微型课题《巧用“四度六步”教学法促进小学英语深度学习的实践研究——以那黄小学六年级英语语篇教学为例》已结题并获优秀等级。

课型：

信息技术与学科深度融合。

教学内容：

外研版《英语》（四年级上册）“Module 7 Unit 2 There are twelve boys on the bike”。

汇报实录：

大家好！我们是南宁市良庆区那黄小学“黄莺”教研团队。今天我们和大家交流、分享的教研主题是《“信息技术”赋能课堂品质，“四度六步”展现高效课堂》。我们以外研版《英语》（四年级上册）“Module 7 Unit 2 There are twelve boys on the bike”为教学课例。接下来，我们将从确定主题、教材分析、教学活动、教研成效四个方面进行分享。

（一）确定主题

1. 单元主题分析

《义务教育英语课程标准（2022 年版）》指出：“在学习英语过程中，学生能在感知、体验、积累和运用等语言实践活动中，逐步形成语言意识，积累语言经验，进行有意义的沟通和交流。”鉴于此，我们通过以下三点对本单元的教学主题进行整体分析。具体如下：

（1）【what】主题和主要内容

本单元的教学主题为 photos。课文首先呈现了 Sam、Amy 和 Lingling 谈论骑自行车表演的场景，然后通过从一个男孩到多个男孩骑自行车的呈现，复习了第一单元“There is.../She's doing.../He's doing...”等句型，最后在 Daming 充当小小解说员为大家介绍四张关于动物照片的情境中进一步学习了“There are.../They are doing...”句型。

（2）【why】理解不同场景用不同方法描述

本单元主要通过呈现与学生生活实际贴切的图片和场景，让学生在描述熟悉的生活和身边事物中实现简单的沟通与交流，进一步学习“There be”和“She is/He is/They are doing...”等句型，并能正确运用这些句型描述的不同场景。

（3）【how】文本结构和语言修辞

本单元主要让学生进一步学习“There be”句型单复数的使用，并能根据图片和场景中人物、动物的具体数量准确应用There be句型，并选择“She is/He is/They are doing...”的相应句型来描述人物或动物正在做的事情。学生在本模块第一次接触There be句型，这给学习带来了一定的难度。因此，教师不能要求学生一次学习就完全掌握，而应允许学生出现错误，并在后续的学习中逐渐纠正错误、巩固知识。

2. 学情分析

为了更好地实现本节课的教学目标，我们还对学生的学情进行了分析。这主要包括：①本节课的授课对象为南宁市良庆区那黄小学四年级学生。他们活泼好动，学习英语的积极性很高，并对学习过程中出现的人物、动物及图片感兴趣。在经过一年多的英语学习后，学生已经能熟练地掌握一到十二的英文数字，以及水果、动物和其他食物类的词汇。②在本册的第二、三模块学习中，学生已学习现在进行时态的表达，并能用现在进行时态简单地描述图片；而在第七模块的第一单元中，学生已学习并能应用There is句型对图片进行描述，这为学习新知打下坚实的基础。③四年级的学生对新知识的学习有浓厚兴趣，虽然大部分学生已掌握一定的基础知识，但是少部分学生在口语表达能力上相对较弱，并且对本模块第一次接触的there be句型感到较为陌生。为此，教师在教学中要给予学生更多的鼓励，让学生在试错的过程中加深对知识的认识和理解。

3. 课型定位理论依据

《国家中长期教育改革和纲要》指出“信息技术对教育发展具有革命性影响”。新课程理念也强调“充分发挥现代信息技术对英语课程教与学的支持与服务功能”。本节课是在那黄小学进行授课。学校有非常先进的教学设备，不仅每个班级教室都配有希沃一体机，而且能实现联网教学。教师能熟练应用希沃白板、八桂教学通等数字资源平台丰富课堂教学。此外，学校还设有智慧课堂功能室，并配有一个教学班额的平板电脑资源（即52个可移动平板电脑），可以实现人手一台平板电脑与老师的交互式白板进行教学互动。基于此，教师可以根据教学需要使用平板电脑开展信息技术与学科深度融合的课堂，充分利用智慧课堂的资源，在教学中融入信息技术，使人人参与教学活动、人人参与答题活动，并及时收到答题反馈，实现“教—学—评”一体化的高效课堂。

结合上述分析，我们确定了本次的教研主题：“信息技术”赋能课堂品质，

"四度六步"展现高效课堂。

（二）教材分析

本节课是外研版《英语》（四年级上册）第七模块的第二单元。本节课的内容是用"There is/are..."以及现在进行时态来描述场景或图片，这既是对前面所学英语语言知识的综合运用，也是对第一单元知识的巩固和拓展。根据教材的编排，"There is/are..."这个知识点会以循序渐进的方式出现在四、五、六年级的教学内容中。在四年级上册中，学生初步运用"There is/are..."描述数量一至十二的图片或场景。进入五年级，学生能使用"There are..."来描述十三至一百的数量。到了六年级上册，学生能听、说、认、读"There is/are..."句型，并将其灵活运用在千以及千以上的数字情景中。由此可见，学段目标之间具有连续性、顺序性和进阶性。而本节课的内容是二级学习的基石。基于以上分析，我们确定了本节课的教学目标以及教学重难点。具体如下：

1. 学习理解层面：在看、听、说以及平板电脑操作等的过程中，学生能获取并梳理语篇中对图片或照片的描述所需要的步骤和方法。

2. 应用实践层面：在教师的帮助下，学生能用正确的方法描述比较复杂的图片信息。教师还应该鼓励基础较好的学生尝试描述课文以外或者生活中的场景和图片。

3. 迁移创新——重点：学生相互评价各自描述图片或场景时所使用的方法。

4. 迁移创新——难点：利用本节课所学的知识对教师展示出来的各种照片进行小组的交流与分析，如学校内的相关场景照、部分学生家里有代表性的图片等。

为了实现以上教学目标，我们运用戴启猛老师所创立的"四度六步"教学法，通过"温故""引新""探究""变式""尝试""提升"六步环节精准设计和组织教学，力图打造有温度、有梯度、有深度、有宽度的"四度"课堂。

（三）教学活动

1. "四度六步"之"复习提问，温故孕新"

《"四度六步"教学法的探索与实践》指出："'温故'环节时，教学内容应指向已学的知识，与本节新课关联的知识，以及为孕育新知铺垫的问题。"因此，在温故环节，我们设计了"I like taking photos.""Look and say"两个教学环节。通过围绕本课关键问题"How many photos？"，教师给学生植入"photo"这条主线，并从学生的生活实际出发，借此复习所学的知识，为新知识的学习做好准备。

叶圣陶先生说过：“凡是好的态度和好的方法，都要使它化成习惯。”预习时，学生首先要明白即将学习什么内容，其次要在不懂的地方画上记号，最后尝试地做一两道题，看看是否可以用本节课的知识解决问题，是否还存在困难。上课伊始，教师先检查学生的预习情况，并把预习的方法、要求反复跟学生强调。学生在预习后就可以带着问题投入新课的学习，在上课时更有目的性和针对性地听课。这样不仅能提高课堂学习的效果，而且能帮助学生养成自学习惯，提高学生的自学能力。为了检测课前预习效果，教师可以通过平板电脑快速得到数据，这就体现了信息技术对教学的重要作用。

2. “四度六步”之“创设情境，引入课题”

情境是基于学生已有的知识和经验而创设的一种教学情景，是沟通学生已有经验和所学内容的桥梁。师生进入课堂后，教师通过 PPT 展示图片，并提出“How many boys on the bike？”的发问，让学生数一数、说一说，以便在巩固“There is...”和数字知识的同时，引出本节课的课题，再次深化“photo”这一主题。除了借助图片，教师还可以播放相关的视频，以创设多元的教学情境，帮助学生感知新知。

3. “四度六步”之“合作探究，活动领悟”

“探究”环节强调每位学生通过参与活动习得知识的过程。教师在“探究”中应有梯度地训练学生思维的宽度、深度以及灵活度。为此，我们是这样设计的：

（1）学生自主默读课文，圈出数字。教师引导学生通过观察自主发现并总结出单复数“there is”和“there are”的正确表达。

（2）合作交流。同桌围绕“What are they doing？”进行互相询问，并在交流活动中掌握知识。

（3）教师创设情境，让学生在深化探究中将所学知识的图片进行分类。学生在学习活动中尝试与他人合作，共同完成学习任务，在亲身体验和探索中理解并掌握单复数，以及“there is”和“there are”的正确运用。

（4）教师以 chant 的形式巩固课本内容，让学生更好地区分“there is”和“there are”的正确表达，帮助学生在活跃的气氛中内化所学语言知识。

通过层层递进的活动，教师鼓励学生通过自主学习和同桌合作交流有效地深化探究。在教师的引导下，每位学生积极参与探究，有梯度地训练听、说的能力，在感知、理解中认读新单词，并在合作探究中学会“there is”和“there are”的正确表达，形成初步语感。

2022 年 11 月 23 日上午，南宁市良庆区那黄小学英语教师李红娟正在展示“四度六步”教学法小学英语课例。该图为“探究”环节

4.“四度六步”之“师生互动，变式深化”

“变式”环节强调次第推进，螺旋上升。为照顾学生不同层次的需求，我们设计了以下两个环节：

（1）学生看图片用平板把短语移到相应的位置上。

（2）师生互动。教师引导学生用“There is/are....”和“They are doing....”来完整地描述图片，并最终总结出描述图片的方法：先说数量，再用现在进行时表示人们或动物正在做的事。

在这两个环节中，教师时刻关注学生的差异，并用不同层次的问题对学生进行语言训练，发展学生的思维能力。

5.“四度六步”之“尝试练习，巩固提高”

在“尝试”环节中，教师的教学设计应适合学生的认知层次，由浅入深，难易适中。为此，教师首先让学生自主找小伙伴选择相关的生活图片，然后让学生用“There is/are...”和“They are doing...”对图片中的活动进行描述。

全体学生在生动活泼的课堂氛围中尝试练习，先从课文的图片描述，再到生活的图片描述。教师注重将课内学习向课外延伸，既拓展了学习的空间，也扩展了本节课描述图片的“主题深度”，还拓宽了本课的“宽度”，从而促进学生“思维深度”的发展。

6.“四度六步”之“适时小结，兴趣延伸”

在“提升”环节，教师给学生展示一位老爷爷看书、一只大象吃草等图片，让学生用所学知识自主地描述图片。此外，在课堂生成中，教师还要引导学生在描述时如果遇到以元音音素开头的单词，那么就要用“There be an...”的表达形式，如“There is an elephant.”“There is an apple.”等。在教师的引领下，学生思考问题并发现表达的特点与异同，从而掌握“There be a/an...”的正确表达。

（四）教研成效

“四度六步”教学法最终指向的是师生共同发展。在本节课中，我们采用了“六步”环节来组织课堂教学，并达成既定的教学目标。在课堂中，教师也充分融入“四度”教学主张。具体如下：

一是教师寓教于乐。首先，教师课前与学生拍合照，拉近与全体学生的距离；其次，教师创设情境，精心选择贴切的教学方法，引导学生走进生活，用课堂所学的知识描述生活中的图片；最后，教师在教学时认真关注每一位学生的听课情况和信息反馈，及时为学生解答疑惑，并给予应有的鼓励和表扬。可见，这是一节有温度的课堂。

二是教师充分认识并突出了“学生是语言学习活动的主体”这一特点，并在教学过程中引导学生围绕“photo”这个主题来学习语言、获取新知、探究区别，从而在活动中培养和提高学生的语言能力，提升学生的思维品质，让学生真正学会学习并促进自身的成长。此外，教师还设计了不同层次的教学活动，充分考虑了不同学生的需求，体现了分层教学的特点。因此，这是一节有梯度的课堂。

三是深究教材，这是对教师提出的要求。为此，我们团队深入分析了本单元的教材内容，坚持学用结合，引领学生探究图片描述背后的本质，并让学生在活动中感受描述图片的具体方法，从而帮助学生内化所学的语言，加深理解并初步运用。从学知识到用知识，教师有效地培养学生发展思维的能力。此外，教师还引导学生开展有针对性的英语思维活动，让学生深层次地理解"There is/are..." "There be a/an..."等的正确运用。因此，这是一节有深度的课堂。

四是在本节课中，教师在教学实践中注重学科之间的内在联系，将教学内容从课内的图片向课外的生活图片延伸，贴近学生的现实，创设了丰富、有趣的问题情境，有效地引导学生不断地挑战自我。可见，这也是一节有宽度的课堂。

总的来说，我们追求"四度"课堂的本质就是"追求课堂'温度'，让教学'暖'起来""追求课堂'梯度'，让教学分层递进""追求课堂'深度'，让教学指向本质""追求课堂'宽度'，让知识内联外延"。

通过完成本次教研，我们团队收获颇丰，既把信息技术融入英语的课堂教学，也运用"四度六步"教学法促进了小学英语的深度教学，达到了精彩的英语课堂。这主要体现在这几点：①教学过程清晰，目标明确，层次分明，逐步递进；②真实的教学情境与和谐的课堂气氛创造了教学情感的温度；③师生合作、生生合作等的形式不仅体现师生平等，更突出教师主导、学生主体地位；④让学生在富有情趣而生动活泼的学习氛围中获得新知，提高语言能力，同时使思想品行得到良好的熏陶。由此可见，戴启猛老师的"四度六步"教学法对打造小学英语精彩课堂是非常有帮助的。我们在日后的教学中将继续推广和应用"四度六步"教学法。

2022 年 11 月 22—23 日，由南宁市教育科学研究所主办、南宁市良庆区教育局承办的主题为"践行'四度六步'教学法，展现'品质课堂'新成果"的活动在南宁市良庆区那黄小学举行。约 200 位来自各乡镇小学的各学科教师代表到现场参加观摩。同时，7.44 万人通过同步直播的方式在线观看

2.3 创设“四度”课堂发展学科核心素养[1]

——以初中化学“如何正确书写化学方程式”为例

执教：沈晓静[2] 指导：戴启猛

适用学段及学科：

初中，化学。

教学内容：

人教版《化学》(九年级上册)“第五章 如何正确书写化学方程式”。

教学内容分析：

书写化学方程式这项技能贯穿于学习化学的整个过程中，是学习化学的重要组成部分。本课的教学内容包括学习配平方法，正确书写简单的化学方程式，从宏观—微观组合的角度构建质量守恒定律。本课程教授学生如何根据质量守恒定律去定量理解化学变化，培养学生抽象思维的能力，将学生对化学变化的表达从符号表达式进一步提高到化学方程式，充分促进学生守恒观、微粒观等基本观念的形成，宏观辨识与微观探析化学学科核心素养的发展。

教学目标：

本节课的教学要紧密联系生产、生活实际，使学生真切地感受到发生的化学变化，逐步形成“物质可以变化”的观点。

学情分析：

化学方程式是重要的化学用语，是在前面学习的化学式的进一步运用，也是后面高中学习离子方程式及电极表达式的基础，更是本单元的课题质量守恒定律和根据化学方程式的计算之间联系的“桥梁”。经过之前的学习，学生虽然初步学会用文字表达式和符号表达式来表示化学变化，但还没有认识到文字及符号表

1. 本文摘自沈晓静于2022年5月在《广西教育》上发表的论文《创设“四度”课堂发展学科核心素养——以初中化学“如何正确书写化学方程式”为例》(略有删改)。【注：论文发表前，本书的作者戴启猛进行了指导和修改。】

2. 沈晓静，正高级教师，柳州市第六中学副校长。柳州市师德师风宣讲团成员，柳州市课改专家组成员，柳州市化学中心组成员，柳州市培训管理者培训班成员，柳州市基础教育名师培养工程成员。曾获自治区优秀教师，柳州市“五一巾帼标兵”，柳州市最受学生欢迎教师评比最具创新奖；多次荣获柳州市师德模范，多次担任市内外化学教师技能比赛评委，柳州市高考备考优秀班主任，柳州市高考备考优秀教师；曾获全国目标教学学术研讨课优质课大赛一等奖、柳州市青年教师赛教课二等奖，多次获全国高中奥林匹克化学竞赛优秀指导老师奖等；多次受聘到区内外担任课堂督导、教学管理、化学教学、班主任工作的讲学及培训工作。长年担任班主任，所带学生参加高考成绩优秀，创学校高考新纪录，所带班级多次荣获区级市级优秀班集体。

达式并不能准确、定量地描述化学反应。为此，学生还需要掌握描述化学变化的科学用语——化学方程式，以便能表述化学变化的微观本质。

课题研究实录：

2021 年 10 月，笔者参加了广西教育规划“十三五”规划 2019 年度课题《基于化学学科核心素养的初高中衔接教学策略研究》教研活动的教学研讨课，并录制了初三化学“如何正确书写化学方程式”的研究课。在深入研究课程标准和教材后，笔者通过创设“有温度、有梯度、有深度、有宽度”的课堂，引导学生学会配平方法以及书写化学方程式，让学生掌握用科学的化学用语描述化学反应的方法，从而实现课堂的有效教学，促进学生化学学科的“宏观辨识与微观辨析”学科核心素养发展。

（一）情景引入，创设有温度的课堂

有温度的课堂，就是创设真实的生活情景，引导学生用化学的视角去观察、去思考、去发现，从而激发学生学习的内驱力，让每一个学生增强对化学学习的信心和兴趣。戴启猛老师提出：“追求有温度的课堂，要求教师创设情景，多种教法，激发全体学生的兴趣。”

在认识火柴的环节，教师给学生提供了关于火柴的相关素材，并从火柴头上的物质，即氯酸钾（氧化剂）、二氧化锰（催化剂）和硫（易燃物）等，以及火柴盒的侧面的物质，即涂有的红磷（发火剂）、三硫化二锑（Sb_2S_3，易燃物）和玻璃粉等入手，提出“刚点燃时，你看到了什么？”“火柴燃烧时有没有什么气味？”的具体问题，让学生产生运用化学方法解决这一问题的欲望，并为新知识的学习铺平道路。这些具有思考性和探索性的情景引发了学生的学习兴趣，提高了学习效率和质量。

课堂以学生熟悉的生活用品——火柴引入，这是从具体真实的问题情景出发，让学生从认识火柴开始，由学生认识的宏观物质开始，为后续学生从微观角度认识化学变化打下基础。这是学生化学核心素养形成和发展的重要平台。

（二）合作探究，创设有梯度的课堂

在数学中，梯度的本义是一个导数向量，表示某一多元函数在该点处沿着梯度方向函数值增长最快。梯度的模表示增长的程度。在《现代汉语词典（第 7

版)》中，梯度的其中一个意思是“依照一定次序分出的层次”[1]。所谓分层教学，就是教师要有分层教学意识，贯彻因材施教的理念，设计有梯度的教学内容，引导学生围绕教学问题进行分层思考，让学生合作学习中激发对知识的兴趣以及探索新知识的欲望和热情，使学生在学习中自主地进行思考与表达。

戴启猛老师提出：“追求有梯度的课堂，要求教师在课堂教学中要有分层教学的意识和智慧，分类指导的设计和举措，多维评价的理念和行动，以帮助每一个学生在课堂获得不同程度的提升，体会到自己的独特和精彩。”[2]

本节课的内容是学会配平的方法以及书写化学方程式的方法。对于班级中不同层次的学生，笔者认为可以将教学目标分为三层：①对于基础薄弱的学生，他们只需要掌握一种配平和书写简单化学方程式的方法；②对于中档水平的学生，他们需要掌握两种配平方法，并根据所观察到的化学实验现象编写化学方程式；③对于特别优秀的学生，他们需要掌握四种配平化学方程式的方法，并根据题目信息在全新的实验条件下编写化学方程式。如果想要使不同层次学生的学习能力在课堂上得到发展、提升，教师就必须在分类指导中进行小组合作，实现生本（即学生与课本）互动、生生互动、师生互动、学生与自己互动（即自我反思和感悟）。

在课堂教学过程中，笔者设计了小组合作的探究环节。比如，在让学生写出P、S 在 O_2 反应的符号表达式“$P+O_2 \rightarrow P_2O_5$、$S+O_2 \rightarrow SO_2$”后，笔者提出“这个是否是化学方程式？”“化学方程式的概念是什么？”的问题。这时候，笔者组织学生以小组合作探究的形式，分析如何配平符号表达式，以及如何根据原则更快进行配平。在教师的引导下，由不同层次学生组成的合作小组（每个小组六名同学，其中基础薄弱、成绩中等、优秀学生各两名）通过共同解决配平的问题并互相补充，总结归纳出配平的四种方法。又如，在探究火柴的任务 3 中，笔者给出关于火柴盒侧面 Sb_2S_3 燃烧的信息，并请学生用化学用语表达化学反应。同时，笔者还提出分层要求，即能书写符号表达式或能书写化学方程式的不同层次的要求。在小组合作探究的过程中，学生各尽其能，互相学习，取长补短。这样的教学设计面向了全体学生，让每个层面的学生都能有所收获，达到因材施教、共同进步的效果。

1. 中国社会科学院语言研究所词典编辑室：《现代汉语词典（第 7 版）》，商务印书馆，2016，第 1284 页。
2. 戴启猛：《“四度六步”教学法的探索与实践》，漓江出版社，2022，第 111 页。

（三）问题引导，创设有深度的课堂

戴启猛老师指出：“追求有深度的课堂不是追求教学的‘繁难偏’，而是通过教师的深度钻研，紧扣课程标准，力求呈现知识的本质，力求让教学因为教师的深度思考而变得简单、清晰与生动。”[1]

所谓深度学习的理念，就是学生以发展高层次思维和解决实际问题为目标，以综合知识为内容，积极、批判性地学习新的知识和想法，并将其融入原有的知识结构中，从而将现有知识消化、吸收，并转化到新场景的学习中。中学化学是一门以实验为基础的学科，主要通过知识体系的合理构建来培养基本素养，并通过分析、讨论、探究和展示来提高能力。

能创设有深度的课堂，这是对教师提出的要求。为此，教师必须研读教材、吃透教材，用教材去教而不是去教教材。例如，在教材中，虽然本节课只介绍了配平的一种方法——最小公倍数法，以及配平的原则——质量守恒定律，但是笔者围绕这一原则，给学生介绍了另外三种常用的配平方法：观察法、奇数变偶法、分数配平法。同时，在教学中，笔者还适时引导学生进行“一题多解”，体会“一题多配”以及万变不离其宗的化学魅力。

在本节课中，笔者以火柴为载体，设计了递进式问题，以便不断引导学生思考火柴头与火柴盒之间的化学反应。

【问题1】请观察点燃火柴时的现象，写出S（易燃物）、红磷（发火剂）在空气中燃烧的符号表达式。

师：火柴头上的物质主要是氯酸钾、二氧化锰和硫，擦纸的主要成分是红磷、三氧化二锑。当两者摩擦时，就会发生化学反应，使火柴燃烧起来。现在，请观看视频，并说出你所得到的信息。（注：此时，教师播放“火柴剧烈燃烧，产生黄色明亮的火焰”的慢镜头视频。）

生：这个火柴燃烧是化学变化并放热的过程。我观察到黄色的火焰，以及火柴燃烧的烟雾。

师：很好。如果直接现场划擦一根火柴，你还会闻到什么气味吗？（注：教师进行“划开火柴”的演示实验。）

生：我们还会闻到刺激性气味的气体。

---

1. 戴启猛：《“四度六步”教学法的探索与实践》，漓江出版社，2022，第122页。

师：很棒！下面我们将以火柴的燃烧为载体，学习这个过程中发生的化学变化。那么，我们怎么用化学方程式来表示这些变化呢？白烟及刺激性气味这些现象是什么反应导致的呢？请同学们根据前面提到的信息和你观察到的现象，写出这两种物质在空气中燃烧的符号表达式。

【问题 2】配平的原则及方法。

师：我们怎么把符号表达式转化成化学方程式，这需要根据什么原则？

生：质量守恒定律。

师：质量守恒定律在配平中如何运用？它从微观的角度又如何运用呢？

生：我们要遵循原子的个数和种类相同。

师：请观察这两个表达式。请问，它们是否符合这个原则？怎样符合这个原则？

生 1：我们要先找到每种原子个数的最小公倍数，再用最小公倍数来配。

生 2：我们配好的化学方程式为“$4P+5O_2=2P_2O_5$”“$S+O_2=SO_2$”。

【问题 3】其他配平的方法。

师：乙炔是一种重要的燃料，它完全燃烧以后会生成二氧化碳和水。请大家写出符号表达式并配平。根据配平的原则，请思考我们还可以用别的方法配平吗？现在大家以小组的形式讨论并解决这个问题。

生 1：我们用最小公倍数法配 C 原子、O 原子的最小公倍数，但是配不平。

生 2：我们通过观察先配 C 原子，然后再配 O 原子，但是也配不平。

师：请继续观察，如果先配 C 原子，那么左右边的 O 原子可以怎样改变？

生：我们可以在 O_2 前面配上分数二分之五。

师：对的。这样以后，我们就可以把整个表达式扩大二倍，从而得出答案。这个方法是分数法。其实，配平还有多种方法。在后面的学习中，同学们可以体会“一题多配”的乐趣。

【问题 4】请继续写出物质之间反应的化学方程式。

师：在刚才的实验中，请问还有什么物质也能发生化学反应？请写出化学方程式。

生：氯酸钾制氧气，即 $2KClO_3=2KCl+3O_2$。

师：大家写出的只是配平的符号表达式。但是一个正确的化学方程式还应该注明反应的条件，即“条件包括加热，点燃，高温，催化剂等。若生成物有气体或有固体，注意写上‘↑’或‘↓’。若反应物有气体，则生成物的气体可以不写‘↑’”。

因此，正确的化学方程式应该这样书写，即“$2KClO_3 \xlongequal{点燃} 2KCl+3O_2\uparrow$”。

【问题 5】火柴盒侧面还有易燃物与氧气的反应。

师：火柴盒侧面中还含有一种易燃物质——三硫化二锑，它燃烧时会生成五氧化二锑和二氧化硫。请用化学用语表达化学反应。

生 1：$Sb_2S_3+O_2 \rightarrow Sb_2O_5+SO_2$。

生 2：$2Sb_2S_3+8O_2 \xlongequal{点燃} 2Sb_2O_5+3SO_2$。

师：请大家用两种方式写出该化学变化的化学用语表达式，并运用化学思维从文字中提取出有用的信息，然后转化成化学用语，从而理解通过化学方程式表述化学变化的微观本质。

在上述一个个问题的引导下，学生渐进地学习了文字表达式、符号表达式、化学方程式等的书写方法，并能围绕富有挑战性的学习主题积极参与课堂讨论，获取了化学的新知识，感受到了研究化学的乐趣，并发展了创新、创造的能力，实现了化学学科的深度学习。经过这样的学习过程，学生对化学变化的表征由符号表达式提升到化学方程式的应用，培养了符号表征能力。在教学中，笔者以宏观与微观相结合的角度，引导学生从宏观世界过渡到微观世界，让学生积极探索化学变化中粒子数的关系，帮助学生形成对宏观和微观化学世界的统一认识，使学生在微观分析中发展宏观识别的学科素养。

（四）拓展运用，创设有宽度的课堂

什么是宽度？在《现代汉语词典（第 7 版）》中，宽度的其中一个意思是“宽窄的程度”[1]。其中，“宽”的意思是“横的距离大，范围广（跟“窄”相对）”[2]。追求有宽度的化学课堂不仅要加强学科知识之间的融合，拓宽知识的维度，还要注重课内学习向课外学习延伸，拓展学习的空间。以下是本节课的授课内容节选。

【问题】火柴的弊端及设计出未来的火柴。

师：在生活中，火柴越来越少了，这是为什么呢？请你说出使用火柴的弊端。如果让你来研发和生产一款创新的火柴，那么在你眼中未来的火柴应该是怎样？你能设计出火柴的替代品吗？

1. 中国社会科学院语言研究所词典编辑室：《现代汉语词典（第 7 版）》，商务印书馆，2016，第 758 页。
2. 中国社会科学院语言研究所词典编辑室：《现代汉语词典（第 7 版）》，商务印书馆，2016，第 758 页。

生 1：火柴的弊端就是燃烧的时间太短、达到的温度不高，使用很不方便。未来，我希望有燃烧时间长而且不易被风吹的一种火柴。

生 2：我希望未来有防水的火柴。也就是，我们把火柴直接丢进水里后再拿出来，火柴还能继续燃烧。

生 3：火柴弊端就是燃烧时所产生的二氧化硫含有污染的气体，这会造成酸雨，污染环境。

师：很好！大家都考虑到了燃烧时间、环境保护等因素。我们学习化学就是了解身边的物质，并在学习的过程中思考哪些地方可以创新和改进，哪些我们可以继续沿用其原有的优点，等等。只有学习并懂得改进的方法和创新点，我们的学习才会真正有意义。

在这一环节中，笔者巧妙地将火柴这一传统的物质从课内延伸到课外，引发了学生的思考。在课内，学生提出了“防风火柴”“防水火柴”等诸多设计思路，这充分说明只要初中化学教学的内容素材贴近学生实际，学生便能在丰富有趣的问题情境中带着问题走进教室，并带着更高层次的问题走出课堂，实现由课内走向课外，从而拓展课堂的宽度，让学生体验学习的无穷乐趣。

教学总评：

本节课从学生的学情和认知出发，以火柴为载体，通过创设真实的问题情境引导学生认识火柴、探究火柴、设计新型火柴，并引导学生开展符号与表征等具有学科特质的学习活动。在这一精心设计的课堂中，学生学会了配平及书写化学方程式的方法。本节课中，教师在真实情境中以合作探究、问题链为引导，以拓展运用为目标，创设了“有温度、有梯度、有深度、有宽度”的课堂，帮助学生从宏观与微观相结合的角度分析和解决生活中的化学问题，使学生形成宏微结合的统一认识，有效发展了学生“宏观辨识与微观辨析”的学科核心素养。在整节课的学习中，学生思维活跃，学习兴趣盎然，焕发出课堂应有的生机和活力。

2.4 创设“四度”课堂提升复习效度[1]

——以初三历史“20世纪战争与和平”主题复习课为例

执教：戴丽莎[2]

适用学段及学科：

初中，历史。

教学内容：

初三历史“20世纪战争与和平”主题复习研究课。

学情分析：

一方面，进入中考复习阶段，初三学生已经初步掌握了初中教材中的主干史实，具备了一定史料分析、综合探究的能力；另一方面，《义务教育历史课程标准（2011年版）》也对学生宏观感知历史发展，迁移应用所学知识，理解当今社会与自身历史使命提出了要求。

课型分析：

复习课不能只是单纯的史实回顾，而需要以大单元主题教学帮助学生进一步整合建构知识体系，提升历史学科核心素养。

课题研究实录：

2021年5月，笔者参与了北京市西城区中考备考教研，并录制了一节复习研究课。在深入阅读统编版初中历史教科书后，笔者确定了“20世纪战争与和平”这一主题，并以创设“有温度”“有梯度”“有深度”“有宽度”的课堂为目标，开展大单元主题教学，力图帮助学生串联起八年级、九年级教材中有关两次世界大战及战后世界格局演变发展的相关内容，实现课堂的高效复习。

（一）学案指导，温故引新，创设有温度的课堂

由于本节课内容涉及八年级上册、八年级下册、九年级下册三本教材，时间跨度将近百年（即从十九世纪末到二十世纪八九十年代），史实丰富横跨中外（见表1），教师无法有限的课堂时间里一一述及全部内容。因此，教师在课前首先

1.2021年5月，戴丽莎老师应北京市西城区教育研修学院教研员依托“四度六步”教学法设计、录制的一节初三主题复习课，北京市西城区初三中考备考教研活动。

2.戴丽莎，一级教师，北京市第八中学教师。北京市教育学会“十四五”2023年度教育科研课题《新课标视域下中学历史跨学科主题学习实施路径研究》负责人。该课题旨在依托“四度六步”教学法开展中学历史跨学科主题学习研究。

要通过“导学案”给出方法示例，引导学生以时间轴、地图、知识结构图、表格等方法自主完成相关基础史实的梳理，即“温故”。

表1　统编版初中历史教科书有关“20世纪战争与和平”的主要内容

册数	单元	主要内容
九下	第三单元　第一次世界大战和战后初期的世界	第 8 课　第一次世界大战 第 9 课　列宁与十月革命 第 10 课　《凡尔赛条约》和《九国公约》 第 11 课　苏联的社会主义建设 第 12 课　亚非拉民族民主运动的高涨
	第四单元　经济大危机和第二次世界大战	第 13 课　罗斯福新政 第 14 课　法西斯国家的侵略扩张 第 15 课　第二次世界大战
	第五单元　二战后的世界变化	第 16 课　冷战 第 17 课　战后资本主义的新变化 第 18 课　社会主义的发展与挫折 第 19 课　亚非拉国家的新发展
	第六单元　走向和平发展的世界	第 20 课　联合国与世界贸易组织 第 21 课　冷战后的世界格局
八上	第四单元　新民主主义的开始	第 13 课　五四运动
	第六单元　中华民族的抗日战争	第 18 课　从九一八事变到西安事变 第 19 课　七七事变与全民族抗战 第 20 课　正面战场的抗战 第 21 课　敌后战场的抗战 第 22 课　抗日战争的胜利
八下	第一单元　中华人民共和国的成立和巩固	第 1 课　中华人民共和国成立 第 2 课　抗美援朝
	第五单元　国防建设与外交成就	第 16 课　独立自主的和平外交 第 17 课　外交事业的发展

课堂上，教师按照不同史实梳理方式，选取较好的学生作业进行展示，让学生根据自身的作业情况说明其对相关史实和梳理方法的认识。与此同时，教师要进行适时的学法点拨。这就是“引新”。这一环节不仅能快速地带领学生再次回顾本课涉及的重要史实，帮助学生弥补自己史实梳理中的疏漏，而且能让学生感

到课堂内容与自身息息相关，从而激发学生的共鸣和学习的积极性，提升课堂的“温度”。

（二）史实出发，问题引导，创设有深度的课堂

创设“有深度”的课堂，并不是要一味地“拔高”，不是要追求教学的“繁难偏”，而是通过教师对教材的深度钻研，紧扣课程标准，力求呈现知识的本质，让教学因为师生的深度思考而变得简单、清晰与生动。[1]

例如，本课的重点之一就是要引导学生了解为什么两次世界大战会在二十世纪上半叶接连发生。鉴于此，教师首先要做的就是把复杂的问题分解，再帮助学生一步步厘清其中的史实及其逻辑关系。笔者认为，分解出来的问题主要包括：（1）促使一战和二战爆发的相关史实分别有哪些？（2）两次世界大战爆发原因有什么相同与不同？（3）一战遗留了哪些问题，是否影响了二战的爆发？为此，笔者设计了如下的教学环节：

1. 回归史实，明确动因，找到不同

教师先用时间轴呈现两次世界大战前重要的历史事件，再请学生按序号将“三国同盟”成立、“三国协约”形成、萨拉热窝事件、意大利法西斯政权建立、经济大危机、德国与日本建立法西斯政权、“慕尼黑阴谋”等史实逐一填入表格的对应位置（见表2）。

表2　两次世界大战爆发原因史实梳理表

	一战	二战
根本原因		
直接原因		
导火索		

由于有了课前“导学案”史实梳理的铺垫，大部分学生都能很快从时间判断出“三国同盟”“三国协约”成立和“萨拉热窝事件”是属于促使一战爆发的历史事件；而意大利法西斯政权建立、经济大危机、德国与日本建立法西斯政权

1. 戴启猛：《追求有深度的课堂》，《中小学课堂教学研究》2020年第11期。

属于促使二战爆发的历史事件。此外，学生能在自主思考与教师的引导下进行初步的分类。然而，由于教材将“慕尼黑阴谋”放在了课后的“知识拓展”中，不少学生在阅读教材时常常因不细致而容易忽略这个知识点。此时，教师应提示学生现场翻阅教材，并根据表格做出判断。

当把表格完成之后，学生就能清晰看出不同的历史事件直接推动了两次世界大战的爆发。其中，“萨拉热窝”事件最直接导致了一战的发生，所以它是一战爆发的导火索；而二战的爆发则没有类似的事件。与此同时，学生发现似乎仍然难以从这些史实中直接看出根本原因。由此，新的问题出现了。

2. 问题引导，分析材料，归纳相同

为了进一步引导学生分析出一战与二战爆发的根本原因，笔者又出示了以下两则材料：

材料一 1897 年 12 月，德国外交大臣皮洛夫在国会里说：“我们也要为自己要求阳光下的地盘。”

——［美］帕尔默《现代世界史》第十七章

材料二 “我们需要的，不是一块面包！而是一个生存空间！一个民族的生存空间！……凡尔赛条约，是一个极大的耻辱！……假如你们期望战斗，那就去战斗吧！”

——1933 年希特勒就任德国总理后的演讲

除了这两则材料，笔者还依次提出了以下四个问题，并让学生结合所学知识进行回答。

【问题 1】皮洛夫和希特勒的言论有什么相似之处？

学生：他们都要求扩张德国领土（获取海外殖民地）。

【问题 2】补充出示《19 世纪末 20 世纪初主要资本主义国家工业生产与所占殖民地数量情况表》（见表 3），并说一说皮洛夫是在什么历史背景下提出德国要“阳光下的地盘”。

表3　19世纪末20世纪初主要资本主义国家工业生产与所占殖民地数量情况表

	工业生产占资本主义世界比重		占有殖民地个数
	1870 年	1913 年	1914 年
英国	31.8%	14%	55
法国	10%	6%	29
美国	23%	38%	—
德国	13.2%	16%	10

（数据根据宋则行、樊亢《世界经济史》上卷整理）

学生：二十世纪初，德国等后起帝国主义国家经济发展迅速，但所占殖民地数量相对英、法等老牌帝国主义国家少得多。

知识小结：这体现了主要资本主义国家的经济实力与国际政治影响力发展不平衡，并且他们之间也存在着竞争与矛盾。

【问题 3】希特勒在什么历史背景下提出了与皮洛夫相似的要求？

在思考这个问题时，学生会注意到在希特勒的讲话材料中出现了"凡尔赛条约"这一关键词。教师据此引导学生回忆《凡尔赛条约》的内容，并思考哪些条款会促使德国要求"生存空间"。基于此，学生很快就能回答出：一战德国战败，《凡尔赛条约》使德国背负了巨额赔款，并被剥夺了全部海外殖民地。

知识小结：这使德国在战后不仅经济恢复缓慢，而且在国际政治舞台上几乎失去了全部话语权，成为"待宰羔羊"，更让德国人民从此埋下仇恨的心理种子。

师生活动：完成知识小结后，此时教师再补充出示《1929—1933 主要资本主义国家受经济危机影响情况表》（见表 4），引导学生分析希特勒发表演讲前的历史背景。

表4　1929—1933主要资本主义国家受经济危机影响情况表[1]

	生产水平下降	贸易总量下降	失业率
美国	46.2%	76.5%	25%
德国	40.6%	69.1%	30.8%
资本主义世界平均	36.2%	66.1%	—

1. 本表格中的数据主要根据郑寅达等著《德国通史》（第五卷）、陈弢著《美国罗斯福政府经济外交研究——以RTA法案为中心的考察（1933-1938）》（上卷）进行整理。

由此，学生也就比较容易认识到，1929 年爆发的全球经济大危机不仅严重打击了德国经济，而且激化了国内外矛盾，进而导致希特勒上台并建立法西斯政权，最终提出扩张计划。

【问题 4】对比皮洛夫与希特勒言论的历史背景，可以看出两次世界大战爆发的根本原因都是什么？

在前三个问题的铺垫下，学生基本能认识到：一战前，帝国主义国家之间的政治经济发展不平衡促使后起之秀的德国与老牌殖民帝国英国分别拉拢了不同国家，并分别组成了三国同盟与三国协约两大军事集团。这两者的疯狂扩军备战最终导致一战的爆发。而一战后，这一不平衡非但没有解决，反而在经济大危机的影响下变得愈发严重，这使得以德国为代表的国家最终走上了法西斯的道路。

知识小结：一战和二战爆发的根源都在于第二次工业革命后，帝国主义之间政治经济发展的不平衡。因此，不少学者认为二战是一战的延续。

（三）史料研读，合作探究，创设有梯度的课堂

在“四度六步”教学法中，戴启猛老师提出：“追求有梯度的课堂，要求教师在课堂教学中要有分层教学的意识和智慧，分类指导的设计和举措，多维评价的理念和行动，以帮助每一个学生在课堂获得不同程度的提升，体会到自己的独特和精彩。”[1] 在进一步推进义务教育均衡发展的大背景下，学校不再设重点班、实验班，这意味着班级中学生的差异化将更加明显。因此，教师在教学过程中需要具备分层教学、分类指导的能力。

就本节课而言，教师帮助学生从长时段的历史着眼，认识到两次世界大战对资本主义、社会主义与殖民地半殖民地国家的不同影响，进而理解两次大战后国家（或国家集团）力量消长与世界格局变迁的互动。这些既是本节课的重点，也是难点。基础薄弱的学生可能只能勉强掌握两次世界大战后的重大历史事件；成绩中等的学生可能可以分别指出一、二战后国际格局的变化，却无法将这些变化有效连接起来；而优秀的学生虽然已经初步具备分析世界格局宏观变迁的能力，但只占极少的比例。因此，要想让不同层次的学生都能在课堂上获得提升，教师就必须在分类指导的基础上激活生生互动，发挥“一加一大于二”的功效。

在课堂教学中，笔者以课堂学案为依托，设计了小组合作探究环节。为了让

1. 戴启猛：《追求有梯度的课堂》，《中小学课堂教学研究》2020 年第 6 期。

学生更好地融入历史情境，有的放矢地讨论，笔者首先出示了两部历史著作的封面，并进行了解读。一是《西方的没落》，它是由德国历史学家奥斯瓦尔德·斯宾格勒撰写的著作，并于1918年出版。一战后，它在欧洲引起了强烈的反响。二是《两次世界大战：西方的没落？》，它是美国历史学家帕尔默在二战结束后的1950年所撰写的《现代世界史》系列著作的一部分。后来它在被引进到中国进行出版时，编者加上了这样一个标题，这也算是对斯宾格勒著作的呼应。基于此，笔者提出了两个问题：（1）这两本书名中的"西方"指的是哪里？（2）纵观两次世界大战后的国际格局变迁，我们是否可以同意"西方没落"的说法？

在这样的问题指引下，教师给不同小组按一战后、二战后初期、冷战期间三个时段分配了史料研读任务，并要求学生在此基础上通过小组讨论找出不同时段中战争对不同类型国家的影响，以及世界格局发展的趋势。值得说明的是，本次课堂讨论的小组并非临时划定，而是依托班级原有的学习小组。其中，每个小组基本都包括了不同能力层级的学生。

师生活动：在学生讨论的过程中，教师会到每一个小组短暂聆听，一方面给学生建议和引导，帮助解决讨论过程中发现的问题，另一方面鼓励基础较薄弱的学生大胆说出自己的想法。讨论结束后，每个小组派遣一名学生汇报本组的讨论结果。最后，在汇总了各组的讨论成果后，师生共同以时间轴为基础，绘制出了一幅两次世界大战后世界格局变迁关系图（见图1）。

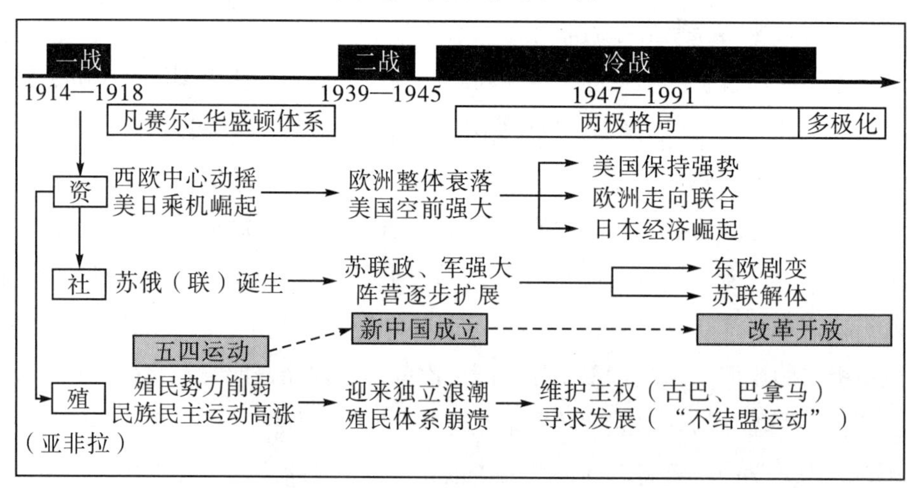

图1　两次世界大战后世界格局变迁关系图

由于初中生仍处于抽象思维的发展关键期，虽然抽象逻辑思维日益占据主导地位，但仍有赖于具体形象，教师只有以“图”的方式呈现小组讨论的结果，才能让学生更直观地把握历史发展的宏观趋势。

通过观察图 1，学生可以清楚地感知到两次世界大战深刻改变了世界主要国际力量的命运：英法等西欧国家一再遭受重创，一战之前强盛一时的沙皇俄国、奥匈帝国都随着战火灰飞烟灭；美、日等新兴资本主义国家崛起；社会主义国家出现并发展；大量殖民地半殖民地国家实现独立等。这些都影响了战后世界格局的总体发展。

知识小结：所谓“西方的没落”，更多指的是政治经济层面传统大国实力、地位的变化，以及新兴民族国家在国际社会中逐渐发挥更多影响力。

（四）总结提升，以史鉴今，创设有宽度的课堂

二十世纪以来接连发生的一战、二战、冷战，可以说是奠定当今世界局势的基础，并对我们当下的生活生产了深远的影响。因此，本节课也不能仅仅局限于回顾过去，也必须要拓展宽度，引导学生由历史走近现实，鉴往知来。一方面，学生可以在新的历史情境下迁移运用所学，再次锻炼史料实证的能力，提升历史解释的素养；另一方面，学生也能从当代历史发展中再次感知，中国的前途命运已日益紧密地同世界的前途命运联系在一起，进而增强国际意识和历史使命感。

在这一环节，教师还是先让学生围绕“近年来影响国际局势的重大国际事件”进行自主分享，尽可能调动起学生的知识储备，引导学生明白当今的我们仍然身处历史之中，无时无刻不在见证世界历史的发展。此外，教师还应引导学生认识到：当今的世界仍然是过去历史的延续，并且以美国为首的资本主义国家、以中国为代表的社会主义国家、广大的发展中国家仍然是主导世界格局发展演变的重要国际力量。

二战之后，和平与发展虽然已是世界的主流，政治多极化、经济全球化的趋势也都在逐步加强，但是科索沃战争、9·11 事件、伊拉克战争、阿富汗战争都在告诉我们：局部地区的动荡仍然存在。在这个看似“和平”的世界，我们仍不能忘记历史，而要居安思危。正如《司马法》所说：“国虽大，好战必亡；天下虽平，忘战必危。”[1]

1. 陆费逵总勘、高时显辑校：《司马法（卷上）·仁本第一》，中华书局，1936，第 1 页。

课后思考：我们该如何从历史中汲取经验，居安思危，为促进国家的发展与世界长久和平贡献自己的力量？

在这一节初三历史大单元主题复习课中，教师深度整合了教材的相关知识，并根据学生的知识情况与能力水平设计了教学环节，渗透了家国情怀与国际意识的培养。从课后的反馈看，学生对世界现代史的史实与发展线索都有了更清晰的认识，实现了课堂的高效复习。

教学总评：

"四度六步"教学法是广西数学特级教师戴启猛经过20多年的实践探索，以维果茨基"最近发展区"、奥苏贝尔"认知学习"和皮亚杰"建构主义学习"等理论为基础，总结提炼的初中数学学科教学法。其中，"四度"指的是追求"有温度""有梯度""有深度""有宽度"的课堂。[1] 尽管数学与历史学科不同，但课堂教学的目的却是殊途同归，那就是落实学科核心素养，提升学生知识水平和学习能力。

在本节课中，笔者借鉴了初中数学"四度六步"教学法关于追求"有温度""有梯度""有深度""有宽度"的课堂这一思路，在深入研究统编版教材的基础上，以大单元主题教学设计了初三历史"20世纪战争与和平"复习课，阐述了对初中世界现代史复习教学策略的设计与思考。因此，笔者认为"四度六步"教学法对初中历史教学也有积极的借鉴意义。

1. 戴启猛：《基于初中数学"四度六步"教学法的理论基础与实践架构》，《中小学课堂教学研究》2020年第3期。

2.5 “四度六步”教学法在高中生物课堂的实践[1]

——以人教版《生物学》(选择性必修 2)“生态系统的信息传递”为例

执教：黄琼瑶[2] 评析：戴启猛

适用学段及学科：

高中，生物。

教学内容：

人教版《生物学》(选择性必修 2)“生态系统的信息传递”。

教学目标：

（1）通过对案例进行分析与讨论，学生能概述生态系统中信息的类型和信息传递的过程。

（2）能阐明生态系统中信息传递与物质循环及能量流动的关系。

（3）可以举例说明信息传递在生态系统中的作用。

（4）学会分析信息传递在农业生产中应用的案例，并评价其合理性。

教学方法：

本节课运用“四度六步”教学法，突出解决核心问题，突破教学难点，以精彩的课堂环境，提升学生解决实际问题的意识和能力。

教学过程：

（一）复习提问，温故孕新

师：同学们，前面我们学习了生态系统的结构、能量流动和物质循环。谁愿意与我们分享生态系统有什么功能呢?

生：生态系统的功能有能量流动和物质循环。

师：它们有什么关系?

生：物质是能量的载体，使能量沿着食物链或食物网流动。能量作为动力，使物质能够不断地在生物群落和非生物环境之间循环往返。

师：除了这两个功能，生态系统还有其他功能吗? 带着这个问题，我们一起来

1. 本文是玉林市教育科学“十四五”规划 2022 年度教研引领专项课题《“三新”背景下“四度六步”教学法在高中生物教学的实践研究——以博白县王力中学高中生物为例》（立项编号：2022YZ229）的中期研究成果。

2. 黄琼瑶，女，高级教师，广西玉林市第三批名师工作坊主持人，玉林市教育系统优秀班主任、学科带头人，主要从事高中生物教学研究。

观看一段视频。

评析：本节课主要学习生态系统的第三个功能——“生态系统信息传递”，这是对前面所学的“生态系统的物质循环和能量流动”这一主题的延伸。通过复习导入，教师可以让学生及时对上节课学习的内容进行复习，并为本节课的学习埋下伏笔，使教学进程自然地推进。

（二）创设情境，引入课题

师：请大家观看这段视频，并思考蜜蜂为什么要跳圆圈舞和摆尾舞。（注：教师播放一段“蜜蜂在找到蜜源后，通过跳圆圈舞或摆尾舞向同伴传递蜜源”的视频。）

生：这是蜜蜂向同伴传递的蜜源信息。

师：蜜蜂为什么要跳两种不同的舞？这两种舞向同伴传递的蜜源信息有什么不同吗？

生：蜜蜂跳圆圈舞表示蜜源在“100米以内”。跳摆尾舞则表示蜜源在“100米以外的远处”，并且距离的远近与摆尾的速度有关。

师：很好。你观察得很仔细。那么，信息传递一般要经历哪些过程？

生：一般要经历信息的发出、信息的输入和信息的接受等过程。

师：既然蜜蜂可以通过跳舞来传递蜜源位置信息，那么其他生物有没有类似功能呢？

生1：蚂蚁搬家。

生2：孔雀开屏。

生3：向日葵开花。

师：很好。看来大家课前都做了功课，收集了不少相关信息资料。请问，我们应如何理解信息和信息流这两个概念呢？生态系统的信息种类都有哪些？它们在生态系统中有什么作用？请大家带着这些问题，认真阅读课本第68至69页的内容。

评析：通过播放蜜蜂向同伴传递蜜源情况的视频，教师创设了教学情境，激发了学生的好奇心，让学生在轻松而有趣的情境中进行学习和探究，使课堂渐入佳境。这就体现了精彩课堂应有温度和梯度。

（三）合作探究，活动领悟

师：同学们，通过阅读课文的材料，你们知道什么是生态系统的信息了吗？

生：在日常生活中，人们通常将可以传播的消息、情报、指令、数据与信号等称为信息。

师：好。那什么才是信息流呢？

生：在生态系统中，生物种群之间以及他们内部都有信息的产生与交换，并能形成信息传递。我们把这种信息传递叫作信息流。

师：“一只昆虫撞上了蜘蛛网，引起了蜘蛛网的振动，马上就有蜘蛛爬来……”同学们，你们是否注意过这样的场景呢？

生：嗯。

师：对蜘蛛而言，蜘蛛网的振动频率是什么？

生：信息。

师：在茂密的森林里，一只头狼爬上高坡，昂首向空中长嚎。不久，分散在森林中的狼群成员便陆续赶来，并开始集体猎食。对于狼群成员，头狼的嚎叫声又是什么？

生：信息。

师：很好。那么，生态系统中的信息有哪几种？

生：物理信息、化学信息和行为信息。

师：请大家看几个实例，即①萤火虫发出的荧光；②蛇通过热感受器发现鼠；③蜘蛛网的振动；④宠物狗之间通过嗅闻肛门腺辨识身份和健康状况；⑤狒狒相互梳理毛发；⑥孔雀开屏；⑦雌蛾分泌性外激素吸引雄蛾。请问，每个实例传递的信息属于什么信息类型？同学们能将上述实例中的信息进行归类吗？

师生活动：学生在教师的指导下进行自主归类。大约过了五六分钟，教师在巡视课堂时关注各小组完成任务的情况，并给予必要的指导。

师：有哪个小组愿意先来分享成果呀？

生：我愿意。以下是我们小组的成果。

例子	具体信息	信息类别
实例①	光	物理信息
实例②	热	物理信息
实例③	振动	物理信息
实例④	嗅闻	化学信息
实例⑤	相互梳理毛发	行为信息

续表

例子	具体信息	信息类别
实例⑥	开屏	行为信息
实例⑦	性外激素	化学信息

师：非常好！看来同学们都掌握了生态系统中信息的种类。接下来，我们一起探讨一下蜜蜂跳圆圈舞和摆尾舞的这些信息是如何传递的呢？请同学们用图解表示信息传递的基本过程。

师生活动：教师提出问题，学生按要求完成作答。教师在学生的回答基础上，进一步组织学生完善生态系统信息传递过程图解（如下图）。

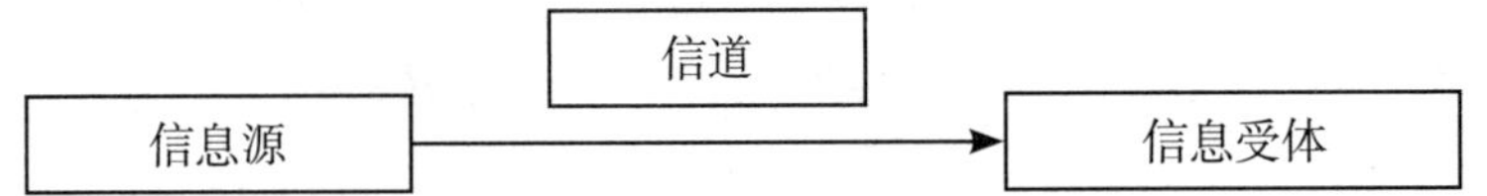

师：生物可以同时通过多种类型的信息进行交流吗？

生1：可以。比如，孔雀既可以通过开屏等行为传递求偶的信息，也可以通过鸣叫等物理信息与同类进行交流。

生2：当草原返青时，食草动物先在远处通过识别植物的"绿色"（物理信息）来搜寻食物，然后在近处通过植物的"气味"（化学信息）来辨别和摄取食物。

师：很棒！生态系统中的信息传递仅仅发生在同种生物之间吗？

生：不是的。生态系统中的信息传递既存在同种生物之内，也可以发生在不同生物之间。

师：你可以举个例子吗？

生：可以。在非洲大陆上，犀牛与牛椋鸟之间有频繁的信息交流。具体来说，鸟的鸣叫与跳跃可以提醒犀牛附近有危险情况。

师：没错。生态系统中的信息传递在生物与非生物环境是否也有信息传递？请举例说明。

生：生态系统中的信息传递也可发生在生物与非生物环境之间。比如，向日葵开花总是顺着太阳升降的方向。

师：真厉害！同学们可以尝试用图解归纳一下信息传递的基本过程吗？

生：可以。以下就是我书写的内容（如下图）。

生态系统信息传递的过程

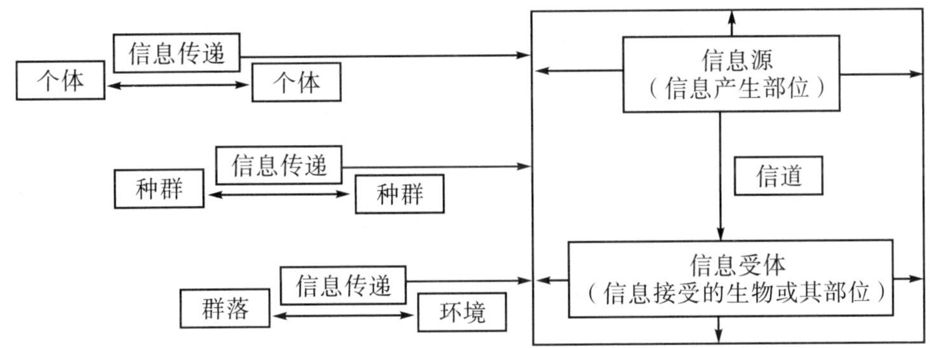

师：真棒！经过讨论、交流，大家已经了解了生态系统信息的种类。

师生活动：教师提出问题后，学生会争先恐后地举手示意。教师根据学生的情况，挑选 1 到 2 名学生代表上台书写信息传递的基本过程，达到合作学习的目的。

师：请同学们再想一想，生态系统中的信息传递、物质循环、能量流动三者之间存在哪些差异？哪些环节构成了一个完整的信息传递过程？

生：能量流动是生态系统运转的动力，物质是能量的载体，信息传递可以决定能量流动和物质循环的方向。

师：很好！接下来，我们从下面这个表格可以有更清晰的认识。

能量流动、物质循环、信息传递比较

项目	能量流动	物质循环	信息传递
特点	单向流动、逐级递减	全球性、循环性	往往是双向的（也有单向）
范围	生态系统中各营养级之间（生物群落中）	生物圈	生物之间，生物与非生物环境之间
途径	食物链和食物网		多种
联系	①三者同时进行，相互依存，不可分割，形成统一整体 ②能量流动是生态系统运转的动力，物质循环是生态系统的基础，信息传递决定能量流动和物质循环的方向		

师生活动：学生先分组进行讨论后，再派代表上讲台填表格。教师结合学生的答案，综合整理表格的内容，让学生对整体知识有更清晰的认识。

师：生态系统中的信息传递有什么作用呢？请同学们阅读课本第70–71页的内容，然后进行思考与讨论。（注：此时，教师通过PPT展示课本的相关资料。）

生（自主阅读5分钟后作答）：（略）

师：信息传递与个体正常生命活动的进行有什么关系？

生：生命活动的正常进行离不开信息传递。

师：你能举个例子吗？

生：莴苣的种子必须接受某种光信息才能萌发生长。

师：信息传递在种群的繁衍中起什么作用？

生：生物种群的繁衍离不开信息传递。比如，很多昆虫的雌雄个体凭借信息素相互识别，并完成交配，从而保证种群的延续。

师：请问，烟草、蛾，以及蛾幼虫的天敌三者之间的信息传递在群落和生态水平上发挥着什么作用？请结合资料进行思考。

生：信息传递可以调节中间关系，进而维持生态系统的平衡与稳定。

师：谁能总结信息传递对维持生态系统平衡和稳定的重要性呢？

生：信息传递为生态系统稳定地存在和发展提供了保障，信息传递是生态系统的重要功能之一。

师：在人类的生产和生活中，能否利用信息传递规律来提高农畜产品的产量呢？请同学们阅读课本第71—72页的内容。（注：此时，教师通过PPT展示课本的图3–17、图3–18。）

生1：养鸡时，在增加营养的基础上，适当延长光照可以提高产蛋量。

生2：利用光照、声音信号、昆虫信息素等诱捕有害昆虫。

师：大多数被子植物的传粉是由动物完成的。请问，我们怎样提高果树的传粉效率和结实率呢？

生：我们可以利用模拟的动物信息吸引传粉动物，从而提高果树的传粉效率和结实率。

师：某地的板栗树上挂满了栎掌舟蛾护囊。请问，假如你是种植板栗的老板，如何利用信息传递来控制栎掌舟蛾的数量，以提高板栗产量？请大家分小组进行讨论，并派代表展示讨论结果。

生3：我们可以利用成虫的趋光性，在危害较集中的林地设诱虫灯，来进行诱杀。

生4：我们还可以利用一些性外激素，把栎掌舟蛾的天敌引诱过来，再将栎掌舟蛾杀掉。

评析：通过自主阅读课文，学生在小组的合作探究中发现问题，解决问题。此时，教师不仅要给足学生时间和空间，发挥学生的主动意识和合作精神，而且要引导学生评价在生产实践中应用的科学性，让学生懂得学以致用。只有这样，教师才能在课堂教学中落实社会责任的生物核心素养，很好地拓展学生学习的梯度和深度。

（四）师生互动，变式深化

师：在某地的茶园中，小绿叶蝉的存在严重危害了茶树的生长。现在，我们有必要进行对小绿叶蝉进行消杀。小叶蝉的外表通常呈绿色。请同学们思考一下，绿色在生态系统属于什么信息类型？

生：物理信息。

师：小叶蝉与茶树属于什么种间关系？

生：寄生。

师：很好。请大家再思考一下，我们该采取什么措施去除小绿叶蝉？谁愿意分享吗？

生1：我们可以用灯光诱捕法。

生2：可是这种虫是否趋光，我们还需要做进一步的探究。

生3：我们可以直接喷洒施农药。

生4：但是这样会污染环境，也会影响茶叶的质量。

……

师：大家刚才进行了激烈的讨论。接下来，大家不妨从生态系统的信息传递角度试着思考一下。

生5：我觉得可以利用昆虫信息素诱捕小绿叶蝉。

生6：我们也可以用音乐把小绿叶蝉的天敌引过来。

师：很好。同学们都很有想法。请大家再思考一下，如果利用昆虫信息素诱捕小绿叶蝉，那么这是属于生物防治还是化学防治？

生：生物防治。

师：生物防治的最大优点是什么？

生：不污染环境。

评析：在设计“变式”环节时，教师应注意三个方面：一是“变式”应符合教学的实际，二是“变式”应把握设计的梯度，三是“变式”应指向知识的本质。在高中生物的学习中，“变式”应着眼于发展科学思维。教师需要引导学生能够基于生物学的事实和证据，运用归纳与概括、演绎与推理、模型与建模等方法，探讨、阐释生命现象及规律，并审视或论证生物学的社会议题。为此，教师这个环节可以运用“一题多解”和“一题多变”进行教学，有时也可以采用“题组”形式来组织教学。通过利用“变式题”和“问题串”，教师可以让学生抓住解决同类问题的一般方法，并利用生态系统信息传递的作用解决实际生产应用的问题。因此，“变式”环节除了指向新知识的巩固和提高，还可以丰富一下题型和结构，让“变式”更有层次，让学生的学习由浅入深、由低到高、由易到难，呈螺旋上升。这样一来，学生的逻辑思维和归纳表达等才会达到一个新的高度。

（五）尝试练习，巩固提高

师：同学们，下面我们通过做几道题，检测一下本节课的学习效果。

【习题 1】概念检测

（1）黄鼬（俗称“黄鼠狼”）主要捕食鼠类，它们体内有臭腺，在遇到威胁时可排出臭气麻痹敌人，鼠类闻到臭气时往往选择逃离。以下有关解释不合理的是（　　）

A. 释放的臭气是一种化学信息　　B. 这种气味信息只对黄鼬有利

C. 释放臭气有利于黄鼬躲避危险　　D. 臭气作为信息可调节种间关系

（2）《诗经·国风》有这样的描述：“燕燕于飞，差池其羽”“燕燕于飞，下上其音”。请问，“燕子”表达的是哪一类信息？

【习题 2】拓展应用

机场附近的鸟类严重危害飞行安全，因此有必要进行人工驱鸟。请将八种人工驱鸟的措施按原理进行归类：（1）播放鸟类天敌的鸣叫声；（2）放置无公害的驱鸟剂；（3）燃放爆竹；（4）使用激光；（5）架设煤气炮（模拟猎枪的响声和火光）；（6）布设鸟类害怕的图案；（7）声光威吓（将爆竹、猎枪声、激光、驱鸟火焰等方法结合）；（8）遥控航模模拟天敌。

①上述方法利用物理信息的有________________________

②利用化学信息的有息的有________________________

③利用行为信息的有________________________

师生活动：学生安静地独立做习题，老师巡视课堂并指导学生。约5分钟后，老师发现已有大部分学生完成了练习，少数同学正在写拓展题的设计过程。接着，教师通过随机提问的方式，让学生自由分享学习的成果。

评析：“事非经过不知难”。如果说“温故”“引新”“探究”“变式”等四个环节都有教师“扶”的因素，那么“尝试”环节就是学生真正地自主和尝试学习。我坚持认为，如果主体不参与，那么学习就不会发生。教师通过变换问题情境，让学生先独立思考并作答，再分享“标准答案”。这样的教学设计既巩固了本节课的内容知识，又能让教师适时掌握学生对本节课内容的理解情况。此外，这样也会让学生在阅读以诗词形式出现的生物题中体会生物与语文学科的融合，从而激发学生学习生物的兴趣，并引导学生将课内的集体学习延伸到课外的自主提升。

（六）适时小结，兴趣延伸

师：以上就是我们这节课的主要内容。不过，我还想请一位同学从本节课的板书中圈出一些关键词，并用线进行串连，以呈现本节知识的网络图。谁愿意帮助老师？

生：（略）

师：最后，请同学们完成一道课外练习题。

【课后活动】请各学习小组讨论并设计一个实验，以验证昆虫之间是否存在化学信息的传递。如果有化学信息，我们既看不见，也摸不着，该怎么做呢？你初中做过探究蚂蚁通讯的活动吗？如果做过，想一想，那个活动对你理解昆虫之间的信息传递有什么启发？请同学们利用一周的时间连续观察，用科学的观察表记录每天或者重要时间节点的变化，再运用语言文字描述自己是怎样设计这个实验的。

评析：如果说课堂教学各环节讲授的内容是给学生一些知识的“点”，那么最后的“提升”就要引导学生织就一个知识的“网”。在这一环节中，教师请一位同学从板书的内容中圈出一些关键词，并用线进行串连，以呈现本节课知识的网络图，这既能引导学生达到知识的一个新高度，也体现了课堂应有的深度。在“提升”环节中，教师不仅引导学生回顾、总结本节课的学习内容、学习的方法和步骤，帮助学生形成了对生物知识学习的基本方法和步骤，提升了学生的学习感悟和对知识的系统把握和深度理解，而且通过布置有趣的小组实验设计作业，让每一位同学都有机会运用本节课所学的知识解决一些基本问题，并将学习持续而有效地拓展到课外，这体现了精彩课堂应有的宽度。

板书设计：

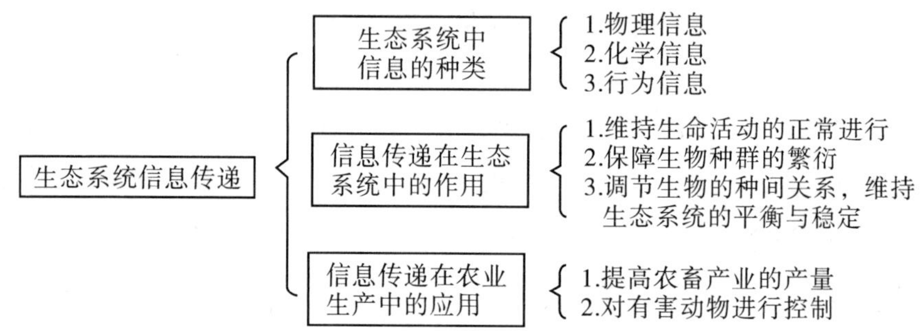

教学总评：

顾明远先生在《科学学习：斯坦福黄金学习法则》一书的推荐序中说：“教师应帮助学生设计适合他们兴趣爱好的个性化学习方案，指导他们获取有益信息，帮助他们解决困惑。教师要成为学生的‘引路人’，成为与学生共同学习的伙伴。”[1] 高中生物学课程要求学生主动地参与学习，在亲历提出问题、获取信息、寻找证据、检验假设、发现规律等的过程中习得生物学知识，养成科学思维的习惯，形成积极的科学态度，发展终身学习及创新实践能力。因此，高中生物教学提升的不仅仅是知识和能力，还应有情感和价值观，让每一位学生都得到鼓励和成长。我认为教师在本节课的教学中灵活运用了“四度六步”教学法，并指向了学科的核心素养。整体节课的设计精心独特，过程自然流畅，课内师生、生生有序互动，思维高潮迭起，让学生学得意犹未尽，真正实现了由“学会”到“会学”再到“乐学”的转变。以下两点值得我们学习和借鉴：

1. 巧妙设计“六步”教学框架，指向学生能力和素养提升

在“温故”环节中，教师引导学生回顾生态系统的物质循环和能量流动，

1.〔美〕丹尼尔 L. 施瓦茨、杰西卡 M. 曾、克里斯滕 P. 布莱尔：《科学学习：斯坦福黄金学习法则》，郭曼文译，机械工业出版社，2018，推荐序。

这既是对原有知识点的巩固，又为正课中的问题解决埋下伏笔，更能突出本节课的重点。

在“引新”环节中，教师为正课中的关键概念——生态系统信息传递的运用做好了铺垫。

在“探究”环节中，教师让学生在原有的知识体系中构建生态信息种类的概念和问题模型，帮助学生形成了合理的思维模型（列表法），使学生在活动领悟知识的发生发展过程中体验交流合作的优势和成果。

在“变式”环节中，教师对原题进行题设条件的变式，让学生形成了解决问题的一般模式，帮助学生在大脑中逐步形成生物学的概念模型。

在“尝试”环节中，教师让学生通过完成练习，进一步巩固基础知识，培养基本技能。

在“提升”环节中，教师更在各紧要处画龙点睛，引导学生及时归纳本节课的主要内容与解决实际问题的方法，提升了学生的思维能力，并通过分层的作业布置让学生的学习兴趣向课外延伸。

总的来说，本节课的“六步”教学过程清晰，目标明确，层次分明，逐步递进，指向知识要点和方法核心。通过实施“六步”的教学环节，教师让学生对生物学科学习的能力和素养真正得到锻炼和提高。

2. 有机融合“四度”教学理念，注重学生学习亲历和体验

这是一节有温度的课。教师首先在充分了解学生学情的前提下，以复习引入新课，以适时吸引学生兴趣的蜜蜂向同伴传递蜜源情况视频导入新课学习。其次，在设计课堂小组的合作探究学习、变式训练、尝试和提升环节上，教师坚持以学生为主体，引导学生主动参与体验。最后，教师在整节课中讲课吐字清晰，声音响亮，激发了学生的好奇心和求知欲，使师生关系融洽、课堂气氛和谐。这些都体现了课堂应有的温度。

这是一节有梯度的课。教师在本节课中最初从“什么是信息”的概念入手，让学生通过自主阅读，亲身经历小组合作探究，从而找出答案，最后分享学习的成果。接着，教师用同样的方法带领学生先后探讨学习了“生态系统信息种类”“生态系统信息传递的作用”“生态系统信息传递在农业生产中的应用”等内容。在整个过程中，教师留给学生足够的空间和时间，充分发挥了学生主动探

究和合作的精神，落实了科学思维、科学探究的生物核心素养。这些体现了课堂学习的梯度。

这是一节有深度的课。教师在教学中通过变换问题情境设计了相关的练习，给足学生独立思考和独立尝试练习的时间，并分享答案。这样的教学安排既能巩固本节课的新知识，又能让教师实时掌握学生对本节课内容学习效果的情况。同时，教师设计了以古代诗词、诗句形式出现的练习题，让学生在完成跨学科的练习中不断增加对生物学习的兴趣，并有效地引导学生将课内的集体学习延伸到课外的自主提升。这些体现了课堂学习的深度。

这也是一节有宽度的课。一方面，教师在本节课中根据学生的学情，紧紧围绕本节课的内容和前后章节知识点设计了落实本节课重难点的变式训练习题。另一方面，教师通过布置课后实验调查的作业，让每一位学生都主动参与课外的观察与学习，并尝试运用本节课所学的知识解决一些基本问题，从而将学习持续而有效地拓展到课外。这种将教学内容相关知识点拓展运用到生活中的教学设计，并在螺旋式整体思想的辅助下，有效地增强了本课知识点与思想方法的前后联系。这些体现了精彩课堂的宽度。

总之，我们都知道，要上好一堂课，教师不仅要思考"为什么教""教什么"，也要想清楚弄明白"怎么教""教得怎么样"。本节课不仅是基于"四度六步"教学法实现跨学段跨学科教学的全新尝试，更是基于"四度六步"教学法实现跨学段跨学科教学的研究成果。我认为这必将对激发高中课堂教学的活力，提高高中课堂教学的质量起到示范和引领作用。

第三节　基于"四度六步"教学法的课题研究及其成果汇编

3.1　琢磨上好课就是最好的研究[1]

执笔：戴启猛

教育家苏霍姆林斯基曾说："教师上好一堂课要做毕生的准备。"

我在不同时期读这句话，感受是不一样的。

1. 戴启猛：《琢磨上好课就是最好的研究》，《广西教育》2022 年第 01 期。

30 多年前，我刚走上讲台时，这话没有引起我多大的注意，读是读了，心里却在想：不就是“上好一堂课”嘛，有那么玄，要做“毕生的准备”？

20 多年前，我评上了高级教师，并入选“广西 21 世纪园丁工程”首批培养对象。回顾自己十年不间断参加南宁市中学数学优质课比赛，反思自己的教学特色和风格时，再次读到它，我已能感觉到“上好一堂课”是多么的不易：即便是获得了南宁市、自治区、全国的初中数学课堂教学比赛一等奖，我也不敢说其中有一节课是令我十分满意的。

10 年前，从中学校长调任南宁市教育科学研究所所长，担负起率领教研员服务全市学校教育教学、引领课程教学改革、指导全市教师专业成长、深入研究学生学习和成长规律的重任时，我已然能够感觉到：“上好一堂课”，真的要学习一辈子，琢磨一辈子，因为教学内容和手段在变，教学对象和情境在变，教学方式和方法必须因时而变、因势而变。

如今，我的初中数学“四度六步”教学法得到区内外众多名师名家的赞赏和推荐，并得到了广大一线教师的认可和践行，但说实话，我对课堂教学开始产生了向往与敬畏兼而有之的复杂情绪：既是自信的，也是有点儿“虚”的。初中数学“四度六步”教学法，是一种以追求“四度”（有温度、有梯度、有深度、有宽度）课堂为教学主张，依照“温故”（复习提问·温故孕新）、“引新”（创设情境·引入课题）、“探究”（合作探究·活动领悟）、“变式”（师生互动·变式深化）、“尝试”（尝试练习·巩固提高）、“提升”（适时小结·兴趣延伸）六步教学环节精准设计和组织实施初中数学课堂教学的教学方法。尽管我对如何追求有温度、有梯度、有深度、有宽度的课堂都分专题撰写并发表了论文，对“温故”“引新”“探究”“变式”“尝试”“提升”六步教学环节给出了每一步的技术操作要领，设计了成功的教学案例，并出版了专著《“四度六步”教学法的探索与实践》，但在课堂教学实践中，我依然能够感觉到课堂中出现的各种缺憾。因此，每上完一节课，我仍会伏案反思，把课堂上没有说到位的话订正后重新写入教案中，把应该提出的问题和应该改进的环节补充到教案中，以便下一堂课能够上得更好。的确，课堂教学是一门遗憾的艺术，但正因为懂得它是艺术，正因为懂得它有遗憾，所以才要不断地督促自己去研究、修正、完善、革新。

俗话说：教不研则浅，研不教则空。总结自己 37 载教坛人生，最值得自豪的是，我虽八易工作岗位，但始终保有"教"与"研"的热情。一辈子就琢磨一件事，我愿用余生，创造更加精彩的课堂。

3.2 让课堂精彩，让师生更精彩[1]

执笔：戴启猛

2019年12月12日，中共南宁市委教育工作委员会、南宁市教育局在南宁市第三中学（青山校区）举行"特级教师戴启猛教育教学思想专场展示活动"。在这次展示会上，我第一次系统地向全市中小学教师介绍了"四度六步"教学法，并得到与会专家、老师们的认可和好评。广西师范大学原党委书记、博士生导师、二级教授王枬老师在点评中说："戴启猛的'四度六步'教学法还具有超越数学教学之上的意义，这虽然是基于初中数学教学的实践提出的，但其价值不局限于初中数学教学，而是具有对基础教育课堂教学的普适意义。也就是说，'四度六步'教学法对小、初、高，对语、数、外、理、化、生等科目，都是具有借鉴和启发价值的。"也正是这一次展示会鼓舞并激励我下定决心一定要推广"四度六步"教学法，让更多的教育同仁知道"四度六步"教学法，以助力教师专业成长，赋能课堂教学质量。四年来，经过团队的努力，"四度六步"教学法已经推广至广西14个地市，并辐射到广西区外的海南、广东、湖北、北京、贵州、江苏6个省市。我们仅在南宁就有了4个应用推广实践实验区，数百所学校在推广应用"四度六步"教学法。更让我感动的是广大一线教师不仅在课堂教学中自发地运用"四度六步"教学法，更在教学实践中主动地研究"四度六步"教学法。目前，以研究"四度六步"教学法为主题申报立项的教育规划或专项课题已超过100项。其中，广西壮族自治区级有5项，南宁、玉林等地市级有63项，其他县（市、区）级的专项课题也有一大批。特别值得一提的是，仅2021年南宁高新区立项研究"四度六步"教学法的专项课题就有23项。此外，学校立项的微型课题更是不计其数。

我常在想，是什么让老师们如此热衷对"四度六步"教学法践行与研究？

1. 秦健主编《创造更精彩的课堂——初中数学"四度六步"教学法要领解读与课例评析》，漓江出版社，2023，第001—003页（序言）。（注：文章略有修改。）【注：由广西特级教师、广西教学名师、正高级教师、南宁市天桃实验学校秦健老师主持申报并立项的广西教育科学规划2021年度"乡村教师能力素质提升"专项课题《戴启猛初中数学"四度六步"教学法引领乡村数学教师能力提升的行动研究》（立项编号：2021ZJY191）即将结题。本文是该课题研究成果《创造更精彩的课堂——戴启猛"四度六步"教学法要领解读与课例评析》一书的序言。】

就以南宁市天桃实验学校的秦健老师来说，虽然她早已经是广西特级教师，教学不可谓不成功，但这几年她不仅带领团队成功申报广西教育科学规划2021年度专项课题《戴启猛初中数学“四度六步”教学法引领乡村数学教师能力提升的行动研究》（课题编号：2021ZJY191），而且还带领团队对“四度六步”教学法中“六步”设计提出的17个技术要领逐一进行实践研究，并结合课例进行分析。更为难得的是，秦健老师和她的团队基于“四度六步”教学法设计了课例，并在学校教研组日常活动中逐一进行了展示和研讨。此外，她还亲自在校内上研究课，在市内上公开课，到全区各地去上示范课，并将其中的一些经典课例整理发表。目前，秦健老师已经发表的课例就有《基于“四度六步”教学法的初中数学专题复习课探讨——以〈巧用相似三角形的基本图形之“K型”〉为例》。该文章收录在《广西教育》（义务教育）2021年11月第41期（总第1217期）。在论文方面，秦健老师撰写的《好问题引发学生好探究》一文于2022年11月成功发表在《中学数学参考》期刊上。今天，秦老师又向我发来了她和她的团队的最新研究成果：《创造更精彩的课堂——初中数学“四度六步”教学法要领解读与课例评析》。这是一本有30多万字，共300多页的书稿，倾注了她和她的团队两年多的实践心血，是一个优秀团队研究智慧的结晶。她在微信上附言称：“师父，您好！您答应过要为这本书写一篇序言哦！另，书名及副标题也请您把关。辛苦您了！谢谢！”今天虽然是2023年广西“三月三”假期的第一天，但秦健老师显然没有休息，而是在整理和修改书稿。我下载书稿，打开文件并粗略地浏览了目录后，便回复她：“嘿嘹嘹啰！”还有什么比得上这一句山歌能表达我此时此刻的心情呢？

我与秦健老师本就是同事。2000年9月，我从南宁市天桃实验学校副校长交流调任至南宁第四中学副校长。当时，她休产假，所以我们并不认识。2001年9月，我们学校所在的南宁市新城区（现更名为“青秀区”）作为国家级义务教育新课程改革首批38个实验区率先进入了新课程改革。作为南宁市教科所教科研实验基地校，我们学校主动申请承办全市初中新课程课例展示活动。作为学校分管初中部及新课程改革工作的副校长，我与学校初中部的老师们精心策划并认真准备了这一次活动。当时，担任初中数学研究课展示任务的就是刚刚休完产假返校上班的秦健老师。她先后上了两次展示课：一次是《百万分之一有多小》，另一次是《从不同的方向看》。很荣幸的是，我参与了这两次课的备课和指导。由此，我们也结下了“师徒”之缘。后来，我调任南宁市第二十八中学校长，她也调到了南宁市天桃实验学校。那会儿，虽然我在高中任校长，她在初中任教师，但因为都是“数学佬”，加上她肯学习、真研究、勤展示、乐助人，所以在一些市级以上的数学学科教研活动中我也时常见到她与她徒弟的身影。我有幸见证她曾先后指导两位南宁市天桃实验学校的年轻老师获得全国初中数学青年教师优秀课评比一等奖。因为她总是人前人后地称我为“师父”，所以我也不失时机地给予她一些所谓的“指导”。2017 年 11 月 28 日，为配合一年一度的南宁·东盟人才活动月基础教育高端论坛，我们策划了一个“追随名师”的活动，其主题是“邕城名师教育教学思想宣讲及课堂教学展示”。当时我们从全市自愿报名参加的 9 位老师中选择了 3 位老师。其中，数学专场就是由已是南宁市天桃实验学校数学教研组长、广西特级教师、广西优秀班主任的秦健老师进行教学思想宣讲。在活动中，秦老师的两位高徒龙霜华老师和梁阳梅老师分别上了展示课。最后，我对整个活动进行了点评。至今我还记得当时我点评的标题“走近名师，追随名师，成为名师——观摩秦健老师教学思想展示活动的感悟”。在点评中，我从微笑的力量、方法的力量、成功的力量三个方面，分享了自己对秦健老师教学思想的认识与思考。

这两年，秦健老师带领她的团队一边研究“四度六步”教学法，一边应用并推广“四度六步”教学法。我时常会收到她转发的推文，既有她与她的团队在“国培”“区培”“市培”等做基于“四度六步”教学法的专题报告的报道，也有她和外地学校来访的老师基于“四度六步”教学法进行经验分享的宣传。最让我高兴的是，她在研究他人的教学法的过程中，没有忘了“革新”自己，而是进一步凝练自己的教学思想。秦健老师不仅在《广西教育》杂志上发表《“微笑+方法+成功”的教学实践与探索》等文章，而且在多个学术活动中展示自己独特的教学思想，即“‘SWS’教学理念在课堂中的实践策略——微笑+方法+成功，让学生爱学会学乐学”。凭借这样的成绩，秦健老师这两年也先后被评为中小学正高教师和广西教学名师。

截至 2023 年 2 月，我的著作《“四度六步”教学法的探索与实践》在出版后的仅一年多的时间里就完成了 7 次印刷。我曾与广西一位资深特级教师交流：“您认为‘四度六步’教学法有什么特点?”他归纳说:“与其他教学法相比,‘四度六步’教学法有四个明显特点:一是科学教学理论与有效教学程式的有机结合;二是课改理念传承与核心素养落地的生动演绎;三是规范教学步骤与有效教学策略的精彩呈现;四是落实双减政策与提高教学质量的本土表达。”

至此,我仿佛找到了让老师们如此热衷对“四度六步”教学法进行实践与研究的原因:一是一线教师对用优秀教学法引领自身专业成长的渴望;二是一线教师顺应国家课程改革洪流,积极投身课堂教学改革的自觉;三是一线教师面对“双减”要求及新时代“建设高质量教育体系”召唤的担当。

一言以蔽之,就是“让课堂精彩,让师生更精彩”。

是为序。

2023 年 4 月 22 日于邕城寒舍

3.3 最美的遇见[1]

执笔:戴启猛

结识郑胜梅老师,是很偶然的。

2020 年 3 月,因为新冠疫情,全国人民都在居家隔离。某日我接到了一个陌生的电话,电话接通,对方自报家门说自己是南宁市凤翔路小学的郑胜梅。我问她找我有什么事?她接着说,自己在线上看到了南宁市教育局于 2019 年 12 月 12 日在南宁第三中学青山校区举行的特级教师戴启猛教育教学思想专场展示活动的网上视频,对我的初中数学‘四度六步’教学法很感兴趣,想向我申请在她的学校——南宁市凤翔路小学推广应用我的“四度六步”教学法,以提高学校的课堂教学质量,问我是否同意。我说:“这是好事。问题是你了解初中数学‘四度六步’教学法多少?除了这网上的视频,你还看过什么?”她答没有。我说:“这样吧,我给你发几篇有关初中数学‘四度六步’教学法的文章,你先看看,详细了解一下初中数学“四度六步”教学法,再决定是否推广应用到你们学校。如果你还坚持,那么你打算怎么做,写一些认识与打算给我,我再做决定要不要

1. 郑胜梅:《最美的遇见——我与“四度六步”教学法的故事》,广西民族出版社,2022,第 1—5 页(序言)。(注:文章略有删改。)

同意并支持你推广我的教学法，好不好？"从小郑老师自信而简洁的回答中，我能感觉到电话那一端的愉悦，但说实话，我并没有太在意，只是出于疫情居家隔离期间，对一个向你表达敬重甚至是崇拜的人自然表露出来的高兴和热情。

没几天，我收到了小郑老师的一篇文章，洋洋洒洒近五千字，我认真地细读，没想到的是，这个老师确实有悟性，无论是对"四度六步"教学法的认识体会还是应用推广"四度六步"教学法的思路设计，她都不仅抓住了教学法的要点和关键，也表现出了很强的规划和设计能力。看完她发来的读后感，我主动拨打了她的电话，首先对她表示肯定，并明确表示我愿意支持她推广应用'四度六步'教学法。她听了当然很高兴，接着她马上问我，如何才能有效推广。我说："根据我个人的工作经验，最好的方式就是申报课题，以课题研究来引领并推动'四度六步'教学法的推广应用。"小郑在电话中马上又问，应申报哪一级科研课题？记得当时我是这么回答的："如果你申报城区（凤翔路小学归南宁市青秀区辖）教育规划课题，我就不想指导你了，因为级别太低；如果你申报南宁市教育规划课题，我也有顾虑的，毕竟我是南宁市教育科学研究所所长，你研究我的'四度六步'教学法申报市级规划课题，通过嘛，有瓜田李下之嫌，不通过嘛，我心有不甘，毕竟自己也付出指导，届时我会很纠结；所以我建议你直接申报广西教育规划课题。"接下来的一个多月，我们就是通过微信和电话完成了申报课题的准备。当申报材料定稿的时候，我说了一句："接下来咱们做个分工，疫情稍缓，学校即将开学，你的任务就是一开学就得根据研究计划做课题研究的前期准备，必要时可以先学习先实践。我的任务就是紧盯课题的申报。"说实话，经过一个多月的接触，我对这个第一个想在小学推广应用初中数学"四度六步"教学法的老师，已经满怀欣赏和期待。

2020 年 8 月，作为南宁市教坛精英领航工程的首席导师，我给该工程学员暑期培训班授课。课间小郑老师主动到台前问候，我也第一次见到了微信和电话中频繁联系的她——一个典型的湖南妹子，精神、大气、爽朗、聪明。她向我简单阐述了五月份学校教师（不局限于课题组成员）学习"四度六步"教学法后的感受，并将自己进一步完善后的研究思路讲给我听，逻辑清晰，层次分明。她打算先从小学语文和数学做起，从课例开始研究，看看能否用好我的"四度六步"教学法。我对她表示鼓励，并嘱咐一定要引导课题组的老师们在认真研究"四度六步”教学法的同时，聚焦课堂、研究课堂、提升课堂。任何教学研究，如果不能化为提升课堂教学质量的有效方式和方法，那么都是毫无意义的。就这样，初中数学“四度六步”教学法正式开始了它跨学段、跨学科的推广应用。郑胜梅老师主持申报的广西教育科学“十四五”规划 2021 年度课题《“四度六步”教学法在小学部分学科推广应用的行动研究——以凤翔路小学为例》于 2020 年 11 月初评通过公示，2021 年 1 月 8 日正式下文公布。每次信息更新，我都在第一时间把文件推送给她并对她表示祝贺。我对课题组开题提出了要求，一是要认真学习“四度六步”教学法的理论，每人撰写阅读分享报告；二是要用心总结教学法推广应用的实践，凝练经验，精心撰写文章。我记得特别清楚，寒假刚过，开学的第一周周五晚上，小郑给我发来了数篇课题组成员的文章，我第一时间打开阅读，其中郑老师自己撰写的《运用“六步”教学策略，创造高品质的语文“四度”课堂——“四度六步”教学法在小学语文阅读课堂中的运用》让我眼前一亮，文章结构非常严谨，文字也特别流畅。几乎没做修改（修正了几个字），我便回发给她并附言以示表扬：学习教法有温度，运用教法有梯度，文章观点有深度，选用案例有宽度。这是一篇基于“四度六步”教学法，实现跨学科运用的好文章，我建议马上联系杂志社发表。小郑秒回我电话问：“导师，我到哪里发表这篇文章？”于是我告诉她《广西教育》杂志一位编辑老师的电话。她当晚根据编辑老师的要求把文章发到指定的邮箱。第二天上班她就接到编辑老师的电话，称杂志有意用稿但要做适当修改，结果《广西教育》2021 年 5 月就刊登了这篇文章。接下来，小郑老师是一发而不可收，又在《广西教育》《中小学课堂教学研究》发表了数篇文章，课题的中期研究成果也组稿发表在《广西教育》2021 年 7 月刊上。作为导师，我也情不自禁地撰写一篇《优秀教师成长的必由之路》一起发表。从发表的成果来看，小郑老师带领的科研团队研究的是自己在日常教学中碰到的问题和困惑，总结的是自己在应用“四度六步”教学法后改进教学的现实和感悟，凝练的是自己在推广“四度六步”教学法过程中的思考与发现，我以为他们的研究是研究真问题，问题真研究，收获真成长。果不其然，上个月小郑老师完成了课题，这个课题居然顺利结题了，而且被评为“良好”等级，也就是说她用两年的时间完成了三年的研究。更为难得的是她还完成了我给她布置的额外任务——一本专著，向广大一线的老师们详细说一说自己结缘“四度六步”教学法的故事。如今，小郑老师已将她的书稿发给我，交出了一份沉甸甸答卷。其实，在过去的一年中，她发表的最初几篇文章及后面写成的每一章文稿，我几乎都是第一个读者，会细心地阅读并提出自己的修改意见，所以我对她如今能完成书稿是没有怀疑和意外的，有的是欣赏和感动。这本书倾情讲述了小郑老师及其研究团队与“四度六步”教学法相遇及自我成长的过程，真诚而质朴，其心路历程让人动容。不仅如此，这本书还清晰阐述了课题研究的过程，让读者看到了科学的态度、严谨的方法和创新的思维；展示了研究过程中的各项成果，从实践到理论都有不小的突破，具有教学研究的学术意义和指导价值；描述了“悦生长教育”诞生的经过以及理论的建构，虽然稚嫩但兼具理性与灵性，呈现了教育智慧的“悦生长”。这本书还让我看到那么多像小郑老师一样，虽然普通，但是仍然心怀梦想的教师，他们都有不畏艰险勇敢追梦的精神。这种人民教师昂扬向上的精神风貌，深深感染了我。

我对小郑老师说过：一个人的成长固然得靠自己努力，但离不开组织和领导的关怀和指引，离不开前辈名师的提点和激励，更离不开同事朋友的关心和帮助。背后有那么多人的关心关怀、支持鼓励，你的成长就不仅仅属于你自己，应该把它写出来，将执着做一名新时代好老师的信心、信念与信仰传递出去。我们也许无法回报曾经帮助过的我们的前辈，但我们可以用这样的方式去影响更多老师走向优秀，这不也是一种很好的感恩行动吗？小郑老师用自己的探索实践给予了我满意的回答。德国哲学家雅思贝尔斯说：“教育是一棵树摇动另一棵树，一朵云摇动另一朵云，一个灵魂唤醒另一个灵魂。”我以为，小郑遇见我，遇见“四度六步”教学法也许是偶然的，但她有今天的成长是必然的。人与人之间的这种相遇、感染、引领，就是教育最大的意义。

致敬小郑老师及每一个在教育路上奋力追梦的人。

何其有幸，最美的遇见发生在你的追梦路上。

是为序。

2022 年 6 月 26 日于邕城北郊苹果园

3.4 “四度六步”教学法在小学部分学科推广应用的情况汇报[1]

执笔：郑胜梅[2]

经过近半年时间的申报和评审，2020 年 11 月，广西教育科学规划 2021 年度课题《“四度六步”教学法在小学部分学科推广应用的行动研究——以南宁市凤翔路小学为例》（课题编号：2021C530）获准立项并正式公示，成为研究“四度六步”教学法的第一个自治区规划课题。2022 年 6 月，课题通过了评审，顺利完成了结题，并且成果被评为“良好”。本文从课题论证、研究过程、创新成果三个方面，将“四度六步”教学法在小学部分学科推广应用情况进行简要汇报。

一、课题论证

（一）文献研究——探究国内外教学法应用的效果

目前，国内外的教学法研究呈现多元化。一些有效的教学法在国内的学校、教师范围内得到非常普遍的应用与推广。我们选取了比较有代表性的四种教学法：“情境教学法”“尝试教学法”“杜郎口教学模式”“五步教学法”，并以它们的推广应用情况作为研究的对象，进行了深入的学习和分析。经过研究，我们得出了以下结论：

1. 学习、借鉴和研究先进的教学法是教师成长的常规做法，也是提升教育教学质量和效果直接而有效的途径。

2. 从研究结果来看，有些教学法的学习和运用如果不立足于本土，不根据时代发展进行更深入的挖掘，那么就会出现生搬硬套、停滞不前，以及“水土不服”的现象。

（二）理论学习——解读“四度六步”教学法

“四度六步”教学法是否具有以上先进教学法的基本特点？它能否克服以上教学法学习和应用中的不足？针对这两个问题，我们开展分成四个小组进行了广泛的理论学习：一是“四度六步”教学法相关的理论文章；二是“四度六步”

1. 本文是第一个省级课题广西教育科学规划 2021 年度课题《“四度六步”教学法在小学部分学科推广应用的行动研究——以南宁市凤翔路小学为例》（课题编号：2021C530）的研究全程实录。本书作者戴启猛指导了该课题的研究。

2. 郑胜梅，高级教师，南宁市凤翔路小学景晖校区常务副校长。南宁市学科带头人，广西优秀教师，教育部新时代中小学学科领军教师示范性培训学员。广西教育科学规划 2021 年度专项课题《“四度六步”教学法在小学部分学科推广的行动研究——以南宁市凤翔路小学为例》课题（良好等级结题）负责人。

教学法的理论基础；三是对初中数学"四度六步"教学法的评价；四是"四度六步"教学法的推广应用情况。经过理论学习与分析，我们得出了如下结论：

1."四度六步"教学法具有深厚的理论基础，符合教育规律，是一种有利于发展学生学科核心素养的先进的教学方法。

2."四度六步"教学法具有二十多年的实践经验，并已在南宁市初中学段广泛运用，是一种适合广西本土教育教学现状的教学法。在应用过程中，它没有出现"水土不服"的现象。

3."四度六步"教学法对基础教育的课堂教学具有普适性，具有很强的推广意义和价值。

4. 目前，"四度六步"教学法在小学学段尚未有研究和实践，其他人文学科也没有相关的研究。因此，本课题的研究抓住了这一创新点，并以此为突破口，希望以此推动"四度六步"教学法在小学部分学科的推广与应用，从而提升小学阶段的教育教学质量，促进师生共同发展。

（三）价值建构——课题研究的意义、价值和创新点

"四度六步"教学法已经在中学阶段得到了成功的推广。经过研究，我们发现其内在逻辑关系及最终指向——师生共同发展，也与小学语文、数学等学科高度吻合，并对基础教育中的小学部分学科课堂教学具有普适意义。因此，本课题研究的学术价值在于：

1. 丰富"四度六步"教学法的内涵及外延，并探索其在小学语文、数学等基础学科的普适性，为小学基础教育改革做出了有价值的探索，同时提供了一线实践的依据。

2. 探索在"四度六步"教学法指导下的小学阶段语文、数学等学科的课堂改革，总结出适合小学课堂教学的有效实施策略，从而促进小学阶段教育教学水平的提高，提升学生的核心素养，让"四度六步"教学法的内涵和外延拓展有一定程度的突破。

（四）整体规划——课题研究内容及方法

我们对研究对象进行了核心概念界定：一是"'四度六步'教学法"；二是"小学部分学科"，即特指小学语文、数学两个学科；三是"推广应用"，即"四度六步"教学法在小学部分学科课堂教学中的具体运用，通过"改进教"促进

“学生学”，从而提升教育教学质量，促进师生共同发展。

本课题主要有三个方面的研究目标与内容：一是在小学语文、数学等学科进行“四度六步”教学法的问卷调查研究及课堂观察，为该教学法的可实施性、普适性提供有效依据；二是在小学语文、数学等学科实际应用“四度六步”教学法，开展课例研究，形成适合小学各学科的实施策略，并在区内外同学段、同学科的课堂教学中进行推广；三是对“四度六步”教学法在小学部分学科中的推广应用进行总结与反思，研究并提炼出具有普遍指导意义的具体实施策略及方法。由此，我们设计了本课题研究的总体框架图（见图1）。

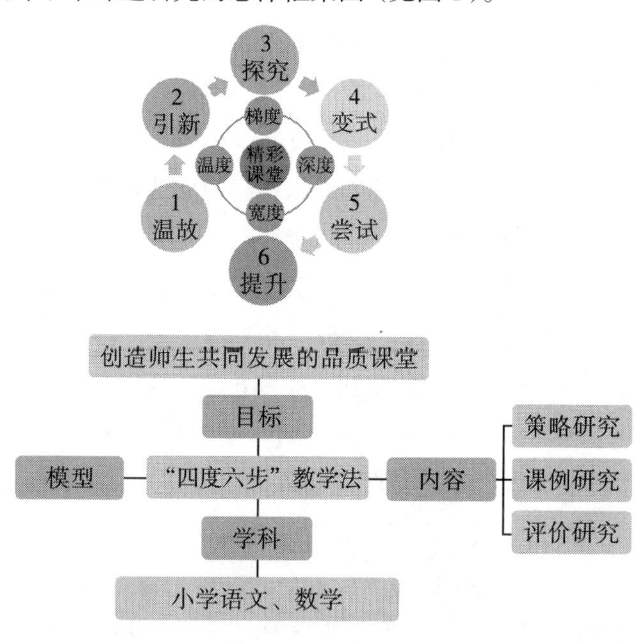

图1　课题研究的总体框架图

二、研究过程

课题虽然于2021年1月立项，但实际的研究从2020年6月起就开始了。当时，我们组建了课题研究组，并开始进行理论学习和实践探索。整个课题的研究经历了问题研讨、课例展示、团队研修、成果推广四个关键节点。经过课题组成员的共同努力，我们终于完成了既定的研究任务。

（一）问题研讨

2020 年 10 月，只有两年教龄的黄梅燕老师在数学教师素养大赛中凭借"四度六步"教学法的巧妙运用脱颖而出，获得了南宁市二等奖的好成绩。由此，数学组成功地将"六步"环节普遍运用于小学数学的课堂教学中，整体上提高了课堂教学的质量。通过对实施"四度六步"教学法前后的数据进行对比分析，每个年级的平均分和优秀率都有大幅度的上升。然而，语文组的研究却一度陷入困境。很多语文组老师无法将"六步"教学环节完整、流畅地运用于一节语文课中，从而使"四度"课堂失去了抓手。

2021 年 1 月，我们课题中心组成员组织全体语文、数学教师开展了研讨交流活动。首先，数学教师通过说课、演讲，展示研究成果，同时语文教师提出存在的困惑；其次，大家带着问题回看"四度六步"教学法创始人戴启猛老师的讲座视频，并针对存在的问题进行讨论，提出相应的意见和建议；最后，经过激烈的讨论，老师们提出两个问题：一是"六步"教学环节是否可以分散在不同的课时里完成？二是能否将"六步"当作六个教学策略，并在不同的教学任务中采用相应的策略，以实现"四度"课堂的教学主张？

为了更好地解决老师们提出的问题，我们立即向戴启猛老师汇报课题研究情况，并提出求助。经过深入的交流，戴启猛老师指出："四度六步"教学法中的"变式"不仅体现了思维的宽度、深度与广度，也体现了"教无定法"的灵活度。我们学习别人的教学法，千万不能走进框框里面。只有抓住教学法的精髓，并进行灵活变通，我们才能获得重大的突破。在得到戴启猛老师的精心指导后，老师们利用 2021 年的寒假进行了不断的学习与反思，并撰写了多篇论文，为教学法的学科转换策略的形成奠定了基础。2022 年 5 月，课题组长所撰写的论文《运用"六步"教学策略，创造高品质的语文"四度"课堂》成功发表在《广西教育》期刊上。

（二）课例展示

2021 年 4 月，我校成功承办了南宁市小学推广应用"四度六步"教学法的主题教研活动，并向全市教研员、教学骨干（共约 500 人）展示了研究成果，以及基于"四度六步"教学法的小学语文、数学两节课例。至此，"四度六步"教学法指导下的小学语文第一课《猫》、小学数学第一课《有余数的除法》在我校诞生。本次活动在网络平台上同步直播，现场点击量超 2 万次。从现场扫码评课的情况来看，老师们觉得授课老师在教学中要么运用了完整的“六步”环节架构，要么运用了“六步”策略，这些无疑都体现了“四度六步”教学法的教学主张。

在回答“结合小学各学科课程标准，您觉得基于‘四度六步’教学法的小学基础学科课堂教学是否具有普适性与推广性？”时，53.89% 的老师选择了 10 分，并认为“四度六步”教学法可以直接运用于小学基础学科课堂教学。另外，31.6% 的教师选择了 7–9 分，并认为将“四度六步”教学法运用于小学基础学科课堂没有什么困难；14.51% 的老师选择了 6 分及以下的评价，并认为“四度六步”教学法不适合于小学语文课堂。数据统计结果如下图所示：

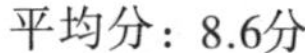

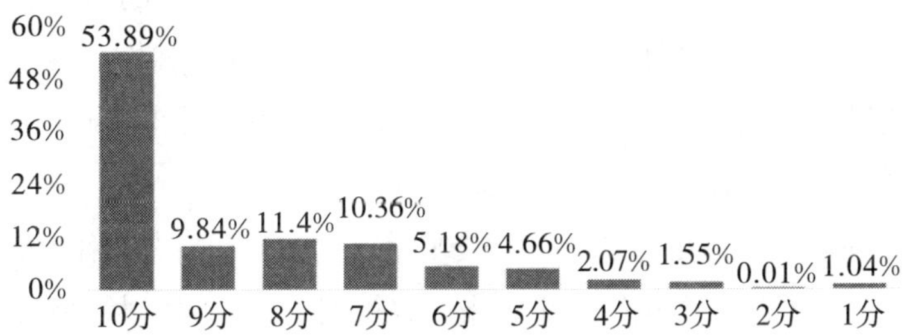

（三）团队研修

随着实施策略的初步形成，以及课例的成功研发，我们把目光投向了课堂观察，主要研究如何推动教研团队更好地理解、运用“四度六步”教学法，以达到改进教学、师生共同发展的目的。通过利用课堂观察的方式，我们广泛开展了课前、课中、课后的教研活动，将团队的力量通过研修不断融合与扩大。2021 年 12 月，我校基于“四度六步”教学法的团队研修第一次在青秀区数学教研活动上进行展示，也是第一次在学校范围以外的场合展示课题研究成果《基于“四度六步”教学法的课堂观察量表》。我们使用量表去观察与评价课堂的做法得到了同行的关注，并收到了许多有价值的意见与建议。2022 年 5 月，课题组长与戴启猛老师合著的《基于“四度六步”教学法的课堂观察及量表开发》成功发表在《中小学课堂教学研究》期刊上。

我们将以课堂观察构建的团队教研活动展示分成了四个方面：一是介绍课题背景及本教研组的研究重点；二是开展课例展示与课堂观察，教研组的每一个老师按照分工做好观察记录与分析；三是观察者分组讨论与交流自己观察与分析，提出建议与意见；四是课题组长或专家对本次教研活动进行点评。这样一来，学校的团队研修活动就很好地把教研活动与课题研究紧密地联系起来，形成了研究的合力，呈现教科研一体化并互相促进的良好态势。

（四）成果推广

自 2021 年 4 月的课题中期成果汇报会后，课题组就陆续对课题研究的成果进行了推广。我们在推广时主要采用了三种方式：一是讲座推广。课题组长郑胜梅老师从 2021 年 8 月起先后在南宁市兴宁区、江南区等多所学校进行专题讲座，并在南宁师范大学举办的校长、教学骨干培训班上进行分享。二是课例推广。课题组成员分别在贺州、梧州、河池等市进行课例推广，并在南宁市上林县、横州市等地的主题教研，以及国培项目入校跟岗等活动中展示和推广课题的研究成果。三是团队研修推广。课题组成员围绕课堂观察的团队研修模式，在青秀区教研活动以及国培项目中进行展示与推广。

除了这三种方式，课题组长郑胜梅老师还于 2022 年 1 月在南宁举办的“四度六步”教学法首届年会上进行成果汇报，并得到了广西师范大学孙杰远教授的肯定和指导。此外，课题组长的个人专著《最美的遇见——我与“四度六步”教学法的故事》于 2022 年 10 月成功出版。2022 年 12 月，学校的课题组成员到良庆区那黄小学开展跨校研讨活动……每一次成果推广活动虽然都会产生新的问题、新的任务，但也都在不断推动课题研究走向深入。

三、创新成果

（一）提炼了“四度六步”教学法在小学部分学科的转化策略

“四度六步”教学法在基础教育学科中的推广应用，不仅毫无壁垒地在小学数学学科得以精彩呈现，而且成功地突破瓶颈并运用到了小学语文学科，同时还在小学科学课堂中进行了尝试迁移，形成了适合各学科的具体实施策略和方法。

1. 小学数学：“四度”课堂的“六步”呈现

小学数学课堂教学对孩子思维训练所起的作用是不言而喻的。在“四度”

教学主张中，“梯度”“深度”“宽度”都是从数学思维能力训练中提炼出来的，符合学科的基本特点；而“温度”则是从整个教育教学的高度提出来的。在有温度的数学课堂之中，学生会增强对知识的渴望，并达到快乐学习的状态，这正是学生终身发展所需要的原动力。在“四度”教学主张的引导下，教师依照“六步”环节建构课堂，并指导学生有深度、有宽度地打开思维，培养学生在数学抽象、逻辑推理、数学建模、数学运算、直观想象、数据分析六个方面的核心素养，使“四度六步”教学法在小学数学的“六步”实践得以精彩呈现。

（1）温故——复习要“实”而“新”

复习不仅要夯实学生的基础知识和基本能力，还要与新课有密切的联系，为新知识的学习做好理论与感官上的准备，促进知识的正迁移。

（2）引新——导入要“快”而“趣”

有效的引新要吸引学生的注意力，激发学生的兴趣和探究欲望，提高教学的效度。为此，教师需要做到两点：一是“快”，即给探究核心内容留出更多的时间，使新知的学习更“透”一些；二是“趣”，即可以根据学习内容，选择“讲故事”“做游戏”“猜谜语”“准备题”等方式导入，激发学生参与课堂学习的兴趣。

（3）探究——探究要“慢”而“透”

新知的探究要“慢”而“透”。在课堂中，教师要给予学生充分的时间和空间去展开探究，否则会导致学生对新知的理解没有“透”，只掌握了一些表面的知识，致使学生在完成练习和作业时出现困难，甚至容易“掉进陷阱”。

（4）变式——变式要“变”而“深”

在变式训练时，教师可以通过采用一题多练、一题多解、一题多变等方式，让学生充分展开思维过程——寻同、辨异、聚合、发散、分析、综合，鼓励学生大胆质疑、互动交流、展示分享，逐步将课程引向深入，让学生的能力在不知不觉中达到新的高度。

（5）尝试——练习要“练”而“查”

“尝试”环节就是让学生自主学习和尝试学习。教师在巡回辅导时要注意及时帮助学习有困难的学生。在设计小学数学的作业时，教师要做到“四个当堂”：当堂完成、当堂校对、当堂订正、当堂解决。此外，教师还要针对难点和易错点组织学生进行讨论，进一步强化学生对重难点知识的理解。

（6）提升——小结要“及”而“宽”

教师在“提升”环节应当注重提高学生归纳与总结规律或原理的能力。为此，教师应突出教学重点，及时总结规律性的知识，适时启发学生思考的能力，使课堂既能帮助学生解决课前的问题，又能启发学生通过学习提出更高水准的问题。

2. 小学语文：“六步”策略的转化融合

在小学语文课中，教师在“四度”教学主张的指导下，可以运用两个策略进行转化融合：一是贯穿于前后课时的“六步”环节，二是融合在各个环节的“六步”策略。在一节课的不同环节中，教师聚焦能力，分别开展了“探究”“变式”“尝试”“提升”，有侧重、有梯度地培养学生的思维。因此，教师将小学语文课堂的“六步”环节转化为“温故引新”“探究变式”“尝试提升”三个策略，为追求“有温度”“有梯度”“有深度”“有宽度”的品质课堂提供抓手。为了直观地呈现实际的应用策略，教师还制作了“四度六步”教学法在语文学科的应用策略图（见图 2）。

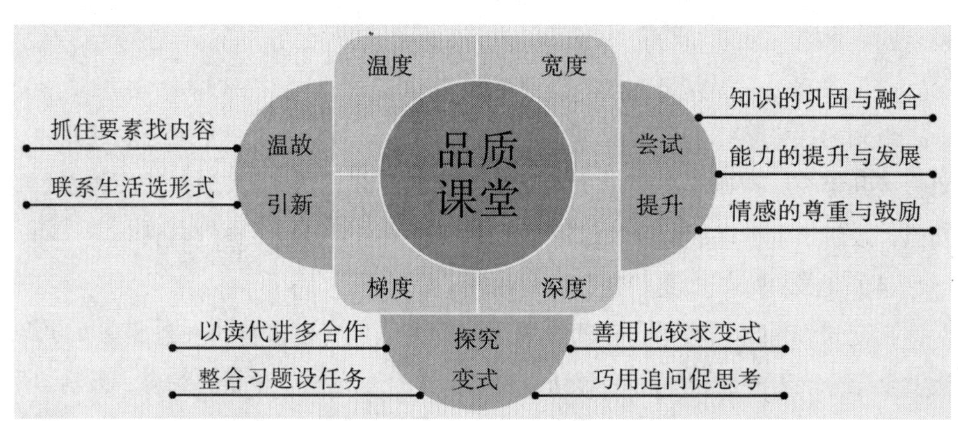

图 2 “四度六步”教学法在语文学科的应用策略图

（1）温故、引新，课堂快速升温

温故而知新——建立新旧知识之间的联系，为新知识的学习搭好桥梁。这是温故、引新策略的主要目的。在教学中，教师从学生的学习基础出发，为新知的学习做好准备，体现课堂教学的温度与梯度。为此，教师可以采用两种方法：一是抓住要素找内容，即教师以开门见山的导入，直指语文要素，让学生在原有的基础上从真实的问题情境中进行学习与探究，使课堂快速升温。二是联系生活选形式，即教师可以采用儿歌、谜语、动画、表演等儿童喜闻乐见的形式，达到温故的目的，并激发学生探究新知识的欲望。

（2）探究、变式，课堂层层深入

探究与变式——培养与发展学生的思维能力。在语文学科的探究与变式策略中，教师可以参考这四种方法：一是以读代讲多合作，即引导学生在“书读百遍”的基础上与人交流思想，以启发思维，同时通过以读代讲，让学生充分地体会语言文字丰富的内涵、形式和情感，以提高学生的理解能力，从而让孩子在读中感知形象，在读中感悟意义，在读中提升情感。二是按习题巧设任务单，即抓住统编版语文教材要素的落点——课后习题，设置有效的任务清单，并有序地训练学生的思维与表达能力，让语文要素有梯度，有落脚点。三是善用比较求变式。在语文阅读的课堂教学中，字形字义的比较、近义词的比较、情感的比较、写作方法的比较……都可以让学生的思维更加有宽度，让学生学会全面而有联系地思考，从而培养学生的逻辑思维。四是以追问推动思考，即教师的适时追问能有效激发学生的学习兴趣，引导学生深入思考，从而挖掘学生的思维潜能，让课堂教学趣味无穷。层层的追问让学生不仅可以感受文字所描述的画面，而且领略到文体的表达技巧，从而使学生的思维既有宽度，也有深度。

（3）尝试、提升，课堂华丽蜕变

尝试与提升——建立知识与生活的联系，构建知识体系。在运用这一策略时，教师应着重于三个方面：一是知识的巩固与融合，即在语文学习中，“尝试”应着眼于语言的建构与运用，以更好地巩固知识，并让学生在与其他学科的融合、与生活的联系中提高能力，从而让课堂内容得到延伸，让语文课堂真正走进学生的生活。二是能力的提升与发展，即要让学生在经历探究、变式与尝试之后，找到学习的规律，并进行归纳和总结，从而提升语文学习的能力。三是情感的尊重与鼓励，即要让学生不仅仅积累了知识、提升了能力，而且丰富学生情感，使每一位学生都得到尊重和鼓励。

3. 小学科学：“四度六步”的迁移与共生

作为一门基础性、综合性、实践性课程，小学科学重视做与思的结合，以培养科学素养为宗旨，按照由浅入深、由易到难的顺序，为学生设置合理的活动和实践操作，让学生的思维与动手能力均得到有梯度的发展。在尝试运用“四度六步”教学法时，科学学科的老师们需要做好“‘六步’环节的迁移”和“‘四度’课堂的共生”。具体如下：

（1）“六步”环节的迁移

教师可以按照“忆一忆”“试一试”“做一做”“变一变”“比一比”“想一想”这六个步骤来组织课堂教学，并用小学生独有的语言，顺利实现“六步”环节的迁移。其中，“忆一忆”——回忆与本节课相关的知识，对应“四度六步”教学法的“复习提问，温故孕新”环节；“试一试”——具有思考与探索价值的问题引导学生进行尝试，对应“创设情境，引入课题”；“做一做”——动手操作，像科学家一样认识世界、看待自然，对应“合作探究、活动领悟”；“变一变”——提出接近或略高于学生智力水平的问题，让学生探究如何解决问题，激发学生进行思考，丰富了“师生互动，变式深化”环节；“比一比”——让学生从“未知”到“已知”，从“已知”到“运用”，从“运用”到“活用”，适度改进、灵活多变、合理升级不可或缺，对应“尝试练习，巩固提高”环节；“想一想”——适时的小结和兴趣的延伸等，让学生课外进行进一步探究，将所学知识应用于生活或其他情境中，甚至与其他学科领域相联系、互补充，对应“适时小结，兴趣延伸”环节。

（2）“四度”课堂的共生

在小学科学的“四度”课堂中，教师要突破零碎的语言障碍，用问题引领板块式教学。这里的“问题”应该着眼于暖人心扉的热情营造、拾级而上的梯度推进、激活生命的深度思考、持续精进的宽度延伸。比如，在讲授《在星空中》这一课时，教师可以通过诗配乐的方式即兴朗诵诗人杜牧的《秋夕》，以唯美的古诗创设轻松而有温度的情境，让学生在诗中体会中国民间牛郎织女的传说。此时，教师可以逐一提出相关的问题：①“大家想实现足不出户便能看到夜间当时当地的星座吗？”与此同时，教师适时介绍“观星台”软件，激发学生浓厚的探究兴趣。②“你们选择什么活动去探索星空的秘密呢？”教师可以用探究活动来引领学生建模，如从“全天星空图”了解星座，到分组建一个星座模型、投影各组星座模型、绘制星座投影图，直至模拟星空旅行，等等，使科学探究逐级深入，并呈现一定的梯度。③“同学们发现了什么？各组星座模型的材料一样吗？做出的星座模型一样吗？为什么投影出来的会不一样呢？”教师通过及时的追问，引导学生由浅入深地思考，迸发思维的火花。④“如果我们在晴朗的夜晚迷失了方向，该怎么办？”当学生建立星座概念，制作星座模型并进行合理推理与解释后，教师提出这样的问题，可以引导学生借助大熊星座，或者利用北斗七星寻找北极星等，从而让新问题、新角度得以生成。

（二）形成了“四度六步”教学法在小学部分学科的典型课例

1. 小学数学学科的典型课例

在小学数学学科的众多典型课例中，“数与代数”“空间与图形”两个领域最具有代表性。为此，我们从这两个领域各选择了一节课进行评析。

课例 1　数与代数——《有余数的除法》

环节一：复习提问，温故孕新。有余数的除法是在学生学习了表内除法的基础上进一步学习的内容，是除法中的一种新情况。在“温故”环节，教师通过组织学生复习表内除法的含义和口算，唤醒学生已有的知识经验，为新知的学习做好准备。

环节二：创设情境，引入课题。教师为学生创设了两个分草莓的问题情境，不仅有效调动了学生学习的积极性，而且把新旧知识很好地关联了起来，为有余数除法的学习找到了生长点，同时有利于学生产生认知冲突，激发学生探究的欲望。

环节三：合作探究，活动领悟。教师结合问题情境设置相应的探究任务，并放手让学生用算式表示平均分中的新情况，同时组织学生对差异化的数学表达进行比较辨析，引导学生发现新旧知识之间的关联和差异，从而让学生把握概念的本质，进而有效地促进了数学知识的逐步抽象和运算概念的形成。

环节四：师生互动，变式深化。学生借助操作系统有序研究了余数与除数的关系，层层深入的学习过程（“猜测——验证——说理”）则体现了教学的梯度和深度，促进了学生推理、抽象、概括等思维能力的发展。

环节五：尝试练习，巩固提高。教师围绕本课重点内容，选取典型题目让学生进行尝试练习，并针对商和余数的单位这一学习的难点和易错点组织学生展开讨论，促进学生进一步强化对有余数除法意义的理解。

环节六：适时小结，兴趣延伸。教师提出有一定思维深度的开放性问题，引导学生在解决问题的过程中再次关注余数与除数的关系，深化学生对有余数除法意义的理解，从而发展学生的数学思维。

课例 2　空间与图形——《梯形的面积》

环节一：复习提问，温故孕新。在学习梯形面积前，学生已具备用多种方法转化图形的能力，也已经积累观察转化前后图形之间的关系的学习经验。通过复习长方形、平行四边形以及三角形面积公式的推导过程，学生可以为学习新知识做好铺垫。

环节二：创设情境，引入课题。基于前两节课推导平行四边形和三角形面积公式的经验，学生能把梯形转化成学过的图形。教学时，教师可以给出梯形的信息，并让学生选择数据计算，为引导学生认识到梯形的面积和它的上底、下底和高有关，但和腰无关埋下伏笔。

环节三：合作探究，活动领悟。此环节分为三个层次，即自主探究、全班交流、梳理汇总。在教学中，教师凸显学生的主体作用，让学生独立、自主地寻找梯形面积的计算方法，并把握好“让学生运用转化思想进行面积公式的推导”这一核心。此外，教师还可以让小组分享多种方法，体现解决问题策略的多样化。教师带着学生运用运算定律把后三种公式都化简为（上底 + 下底）× 高 ÷2，让学生感悟化归思想。最后，教师带领学生回归课本，查漏补缺。

环节四：师生互动，变式深化。教师引导学生自主观察梯形的变化，让学生尝试找出不同与相同之处，从而有效锻炼学生的知识迁移能力，促进学生灵活运用知识。

环节五：尝试练习，巩固提高。教师通过创设摆木材的生活情境，让学生尝试算出木头的根数，加深学生对梯形面积公式的理解和运用，建立学生的信心，让学生知道数学与现实生活的密切联系。

环节六：适时小结，兴趣延伸。教师引导学生回顾整节课重点，点拨转化的数学思想方法，从而帮助学生掌握知识内在联系，促进学生构建自己的知识体系。

2. 小学语文学科的典型课例

小学语文学科在阅读、识字及习作课上均有多节典型课例。接下来，我们主要对其中比较具有代表性的三节课进行评析。

课例1　阅读课：《猫》

环节一：复习提问，温故孕新。教师在教学时紧紧围绕第一课时中描写小猫的关键语句展开复习，带领学生重温老舍先生表达对小猫喜爱之情的方法，并指向本课学习表达方式的本质。

环节二：创设情境，引入课题。教师通过出示大猫古怪图片来创设情境，让学生从图片走向文字，从而激起学生学习本课大猫内容的热情，进而自然地揭示课题，并进入新课的学习。

环节三：合作探究，活动领悟。这个环节分为三个层次。首先，第一个层次的探究以两个问题为引领，即①“猫的古怪表现在哪里”；②“作者是如何写出猫的古怪的”。教师围绕这两个问题展开探究学习，引导学生抓住关键词，体会猫的古怪，并抓住关键句，体会作者的表达方法。此外，教师需要讲解转折词“可是”的意义和作用，给予学生恰时、恰点的点拨，引导学生找到写作密码之一——巧用矛盾，从而提升学生的写作能力。当然，教师还引导学生通过朗读，体会写法的好处。其次，第二个层次的探究主要以“作者如何表达对动物的喜爱之情”这个问题为指引。教师让学生带着问题进行阅读，引导学生感悟文字所包含的情感，帮助学生总结和归纳作者表达情感的方法。在这个过程中，教师让学生边读边想、边读边讲，并设计“屏息凝视”“呼唤”和比较朗读等活动，引导学生走进语言文字本身，让学生从中感受作者表达方式的独特之处。最后，第三个层次的探究采用小组合作的方式进行（每个小组4人）。教师带领学生用“读—找—品”的方法继续学习课文第三、四自然段，让学生说出猫的古怪的具体表现，帮助学生更深刻地感受老舍对猫的情感。这三个层次的“探究”既体现了教学的梯度，为孩子搭建了语文学习的阶梯，又体现了教学的深度。“尝试提升”策略的运用，既让学生在小组合作中进一步体会作者文字中的情感及所运用的表达方法，又恰时地总结了文章的写作密码之二——明贬实褒。这些都为“变式”做好了铺垫。

环节四：师生互动，变式深化。教师通过出示表格和任务单，让学生对比课后两篇其他作家写猫的阅读片段，从而引导学生体会不同作家表达喜爱之情的不同写法。这样的比较学习不仅训练了学生的思维，也为后面的尝试训练做好充足的准备。

环节五：尝试练习，巩固提高。教师从谈论“你喜欢什么小动物”入手，让学生选择喜欢的表达方式进行小练笔，写出对它的喜爱之情。接着，教师通过表格引导学生自主展示和评价，让学生在反馈中实现了语言的建构和运用，从而突破了本课的教学难点。

环节六：适时小结，兴趣延伸。下课前，教师带领学生共同回顾本单元的主题“作家笔下的动物”，并引出下节课的内容——继续学习老舍写其他动物的文章。这既体现了单元教学意识，又为下一节课的学习埋下了伏笔。

课例 2　识字课：《中国美食》

环节一：复习提问，温故孕新。这个单元主要围绕“形旁表义”的特点，并在课文和语文园地设计了多个维度的训练。通过学习《“贝”的故事》这一课，学生了解了贝字旁多与钱财有关。因此，在“温故”环节，教师主要从上一节课的贝字旁入手，建立新旧知识之间的联系，并设置一组关于声旁相同而形旁不同的字，让学生从不同的维度理解“形旁表义”的特点。

环节二：创设情境，引入课题。教师通过播放《舌尖上的中国》视频片段创设学习情境，并引入课题，带领学生感受中国美食文化。

环节三：合作探究，活动领悟。这个环节主要由“我会读菜单”“探究菜名的秘密”两个活动组成。一方面，“我会读菜单”主要通过图文引导，让学生学会“于”字的读音，特别是轻声和多音字“炸”的读音。另一方面，“探究菜名的秘密”主要指向归类识字，即草字头的字为一类，关于制作方法的为一类。学生通过分类识字，了解火字旁的字大多与火有关。此外，教师引导学生通过“猜一猜”，进一步了解“四点底”的字的意思。

环节四：师生互动，变式深化。教师通过设置学习任务单，让学生小组开展合作学习。学生可以通过查字典来验证自己的猜想。完成任务单的填写后，学生通过比较，能发现这些字相同的地方——意思都与火有关，以及不同的地方——读音不一样、形旁位置不一样、并不都是烹饪方法……在比较与综合中，学生可以训练思维，更好地理解“火字旁”与“四点底”的联系。

环节五：尝试练习，巩固提高。这一环节主要在于写字的练习。在一年级关注笔画、笔顺的基础上，教师着重引导学生关注汉字的间架结构和笔画的穿插、避让，帮助学生感受汉字的形体美。同时，教师还要继续强调写字的姿势，引导学生通过“看字”“说字”“描红”“独立写”“评字”“改字”等环节，把写字学习落到实处。

环节六：适时小结，兴趣延伸。教师带领学生总结课堂收获，让学生及时回归识字教学的本质。最后，教师提出“分享我最喜欢的美食”的课后作业，并以此作为下一节课的兴趣延伸。

课例 3　习作课：“看图画，写一写”

环节一：复习提问，温故孕新。本次节课要求围绕看图来写作。而写好看图作文的前提是“观察”。三年级上册第五单元的习作要素是“仔细观察，把观察所得写下来”。在课堂开始时，教师通过引导学生回顾前面学过的“观察之法”，为接下来观察图画做好铺垫。

环节二：创设情境，引入课题。在课堂上，教师带领学生从谈论风筝的样子，到分享放风筝的感受，成功地引入课题。整个过程以图为本，借助生活进行印证，让学生大胆表达自身的想法，激发学生的学习兴趣。同时，教师又不失时机地带领学生走出情景，引导学生关注教材提出的习作要求，让学生明确写好看图作文的基本要领。

环节三：合作探究，活动领悟。这一环节聚焦观察人物的动作。教师先引导学生运用前面学过的方法观察图画，并强调有序观察和细致观察，让学生领会图画蕴含的情意。接着，教师围绕图画人物的“动作”，组织学生进行四人小组的合作学习，让学生探究如何将“所见”说清楚，为“写清楚”做好铺垫。

环节四：师生互动，变式深化。教师用表格进行对比，引导学生从人物语言、心情等方面进行想象，并通过播放相关的视频，让学生联系到自身的生活，学生有话可说，有话可写。

环节五：尝试练习，巩固提高。在这一环节中，学生将前面表格中所说、所写的内容尝试运用到片段写作中。同时，教师引导学生通过相互交流，关注如何写得生动、具体，从而实现语言的建构和运用。

环节六：适时小结，兴趣延伸。教师提醒学生下节课开始欣赏名家贾平凹先生《风筝》的片段，激发了学生的学习兴趣，提升了审美力，为下一节课进行作文评鉴做好了铺垫。

（三）开发了“四度六步”教学法“1+X”课堂观察量表

以崔永漷教授主编的《课堂观察——走向专业的听评课》一书为指导，课题组探索了基于“四度六步”教学法的课堂观察体系：①以“六步”的实践架构为视角，关注课程、教师，以及学生的学三个维度，同时记录并分析教学环节的内容安排、时间分配，以及教师教授行为、学生学习行为四个观察点的数据。②以“四度”的教学主张为视角，关注课堂文化生成的维度，同时记录并分析师生互动、有效问题、教师评价三个观察点的课堂情况。我们希望通过课堂观察，引导教师自我发现教学问题、探寻教育规律，从而改进课堂教学、追求内在价值。

课堂观察的起点指向学生课堂学习的改善，并通过教师行为的改进、课程资源的利用、课堂文化的生成，从而将落脚点放在学生的有效学习上。量表采用的是“1+X”的形式，由一个主表和3个附表组成。其中，X为0、1、2、3，共有8种组合方式。课题研究初期，我们采用“1+0”的方式，突出了“六步”环节的领悟；在后期，我们逐一选择观察重点，实现“四度”课堂的教学主张。

为了更好地完成课堂观察，我们设计了一系列量表。具体如下：

表1　课堂教学时间分配及教学行为观察记录表

教学环节	主要内容	时间安排	教师行为	学生行为
温故				
引新				
探究				
变式				
尝试				
提升				
①教师行为有：教师讲解、视听展示、提问与追问、板书演示、任务驱动、个别指导…… ②学生行为有：听老师讲、自主阅读、视听学习、小组讨论、师生互动、实验操作、实践作业、教授他人……				

表2 课堂教学时间分配及教学行为观察分析表

观察点	情况分析	改进建议
教学内容的聚焦性		
时间安排的合理性		
教师行为的科学性		
学生行为的有效性		

表3 师生互动观察记录表

讲台

↓ 师对生交流 ↑ 生对师交流 ↔ 生生交流 ? 学生主动提问
+ 师正面回应 — 师负面回应 × 回答错误或无关 ○ 教师无反应

表4 课堂提问及解决观察记录表

序号	问题提出	问题类型（可多选）					解决方式（可多选）			评价效果		
		有温度	有梯度	有深度	有宽度	其它	个体答	小组答	齐答	有效	低效	无效
1												
2												
……												

表5　教师评价观察记录表

序号	评价语	有效评价				低效评价		无效评价	
		提醒	补充	纠正	激励	笼统	重复	缺失	错误
1									
2									
……									

表6　教师评价观察分析表

评价类型		次数统计	百分比
有效评价	提醒型评价		
	补充型评价		
	纠正型评价		
	激励型评价		
	合计		
低效评价	笼统型评价		
	重复型评价		
	合计		
无效评价	缺失型评价		
	错误型评价		
	合计		
意见与建议			

结合上述课堂观察的量表，我们引导教师关注其在建构课堂文化中的重要意义，并审视自身的评价，从而改进自身的课堂评价，达到“牵一发而动全身”的效果。

（四）形成了“四度六步”教学法前后测问卷调查报告

为了更好把握为期两年的“四度六步”教学法推广应用的有效性，课题组对南宁市凤翔路小学景晖校区的学生、家长、教师分别进行问卷调查，主要涉及“四度六步”教学法的使用情况、使用成效、推广情况等方面。其中，学生问卷 930 份、家长问卷 930 份、教师问卷 47 份。问卷调查结束后，我们回收了学生问卷 866 份、家长问卷 879 份、教师问卷 47 份，有效回收率分别为 93.12%、94.52%、100%。经过对问卷数据进行分析，我们发现：85.21% 的家长认为与一年前相比，学生的学习更轻松了；87.99% 的学生认为相比以前，他们更喜欢现在的课堂；97.87% 的教师认为“四度六步”教学法的实施效果较好。

3.5 基于“四度六步”教学法的课堂观察及其量表开发[1]

执笔：郑胜梅、戴启猛

摘 要：随着核心素养和“双减”政策的落地，基础教育课程改革更加聚焦到了课堂教学质量和效率的提高。南宁市凤翔路小学在推广应用“四度六步”教学法的过程中，积极探寻利用“四度六步”教学法促进课堂教育教学质量提升的策略与方法。课题组以《课堂观察——走向专业的听评课》为指导和参考，探索了基于“四度六步”教学法的课堂观察体系：以“六步”的实践架构为视角，关注课程、教师与学生的学三个维度，以教学环节的内容安排、时间分配、教师教授及学生学习四个观察点记录与分析；以“四度”的教学主张为视角，关注课堂文化生成的维度，以师生互动、有效问题及教师评价三个观察点记录分析课堂情况。课题组希望通过构建有效的课堂观察体系，引导教师自我发现教学问题、探寻教育规律，从而改进课堂教学、追求内在价值。课堂观察的起点指向学生课堂学习的改善，通过教师行为的改进、课程资源的利用、课堂文化的生成，最后达成学生的有效学习。

关键词：“四度六步”教学法；课堂观察；有效学习

“四度六步”教学法是广西特级教师戴启猛经过 20 多年的实践论证、总结提炼出来的教学方法，其清晰的“六步”环节——温故（复习提问，温故孕新）、引新（创设情境，引入课题）、探究（合作探究，活动领悟）、变式（师生互动，变式深化）、尝试（尝试练习，巩固提高）、提升（适时小结，兴趣延伸）为课堂

1. 郑胜梅、戴启猛：《基于“四度六步”教学法的课堂观察及其量表开发》，《中小学课堂教学研究》2022 年第 5 期。（注：文章略有删改。）

的实践架构；鲜明的“四度”主张——有温度、有梯度、有深度、有宽度是课堂的教学理念[1]。“四度六步”教学法源自初中数学课堂，因其对基础教育课堂教学的普适意义，如今已应用到基础教育领域的各学段和众多学科。自 2020 年 4 月推广应用“四度六步”教学法以来，南宁市凤翔路小学凭借着教学策略、课例研讨的顺利推进，目前已经将“四度六步”教学法应用到小学语文、数学、英语、科学等学科中，极大地促进了课堂教学质量的提高。大量的精彩课例产生后，我们面临着如何评价的问题：什么样的课才更符合“四度六步”教学法的教学思想？应该从哪些维度和视角去评价一堂课？如何凸显“四度六步”教学法与提升课堂教学质量的联系？

2021 年 7 月，中共中央办公厅、国务院办公厅印发了《进一步减轻义务教育阶段学生作业负担和校外培训负担的意见》，并要求教师必须进一步深化改革，实现课堂教学增效提质。为了引导教师在教学中自我发现教学问题、探寻教育规律，从而改进课堂教学、追求内在价值，促进“四度六步”教学法课堂评价的研究，我们将“课堂观察”引入学科的教研活动。何谓课堂观察呢？它就是通过观察对课堂的运行状况进行记录、分析和研究，并在此基础上谋求学生课堂学习的改善、促进教师发展的专业活动。课堂观察作为一种研究方法，摒弃了以往的散而空泛的评课模式，将观察与评价聚焦到课堂教学的几个观察点；同时摒弃了标准的评分表的形式，不评分，只观察，用证据说话，通过分析与改进，最后落脚在学生的有效学习——学习方法、学习情感及学习效果的改善[2]。

基于“四度六步”教学法的课堂观察，直接采用《课堂观察——走向专业的听评课》中确定的四个维度：“学生学习”“教师教学”“课程性质”“课堂文化”，以“六步”环节为架构，关注课程性质、教师教学与学生学习三个维度，以各个环节的内容安排、时间分配、教师教授行为及学生学习行为四个观察点记录与分析；以“四度”主张为视角，关注课堂文化的生成的维度，以师生互动、有效问题及教师评价三个观察点记录分析课堂情况。其整体架构图如下：

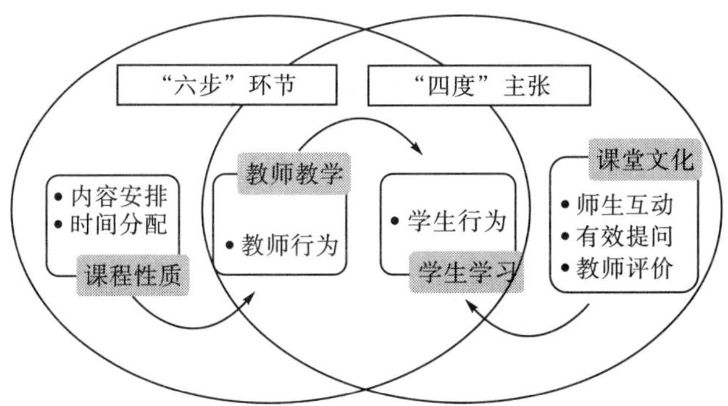

图 1　基于“四度六步”教学法的课堂观察整体框架图

一、基于“六步”环节的课堂观察

1. 确定课堂观察表的四个观察点

根据“四度六步”教学法的“温故”“引新”“探究”“变式”“尝试”“提升”这六个环节设置的课堂观察表，其观察点为教学内容、时间安排、教师行为、学生行为。其中，主要内容和时间安排这两个观察点指向的是课程性质的维度；教师行为关注的是教师教学维度，而学生行为关注的是学生学习维度。四个观察点是密不可分、相辅相成的。教师行为和学生行为也是一一对应的关系。值得注意的是，所有的观察点都围绕着学生的学习来展开。前面的设计不管如何精彩，如果不能支持学生的主动学习，都值得商榷，并需要调整。

我们把课堂观察表分为两个部分：一是观察表，即如实记录“六步”教学环节的主要内容、所用的时间、教师的教学行为、学生的学习行为（见表 1）；二是分析表，即将观察表中的数据进行汇总，并根据课程性质，具体分析教学内容与目标之间的关联度、时间安排的合理性、教师行为选择的科学性、学生学习行为的有效性（见表 2）。

表1　课堂教学时间分配及教学行为观察记录表

教学环节	主要内容	时间安排	教师行为	学生行为
温故				
引新				
探究				

续表

教学环节	主要内容	时间安排	教师行为	学生行为
变式				
尝试				
提升				
①教师行为有：教师讲解、视听展示、提问与追问、板书演示、任务驱动、个别指导…… ②学生行为有：听老师讲、自主阅读、视听学习、小组讨论、师生互动、实验操作、实践作业、教授他人……				

表2　课堂教学时间分配及教学行为观察分析表

观察点	情况分析	改进建议
教学内容的聚焦性		
时间安排的合理性		
教师行为的科学性		
学生行为的有效性		

2. 明确课堂观察记录及分析方法

"学习金字塔"理论把学生学习的方式分为：听讲、阅读、视听、演示、讨论、实践、教授给他人。根据"学习金字塔"理论关于学习方式的分类，并结合现实，我们将学生行动分为：听老师讲、自主阅读、视听学习、小组讨论、师生互动、动手操作、实践作业、教授他人……以学生行为为对应和参照，在教师行为方面，我们把以往常用的教学方法——讲授、讨论、演示、任务驱动、自主学习细分为：教师讲解、视听展示、提问与追问、板书演示、任务驱动、个别指导……虽然"学习金字塔"理论还把学习方式分为主动学习与被动学习，但是学习方式并没有优劣之分，也没有可替代之言。毕竟被动学习也能为主动学习提供基础和保障。因此，只有将各种学习方式进行优化组合，才能充分提高学习质量和效率。

基于"课堂教学时间分配及教学行为观察表"的数据分析，并对照"四度六步"教学法的实践架构要点，以及根据具体学科的课程性质和特点，我们可以分析各个环节的教学内容是否丰富精准，是否突出学科学习特点，是否聚焦课堂教学目标；分析教师是否合理安排各个环节的时间，以突出重点、难点，发展思维；分析各种学习方式的选择是否合理优化、凸显学生的主体地位，以实现有效学习；分析教师的教学行为是否能支持学生的主动学习，是否体现教师的学科素养。经过上述分析，教师可以提出自己的优化建议，从而帮助学生强化对知识的掌握，更高效地达成教学目标。

3. 使用课堂观察表改进教学架构

基于“六步”环节的课堂观察表极大程度地关注了教学的架构，并在理解核心素养、课程标准、教材知识点的基础上，树立了教师“用教材教”、学生“用课本学”的意识。于漪老师的“三次备课法”[1]已经为大家所熟知。其中，第三次备课是指上完一个平行班教学后，根据学生学习的情况和效果，进行的改进型备课。“三次备课法”是于漪老师日常教学的法宝。正是这种几十年如一日的对课堂的研究和反思，成就了这位伟大的人民教育家。新时代的教师更应该像于漪老师一样，以学生的学习为中心，不断反思和改进自己的教学行为。课堂观察表是教师开展团队合作研究的重要路径。观察者为执教教师提供了相关的观察结果、数据分析及建议，这有利于思想的碰撞，不仅成长了执教教师，也促进了团队中每一位教师的专业成长。

以人教版小学语文《少年中国说（节选）》（第一课时）的课堂观察为例，笔者展示课堂观察不仅为执教教师改进教学提供了专业支持，更为宝贵的是留下了教师课后反思真实的改进情况。第一次观察后的表格如下：

教学环节	主要内容	时间安排	教师行为	学生行为
温故	复习体会文章情感的方法	1 分	提出问题	师生互动
引新	介绍写作背景	2 分	音视展示	视听学习（视频）

1. 于漪老师上一堂课，要经过三次备课过程：第一次备课时，不看任何参考书、资料和教参，全凭自己的理解对教材进行一次整体把握。第二次备课时，广泛搜集各种参考文献资料，看看名师、教育专家是如何授课和对教材进行分析的，同时思考三个问题，即①哪些问题参考材料上想到了，我也想到了；②哪些问题参考材料上想到了，我没有想到；③哪些问题是参考材料上没有想到，我想到了。第三次备课时，是在上一个平行班之后，总结经验，进行教学反思之后再备一次课。

续表

教学环节	主要内容	时间安排	教师行为	学生行为
探究	（一）读写生字，整体感知 （二）探究少年中国的具体形象及象征意义	共 29 分 （一）10 分 （二）19 分	提问与追问 教师讲解 板书演示 任务驱动 个别指导	自主阅读 教授他人 师生互动 实践作业（写字、圈画、连线） 小组讨论
变式	有感情地朗读第二自然段	7 分	任务驱动 视听展示 教师讲解	师生互动 视听学习（视频） 实践作业（朗读）
尝试	配乐朗读全文 背诵第二自然段	3 分	板书演示 任务驱动	实践作业（背诵）
提升	布置作业 提示下节课内容	3 分	视听展示 教师讲解	自主阅读 听教师讲

结合上表，我们可以看到：教师行为和学生行为比较合理，能凸显学生的主体地位，并且教师也给予了学生比较好的指导。然而，"探究"和"变式"环节的时间安排出现了问题。

于是，通过对观察点"时间安排的合理性"进行深入而细致的分析，教师提出了如下的改进建议：

观察点	情况分析	改进建议
时间安排的合理性	1. 本节课共上了 45 分钟，出现了比较严重的拖堂现象。 2. 温故、引新一共用去 3 分钟，较为合理，变式和尝试用去 10 分钟，提升用去了 3 分钟，比较紧凑合理。 3. 探究活动用去了 29 分钟，内容过多、发散较多，前松后紧。 4. 变式环节播放戊戌变法的资料作为写作背景，时间稍长，学生不容易感受康有为写作时的情感。	1. 两个探究活动，都应该紧紧抓住本节课的教学重点和教学难点来开展。建议适当调整教学内容和教学目标，将写字的指导放在下一个课时，节省时间。 2. 抓紧课堂节奏，词句的理解为重、难点服务即可，可以不做多的发散。在抓关键语句、想想画面、了解事物的象征意义体会情感的基础上，落实本单元的语文要素——结合资料，体会文章表达的思想感情。 3. 变式环节采用条目式，列出近代中国的屈辱史以及抗争史，突出戊戌变法的背景。

在上面的分析表中，教师聚焦在“时间安排的合理性”这个观察点，并按照改进建议，重新设置了探究活动。同时，教师还对教学目标和内容进行了调整，并对教与学的行为进行了新的组合，从而试图压缩时间。

经过再一次的研讨活动后，我们得到全新的观察表。具体如下：

教学环节	主要内容	时间安排	教师行为	学生行为
温故	复习体会文章情感的方法	1分	提出问题	师生互动
引新	介绍写作背景	2分	音视展示	视听学习（视频）
探究	（一）认读生字，整体感知 （二）探究少年中国的具体形象及象征意义	共24分 （一）6分 （二）18分	提问与追问 教师讲解 板书演示 任务驱动 个别指导	自主阅读 教授他人 师生互动 实践作业（圈画、连线） 小组讨论
变式	有感情地朗读第二自然段	7分	任务驱动 视听展示 教师讲解	师生互动 视听学习（表格） 实践作业（朗读）
尝试	配乐朗读全文 背诵第二自然段	3分	板书演示 任务驱动	实践作业（背诵）
提升	布置作业 提示下节课内容	3分	音视展示 教师讲解	自主阅读 听教师讲

结合上表，我们可以看到：经过调整后，教学时间下调至40分钟；教师也对教学内容——写字教学进行了删减；教师行为和学生行为没有大的调整，只是进行了新的组合。由此，各个环节的时间安排更为合理，突出了重难点的解决，这使本节课的教学变得更加流畅，各个环节更加紧凑有力，有效促进了教学目标的实现，为第二课时的教学打下了坚实的基础。

二、追求“四度”主张的课堂观察

如果说“六步”是课堂的外在形式，那么“四度”主张则为课堂的灵魂。追求“四度”主张的课堂观察，是从“课堂文化”的维度提出来的。营造“有温度”“有梯度”“有深度”“有宽度”的课堂文化，是教师和学生通过课堂互动呈现出来的。如果说“有梯度”“有深度”“有宽度”侧重于学生的思维训练，并要求教师关注课程性质，从而让学生在知识形成的过程中发展思维、提升能力、培养核心素养，那么“有温度”则是从教育的高度提出来的，要求教师在教学中更加关注人的生命成长与自觉。苏霍姆林斯基说：“我认为课堂上最重要的教育目的，就在于去点燃孩子们渴望知识的火花。只有能够激发学生去进行自我教育的教育，才是真正的教育。”其实，从人性的角度出发，教师和学生之间的关心与关注、支持与鼓励、认可与肯定都是“有温度”的课堂的标志。“四度六步”教学法关于“温度”的阐释有三个要点：一是“面向全体”——因材施教、创设情境；二是“尊重个性”——发挥显能、挖掘潜能，鼓励冒尖、包容缺点，提供机会、体验成功；三是“收获惊喜”[3]。“四度”之间的关系并不是线性的，它们之间有很多复杂的交集，是互为基础、相互促进的。也就是说，教师通过“有梯度”“有深度”“有宽度”的教学设计和课堂实施，激发学生的学习兴趣，引导学生进行自我教育，从而创设“有温度”的课堂；而有温度的课堂反过来会促进学生“有梯度”“有深度”“有宽度”的学习。由此，我们就创生出“民主、合作、生动、有效”的课堂文化[4]。

1. 关注全体的教师行走及师生互动观察

如图 2 所示，我们需要记录教师的行走路线，以及师生互动情况。其中，“行走路线”可以直接画出来；“师生互动”则需要按照下面的符号进行记录。同时，我们还要把观察点集中在教师是否关注全体学生，以及学生的学习状态。根据观察表的数据，我们对课堂的情况进行分析，并提出意见和建议。“四度六步”教学法要打造的课堂是民主的。因此，我们不仅要有师对生的交流和生对师的交流，更加提倡学生在小组中的讨论交流，以及在班级中的补充、质疑和提问。在

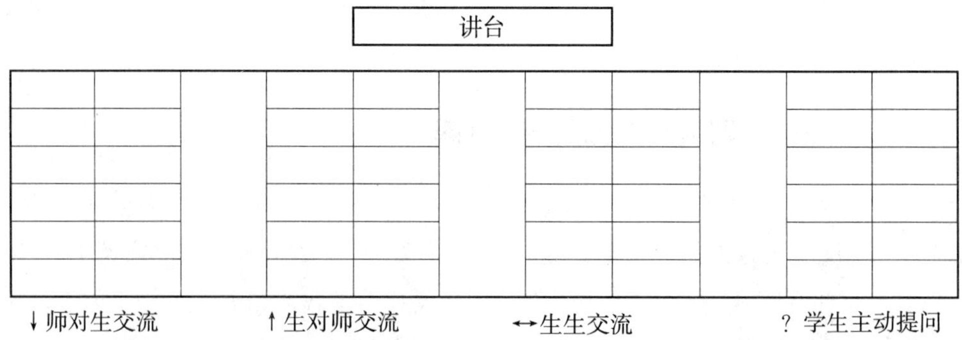

图 2　教师行走路线及师生互动观察记录表

师生交流的过程中，教师的回应如何才能体现教师对学生个体的关注，教师的行走路线是否体现出教师对全体的关注，教师的教学是否做到因材施教、特别关注，这些都会成为“有温度”的课堂的显性特征。

2. 聚焦问题设计及解决方式的有效性观察

“四度六步”教学法非常注重问题的设计，并强调好的问题能引领学生开展“有梯度”“有深度”的学习。在课堂教学中，除了有预先设计的问题，还会有很多的生成性问题，这就需要教师用“追问”的方式来深化。戴启猛说：“教师必须在教学中灵活追问，变式深化，选择和抓住有利时机，以追问形式激发学生学习兴趣，引导学生深入思考、挖掘学生的思维潜能。在语文教学的实践中，也总结出“以追问推动思考”的教学策略。”[5]因此，将提问与追问作为“四度”课堂文化的观察点，就是要让教师在观察与效度分析问题的过程中感受到好的问题的重要性，从而学会设计出好的问题，并掌握追问的技巧。为此，笔者设计了课堂提问及解决观察记录表。具体如下：

表3　课堂提问及解决观察记录表

序号	问题提出	问题类型（可多选）					解决方式（可多选）			评价效果		
		有温度	有梯度	有深度	有宽度	其它	个体答	小组答	齐答	有效	低效	无效
1												
2												
……												

此表的记录分成四项：一是如实记录教师提出的所有问题，既包括设计的问题，也包括生成性的追问；二是分析问题的功能性类型；三是记录解决的方式；四是对此问题的有效性作出自己的评价。另外，我们建议教师在上课时先记录问题及其解决的方式，课后再补充相关的分析和评价。

3. 指向教师评价的功能性观察

我们之所以把教师评价语作为重要的课堂观察点，是因为其在建构“四度”课堂中有着重要意义。卡彭特认为：“教师的责任就是要发现每个儿童身上最能充分发挥其创造力的方面。”因此，教师的评价语应该既能引导学生有序、有联系地深入思考，又能鼓励学生在自我肯定的基础上不断挑战自我，从而帮助学生激发潜能，让学生充分发挥其自身的创造力，进而落实"四度"的教学主张，生成课堂文化。

为了更好体现评价的意义，我们对评价做出了相应的分类。首先，按照评价的效果，我们把八种常见的评价归结为有效评价、低效评价、无效评价三大类。其次，按照评价语的功能，我们把有效评价划分为提醒型、补充型、纠正型、激励型四种类型。最后，按照评价语存在的表述问题，我们把低效评价、无效评价分别划分为笼统型与重复型、缺失型与错误型。为此，笔者设计了教师评价观察记录表（见表 4）、教师评价观察分析表（见表 5）。

表4　教师评价观察记录表

序号	评价语	有效评价				低效评价		无效评价	
		提醒	补充	纠正	激励	笼统	重复	缺失	错误
1									
2									
……									

表5　教师评价观察分析表

评价类型		次数统计	百分比
有效评价	提醒型评价		
	补充型评价		
	纠正型评价		
	激励型评价		
	合计		
低效评价	笼统型评价		
	重复型评价		
	合计		
无效评价	缺失型评价		
	错误型评价		
	合计		
意见与建议			

由此，我们可以利用上述两个表格记录和分析教师评价语的效度，引导教师关注其在建构课堂文化中的重要意义，并审视自身的评价，从而改进自身的课堂评价，达到“牵一发而动全身”的效果。

三、课堂观察的组织

基于“四度六步”教学法的课堂观察采用的是“1+X”的形式。其中，“1”是指结合“课堂教学时间分配及教学行为观察记录表”的数据，并依据“六步”环节，对课堂教学行为进行观察、分析；“X”则是在“四度”主张的视域下完成三个观察表：“教师行走路线及师生互动观察记录表”“课堂提问及解决观察记录表”“教师评价观察记录表”。教师可以选择其中的一个、两个或三个进行观察和分析。由此，我们就产生了“1+X”形式下的 8 种组合方式（其中 X=0，1，2，3）。当然，我们还可以在大小不等、特质不同的团队中进行多样化的组合。

在组织课堂观察时，教师需要按照“课前学习”“课中观察”“课后分析”的线路图进行。为此，教师需要充分理解并掌握这三个环节的要求。具体如下：

首先，“课前学习”主要了解教学内容、知识点、学生学情、教学目标，并在阅读教材、教参的基础上采用说课或者具体问题讨论的形式来展开。通过完成课前学习，教师能熟悉预设的流程，并商议确定主要观察点，为课堂观察做好准备。

其次，“课中观察”需要教师先通过自行组合，分成 1 ～ 4 个小组（每个小组 2 ～ 3 人），再开展课堂观察，并填写好课堂观察记录表。之所以每个小组至少安排 2 个人，主要是因为考虑到记录的项目比较多，担心出现大的遗漏，也是为了在课后分析时方便交流意见，避免出现武断的评价。

最后，“课后分析”既包括对数据的整理，如实反馈数据，还包括对数据的分析。在对数据进行分析时，教师需要透过现象看本质，并基于自身对“四度六步”教学法的认识，深入地分析教师对课程的理解、教师“教”的行为、学生“学”的行为等是否符合学生的身心特点，是否遵循教育教学规律。在进行课后分析时，除了数据的整理和分析，教师还要提出观察小组的具体建议。

由此可见，课后分析并不是观课研课的终点，而是又将成为下一次课堂观察的起点，并为同课异构、单元统整、问题驱动、知识点串联等主题研讨提供参照。

总的来说，基于"四度六步"教学法的课堂观察既是一种以"六步"环节为载体，从教学活动的内容安排、时间分配，教师的教授行为、学生的学习行为四个方面，引导教师关注课程性质、教学目标、教与学的方法的专业活动，也是一种以"四度"主张为目标，从师生互动、有效问题、教师评价三个方面，引导教师在课堂中关注全体、因材施教、指导并激励学生，让学生的思维与情感逐步深入，让学生的能力与学科素养得到提升，从而使学习真正发生、落实的教学活动，更是一种以"1+X"自主选择的方式构建课堂观察体系，聚焦观察点，并在观察与分析、评价与建议的过程中，逐层加深对核心素养的理解，从而引导教师在指导学生高效学习的探索中做出更多的尝试，并获得感悟的教研活动。

参考文献：

［1］戴启猛．基于初中数学"四度六步"教学法的理论基础与实践架构［J］．中小学课堂教学研究，2020（3）：22—26，39.

［2］沈毅、崔永漷．课堂观察——走向专业的听评课［M］．上海：华东师范大学出版社，2008：74—84.

［3］戴启猛．追求有温度的课堂［J］．中小学课堂教学研究，2020（5）：65—67.

［4］戴启猛．创造更加精彩的课堂——初中数学"四度六步"教学法的20年实践与探索［J］．广西教育（义务教育），2020（2）：15—19.

［5］郑胜梅．"四度六步"教学法在小学语文阅读课堂中的应用［J］．广西教育，2021（5）：96—97，107.

第四节　“四度六步”教学法引领发展赋能提质的光辉足迹

4.1　优秀教师成长的必由之路

——对“四度六步”教学法深度推广应用的思考[1]

执笔：戴启猛

摘　要： 虽说“教学有法，教无定法，贵在得法”，但对于年轻教师，尤其是缺少经验的教师来说，要想在短时间内提升课堂教学能力，找到课堂教学的“门道”，最有效的办法就是观摩名师授课，摹仿教学，并借鉴名师先进的教学法在实践中反复运用，不断揣摩。笔者认为，选择适合的教学法摹仿教学应成为年轻教师的“童子功”，选择适合的教学法研究教学应成为成熟教师的“营养钵”，选择适合的教学法革新教学应成为优秀教师的“参照系”。

关键词： 优秀教师；成长；“四度六步”教学法；应用

1994 年 7 月，第十个教师节来临之际，由广西壮族自治区教育委员会组织编写的《教坛明星耀八桂》丛书正式出版。该丛书（分中学、小学两卷）共收录了 46 名小学教师、39 名中学教师的优秀事迹。丛书的序言总结归纳了优秀教师成长的四个阶段：一是刚从教时，虚心请教，进行摹仿教学；二是经过一段实践后，进行独立性教学；三是参与观摩课或优质课比赛，开展教学革新实验，进入创造性教学阶段；四是以教育教学理论来指导实践，博采众长，逐步完善，从“必然王国”进入“自由王国”。[2] 这四个阶段给了我们什么启示呢？

一、选择适合的教学法摹仿教学应成为年轻教师的“童子功”

虽说“教学有法，教无定法，贵在得法”，但对于年轻教师，尤其是缺少经验的教师来说，观摩名师授课，摹仿教学，借鉴并反复实践名师先进的教学法，

1. 本文摘自戴启猛于 2021 年 7 月在《广西教育》发表的文章《优秀教师成长的必由之路——对四度六步教学法深度推广应用的思考》（略有删改）。【注：2021 年 5 月 18 日，南宁市教育局在南宁高新技术产业开发区举办南宁市推广应用“四度六步”教学法主题教研活动，本文是作者应邀作活动总评。】

2. 余谨：《教坛明星耀八桂（中学卷）》，广西师范大学出版社，1994，第 4 页。

是快速提升课堂教学能力，找到课堂教学的"门道"的有效方法和途径。对摹仿名师教学的理解就好比练字者首要的是选一本书法名家标准的字帖，然后在九宫格纸上临摹。可以说，学习名师教学方法并加以摹仿是所有优秀教师成长的必经之路，这对年轻教师来说具有特别重大的意义。因此，笔者毫不夸张地说，选择适合的教学法摹仿教学应成为年轻教师的"童子功"。

"四度六步"教学法是笔者经过二十多年的实践探索和反思论证，由表及里、由浅入深、凝练而成的教学法。它是指教师以追求"四度"（有温度、有梯度、有深度和有宽度）课堂为教学主张，依照"温故"（复习提问，温故孕新）、"引新"（创设情境，引入课题）、"探究"（合作探究，活动领悟）、"变式"（师生互动，变式深化）、"尝试"（尝试练习，巩固提高）、"提升"（适时小结，兴趣延伸）六步环节精准设计和组织的初中数学教学方法。[1]"四度六步"教学法自推出至今得到了业界同仁的广泛认可，并在广西南宁市的初中数学学科得到了持续且深度的推广与应用。从 2020 年 4 月起，南宁市的初中数学学科每个月都坚持开展一次基于"四度六步"教学法的主题教研活动（线上或线下）。据统计，2020 年南宁市采用钉钉线上直播的方式共举办了 7 次主题教研活动，每次参加的南宁市初中数学教师均超过 1400 人。南宁市高新区是"四度六步"教学法应用实践的实验区，辖区内的所有中小学老师坚持践行"四度六步"教学法，并取得了显著的成效。后来，笔者应邀参加 2020 年广西小学数学主题教研暨"粤桂教育教学论坛"活动，并发表基于"四度六步"教学法的课例点评，直播视频在线上同样受到了好评。2021 年 4 月 20 日，由南宁市凤翔路小学郑胜梅老师主持的广西教育科学规划 2021 年度专项课题《"四度六步"教学法在小学部分学科推广的行动研究——以南宁市凤翔路小学为例》的课题研究中期成果汇报暨南宁市小学推广应用"四度六步"教学法主题教研活动的成功举行，更是将"四度六步"教学法推广应用推向一个高潮。在本次活动中，仅线上同步实时观看直播的教师便突破 2 万人。活动结束后，观看回放录像的教师更是接近 3 万人。活动期间，课题组还特别精心设计了问卷调查。本次调查的对象是南宁市各县（城）区教育局教研室小学语文、数学教研员，各县区、市直属小学部分语文、数学骨干教师。本次调查采取了活动现场扫描二维码填写问卷的方式进行。后台的统计数据显示，

1. 戴启猛：《基于初中数学"四度六步"教学法的理论基础与实践架构》，《中小学课堂教学研究》2020 年第 3 期。

193 名教师通过现场扫码填写了问卷。此外，针对“结合小学各学科课程标准，您觉得基于‘四度六步’教学法的小学基础学科课堂教学，是否具有普适性与推广性”这一问题的回答，课题组进行了较为详细的数据分析（如下图）。

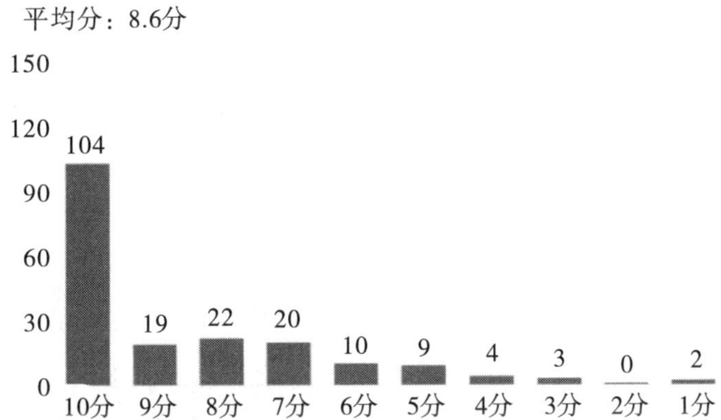

本题采用打分的方式进行调查。其中，1 分为最低分，10 分为最高分。分数越高，就代表越认可“四度六步”教学法在小学基础学科课堂教学所具有的普适性与推广性。结合上图，我们可以看出：104 人认为在小学各学科课程标准的前提下，“四度六步”教学法在小学基础学科课堂教学具有普适性与推广性，占参与答题总人数的 53.89%；而选择 7 分、8 分、9 分的人数分别为 20 人、22 人、19 人。选择这三个分数段的人数整体上相差不大，总共 61 人，占参与人数的 31.6%，并且他们的观点与其他 104 人的比较接近。笔者姑且将前两部分的数值加起来，则 165 人认为该教学法在小学基础学科具有普适性与推广性。

通过对上述问卷调查的结果进行详细而深入的分析，我们发现：一方面，一线教师对优秀教学法表现出了较为强烈的渴望；另一方面，大部分教师对“四度六步”教学法的独特价值表示认可，并愿意尝试进行推广应用。广西师范大学原党委书记、博士生导师、二级教授王枬在点评“四度六步”教学法时曾说：“戴启猛的‘四度六步’教学法还具有超越数学教学之上的意义，这虽然是基于初中数学教学的实践提出的，但其价值不局限于初中数学教学，而是具有对基础教育课堂教学的普适意义。也就是说，‘四度六步’教学法对小、初、高，对语、数、外、理、化、生等，都是具有积极借鉴和启发价值的。”[1]

1. 王枬：《创造师生共同发展的精彩课堂——对戴启猛初中数学“四度六步教学法”的评析》，《广西教育》2020 年第 2 期。

二、选择适合的教学法研究教学应成为成熟教师的"营养钵"

笔者出生在苏北平原，从记事起，便知道棉花幼苗培育是在营养钵中进行的。待幼苗长到一定的程度后，人们才将其从营养钵中移栽到地里。现在大家可能都知道了，用营养钵育种、育苗便于集中培育和移栽，能显著提高经济效益。因此，这种做法也被广泛用于花卉、蔬菜、瓜果等的种植。同样的道理，笔者认为选择适合的教学法用心研究教学应成为成熟教师的"营养钵"。学习教学法之关键在于"悟"，运用教学法之精要在于"度"（即"恰到好处"）。2019 年 10 月 1 日，中华人民共和国成立七十周年。党和国家在人民大会堂隆重表彰了三位"人民教育家"。其中，于漪老师就是我们基础教育的唯一代表。在于漪老师看来，上好一堂课要经过三次备课过程，也就是所谓的"三次备课法"。具体如下：

（1）第一次备课不看任何参考书、资料和教参，全凭自己的理解对教材进行一次整体把握。

（2）第二次备课广泛搜集各种参考文献资料，看看名师、教育专家是如何授课和对教材进行分析的，同时思考三个问题，即①哪些问题参考材料上想到了，我也想到了；②哪些问题参考材料上想到了，我没有想到；③哪些问题是参考材料上没有想到，我想到了（即"我有他有，我无他有，我有他无"）。

（3）第三次备课是在上一个平行班之后，教师积极总结经验，并进行教学反思，然后再备一次课（即"边教边改，课后再'备课'"）。

很显然，"第二次备课广泛搜集各种参考文献资料，看看名师、教育专家是如何授课和对教材进行分析的"，就是一线教师广泛地汲取名师教学法的营养。

基于此，笔者认为创造更加精彩的课堂至少应体现在以下五个方面：

一是热爱学生，师生之间感情融洽。教师能走进学生心里，打开学生心扉，点燃学生对学科学习的"爱火"，即"诱人以欲"。

二是注重思维训练，善于诱导、启发，教给学生终身受用的东西。教师教给学生的是金钥匙，而不仅仅是金子，即"授人以渔"。

三是课堂教学的语言要具有准确性（科学性）、形象性、趣味性、通俗性、哲理性。此外，适时小结、恰时点拨、恰点归纳、恰好鼓励，能让学生收获意外和惊喜。

四是创造条件，积极运用现代教育技术辅助教学，加强直观教学，提高教学效益和效果。

五是注重板书艺术，合理布局，突出重点、难点，从而达到直观形象、易于掌握和记忆的效果。

事实证明，“四度六步”教学法的理论基础和实践架构[1]，能较好地帮助教师实现这些目标。因此，我们可以更有理有据地说，“四度六步”教学法是教师研究教学走向成熟的重要“营养钵”。

三、选择适合的教学法革新教学应成为优秀教师的“参照系”

自担任地市教研室负责人以来，笔者认真研究了名师的成长和发展，并发现了以下三种规律：

一是名师在成长过程中无一不强调精细的教研。他们非常注重提炼自己的教学特色，打造个人的教学风格，并注重在教研活动中展示自我、修正自我、完善自我。

二是名师在发展过程中既不会让“教、研、说、写”分隔，更不会让它们间断。也就是说，名师既主动“教”兼“研”，也积极“说”还“写”。具体来说，“教”是“研”的基础和前提；“研”是“教”的反思和总结；而“说”是将自己的经验与体会即时与他人、与同行分享，在分享中接受别人的帮助和修正；“写”则是把“研”和“说”的结果和基础之上加以分析、综合、概括、提炼，上升为经验和理论。

三是注重教育教学实践与教育科学理论相结合。也就是说，优秀教师往往不只是满足于教得好，而会更注重“教得好”这一行为背后的教育教学理论的科学支撑，这是名师成长的必由之路。

基于这些发现，笔者认为学习运用教学法最忌教条，最重发展，并且没有最好只有更好。就笔者所追求的有温度[2]、有梯度[3]、有深度[4]、有宽度[5]的课堂而言，虽

1. 戴启猛：《基于初中数学“四度六步”教学法的理论基础与实践架构》，《中小学课堂教学研究》2020 年第 3 期。
2. 戴启猛：《追求有温度的课堂》，《中小学课堂教学研究》2020 年第 5 期。
3. 戴启猛：《追求有梯度的课堂》，《中小学课堂教学研究》2020 年第 6 期。
4. 戴启猛：《追求有深度的课堂》，《中小学课堂教学研究》2020 年第 11 期。
5. 戴启猛：《追求有宽度的课堂》，《中小学课堂教学研究》2021 年第 2 期。

然笔者对"四度"课堂的教学主张进行了较为系统地陈述和阐释，并在核心期刊上发表了相关的论文，但通过观摩南宁市凤翔路小学推广应用"四度六步"教学法的主题教研活动中所展示的两节精彩课例，笔者还是有了一些新的感悟：

1. 什么样的课堂让我们感觉有温度？

老师的微笑有温度；

风趣幽默的老师有温度；

老师期待的眼神有温度；

老师赞许的目光有温度；

老师的恰当激励和由衷欣赏有温度；

老师明贬实褒或充满爱意的批评有温度；

老师俏皮的昵称和师生充满爱意互动有温度……

这些是从教师层面的感悟，还有从学生层面的呢？

就这两节课例而言，薄艳老师在课堂上富有爱意地"蹭"学生，以及师生课内富有个性地学"猫叫"，让我们感受到课堂的温度；周聪老师课内期待的眼神、耐心的指导都让我们感受到课堂的温度……

2. 什么样的课堂让我们感觉有梯度？

分层教学有梯度；

分类指导有梯度；

灵活追问有梯度；

变式训练有梯度；

次第感悟有梯度；

螺旋提升有梯度；

……

3. 什么样的课堂让我们感觉有深度？

深究教材，指向本质有深度；

文道结合，立德树人有深度；

提出有质量的问题，展开高品质的思考有深度；

引导学生从"指尖上的活动"到"火热的思考"有深度；

通过分别对这两节课例进行分析，我们不难发现：周聪老师在课内连续四次提出“为什么余数比除数小”“为什么余数总是比除数小”的问题，激发学生积极展开思维，不断提升学生思维能力的深度；而薄艳老师则连续提出三个问题，即“老舍先生笔下的猫是怎样的古怪？谁来说一说？”“从课文中你还能发现老舍对猫有怎样的感情？”“谁能学一学老舍先生会怎么呼唤猫回来？”，这既实现了师生的互动，达到深度交流的目的，也不断激励学生去发现、去感悟，体现教学应有的深度……

4.什么样的课堂让我们感觉有宽度？

注重知识联系，活动中顺利迁移有宽度；

变式助推思维，灵活追问展过程有宽度；

重视学科融合，课内向课外延伸有宽度；

巧用教学资源，线上与线下融通有宽度；

学生进来以前和出去的时候有变化的课有宽度；

……

那么，“四度六步”教学法为什么能得到业界同仁的广泛认可和自发践行？经过反思，笔者认为，与其他教学法相比，“四度六步”教学法主要有三个明显的特点：一是科学教学理论与有效教学程式的有机结合；二是课改理念传承与核心素养落地的生动演绎；三是规范教学步骤与有效教学策略的精彩呈现。正是这些鲜明特点，才使“四度六步”教学得以不断推广与引用。当然，我们还可以从诸如南宁市凤翔路小学郑胜梅老师发表的《用好“六步”策略，创造高品质的语文“四度”课堂》等论文中找到佐证，尤其是论文中的观点和案例。然而，无论“四度六步”教学法受到怎样的追捧，笔者更愿意坚持认为“四度六步”教学法只是为优秀教师革新教学提供的一个“参照系”而已。

四、适合教师成长发展的“四度六步”教学法受到了社会各界的关注

随着“四度六步”教学法在基础教育跨学段、跨学科的成功实践，尤其是基于“四度六步”教学法的研究成果层出不穷，如各式各样的经典课例、精彩纷呈的主题教研、分析角度多样且深入的期刊论文、成功立项并结题的专项课题、《“四度六步”教学法的探索与实践》的专著出版与发行，等等，社会各界纷纷对“四度六步”教学法投来了注视的目光。各大媒体也竞相对“四度六步”教学法

推广与应用的动态进行相关的报道。

1. 对“2021 年 4 月 20 日南宁市小学推广应用‘四度六步’教学法主题教研活动”的报道

（1）《南宁日报》在 2021 年 4 月 21 日第 6 版“南宁教育周刊”中刊登了题为《实践“六步”教学　追求高品质“四度”课堂》的文章。如下图所示。

南宁日报·南宁教育周刊

实践“六步”教学　追求高品质“四度”课堂

“四度六步”教学法课例展示。（庞月　摄）

本报讯　4月20日，广西义务教育国家课程数字教材及应用服务项目案例展示暨南宁市小学推广应用“四度六步”教学法主题教研活动在南宁市凤翔路小学景晖校区举行，通过应用总结汇报、课例展示、专家点评等环节，展示“四度六步”教学法推广应用的成效，从而进一步促进南宁市各县区小学加强课堂教学研究，改革课堂教学，提高教学品质。

“四度六步”教学法研究成果由正高级教师、广西特级教师、南宁市教科所所长戴启猛实践总结而成。活动现场，广西教育科学规划2021年度课题《“四度六步”教学法在小学部分学科推广应用的行动研究——以南宁市凤翔路小学为例》（以下简称《行动研究》）主持人、凤翔路小学景晖校区常务副校长郑胜梅就课题的阶段性成果进行汇报。据了解，“四度六步”教学法在凤翔路小学实施一年来，课题组以创建“精彩课堂”为核心，以“四度”为教学主张，以“六步”为教学架构，在语文、数学等学科分别进行了深度探索与实践，有效提升了课堂教学质量，促进教师专业成长。

课例展示环节中，南宁市凤翔路小学教师谢艳、周璐基于“四度六步”教学法，利用人教智慧教学平台资源进行了现场教学展示。谢艳在执教四年级语文下册《猫》一课时，灵活运用“六步”教学策略，设计有梯度的关键问题，引导学生朗读品味作者情感、交流探究文章写法、变式深化迁移运用，提升能力尝试写作。周璐执教二年级数学下册《有余数的除数》一课，通过生活情境的设计引入，依照“六步”环节教学，帮助学生脱离思维定势，深化对除法算式意义的进一步理解。

当天，南宁市教育科学研究所和各县区教育局教研室的教研员，各县区、市直属小学部分骨干教师等近500人参加现场观摩学习。南宁市教科所教研员冉炜清、卢耀珍对两位教师的课例及“四度六步”教学法在小学语文、数学基础学科的普适性进行点评。戴启猛在总结点评《巧用资源　活学教材　减负提质》中，充分认可《行动研究》课题组成员对“四度六步”教学法在小学部分学科推广应用所做的尝试和努力，对今后教育同仁利用“四度六步”教学法提高学校教育教学品质寄予厚望。

据了解，本次活动还同步进行线上直播，收看逾2万人次。

（莫俊　梁惠娟　韦华强）

（2）《广西日报》在 2021 年 4 月 22 日通过“广西日报 - 广西云”客户端发布了题为《实践“六步”教学　追求高品质“四度”课堂》的报道。以下为该报道的节选图。

实践“六步”教学　追求高品质“四度”课堂

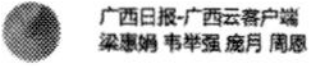

广西日报-广西云客户端
梁惠娟 韦华强 庞月 周恩　　2021年04月22日

4月20日上午，广西义务教育国家课程数字教材及应用服务项目案例展示暨南宁市小学推广应用“四度六步”教学法主题教研活动在南宁市凤翔路小学景晖校区举行。

南宁市教育科学研究所所长戴启猛及各县区教育局教研室教研员，各县区、市直属小学部分骨干教师等近500人参加现场观摩学习。本次活动还同步进行线上直播，收看逾2万人次。

（3）“八桂教育通”微信公众号在 2021 年 4 月 22 日推送了题为《广西数字教材项目案例展示暨南宁市“四度六步”教学法教研活动在凤翔路小学举行》的文章。以下为该文章的页面截图（节选）。

广西数字教材项目案例展示暨南宁市"四度六步"教学法教研活动在凤翔路小学举行

八桂教育通 2021-04-21 22:49

为了更好地推广应用由中小学正高级教师、广西特级教师、教育部首批基础教育教学指导专业委员会委员戴启猛老师20多年实践总结的"四度六步"教学法研究成果，推进广西义务教育国家课程数字教材及应用服务项目，从而促进南宁市各县区小学加强课堂教学研究，改革课堂教学，提高教学品质，2021年4月20日上午，广西义务教育国家课程数字教材及应用服务项目案例展示暨南宁市小学推广应用"四度六步"教学法主题教研活动在南宁市凤翔路小学凝晖校区举行。

凤翔路小学凝晖校区教学副校长梁雅娟主持活动

南宁市教育科学研究所所长戴启猛、小学室主任肖炜润、小学室副主任卢雅珍、小学室教研员黄新清及各县区教育局教研室教研员、各县区、市直属小学部分骨干教师等近500人参加现场观摩学习。本次活动还同步进行线上直播，收看逾2万人次。

2. 对“2021 年 5 月 18 日南宁市推广应用‘四度六步’教学法主题教研活动”的报道

（1）《南宁日报》在 2021 年 5 月 19 日第 1 版“南宁教育周刊”中刊登了题为《南宁市举办推广应用“四度六步”教学法主题教研活动　创造精彩课堂　提升教育品质》的文章。如下图所示。

南宁日报

南宁教育周刊

总第230期

B1

南宁市举办推广应用"四度六步"教学法主题教研活动

创造精彩课堂　提升教育品质

现场直击　提升课堂教学效率　激发学生学习兴趣

推广探究　打破学科学段壁垒　全市教师积极参与

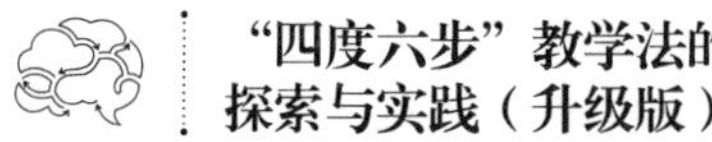

（2）《广西日报》在2021年5月20日通过“广西日报－广西云”客户端发布了题为《创新课堂教学　培育“邕派教育家”》的报道。以下为该报道的节选图。

创新课堂教学　培育“邕派教育家”

广西日报-广西云客户端
记者 杨波　　2021年05月20日

图为南宁高新区高新小学的孩子们按照“四度六步”教学方式进行分组讨论学习。

5月18日，南宁市推广应用“四度六步”教学法主题教研活动在南宁高新区举行。南宁市高新小学、南宁市天桃实验学校的师生代表们现场展示了这一创新教研成果在语文、数学等不同科目之间的应用，为“品质教育 学在南宁”做出有益的探索和引领。

图为总结提炼出“四度六步”教学法的广西特级教师戴启猛。

“四度六步”教学法是由广西特级教师戴启猛经过20多年的实践探索、思考论证，总结提炼的初中数学学科的教学法，以追求有温度、有梯度、有深度和有宽度的“四度”课堂为教学主张，依照“温故”“引新”“探究”“变式”“尝试”“提升”六步环节精准设计和组织教学方法。其中，高新区作为“四度六步”教学法应用实践实验区，整个辖区的中小学校和老师都在实践运用“四度六步”教学法，取得明显的效果。

南宁市委教育工委委员、南宁市教育局副局长杨捷介绍，今年3月，南宁市启动实施《品质教育、学在南宁——新时代南宁市教育高质量发展总体方案（2021-2023）》，旨在用三年的时间，通过学校党建标准化、教育科研先导引领等十大行动，推进在立德树人成效、名师队伍建设、高品质学校建设、教育教学改革、智慧教育建设、基础设施建设上等六个方面有新突破，整体提升南宁教育品质。为此，该市牢牢抓住课堂这个基础教育高质量发展的主渠道、主阵地不放松，今年起启动名教师、名班主任、名校长等“三名”工程，并持续推进特级教师培养工程、教坛明星精英领航工程等人才培养举措，让广大教师在一批“邕派教育家”的引领下，静心提升教育理论修养，潜心课堂教学改革、用心呵护学生成长，精心锻造教学特色、凝炼教学主张。

（3）央广网在 2021 年 5 月 19 日发布了题为《南宁推广应用“四度六步”教学法　提升教育品质》的报道。以下为该报道的节选图及直播实况图。

广西频道 > 广西频道（2021） > 要闻

南宁推广应用“四度六步”教学法 提升教育品质

2021-05-19 11:36:00 来源：央广网　　原创版权禁止商业转载 授权>>

央广网南宁5月19日消息（记者黄月芬）5月18日，广西南宁市开展推广应用“四度六步”教学法主题教研活动，激励和引导广大教育教学工作者，尤其是一线教师从事教学实践的改革创新，为“品质教育 学在南宁”做出有益的探索和引领。

现场教师应用“四度六步”教学法授课（央广网发 记者黄月芬摄）

南宁市委教育工委委员，南宁市教育局党组成员、副局长杨zhi介绍，“四度六步”教学法是由广西特级教师戴启猛经过20多年的实践探索、思考论证，总结提炼的初中数学学科的教学法，是教师以追求有温度、有梯度、有深度和有宽度的“四度”课堂为教学主张，依照“温故”“引新”“探究”“变式”“尝试”“提升”六步环节精准设计和组织的初中数学教学方法。“四度六步”教学法立足南宁，在激发学习兴趣、体现学生主体、发展思维能力等方面，可以说是学科核心素养的本土表达。

“四度六步”教学法虽然是基于初中数学教学的实践提出的，但其也具有对基础教育课堂教学的普适意义。

南宁市教科所中学室主任农学宁介绍，南宁市自2019年12月以来广泛开展了“四度六步”教学法研学及推广活动，至今举行初中数学“四度六步”教学法推广主题教研活动10余场，活动的形式上则是专题讲座与课堂实践相结合，线上与线下相结合，受益人数每场千余人。

“未来，我们将精心打造‘四度六步’教学法精品课例，供老师们学习使用，继续开展跨区域（国内）及线上（全网直播）交流，努力让‘四度六步’教学法辐射全国。”农学宁说。

× 直播丨南宁推广应用“四度… ···

直播丨南宁推广应用“四度六步”教学法主题教研活动

央广网　18小时前

央广网南宁5月17日消息（记者黄月芬）2021年5月18日，南宁市推广应用“四度六步”教学法主题教研活动将在南宁高新区南宁·中关村创新示范基地创新汇……

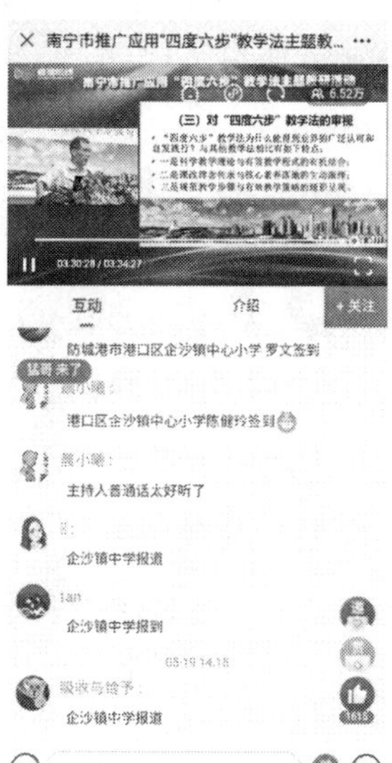

接下来，我认为“四度六步”教学法的推广应用应聚焦以下几个重点：一是继续探索基于“四度六步”教学法的成功课例，并邀请业内教学专家进行专业评析；二是着力开展基于“四度六步”教学法的课题申报和立项课题研究，用科研的视角去引领教学法的推广和应用；三是加强“四度六步”教学法的理论研究，用一批高质量的论文和著作给予教师以专业的指导；四是适时组织开展“四度六步”教学法的推广应用研讨会。在团队老师的共同努力及一线教师的大力支持下，相信“四度六步”教学法一定会在促进教师专业成长、提升区域教学质量上充分发挥其独特的价值，并成为教师走向优秀的专业“伙伴”。

4.2 真问题、真研究、真成长

——观摩南宁市初中语文学科推广应用“四度六步”教学法课例展示研讨活动的感悟[1]

执笔：戴启猛

刚才，我与大家一起观摩了基于“四度六步”教学法的两节优秀课例展示：第一节是南宁市五一中路学校（以下简称“五一中”）潘凤仁老师执教的八年级下册第一单元《灯笼》；第二节是南宁市青秀区第一初级中学（以下简称“青秀一中”）韦冬丽执教的八年级上册第二单元《藤野先生》。接着，在“四度六步”教学法的研究交流环节，五一中路学校的吴桂莲老师和青秀一中的方西末老师分别以《〈灯笼〉的温度》和《讲好一篇课文，教会一种方法》为题，并结合课例分享各自学校研究并运用“四度六步”教学法的做法、认识与思考。最后，南宁市教育科学研究所初中语文教研员、广西特级教师伍东波老师作了“‘四度六步’教学法对初中语文教学的实践意义”的专题讲座。说实话，这些汇报让我很是感动，也很受启发。

其实，青秀一中的名誉校长、广西资深中学语文特级教师周积宁校长会前已将经他审改的方西末老师的发言材料发给了我，全文共7000多字。于是，我认真地精读了一遍。今天，在现场聆听了方老师的发言后，我真的被感动了。一方

1. 本文是作者于2022年4月21日上午8：00-12：00应邀参加南宁市2022年中学各学科“品质教研 深耕课堂”（四月）主题教研活动——初中语文学科教研活动现场所做的点评发言，现收录于此书，并作为“四度六步”教学法赋能课堂教学提质增效的重要依据。

面，我感动于老师们对“四度六步”教学法的认可和自发践行，并将文理跨学科教学法的推广应用得那么好。另一方面，我更感动于大家对“四度六步”教学法的研究和真切体会，并且老师们居然找到了语文、数学两个学科教学法的共通之处。不得不由衷发出感慨：佩服！佩服！下面，我分享一些感悟和建议。

一、让我更加坚信：唯有研究方可走向优秀

规范而专业的研究可以事半功倍。青秀一中的老师们有福了，因为你们有周积宁校长的指导。大家有所不知，二十世纪末，周积宁校长曾是我的校长。当年，也是他把我从一名教师（年级组长）提拔为学校分管教学的副校长。我个人的成长得益于周校长对我的悉心指导。会前我还纳闷，全市初中语文阅读思维研究之“语文阅读教学中‘四度六步’教学法实践”教研活动怎么会选择在青秀一中这么一所新学校举行呢？原来是因为这里有“高人”。难怪活动做得那么专业，分享那么深刻。我觉得应该这样评价更为贴切：

1. 研究有温度

青秀一中名誉校长周积宁老师敢于突破、勇于创新的精神，让人感受一位优秀的老教育工作者对当下教育改革、对课堂提质浓浓的深情。

在带领团队开展课题研究时，周校长提出了“以先进教学理念统领，为教学研究铺平道路”的主张。校长身先士卒，亲自主持语文组的业务学习，与老师们谈“四度六步”教学法，谈教学新理念，向老师们提出要求、提出希望。多管齐下的行动使老师们接触到前沿的教材观、教学观、课堂观、学生观、质量观、语文价值观等，并逐步建立具体本校特色的教育教学理念，为研究的开展提供较好的基础。

我很认同刚才方老师在分享中说的一句话：周积宁校长说，我们的心中既有“法”又不受“法”的束缚，我们的教学才更切合学科实际，更灵活，更富有成效。把握对“四度六步”教学法的详细解读，掌握其精髓，为我们的应用研究获得了精准的理论支撑。总之，我能从青秀一中的研究汇报中感受到老专家对年轻教师手把手专业指导的温度。

2. 研究有梯度

在青秀一中的研究中，周积宁校长强调指出：语文课堂教学结构[1]的优化有着举足轻重的作用，直接影响课堂的教学效果，直接影响学生语文素养和全面发展人才的培养，直接影响教学改革进行的程度。因此，课堂教学结构优化的研究成了学校应用"四度六步"教学法的重要内容。最终老师们达成共识："四度六步"教学法研究的意义就要体现于课堂教学结构优化之中。

在总结归纳出语文课堂结构的要素与"四度六步"教学法的"六步"异曲同工之前，老师们进行了形式多样的研究，总结了语文课堂教学的要点：一是点面结合。二是让语文素养驻足课堂。"四度六步"教学法体现着课堂的人文化、教学的科学化、成效的优质化。对语文教学而言，则要让课堂浸润着语文素养，并且这是实现培养学生语文价值观必不可少的前提。因此，教师上课时要上出语文味，要抓住字、词、句、段、篇进行品析，让学生体会文章的思想内容、情感表达、写法技巧等。三是根据学情，教材设定可实现的学习目标，让学生一课一得。

基于上述，我们不难看出：青秀一中的老师们在研究背景、研究策略、研究内容、研究方法（行动研究法和课例研究法）、研究行动等方面都获得了极大的收获。这种拾级而上、螺旋上升的研究思路无不彰显了一个研究团队的专业精神和执着追求。

二、让我更加坚信：琢磨上好课就是最好的研究

1. 研究有深度

研究的深度就在于理论结合实际，并以课例为抓手，助推研究，给人以启迪。所有的认知都离不开实践，所有的教学体验都来自课堂教学。为了让所预设的研究目标得以实现，为了让研究的着眼点落到实处，我非常欣赏老师们以课例研究为抓手助推研究。

在青秀一中推广应用"四度六步"教学法的过程中，一批批基于"四度六步"教学法的精彩课例不断涌现，如《藤野先生》《白杨礼赞》《再塑生命的人》《咏

1. 注：在周积宁校长看来，语文课堂教学结构需要包括"导入新课""检查预习""整体感知""研读赏析""拓展练习""升华总结"六大要素。

史怀古诗歌鉴赏初探》等，这让我感到很欣慰，也很感动。结合今天的观摩活动，我接下来想对《藤野先生》这节课例进行简要的分析。

（1）研究问题：怎样让学生学会从人物记叙文的典型事件中把握人物的思想品质的方法。

（2）学法问题分析：其中的疑难在于什么是典型事件；在文章中，作者是从哪几个角度来体现典型性的。由此，自然地引出如何处置课文、如何设置问题链的思考。

（3）在设计课堂教学结构时，授课教师主要从下面几个维度考虑：

①基于课文，基于学情，基于学习目标，基于语文素养等。《藤野先生》这篇课文编在八年级上册。无论从内容、思想、结构、行文，还是感情表达、写作技巧来看，这篇文章都堪称典范。八年级的学生要读懂它尚且有难度，七年级的学生（注：研究活动借班上课）要读懂难度更大。我们要学生达到既定的学习目标，就要从课文的内容入手，引导学生品析相关词句的运用，体会事件所抒发的情感来认识事件的典型性，进而把握人物的思想品质。

②应用“四度六步”教学法结合语文素养培养。为此，教师在授课时设置了以下问题链：

【问题1】文章选取了和藤野先生交往的哪几件事？

【问题2】结合词语品析，你读到了一个怎样的藤野先生？

【问题3】藤野先生给鲁迅先生的影响是很大的。鲁迅先生怀着感激和怀念的心情写下了《藤野先生》这篇文章，并还想发表在《莽原》杂志社上。结果当时的主编韦素园先生来电说，版面不够，想让鲁迅先生删掉一两个事件。你觉得这些事件该删减吗？如不能，请替鲁迅先生简单说明理由吧。

【问题4】《我的老师》魏巍选了以下几件事来叙述，你觉得这几件事都是典型事件吗？说说你的理由。

【问题5】在众多的老师中，你最想说说哪位老师，她的什么品质最触动你，有没有典型的事例来佐证呢？

【问题6】请你叙写一段文字，通过典型事件塑造一位______的老师形象。

以上这些问题都有各自要达到的教学目的。具体如下：

首先，问题1和问题2属于“探究”环节，旨在解决“典型事件”是什么、怎样体现其典型的问题。教师让学生以小组合作的形式展开探究。在实际操作中，为了让学生学会鉴赏语言的方法，教师不断地创造条件，引导学生关注“每星期”“从头到末”“不但……连……”“一直到”“填改”这类词语，让学生积极主动地去探索、研究。

其次，问题3是解决“典型事件”为何典型的问题，让学生体会到文章的写法、作者选择的事件都在为中心思想而服务。

这三个问题的依次解决让学生初步掌握了“通过典型事件来把握人物形象的方法来阅读写人叙事类文章”。

接着，在“变式”环节，教师以教会学生如何用方法为目标，设计了问题4。授课时，教师借由同样是写老师的魏巍的《我的老师》，让学生体悟到“能够体现作者情感，表现文章主题的事件才能叫作典型事件”。至此，学生学习的“脚手架”就搭建完毕。

再者，在“尝试”环节，教师指向新方法的巩固和提高，让学生运用这堂课学会的方法去解决真实情境下可能会遇到的问题。

最后，在“提升”环节，教师指向阅读课的归宿——写作，让学生将阅读方法迁移到写作方法上，达到读写结合的目的。

由此可见，教师通过问题链的设置实现了学生思维螺旋上升的目标。在兼顾“四度”的同时，教师还解决好“写了什么”“怎么写”“为什么写”的思路。就本节课而言，教师依托“六步”的设计，教学思路清晰，每个教学环节紧密相扣，有步骤，有递进，有梯度，从而优化了语文课堂教学结构。

方老师说，这些精彩的课例是他们语文组的老师在实践中探索出的较有代表性的成果，既力求“讲好一篇课文，教会一种方法”，也力求在有限的课堂教学中让学生一课一得。其实，依托“四度六步”教学法，我们只要设置好主问题和问题链，语文教学也可以并需要一题多变、一题多解，从而实现学生思维的发展和提升，促进语文课堂教学结构的不断优化。作为课程的开发者，我们必须有勇气、有智慧、有创造性地使用教材，给学生讲好每一篇课文，教会学生每一种方法。

因此，我认为这就是青秀一中语文学科组对“四度六步”教学法研究的深度，也是老师们最大的收获，并且这一切必将造福全体学生。

2. 研究有宽度

通过聆听今天的教研分享，我相信大家能接受我的观点：我市初中语文学科，尤其是青秀一中语文学科组推广运用“四度六步”教学法的研究路径可示范，各学校领导可践行。此外，研究的方式可辐射，各学科教师可模仿。

方老师说，“四度六步”教学法的“四度”（即“有温度”“有梯度”“有深度”“有宽度”）是戴启猛老师基于二十多年教学研究的深切感受而提出的教学主张，他和他的团队十分认同这一主张。确实如此，在课例研究过程中，我们依循“四度”来优化课堂教学结构，设置相应问题，使问题的设置在自主、合作、探究等的学习活动中与语文核心素养融为一体，从而促进师生的共同成长与发展。

当然，在深入分析了青秀一中推广应用“四度六步”教学法所取得的成果后，我在这里还是想谈谈我对“四度”这一教学主张的新认识。具体如下：

（1）努力创设有温度的课堂。在教育教学中，课堂是师生情感交流、学问传递、疑难切磋的场所。这个特殊的场所不是死寂冰冷的，而应该是有温度的、有生机的、温馨和谐的。从情绪心理学看，这种气氛能有效地促进人的认知。因此，教师在教学中要努力创设有温度的课堂。在课例研究中，我们也特别强调教师要努力做到这一点。比如，《白杨礼赞》的授课老师以丰富激昂的感情感染了学生，把他们带进作者对白杨树的礼赞之中，让他们主动体会作者情感的抒发并领略文章的精美。再如，在《藤野先生》的“探究”环节中，授课教师让学生结合词语分析藤野先生的形象，不仅安排了师生互动，也安排了小组讨论。教师的引导方式有咬文嚼字、对比阅读、朗读等。通过精准地品读词语，学生快速走进了文本，并与作者产生强烈的共鸣，这不仅是一种审美体验，还使学生的情感温度得到提升，加深了学生对作品主题的理解，更提高学生语言鉴赏的能力。

（2）梯度则体现在主问题与问题链的设置中。问题链的每一个问题都指向最终的主问题和本节课的教学目标。教师在引导学生逐步破解问题的同时，帮助学生实现思维的螺旋式上升。此外，梯度还体现在“探究”环节中的生生合作。在课堂中，学生只有经历合作、探究、自主的学习模式，才能突破一堂课的难点。

（3）在深度层面，主问题的解决是需要分解并循序渐进的。在《藤野先生》这一课中，教师在解决典型事例为何典型时，积极引导学生认真体会文章的写法，加深学生对文章主题的思考和认识，由表及里、不着痕迹地使阅读更有深度。当然，一种方法的学习也是循序渐进、学以致用的。在《咏史怀古诗歌鉴赏初探》这一课中，教师让学生先观察并发现现象，进而总结现象背后的规律，从而归纳方法，最后运用方法。这样的教学设计符合学生思维发展的规律。

（4）在宽度层面，既要关注课堂的延伸，也要关注能力的迁移，如读与写的结合、学与用的结合等。比如，在《白杨礼赞》中，授课教师让学生用象征的手法进行仿写，引导学生深入挖掘事物的内涵，让学生学会发现生活的美、学会表达自身的思考。此外，关注学生的语文实践能力、语文学科素养在课堂以外的提升也是语文教学的重要目标。在《咏史怀古诗歌鉴赏初探》中，授课教师让学生围绕“在和平年代，新时期的青少年应怎么去正确看待‘咏史怀古’”这一话题进行讨论，有效地引导学生在咏古的同时不忘关注当下。

所有的这些体会与感悟，让我真真切切地感受到老师们是在真的研究，尤其是研究课堂教学中实实在在的真问题。通过对课堂教学中一系列问题的研究，教师们也收获真的成长。

三、让我更加坚信：唯有不断改进才可成果更优异

在观摩了本次活动的课例展示后，我想对青秀一中推广应用“四度六步”教学法的实践提出几点建议：

（1）集结成熟的课例及评析，形成模块系列，并选优推送给杂志进行发表，让老师们的研究成果固化。

（2）立项校本微型课题，并在此基础之上培育市级和区级课题，让老师的研究进一步规范和深化。

（3）在此次交流的基础上，形成学术论文。尤其建议将青秀一中非常有学术价值的研究行动整理成文章，并投稿发表，让更多的老师分享到我们的研究成果和教学智慧，为新时代南宁教育高质量发展发出语文老师的声音，特别是“青秀一中的声音”。

说到这，我不禁想起周积宁校长会前在与我进行通话时说过的几句话：青秀一中写了一篇文章，试图回答几个问题，即①青秀一中的老师们想做什么事？②青秀一中的老师们怎么做？怎么想？③青秀一中的老师们在做的过程中有什么感悟？明白了什么？在文章中，我们提到青秀一中的语文组开展“四度六步”教学

法在初中语文教学应用的研究始于2021年秋季学期。尽管我们研究的时间还不长，走出的路还不远，获得的感悟还不多，收到的成果还不足挂齿，但是我们在这条泥泞之路的跋涉中已感受到一股特有的吸引力，并且这股“力”正在演变成一种声音，呼唤着我们别停下、往前走。是的，我们没有停下的任何念头，我们决意往前走，因为前面有诗和远方。

我认为周积宁校长想表达的不仅是要肯定“四度六步”教学法在跨学科中的成功推广和运用，更想表达的是研究，尤其是对上好一堂课的研究带给全校教师在专业上看得见的成长。对一线中小学教师来说，上好课一定是我们前面的诗和远方。

最后，我送给大家一句话：“教师上好每一节课，就是最大的师德。”谨以此与大家共勉。

谢谢！

4.3 坦诚的幸福

——“四度六步”教学法推广应用过程的感悟

执笔：农学宁[1]

时间过得很快，不知不觉“四度六步”教学法从推广到广泛运用已经有近四年的时间了。在这段时间里，“四度六步”教学法在南宁市，乃至广西、全国都得到了广泛推广和应用。参与推广和应用的城区（市县）有数十个，学校达数百所，教师达数千人。同时，不少学校还积极组织专项研究，并申报省（市、区）和地市教育科学规划课题。截至目前，以“四度六步”教学法为主题的研究课题已超过100项。其中，广西“十四五”教育科学规划课题累计有5项、北京市教育学会“十四五”2023年教育科研课题1项，南宁市教育科学“十四五”规划2021年度课题7项、2022年度课题及专项课题共63项，玉林市教育科学“十四五”规划2022年度教研引领专项课题1项，以及一大批南宁市县（市、区）级专项课题。值得一提的是，仅南宁高新区教育科研“十四五”规划2021

1. 农学宁，广西南宁市教育科学研究所中学教研室主任，广西特级教师，中小学正高级教师，南宁市人民政府督学，南宁市党员先锋示范岗，南宁市教坛明星，南宁市优秀教师，广西优秀中学数学教研员，广西数学学会理事、广西北部湾经济区中考数学命题组组长，全国初中数学优质课比赛评委。

年度“四度六步”教学法专项立项课题就多达 23 个。我想这也是创始人戴启猛老师当初在 2019 年 12 月 12 日举行的“南宁 · 东盟人才活动月”基础教育高端论坛上首次展示教育教学思想时想不到的。

作为初中数学“四度六步”教学法推广应用工作的践行者，我也不断地进行思考。其实，从“四度六步”教学法推广之初到现在广大一线教师的自主践行，这个过程并非一帆风顺，也经历了很多的阶段和坎坷。随着推广应用的规模发展到现在，我们自然会从底层的逻辑上去追根溯源。可能大家还会提出下面的一些问题：为什么要推广？这个教学法有什么优点？与其他的教学法相比，它有什么不同？我觉得有一点因素是十分重要的，即当人们以名嘴金句的调性来评论各类教育教师抛出的一些演讲和观点时，当教育从以学生成长为中心偏离成以学生现时满意为目标时，我想到原美国斯坦福校长约翰 · 汉尼斯在《要领》一书中的一句话：“失去了坦诚的教育，还是不是真的教育？”是的，初中数学“四度六步”教学法的推广工作经历了“初步感知——尝试运用——探究学习——深入打磨——拓展运用——主动践行”的漫长过程，这是一步一个脚印式的坚实的历程。那么，我们不禁要问这其中不断地激励着我们前进的力量是什么？

我们知道，一种教学法的推出，既给教师们带来了新的教学模式，也促进着新的教育理念变革。一开始，大家对这样的新思路、新方法总会有一种新奇和包容的态度。然而，对每一个人而言，要改变原有的思维习惯和认知，这是不容易的。尤其对于有几年、十几年，甚至几十年教学经验的教师们，这必然会有新旧理念和行为习惯上的冲突。此外，虽然在此之前国内外早已有基础教育数十种模式的教学法提出，但它们随着时间的推移都逐渐在我们的视线上消失了。因此，在“四度六步”教学法的推广中，我想我能够感受到的不仅仅是一种新的教育理念和实用方法，而更多是一种对待教育的态度——坦诚。

从辞源学的角度来看，在“坦诚”一词中，“坦”强调的是平而直，而“诚”则指真诚和真实。

一般而言，一个教学法要得到广大教师的认可，就必须回答好这几个方面的问题：一是这个教学法的理念基础是否切实可信，二是这个教学法的实践架构可操作性如何，三是它的可持续性如何。这往往是一种教学法在推广的过程中很难突破的。

首先，我想从“四度六步”教学法的基础理念说起。从戴启猛老师的宣讲中，我们知道这是一名从基层走出的优秀教师经过二十多年的课堂教学实践而凝练出来的教育思想。戴启猛老师首创的“四度六步”教学法融合了俄国著名教育家凯洛夫、德国教育家赫尔巴特、美国教育心理学家奥苏贝尔、瑞士的儿童心理学家让·皮亚杰、美国爱德加·戴尔、前苏联教育家苏霍姆林斯基等多位教育家的思想，这与《教育部关于全面深化课程改革落实立德树人根本任务的意见》所提出的“教育部将组织研究提出各学段学生发展核心素养体系，明确学生应具备的适应终身发展和社会发展需要的必备品格和关键能力”的目标相契合。因此，我们可以说“四度六步”教学法有着十分深厚的理念基础。

听过戴老师上公开课的老师都会有这样的感觉：激情、引人、规范、有深度。而我想这与教学法中的“四度”（有温度、有梯度、有深度、有宽度）教学主张是一致的。这也应当是我们在课堂教学设计与实施中应有的态度。在推广的过程中，不少老师总会问到如何落实教学法中的“四度”。我总是这样回答：“你可以想象一下，我们在备一节课时首先应想到什么？是不是应当首先想着学生？”要真正把学生放在心里，我们当然要把自己教学中最坦诚的一面展示在学生面前。这时，我们只要从学生的所思所想出发，从发展和提升学生的能力及核心素养出发，从落实课堂教学的目标出发，当然就会自然而然地透露出“四度”理念了。这既是一种真诚为学生着想的发自教师内心的态度，也是“四度六步”教学法源于骨子里的态度，当然更是一种创造精彩课堂的精神动力和底气。

其次，我想从课堂教学的实践性和操作性方面谈一谈。“四度六步”教学法是创始人戴启猛老师在借鉴国内外很多教育名家的教育思想基础上经过本土化的改造和优化而形成的一种教学方法。比如，教学法中的“六步”环节（温故—引新—探究—变式—尝试—提升）与大多数教师平时常用的教学设计思路是相近的。然而，对我们来说，要改变事物（硬件）也许比较容易，但是要改变人的思想，尤其是一些相对固化的认识，这是很难的。同样地，在课堂教学中，许多老师长年以来会遵循着自己的教学习惯和思维方式开展教学工作。通常来说，老师们往往基于比较传统的课堂教学模式，即“复习引入——新课讲授——应用解析——练习巩固——小结作业”来组织教学，这是一种十分通用的教学流程，也是无可厚非的。然而，当老师们的教学进入程序化之后，“不知其所以然”的情况就会出现，从而致使课堂逐渐失去了应有的激情和活力。课堂教学也随之进入了瓶颈阶段。庆幸的是，"四度六步"教学法的推出为我们目前的课堂教学改革注入了新的激情和活力。

在我看来，"四度六步"教学法并没有对课堂教学实施的步骤进行过多的修饰。每一个步骤的实施都遵循着课堂教学的普遍规律。我们可以感受到该教学法不是对传统教学法的全面颠覆，而是在传统教学法的基础上进行过程性的节点优化，以达到课堂教学中教师主导与学生主体相互关系的平衡。例如，"温故、引新、变式"等环节就强调了教师的主导作用，而"探究、尝试、提升"显然更侧重学生的主体性，这完美解决了传统讲授式教学法与合作学习模式上的不足。

要上好一节课，教师首先要学会观察和分析，并思考怎样的一节课才是好课。而"六步"环节则正好指导教师如何把一节课进行了有效的结构化分解，便于教师对一节课进行观察、剖析。其次，这"六步"当然也帮助教师在备课时搭建一个简单且科学的框架（往往科学总是那么简单，如牛顿第一定律）。难怪有的老师说："自从用了'四度六步'教学法之后，我似乎可以看懂一些优秀的课例优秀在哪了。另外，在备课的时候，我也没有那么迷茫了，效率也提高许多。"

更可贵的是，对于每一个步骤，戴启猛老师都提出了十分明确的操作方法和目标，这让老师们真正懂得每一个教学环节是什么、为什么、怎么做。以探究环节为例，其基本理念是"学生活动经历有时比纯粹的知识学习更重要。教师应精心设计活动，让学生去经历前人发现定理、公式的全过程，揭示知识发生、发展的过程，从而让学生在活动中自主领悟规律、学会新知。'合作探究，活动领悟'既是对新课程理念的践行，更是对数学学习规律的尊重。教师在'合作探究，活动领悟'环节应把握两个要领：一是'探究'的关键是设计好的数学问题。'好'的数学问题应该具备能引发学生的兴趣、能紧扣教学的主题、能激活学生的经验、能展开学生的思维等主要特征。此外，'好'的数学问题还要能推广、扩充和引申。二是'探究'的实效关键在于学生参与的广度和深度。教师应该注重学生日常教学常规的训练和良好学习习惯的养成。教师成立相对固定的合作学习小组，并在日常教学中发挥每一位学生在合作学习小组中的作用（要有明确的学习任务，并有学习反馈的评价），让学生感受在合作学习小组中的被认可和独特的价值（要有明确的分工和代表小组展示的机会），体验学习的喜悦，这是激发学生参与合作、激发学习热情和培养学生学习自信心的有效策略”。毫无疑问，这一基本理念为广大一线教师在学习运用“四度六步”教学法中带来了很明确的思想与方法的引导。因此，在多次的实践教学中，很多青年教师都会有这样的感慨：“四度六步”教学法很易上手，在备课中一下子就可以找到一节课的关键点。我认为这也是一种过程式的坦诚。其实，只要我们对每一个教学环节的步骤有了清晰的认识，一节好课就会自然而然地呈现在我们的面前。

最后，我还要从成果的可持续性方面讲一讲。说实在的，要做到这一点其实是很难的。一个教育教学成果的推广如同一件商品的推广。要让老师们对一个教学法保有持久的热情是一件极其不容易的事情。这让我想起了国内某知名企业总裁说过的一句话：“在商业环境下，对于投资人而言，不是看一个企业的发展前景如何，而是这个企业的创始人如何。他是一个可依赖的朋友就十分重要。”企业风险投资与教学成果推广这两件事看似风马牛不相及，但其蕴含的让人信任、信服和接受的“道道”却是相通的。回顾南宁市初中数学学科在这项成果推广的历程，我认为，很多时候是戴老师在学术上的造诣、坦诚相待的精神力量、坚持不懈的工作态度在吸引和感染着大家不断前行。为此，我想从以下几个方面进行阐述：

一是初步尝试阶段。2019 年 12 月 12 日，在以“追随名师”为主题的“南宁·东盟人才活动月”基础教育高端论坛之特级教师戴启猛教育教学思想专场展示活动中，戴启猛老师首次向大众展示了“四度六步”教学法。自此之后，该教学法就受到了广大教师的热情追捧，并吸引老师们纷纷主动进行学习。2020 年 3 月，南宁市教育科学研究所初中数学教研室以“‘四度六步’教学法”为主题开展了研讨活动。在活动中，老师们进行了积极的尝试，效果良好。然而，老师们也明显感觉到自身对“四度六步”教学法中的“四度”教学主张及“六步”教学环节的理解还比较肤浅。比如，在教学过程中是否一定要有“六步”环节？从哪些方面可以体现出课堂应有的温度、梯度、深度、宽度？为了让老师们对这个教学法有更加准确而深入的认识，戴启猛老师在 2020 年 4 月 23 日又再一次通过网络从理论基础与实践架构等层面向南宁市 1400 多名初中数学老师对“四度六步”教学法进行了详细的阐述，并分析和点评了南宁市第十四中学何欢欢老师的公开课《一次函数与二元一次方程组》。

二是探究学习阶段。2020 年 9 月至 2022 年 11 月，南宁市初中数学教研活动均围绕"戴启猛'四度六步'教学法"来开展。截至目前，基于"四度六步"教学法的课堂实践研究不计其数。通过组织全市每月一主题的教研活动，并结合课堂教学实际，教师们不断丰富了研究的课型，并使教研活动逐渐进入专题式、系列化。尽管当时正值新冠疫情期间，但每月的两次教研活动依然对老师们具有极大的吸引力。在每次活动中，老师们都始终保持着强烈的学习热情。其中，主动参与的学校包括南宁二中、三中、十四中、二十六中、三十七中、十八中，天桃实验学校、新民中学、邕宁民族中学等，涵盖了南宁市直属学校四大学区、各城区学校、民办学校。据统计，南宁市总共举行了 19 场初中数学"四度六步"教学法推广主题教研活动（详见篇末"附录　南宁市 2020—2022 年初中数学'四度六步'教学法系列主题教研活动表"）。在活动的形式上，我们既注重专题讲座与课堂实践相结合，也注重线上与线下相结合。每场活动的受益人数均达千余人。至此，基于"四度六步"教学法初中数学课堂教学典型课型的实践探索（如专题复习课、章节起始课、公式探究课、数学思想方法专题、"六步"环节及"四度"课堂研讨等）扎扎实实地带领全市初中数学老师对初中三年的 6 册数学教材进行了深入而细致的设计研讨和课例展示。其间，戴启猛老师还发表了《创造师生共同发展的精彩课堂》《基于初中数学"四度六步"教学法的理论基础与实践架构》《追求有温度的课堂》《追求有梯度的课堂》《追求有深度的课堂》《追求有宽度的课堂》等多篇论文，便于老师们进行深入的学习和研读。

三是实践运用阶段。在这些教学活动中，如市级的公开课、视导活动课、教研展示课、优质课比赛等，老师们大多已经学会运用"四度六步"教学法进行课例的研究。很多学校还主动购买了戴启猛老师所撰写的专著《"四度六步"教学法的探索与实践》，为老师们进行日常学习提供重要的参考。作为南宁市政府的责任督学，我也多次下学校推门听课，并看到老师们在主动运用"四度六步"教学法进行课堂教学。由此可见，老师们对"四度六步"教学法是认可的。

四是辐射推广阶段。为了使研究成果尽快地融入学校的课堂教学，并与教学实践充分结合，我们还把"四度六步"教学法运用到初中数学的各类课型当中。在戴老师的指导下，我们打造了一系列初中数学精品教学案例。2020 年 9 月，南宁市教育科学研究所中学教研室又专门组织南宁市初中数学骨干教师集中进行深度研讨。在活动中，戴启猛所长做了《基于初中数学“四度六步”教学法的课例设计与点评撰写》的专题讲座。同时，老师们对教学法的理论基础和实践架构进行了分解与研讨，并结合教学课例进行分析、融合。2021年底，《创造精彩课堂——初中数学“四度六步”教学法的精彩课例与评析》正式出版。此外，一些教师还自发地利用现代教育技术，以点带面，实现跨学科、跨学段、跨地域、多平台、多元融合的学习，极大地促进了“四度六步”教学法的推广和运用。

2021年1月20日，南宁市教育科学研究所在南宁组织了“四度六步”教学法推广应用第一届工作年会，及时总结了“四度六步”教学法推广中的优秀经验，这给主动开展基于“四度六步”教学法课题研究的教师团队提供了有效的指导。

2022年4月，南宁市教育科学研究所组织研究团队以“四度六步”教学法为基础理念制定了《南宁市中小学、幼儿园“品质课堂”评价标准》[1]。该文件将“品质课堂”定义为在“四度”（有温度、有梯度、有深度、有宽度）课堂视野下建立起来的优质课堂，这给老师们带来了极大的信心和鼓舞。

“流水无声渠有声，水到渠成自在行”。“四度六步”教学法在南宁市初中数学学科深度推广应用的这几年里，南宁市在提升初中数学教师的专业素养及初中数学学业质量等方面的工作可谓卓有成效。具体如下：

一方面，就教师的成长而言，“四度六步”教学法是教师专业化素养提升的有力工具。由于“四度六步”教学法不仅能在课堂教学环节的设计思路上给予老师精确的指导，而且能在教师夯实基本功上提供很多可学习、可参照的特色教学行为。其中，在2020年广西中小学幼儿园教师教学技能大赛中，南宁市第二十六中学李珺老师运用“四度六步”教学法设计了课例，并获得一等奖的第一名。2021年，南宁市新民中学谢周玲老师运用“四度六步”教学法设计了课例《用字母表示数》，并在第13届全国初中青年教师优秀课例展示和培训活动中代表广西向全国展示。除此之外，在南宁市近两年新增的数百名初中数学老师中，众多青年教师们通过学习并运用“四度六步”教学法，不仅得到了很大的收益，实现了从没有思路到逐步形成系统性框架的华丽转身，而且受到了各自所在学校

1.注：详见《南宁市教育局关于印发〈南宁市中小学、幼儿园“品质课堂”建设方案的通知〉》（南教科研〔2022〕4号）。

领导的一致认可与好评。在“四度六步”教学法的实践应用中，老师们在课堂教学中的成长很快，并且在课后研究课堂教学方面的热情明显比过去高涨了。

另一方面，就初中学业水平质量的提升而言，“四度六步”教学法实验区的教育教学质量有了显著提升。下面，我将通过列表的方式逐一呈现南宁高新开发区、兴宁区、邕宁区、上林县四个“四度六步”教学法应用实践实验区的变化。结合表格的数据，我们可以看出从 2021 年（下半年进入实验）至 2023 年，四个实验区的初中数学学业水平考试成绩（一分两率）均有一个不小的飞跃。详见以下图表。

表1　南宁市高新开发区2020—2023年初中数学学业水平考试的实考人数及“一分两率”数据对比情况

所属实验区	年度	实考人数	平均分	优秀率	及格率
高新开发区	2020	1789	64.11	11.3%	48.1%
	2021	1816	60.08	11.6%	39.5%
	2022	2363	68.74	21.1%	53.9%
	2023	2419	75.09	33.2%	61.8%

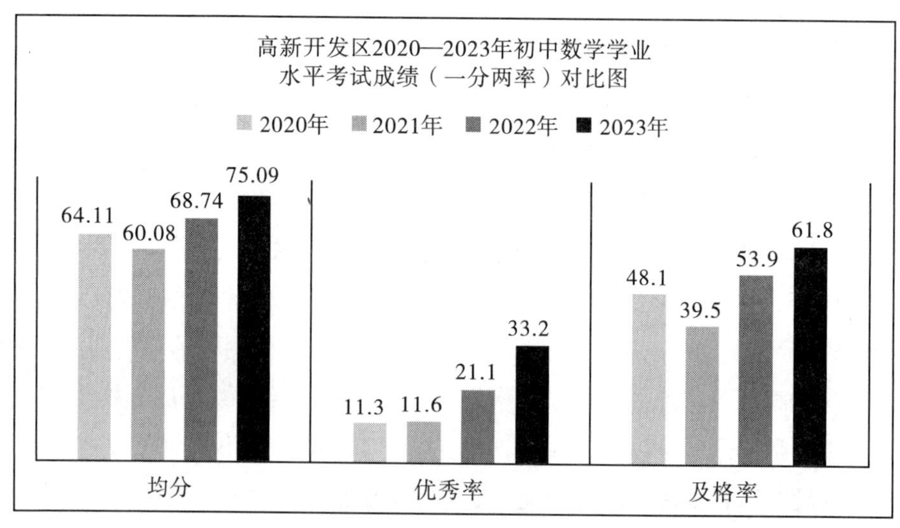

注：结合上述图表，我们发现高新开发区 2023 年初中数学学业水平考试的平均分、优秀率、及格率分别比 2020 年提升了 10.98%、21.90%、13.70%，比 2021 年提升了 15.01%、21.60%、22.30%，比 2022 年提升了 6.35%、12.10%、7.90%。

表2 兴宁区2020—2023年初中数学学业水平考试的实考人数及“一分两率”数据对比情况

所属实验区	年度	实考	平均分	优秀率	及格率
兴宁区	2020	2798	51.15	2.3%	25.0%
	2021	2899	51.37	2.5%	25.4%
	2022	3542	64.97	15.4%	45.4%
	2023	3664	70.54	25.6%	54.1%

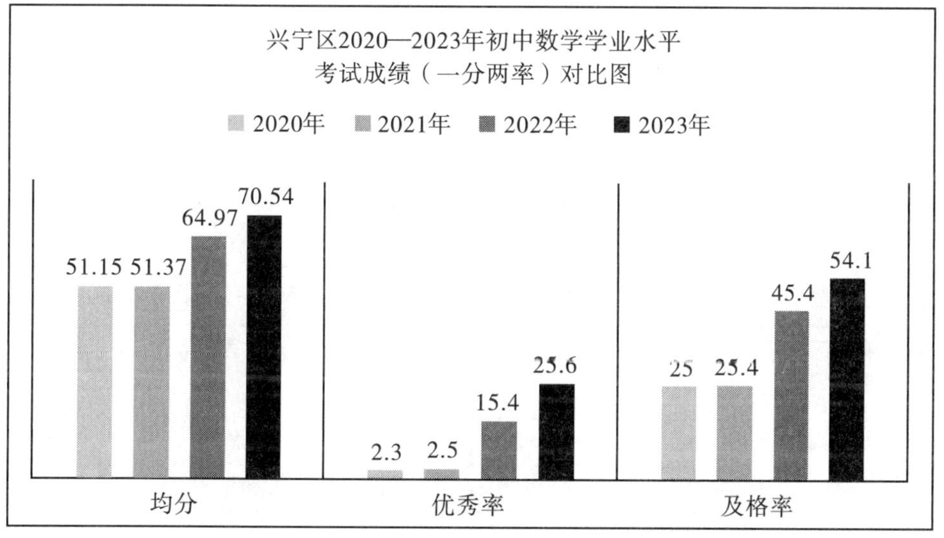

注：结合上述图表，我们发现兴宁区2023年初中数学学业水平考试的平均分、优秀率、及格率分别比2020年提升了23.94%、30.90%、36.80%，比2021年提升了23.72%、30.70%、36.40%，比2022年提升了10.12%、17.80%、16.40%。

表3 邕宁区2020—2023年初中数学学业水平考试的实考人数及“一分两率”数据对比情况

所属实验区	年度	实考人数	平均分	优秀率	及格率
邕宁区	2020	4652	51.09	4.5%	25.4%
	2021	3934	49.71	4.9%	22.6%
	2022	4339	61.76	17.3%	42.0%
	2023	4518	69.81	27.8%	53.1%

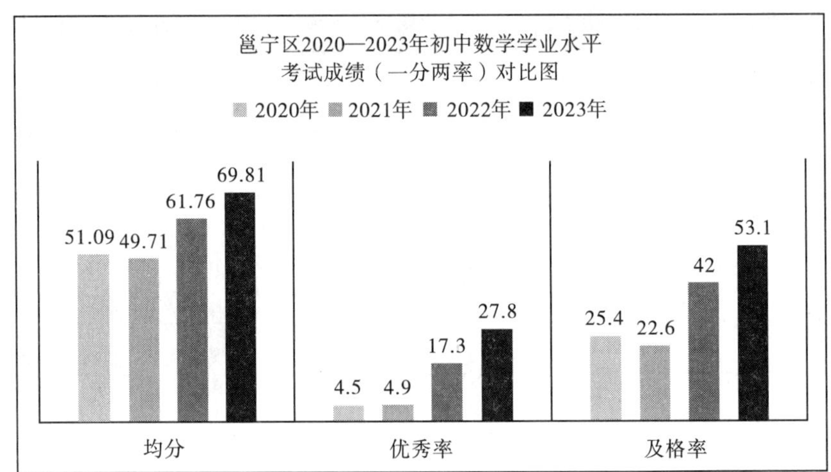

注：结合上述图表，我们发现邕宁区2023年初中数学学业水平考试的平均分、优秀率、及格率分别比2020年提升了24%、28.70%、36.40%，比2021年提升了25.38%、28.30%、39.20%，比2022年提升了13.33%、15.90%、19.80%。

表4　上林县2020—2023年初中数学学业水平考试的实考人数及"一分两率"数据对比情况

所属实验区	年度	实考人数	平均分	优秀率	及格率
上林县	2020	4530	46.10	0.8%	22.9%
	2021	4501	46.05	0.6%	19.6%
	2022	4606	58.02	5.5%	38.1%
	2023	4642	62.47	15.5%	45.9%

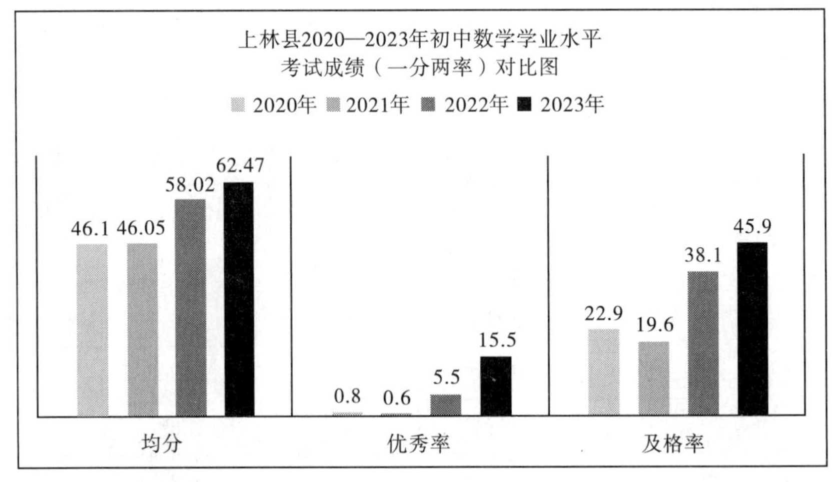

注：结合上述图表，我们发现上林县2023年初中数学学业水平考试的平均分、优秀率、及格率分别比2020年提升了28.99%、32.40%、38.90%，比2021年提升了29.04%、32.60%、42.20%，比2022年提升了17.07%、27.70%、23.70%。

一路走来，在不断的学习和探索中，我们老师应当还会有很多不同的教法。对于老师们在实践过程中存在的疑问和遇到的困难，每一个阶段都有戴启猛老师的深度参与、悉心指导。因为“四度六步”教学法一直致力于创造一种能让教师投入他们最高的教学热情，同时让学生在期望的基础上学到更多的课堂，所以在多年的推广应用过程中，它不仅帮助许多新手教师和资深教师在各式各样的学校环境中成功促进了学生在学业成绩、个性品质和学习效率等方面的提升，而且帮助教师们掌握点燃学生学习激情，培养学生坚持不懈、努力探索的品质的教学策略，让学生在工作和生活中获得了成功，使师生体验到了前所未有的幸福感。

老子曾说：“有道无术，术尚可求也；有术无道，止于术。”经过这几年对“四度六步”教学法的潜心研究，我认为戴启猛老师所倡导的“四度”教学主张实质上就是我们广大一线老师课堂教学应该坚守的“道”，而“六步”实质上就是我们在实现“四度”课堂或创造更精彩课堂过程中需要不断践行的“术”。最后，我想说，经过这一优秀教学法的推广和应用，希望老师们在课堂教学上不再止于“术”，而还要在教育的路上孜孜不倦地循其道——坦诚的幸福之道。

附录：

南宁市2020—2022年初中数学“四度六步”教学法系列主题教研活动表

序号	时间	主题	活动方式	内容	参与活动的全市初中数学教师人数
1	2020年3月26日	戴启猛“四度六步”教学法深度主题教研活动之——关于中考应用题问题的研究	网络研讨：南宁市初中数学教育论坛（213538473）	研究课：《实际问题与一次函数》 授课教师：南宁二中　肖华娇 研究课：《实际问题与一次函数》 授课教师：南宁沛鸿民族中学　温红春 专题讲座：《中考数学应用题命题解读及对教学的启示》 讲座专家：南宁沛鸿民族中学　陈小珑	约1500人

续表

序号	时间	主题	活动方式	内容	参与活动的全市初中数学教师人数
2	2020 年 4 月 16 日	戴启猛“四度六步”教学法深度主题教研活动之——关于中考几何问题的研究——三角形、四边形	网络研讨：南宁市初中数学教育论坛（213538473）	研究课：《巧用相似三角形的基本图形》 授课教师：南宁市天桃实验学校东葛校区　秦健 研究课：《相似三角形的基本模型——一线三直角型》 授课教师：南宁三中（青山校区）　闭洁琼 专题讲座：《“形感”的建立、增强、提升、运用和放飞》讲座专家：南宁市天桃实验学校东葛校区　蒙裕劲	约 1500 人
3	2020 年 4 月 23 日	戴启猛初中数学“四度六步”教学法深度实践与推广活动	网络研讨：南宁市初中数学教育论坛（213538473）	专题讲座：《创造更精彩的课堂——深度解读戴启猛初中数学“四度六步”教学法》 讲座专家：南宁市教育科学研究所　戴启猛 研究课：人教版八年级下册《一次函数与二元一次方程组》 授课教师：南宁市第十四中学琅东校区　何欢欢	约 1523 人
4	2020 年 4 月 30 日	戴启猛“四度六步”教学法深度主题教研活动之——关于中考几何专题的研究——圆	网络研讨：南宁市初中数学教育论坛（213538473）	研究课：《求与圆有关的线段长（1）》 授课教师：南宁市第三十七中学　黄艳红 研究课：《用方程思想求圆中线段长》 授课教师：南宁市第十四中学　黄芳 专题讲座：《抓“两基”，玩转圆中求线段长》 讲座专家：南宁市第三十七中学　陶国秋	约 1500 人

续表

序号	时间	主题	活动方式	内容	参与活动的全市初中数学教师人数
5	2020年5月21日	戴启猛初中数学“四度六步”教学法推广系列之——关于中考数学统计类问题的复习研究	网络研讨：南宁市初中数学教育论坛（213538473）	研究课：中考复习《统计——统计分析下的决策应用》 授课教师：南宁市第十四中学　何超颖 研究课：《数据分析专题复习课》 授课教师：南宁市第四十七中学　马莺月 专题讲座：《树立统计观念　注重数学应用》 讲座专家：南宁市第十四中学　刘昆	约1500人
6	2020年5月28日	戴启猛初中数学“四度六步”教学法推广系列之——关于中考数学统计类问题的复习研究	网络研讨：南宁市初中数学教育论坛（213538473）	研究课：中考复习《二次函数与相似三角形》 授课教师：南宁市邕宁区民族中学　林成杰 研究课：中考复习《二次函数与等腰三角形的存在性问题》 授课教师：南宁市新民中学　黄梅兰 专题讲座：《二次函数中特殊三角形的存在性问题》 讲座专家：南宁市新民中学　陈鑫海	约1500人
7	2020年6月4日	戴启猛初中数学“四度六步”教学法推广系列之——关于中考数学试题答题规范性专题	网络研讨：南宁市初中数学教育论坛（213538473）	研究课：《简单的几何证明与计算中的答题规范》 授课教师：南宁市三美学校　汤兴光 专题讲座：《关于中考数学答题规范性的研究》 讲座专家：南宁市第二十六中学　庞淑芸	约1500人

续表

序号	时间	主题	活动方式	内容	参与活动的全市初中数学教师人数
8	2020 年 6月 11 日	戴启猛初中数学“四度六步”教学法推广系列之——关于中考数学试卷讲评的研究	网络研讨：南宁市初中数学教育论坛（213538473）	研究课：《试卷讲评》 授课教师：南宁市第十八中学　陈彦纯 专题讲座：《试卷分析与试卷讲评》 讲座专家：南宁市第十八中学　吴洁霞	约 1500 人
9	2020 年 9月 24 日	基于戴启猛初中数学“四度六步”教学法的课例研究——初中数学章节起始课	网络研讨：南宁市初中数学教育论坛（213538473）	研究课：《从算式到方程》 授课教师：南宁市天桃实验学校翠竹校区　郭孔琳 研究课：《从算式到方程》 授课教师：南宁市天桃实验学校嘉和校区　李燕 专题讲座：《浅谈章前图的潜在作用》 讲座专家：南宁市天桃实验学校翠竹校区　宋阳	约 1500 人
10	2020 年 10月29 日	基于戴启猛初中数学“四度六步”教学法的课例研究——初中数学七年级应用题	南宁市初中数学教育论坛（213538473）	研究课：《销售盈亏问题》 授课教师：南宁市第二中学初中部　龚润芳 研究课：《销售盈亏问题》 授课教师：南宁市第四中学民主校区　黄业萍 专题讲座：《基于学生核心素养发展的初中智慧教学的行动研究》 讲座专家：南宁市第二中学初中部　李越玲	约 1500 人

续表

序号	时间	主题	活动方式	内容	参与活动的全市初中数学教师人数
11	2020 年11月19日	基于戴启猛初中数学“四度六步”教学法的课例研究——初中数学公式课	网络研讨：南宁市初中数学教育论坛（213538473）	研究课：《完全平方公式》 授课教师：南宁外国语学校　丽芬 研究课：《完全平方公式》 授课教师：南宁三中初中部青秀校区　潘佳斌 专题讲座：《谈谈数学课堂中的有效提问》 讲座专家：南宁三中初中部青秀校区　郭满艳	约 1500 人
12	2021 年3月18 日	初中数学“四度六步”教学法深度主题研讨数学思想方法——数形结合	网络研讨：南宁市初中数学教育论坛（213538473）	研究课：《由形觅数，以形解数——以二次函数复习课为例》 授课教师：南宁市第十三中学　利俏蓉老师 专题讲座：《“数”中思“形”“形”中“觅”数——数形结合思想在初中数学教学中的应用》 讲座专家：南宁市第十三中学　邓伟光	约 1500 人
13	2021 年4月22 日	初中数学“四度六步”教学法深度主题研讨数学思想方法——分类讨论思想	线下：南宁市第三中学初中部（五象校区） 网络研讨：南宁市初中数学教育论坛（213538473）	研究课：《分类讨论思想在三角形中的应用》 授课教师：南宁市第三中学初中部（五象校区）　莫迪茜 研究课：《等腰三角形中的分类讨论》 授课教师：南宁市第十中学　覃栩 专题讲座：《运用“四度六步”教学法上好分类讨论思想方法课》 讲座专家：南宁三中初中部（五象校区）　陈东	约 1500 人

续表

序号	时间	主题	活动方式	内容	参与活动的全市初中数学教师人数
14	2021 年 5 月 6 日	初中“四度六步”教学法研讨——数学思想方法篇（方程与思想）	线下：南宁市第十四中学琅东校区 网络研讨：南宁市初中数学教育论坛（213538473）	研究课：《利用方程与函数思想解决方案类问题》 授课教师：南宁市第十四中学五象校区　叶靖 研究课：《方程与函数思想在几何中的应用》 授课教师：南宁市第八中学　韦晓 专题讲座：《方程与函数思想》 讲座专家：南宁市第八中学 潘洁	约 1500 人
15	2022 年 3 月 17 日	初中数学“四度六步”教学法专题研讨活动——六步环节之温故	网络研讨：南宁市初中数学教育论坛（213538473）	研究课：《18.2.1 矩形》 授课教师：邕宁区第二初级中学　谢碧玉 专题讲座：《温故孕新，助推生长》 讲座专家：邕宁区民族中学　林成杰	约 1500 人
16	2022 年 4 月 15 日	初中数学“四度六步”教学法专题研讨活动——六步环节之引新	网络研讨：南宁市初中数学教育论坛（213538473）	研究课：《20.1.2 中位数和众数（第一课时）》 授课教师：南宁市兴宁区第一初级中学　吴美 专题讲座：《创境引新，激活课堂》 讲座专家：南宁市兴宁区兴园路初级中学　林霞	约 1500 人
17	2022 年 5 月 12 日	初中数学“四度六步”教学法专题研讨活动——六步环节之探究	网络研讨：南宁市初中数学教育论坛（213538473）	研究课：《21.1 一元二次方程》 授课教师：南宁市高新区中学　蒙碧鲜 专题讲座：《自主探究，以生为本》 讲座专家：南宁市相思湖学校　严荣江	约 1500 人

续表

序号	时间	主题	活动方式	内容	参与活动的全市初中数学教师人数
18	2022年5月19日	初中数学“四度六步”教学法专题研讨活动——六步环节之探究	网络研讨：南宁市初中数学教育论坛（213538473）	研究课：《9.1.1 不等式及其解集》 授课教师：南宁市宾阳县宾州镇第五初级中学　施秋良 专题讲座：《“四度六步”教学法之探究环节的有效设计》 讲座专家：南宁市宾阳县邹圩中学　冯东萍	约1500人
19	2022年11月17日	初中数学“四度六步”教学法专题研讨活动——六步环节之尝试	网络研讨：南宁市初中数学教育论坛（213538473）	研究课：《整式的乘法单元复习课》 授课教师：南宁市江南区壮锦初级中学　卢丽婷 专题讲座：《“尝试”——初中数学质量提升的不二法门》 讲座专家：南宁市江南区教研室　符龙驰	约1500人

4.4　“四度六步”教学法为课堂提质赋能[1]

——在广西边境地区中小学教学质量提升工作现场推进会上介绍“四度六步”教学法应用推广经验

执笔：戴启猛

尊敬的各位领导、专家、老师们：

大家上午好！

非常感谢广西壮族自治区教育厅及广西教研院搭建的平台！今天，我非常高兴能代表“广西壮族自治区提升边境地区基础教学质量、助推率先实现义务教育

1.2023年3月24日，广西壮族自治区教育厅在崇左市召开广西边境地区中小学教学质量提升工作现场推进会。本文是作者代表全区重点推广的8项教学成果持有人应邀在会上做教学成果推广经验介绍，现经修改后收录于此书，并作为“四度六步”教学引领区域教育教学改革与发展的重要依据。

优质均衡发展"重点推广的 8 项教学成果持有人进行汇报发言。在这里，我主要介绍这几年推广"四度六步"教学法的情况。说实在的，我也谈不上介绍经验，只是向大家分享推广的经历和现阶段的成果。请各位领导和专家批评指正。

我今天汇报的内容主要有三点：

一、应时推广"四度六步"教学法

1. 改变学科教学"三低一高"的应时担当

2019 年 11 月 20 日，教育部在其官方网站上公布了《2018 年国家义务教育质量监测——数学学习质量监测结果报告》。这份报告显示，与四年级的学生相比，八年级的学生在数学学业水平、数学学习兴趣、数学学习自信心 3 项指标大幅降低，而在数学学习焦虑程度上的明显升高。作为一名数学教师，我自认为还是一位很不错的数学教师。于是，我就思考我们要怎么做才能改变这种现状，这才是优秀数学教师的应时担当。

2. "课改""双减"等政策落地的理性选择

自 2001 年全国第八次课程改革启动以来，我认为有一条体会或许能成为大家的共识，那就是教育教学改革如果不触及课堂，就好似海风吹着海面，看似波涛汹涌，实际上海底异常平静。

随着课程改革的不断深入，中共中央办公厅、国务院办公厅在 2021 年 7 月印发了《关于进一步减轻义务教育阶段学生作业负担和校外培训负担的意见》（简称"双减"）。在"双减"政策施行之前的半年里，教育部先后出台了《关于加强中小学手机管理工作的通知》《关于进一步加强中小学睡眠管理工作的通知》《中小学课外读物进校园管理办法》《关于加强义务教育学校作业管理的通知》《关于进一步加强中小学体质健康管理工作的通知》等"五项管理"。那么，我们如何理解"双减"政策的强势落地？

经过一番深入思考与分析，我认为"双减"就是要调整优化学生的学习和生活结构，既要做好减轻学生过重作业和校外培训负担的"减法"，又要做好促进儿童全面发展、个性发展的"加法"，其最终目的是提升教育教学的质量，尤其是人才培养的质量。为此，广大一线教师必须做出一个理性选择：聚焦课堂、研究课堂、提升课堂。当然，为了达到此目的，毫无疑问地说，大力推广经过实践检验的有效教学法便是一条可资借鉴的经验。

2019 年 12 月 12 日，南宁市教育局在南宁市第三中学举行了“追随名师——特级教师戴启猛教育教学思想”的专场展示活动，这说明“四度六步”教学法经过多年的推广应用，赢得了一线教师的广泛赞誉和自发践行。

广西师范大学原党委书记、二级教授王枡老师曾经给出了这样的评价：“四度六步”教学法还具有超越数学教学之上的意义，这虽然是基于初中数学教学的实践提出的，但其价值不局限于初中数学教学，而是具有对基础教育课堂教学的普适意义。也就是说，“四度六步”教学法对小、初、高，对语、数、外、理、化、生等，都是具有积极借鉴和启发价值的。也正是因为得到王枡教授的如此高的评价，我和我的团队才敢为人先，并更加锐意进取。截至 2021 年 12 月，通过充分发挥团队合作的力量，我们仅用两年的时间便已将“四度六步”教学法的应用范围以南宁市起点，逐步覆盖柳州、桂林、贵港等广西区内的 13 个地级市，并辐射到广西区外的北京、江苏、广东、湖北、贵州、海南等地。

2023 年 2 月 22 日上午，广西壮族自治区教育厅召开广西边境地区中小学教学质量提升工作启动会，时任自治区教育厅党组成员、副厅长李清先在线强调推广“四度六步”教学法等 8 项优秀教学成果是我区提升边境地区基础教学质量，助推率先实现义务教育优质均衡发展的重要举措

二、“四度六步”教学法核心要义

“四度六步”教学法是本人经过二十多年的实践探索和反思论证，由表及里，由浅入深，凝练而成的初中数学“四度六步”教学法。

“四度六步”教学法是指教师以追求有温度、有梯度、有深度、有宽度课堂为教学主张，依照“温故—引新—探究—变式—尝试—提升”等六步环节精准设计和组织的初中数学教学方法。对于如何创造有温度、有梯度、有深度、有宽度的课堂，我们在推广应用过程中都分别结合课例撰写了专业的论文并发表在核心期刊上。受会议时间限制，我在这里就不做详细的介绍，但可以分享一些肤浅的感受。

1. 如何才能让课堂有温度？

我的理解是只要学生在课堂中感受如沐春风，时常受到鼓舞和激励，有会心一笑，有美好体验，有热烈掌声，并有程度不同的收获和成长，那么这样的课堂就是有温度的。比如，在教学中，老师的暖心微笑、幽默谈吐、期待眼神、赞许目光、恰当鼓励、由衷赞赏、明贬实褒、俏皮昵称、亲切互动都是课堂有温度的重要体现。这些只是我从教师层面所获得的感悟。学生层面的感悟还需要我们广大教师在实践“四度六步”教学法的过程中不断发现和总结。

2. 如何才能让课堂有梯度？

我的理解是在整体教学中，由于受全班学生在学科学习上存在较大差异的限制，教师必须有分层教学、分类指导的理念，并且在课堂上提出的问题应努力做到由浅入深、由易到难、由低到高，螺旋上升。这样一来，我们的学生才能在每次课堂学习结束后达到一个新高度。也就是说，在组织教学时，无论是分层教学、分类指导，还是灵活追问、有意伏笔，抑或是变式训练、次第感悟、螺旋提升，教师都要设计有梯度的教学活动和内容。只有这样，我们的课堂才是有梯度的。

3. 如何才能让课堂有深度？

2020 年，教育部对 2017 年版的普通高中学科课程标准进行了修订。2022 年 4 月，教育部又在其官网公布了《义务教育课程方案（2022 年版）》，以及 16 个学科的“义务教育课程标准（2022 年版）”。至此，基础教育的所有学科都明确地提出了本学科的核心素养。只要留意一下各学科核心素养的关键词，大家就会发现“思维”是使用频率或相关度最高的词语。如下图所示：

<table>
<tr><th>学科</th><th>义务教育</th><th>普通高中</th></tr>
<tr><td>语文</td><td>文化自信；语言应用；思维能力；审美创造</td><td>语言建构与运用；思维发展与提升；审美鉴赏与创造；文化传承与理解</td></tr>
<tr><td>数学</td><td>会用数学的眼光观察现实世界；会用数学的思维思考现实世界；会用数学的语言表达现实世界</td><td>数学抽象；逻辑推理；数学建模；直观想象；数学运算；数据分析</td></tr>
<tr><td>英语</td><td colspan="2">语言能力；文化意识；思维品质；学习能力</td></tr>
<tr><td>物理</td><td colspan="2">物理观念；科学思维；科学探究；科学态度与责任</td></tr>
<tr><td>化学</td><td>化学观念；科学思维；科学探究与实践；科学态度与责任</td><td>宏观辨识与微观探析；变化观念与平衡思想；证据推理与模型认知；科学探究与创新意识；科学态度与社会责任</td></tr>
<tr><td>生物</td><td colspan="2">生命观念；科学思维；探究实践；态度责任</td></tr>
<tr><td>政治</td><td>政治认同、道德修养、法治观念、健全人格、责任意识</td><td>政治认同；理性精神；法治意识；公共参与</td></tr>
<tr><td>历史</td><td colspan="2">唯物史观；时空观念；史料实证；历史解释；家国情怀</td></tr>
<tr><td>地理</td><td colspan="2">人地协调观；综合思维；区域认知；地理实践力</td></tr>
<tr><td>科学</td><td colspan="2">科学观念；科学思维；探究实践；态度责任</td></tr>
<tr><td>劳动</td><td colspan="2">劳动观念；劳动能力；劳动习惯和品质；劳动精神</td></tr>
<tr><td>艺术</td><td colspan="2">审美感知；艺术表现；创意实践；文化理解</td></tr>
<tr><td>信息技术</td><td colspan="2">信息意识；计算思维；数字化学习与创新；信息社会责任</td></tr>
<tr><td>体育与健康</td><td colspan="2">运动能力；健康行为；体育品德</td></tr>
</table>

正因为今天的课堂教学都需要有一个明确的要求或特点——突出思维，所以思维能力的训练和提升已经不再是数学学科特有的功能和定位，而已经成为每一个学科必须高度重视和深度聚焦的核心价值。因此，我的理解是只有学生在课堂学习中时常能收获意外和惊喜，并且师生仿佛都被提升了，这样的课堂才是有深度的。具体地说，教师在“深究教材，指向本质”“文道结合，立德树人”“以认知冲突创设思维的起点，提出有质量的问题，展开高品质的思考”“引导学生从‘指尖上的活动’到‘火热的思考’，从浅层学习到深度学习”“从零敲碎打到整体建构”“从单向传递到多元交响”等层面都要保持一定的深度。

4. 如何才能让课堂有宽度？

要创设有宽度的课堂，笔者认为只要学生能把教师在课堂上教授的主动带到课外，并进行延伸学习、拓展学习，这样的课堂就是有宽度的。那么，我们怎样才能做到这一点呢？我的理解是教师在教学中应该激发学生对学科学习的兴趣，培养学生对学科学习的兴趣，保持学生对学科学习的兴趣，发展学生对学科学习的兴趣，这是基础教育课堂教学最重要的使命。

俗话说：“兴趣是最好的老师。”对于青少年学生，有兴趣的事才能让他们乐此不疲。这就要求教师在实际的教学中既要注重知识联系，并在活动中顺利迁移，也要以变式助推思维发展，并在展示过程中灵活追问，还要重视学科融合，将课内的知识向课外延伸，更要巧用教学资源，使线上与线下融通，让学生进来以前和出去的时候都有变化。只有这样，我们的课堂教学才真正有宽度，并能切实激发学生对学科学习的兴趣。

我曾经在听了一节初中语文课《一棵小桃树》后与老师们进行交流。当时，我是这样说的：如果你教学生语文，学生都不喜欢语文，你讲你的设计有多么好，你的教学是成功的，我不信。判断学生是否喜欢你教的学科，除了看他们在课堂上的表现，还要看他们在课外是否还能就学科的问题去追问、去延伸、去拓展，这是一个重要的指标。因此，对于今天的课堂教学，我始终坚持倡导兴趣导学，这也是“四度六步”教学法的精髓之一。简单来说，这其实就是要求教师让课堂有趣，让作业有趣，让学习有趣。一旦教师能做到这些，我们的课堂自然是有宽度的。

除了上述我自己的这几点感悟，我认为教师也可以结合自身的教学实践，不断总结个人在应用“四度六步”教学法过程中所产生的独特理解与感悟，从而努力创造属于我们自身的更加精彩的课堂。至于如何实现这个目标？“四度六步”教学法给出“六步”环节的实践架构，为老师们追求有温度、有梯度、有深度、有宽度的课堂提供了具体的技术路径。当然，为了更好地帮助广大一线中小学教师准确把握“六步”环节，“四度六步”教学法还给出了每一步环节的技术要领和设计建议。我在这里就不一一介绍了。有兴趣的老师可以自行查找论文和专著进行阅读并实践。

2023 年 3 月 24 日上午，作者应邀在广西边境地区中小学教学质量提升工作现场推进会上分享“四度六步”教学法应用推广的经验

三、“四度六步”教学法赋能提质

“四度六步”教学法应用推广至今，我和我的团队也有了一些成功的做法，并积累了一定经验。具体包括以下四点：

一是团队引领。目前，“四度六步”教学法的推广不仅得到了 7 个特级教师工作室的加持和众多名师的专业引领，而且得到了南宁市高新区、兴宁区、邕宁区、上林县 4 个应用实践实验区和数百所学校的自发实践与应用。

二是课题引领。目前，我们已形成了以“四度六步”教学法为研究对象申报立项的省、市、县、校四级课题研究体系。据不完全统计，广西教育科学“十三五”“十四五”规划立项的课题共有 5 项；南宁、玉林等市级教育科学“十四五”规划立项的课题共有 71 项。同时，一批批优秀的县区级专项科研课题及学校专项微型课题也不断涌现，并涵盖了中小学全学段大多数学科。此外，基于“四度六步”教学法的学术成果也层出不穷，其中论文有 30 余篇，专著出版共 4 本。

三是学科引领。鉴于“四度六步”教学法源于初中数学的课堂教学，广西特级教师、正高级教师、南宁市教育科学研究所中学研究室主任、初中数学教研员农学宁老师率先带领团队持续在初中数学学科进行推广和研究。自 2020 年

3 月南宁市成功举行第一场学科深度推广应用“四度六步”教学法的主题教研活动以来，基于“四度六步”教学法的主题教研活动现已累计 10 余场。每场活动均通过专门的直播渠道，让南宁市的 1400 多名初中数学教师进行同步线上学习。目前，我们已经完成阶段性研究成果，就是将每一次主题教研活动中公开展示的优秀课例，再经打磨后结集出版。比如，农学宁老师主编的《创设精彩课堂——初中数学“四度六步”教学法优秀课例》已正式出版。相信本书会给广大一线教师在教育教学的实践上提供很强的学习参考。此外，与初中数学“四度六步”教学法基础理论的相关文章已在教育类的核心期刊上发表，如《初中数学“四度六步”教学法 20 年的实践与探索》《基于初中数学“四度六步”教学法的理论基础与实践架构》《追求有温度的课堂》《追求有梯度的课堂》《追求有深度的课堂》《追求有宽度的课堂》等，这可以为教师开展“四度六步”教学法的学习和研究提供必要的参考。

四是模式引领。有老师说，持续三年的新冠疫情虽然改变了世界，也改变了我们的生活和工作方式，但它却阻止不了我们对优秀教学法的渴望和探求。可以毫不夸张地说，“四度六步”教学法已经深深地影响着一个区域的教师专业发展和推动着一个区域课堂教学质量提升。

经过团队的不懈努力，“四度六步”教学法的推广应用也逐渐形成了一批标志性的活动和成果。具体如下：

1. 2021 年 4 月 20 日上午，南宁市教育科学研究所在青秀区凤翔路小学景晖校区体育馆举行南宁市小学推广应用“四度六步”教学法主题教研活动。此次活动采取“课题研究中期汇报 + 研究课展示 + 学科专业引领 + 活动总评”的方式进行。南宁市凤翔路小学景晖校区的薄艳和周聪两位老师基于“四度六步”教学法分别设计了课例——小学语文四年级下册《猫》（第二课时）和小学数学二年级下册《有余数的除法》（第一课时），并进行现场展示。此外，该活动还进行了线上同步直播，在线观看人数超过 2 万人次。活动结束后，《南宁日报》等多家媒体对此次活动的盛况进行了报道。

2. 2021 年 5 月 18 日上午，南宁市教育局在南宁高新区南宁 · 中关村创新示范基地创新汇举办南宁市推广应用“四度六步”教学法主题教研活动（南教科研〔2021〕3 号）。此次活动采取“领导致辞 + 研究课展示 + 学科专业引领 + 活动总评”的方式进行。时任南宁市委教育工委委员、市教育局党组成员、副局长杨捷亲临现场指导并致辞。南宁市天桃实验学校秦健老师和高新区高新小学何冰华老师基于“四度六步”教学法分别设计了课例——初中数学九年级中考专题复习课《巧用相似三角形的基本图形》和小学语文五年级下册《自相矛盾》，并进行现场展示。此外，央广网还对整个上午 4 个小时的活动进行全程直播。当日，现场和同步在线观看直播的人数超过 10 万人次。活动结束后，《南宁日报》、《广西日报》，以及央广网等媒体对此次活动进行报道。

3. 2021 年 9 月 30 全天，上林县教育局在上林县政府礼堂召开上林县中小学推广应用戴启猛初中数学“四度六步”教学法主题教研活动现场会。此次活动采取“领导致辞 + 研究课展示 + 课例点评 + 专业报告 + 主持人总结”的方式进行。其中，基于“四度六步”教学法设计课例并应邀现场展示的是：南宁市新民中学谢周玲老师执教七年级数学上册《2.1 整式》、南宁市凤翔路小学景晖校区郑胜梅老师执教小学语文五年级上册第四单元《少年中国说》。县教育局教研室全体人员，小学、初中兼职教研员；县小学、初中名师工作室全体成员；各学校（包括村小）分管教学副校长，学科业务员，教导主任；各乡镇小学语文、数学、英语等学科教师代表；各初中语文、数学、英语、物理、化学、道法、历史等学科教师代表，500 多名老师到现场参加观摩。本次活动同时进行线上直播，全县其他中小学教师同步在线观看。

4. 2021 年 11 月 5 日上午，南宁市兴宁区教育局在南宁市兴园路初级中学报告厅举行推广应用“四度六步”教学法主题教研活动。本次活动采取“领导致辞 + 教师同课异构展示课例 + 专家点评 + 主词人感言”的方式进行。南宁市兴园路初级中学宁锦松老师及南宁市天桃实验学校吴立志老师基于“四度六步”教学法设计了课例——初中数学八年级上册 13.4 课题学习《最短路径问题》(第一课时)，并先后进行现场授课。本次活动还提供了线上同步直播的观看渠道，便于兴宁区全体中小学教师进行观摩。

5. 2022 年 1 月 6 日全天，南宁市邕宁区教育局在邕宁区江湾路小学举行邕宁区中小学推广应用戴启猛初中数学“四度六步”教学法主题教研活动现场会。本次活动采取“领导致辞 + 课例展示 + 专家点评 + 专业报告”的方式进行。南宁高新区高新小学何冰华老师、南宁市第十三中学邓伟光老师基于“四度六步”

教学法分别设计了课例——小学语文《好的故事》(第二课时）和初中数学《实际问题与一元一次方程——方案选择—电话计费问题》，并先后进行现场授课。邕宁区教研室、邕宁区名师工作室全体人员，各中小学分管教学副校长，初中学校、本部、村小学校教导主任，以及初中数学、小学语文等学科教师代表，约180人到现场参加观摩。

6. 2022年1月10日全天，戴启猛“四度六步”教学法推广应用工作第一届年会在南宁高新区信息港4号楼六楼报告厅举行。“四度六步”教学法推广工作的核心团队全体成员，戴启猛特级教师工作室、周梅特级教师工作室、卢耀珍名师工作室、肖炜清名师工作室、农学宁特级教师工作室及伍东波特级教师工作室等的骨干教师代表，“四度六步”教学法应用实践实验区负责人（高新区、上林县、兴宁区及邕宁区教研室）及研究“四度六步”教学法获立项为广西、南宁市教育科学规划课题的课题负责人及立项为南宁高新区专项课题负责人及团队骨干，共150人参加此次活动。时任广西师范大学副校长、教育部“长江学者”特聘教授、国家督学、博士生导师孙杰远教授到会指导。在观摩团队展示的课例和研究成果后，孙教授围绕“六美四需”对“四度六步”教学法进行了点评（其中，“六美”指创新之美、科学之美、实践之美、超越之美、成长之美、意义之美；“四需”指实验之需、理论之需、队伍之需、时间之需)。柳州市教育局原局长撒忠民，时任南宁市委教育工委委员、市教育局党组成员、副局长杨捷也亲临现场指导。

7. 2022年4月26日，南宁市教育局在南宁市滨湖路小学举办2022年南宁市“名师大讲堂月月谈”4月份活动（南教人〔2022〕19号）之南宁市滨湖路小学“四学课堂”与“四度六步”教学法融合深度研讨活动。此次活动采取“研究课展示+教研团队展示+学科专业引领+专题汇报+专家总评”的方式进行。其中，基于“四度六步”教学法设计课例并应邀现场展示的是：南宁市滨湖路小学山语城校区李玲老师执教小学语文四年级下册《囊萤夜读》、南宁市滨湖路小学滨湖校区王岩梅老师执教小学数学六年级下册《认识负数》。该活动还采取了线上直播的方式进行，当日浏览量高达111.40万人次。新华社客户端以《创新课堂赋能“双减”》为题对此次活动进行了报道，当日累计浏览量高达106.0万人次。

8. 2022 年 4 月 28 日，《南宁市教育局关于印发〈南宁市中小学、幼儿园“品质课堂”建设方案〉的通知》（南教科研〔2022〕4 号）正式发布。该文件规定“品质课堂”的内涵就是在“四度”（有温度、有梯度、有深度、有宽度）课堂视野下建立起来的优质课堂。同时，南宁市还出台了以“四度”为 4 个一级指标，并将评价内容逐项细化成 12 个二级指标、20 个三级指标的〈南宁市中小学、幼儿园“品质课堂”评价标准〉。此外，南宁市教育局于 2023 年 7 月 4 日下发的《南宁市教育局关于印发〈南宁市“品质课堂”建设示范学校和优秀教师评选方案〉的通知》（南教科研〔2023〕8 号）就特别指出：为表扬在我市中小学“品质课堂”建设中工作成效突出的学校和教师激励广大中小学校锐意改革、争创一流，拟评选 100 所“品质课堂”建设示范学校和 1000 名“品质课堂”建设优秀教师。

9. 2022 年 11 月 22 日，由南宁市教育科学研究所主办、南宁市良庆区教育局承办的“四度六步”教学法在小学全科探究与实践阶段性成果展示活动在南宁市那黄小学举行。南宁市良庆区人民政府梁红英副区长、南宁师范大学初等教育学院院长梁宇教授等领导专家到会指导。梁宇教授在活动最后进行点评，并指出：今天，那黄小学 8 个学科基于“四度六步”教学法设计的课例展示均得到专家们及与会老师们的一致好评，尤其是我们初等教育学院 2019 级本科生甘婉菲同学分享的《“四度六步”教学法研学与探究的感悟》，以及南宁师范大学实习生团队、那黄小学教研团队所展示的《“四度六步”教学法与小学英语教材的融合》访谈录，让我很有感触。我惊叹于老师们及我们的实习生对“四度六步”教学法学习研究之投入，看到课堂上师生成就共同出彩，一起打造精彩课堂。他们以实际证明了“四度六步”教学法的普适性和学术价值。

10. 2023 年 2 月 22 日上午，广西教育厅召开广西边境地区中小学教学质量提升工作启动会，李清先副厅长到会并讲话。他强调“四度六步”教学法等 8 项教学成果推广对提升广西边境地区中小学教学质量的意义。本次会议以线上形式召开，主会场设在自治区教育厅 21 楼会议室。各边境市、县（市、区）教育局、教研部门和中小学校及广西师范大学、玉林师范学院分别设分会场组织集体教师同步观看。会上，戴启猛老师与其他 7 项成果持有人一起介绍了“四度六步”教学法为课堂提质赋能的效果和影响。

总的来说，"四度六步"教学法推广应用至今，我们确实取得了一定的成果，也形成了一定的经验。在这里，我想借用南宁师范大学初等教育学院院长梁宇教授在"'四度六步'教学法在小学全学科探究与实践阶段性总结展示"活动上的点评作为我本次发言的结束语："四度六步"教学法的推广应用已实现由点到面，由学校到区域，由初中到小学，由数学到全学科，为什么会有这么多的追随者？我认为吸引老师们的不仅仅是戴启猛老师的个人魅力，更重要的是老师们在钻研"四度六步"教学法中收获了个人专业的成长，收获了教育的幸福感。而他们的幸福感来源于哪里呢？我想：一是来源于课堂上学生可喜的变化；二是来源于老师们大量的课题成果、课题立项及成果的发表，以及研究带给教师这份职业的幸福和发展的动力。"四度六步"教学法最大的特点在于帮助教师练就入职基本功最直接的示范和引领，能够有效地帮助他们快速地站稳讲台，树立教学的信心。在教育改革进入深水区，国家和地方对我们教师提出新要求的大环境下，我们的教师如何快速地落实国家的方针政策和地方的要求，"四度六步"教学法是提升课堂品质一个很实用的方法、一个成熟的教学模式。如今，"四度六步"教学法已成功走进我们小学全学科的课堂教学。同时，从我们师范生参与的情况来看，"四度六步"教学法这项优秀的教学成果已然揭开了从引领职后教师教学延伸至职前示范生培养的新篇章，尤其助推了教师专业成长职后职前的一体化，这些成绩的取得是多么令人欢欣鼓舞，让我们对首府南宁继续引领全区基础教育高质量发展充满信心。

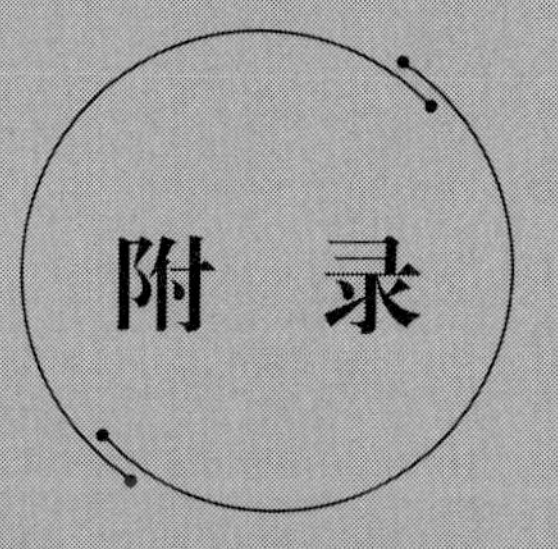

附　录

附录一 戴启猛参加初中数学优质课评比获奖教学设计分享

1.1 “直线和圆的位置关系”教学设计 [1]

教学内容：

人教版《几何》(初中第三册) pp.103 ～ 105。

教学目标：

（1）理解直线和圆相交、相切、相离的概念。

（2）掌握直线和圆的位置关系的性质和判定。

（3）通过让学生观察直线与圆的相对运动引出直线和圆的三种位置关系，使学生潜移默化地受到辩证唯物主义运动及量变到质变观的教育。

教学重点：

直线和圆相切的关系。

教学难点：

直线和圆的三种位置关系的性质和判定的应用。

教具准备：

投影胶片等。

教学过程：

（一）复习提问

【问题 1】点和圆的位置关系有哪几种？

【问题 2】确定点和圆的位置关系的条件是什么？

通过复习让学生明确：点和圆的位置关系和点到圆心的距离的数量关系是相互对应的，即知道位置关系就可以确定数量关系，知道数量关系也可以确定位置关系。

若设⊙ O 的半径为 r，则：

（1）点 A 在⊙ O 上 $\Leftrightarrow OA=r$；

1. 本课例荣获 1997 年 10 月南宁市中学数学科优质课评比（现场上课）一等奖（第一名），内容略有修改。

（2）点 B 在⊙ O 内⇔ $OB < r$；

（3）点 C 在⊙ O 外⇔ $OC > r$。

注意这里使用了一个新的符号"⇔"它读作"等价于"，表示从左端可以推出右端，从右端也可以推出左端。

（说明：复习旧知，方便类比。）

（二）讲授新课

让学生观看投影胶片"海上日出"，从太阳相对海平面的运动过程中直观地总结出我们所见到的太阳与海平面有三种不同的位置关系，从而容易引出新课——直线和圆的位置关系。

（说明：从学生熟知的自然现象去引出新课有利于调动学生学习的积极性，同时通过让学生观察直线与圆的相对运动引出直线和圆的三种位置关系，使学生潜移默化地接受辩证唯物主义的运动观及量变到质变观的教育。）

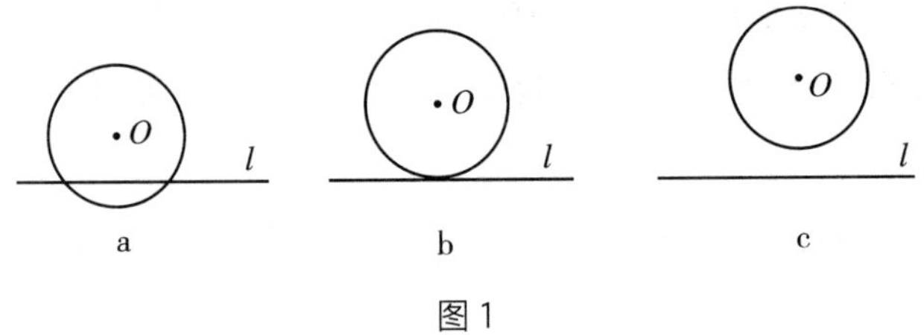

图 1

（1）直线和圆有两个公共点时，叫作直线和圆相交，这时直线叫作圆的割线。（见图 1a）

（2）直线和圆有唯一公共点时，叫作直线和圆相切，这时直线叫作圆的切线，唯一的公共点叫作切点。（见图 1b）

（3）直线和圆没有公共点时，叫作直线和圆相离。（见图 1c）

（说明：抓住关键"字眼"分析不仅可帮助学生理解概念，同时可提高学生语言表达的准确性。）

由此可知直线和圆的位置关系可以用它们的公共点的个数来区分。在直线和圆的三种位置关系中相切的情况在今后用得比较多，下面提两个问题给同学思考：

（1）"直线与圆有一个公共点时，叫作直线和圆相切。"这句话对不对？

（说明：创设认知冲突，激发求知热情。）

（2）如图 2 所示，直线和圆的位置关系是什么？

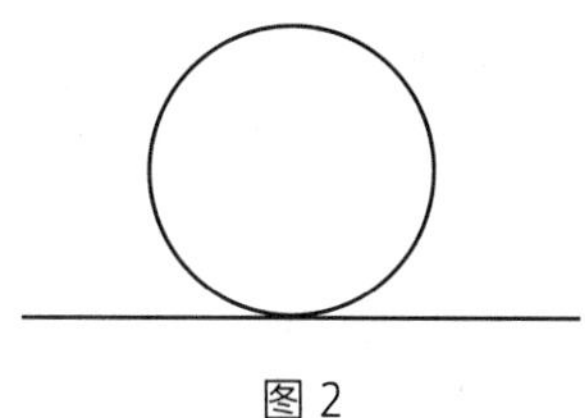

图 2

由（2）提出由于用直线和圆的公共点个数来判别直线和圆的位置关系的条件不好把握，为此有必要去探寻判别直线和圆的位置关系的另外方法，最好也能找到一个类似于确定点与圆的位置关系的数量关系，由数量关系便可确定直线和圆的位置关系。这里不妨设⊙ O 的半径为 r，圆心 O 到直线 l 的距离为 d，根据直线与圆相交、相切、相离的定义，容易看出：

（1）直线 l 和⊙ O 相交$\Leftrightarrow d<r$；

（2）直线 l 和⊙ O 相切$\Leftrightarrow d=r$；

（3）直线 l 和⊙ O 相离$\Leftrightarrow d>r$。

（说明：直接应用，强化识记；巩固新知，弄清联系。）

（三）应用举例

【例 1】已知圆的半径为 8 cm，如果圆心到直线的距离为：（1）3 cm，（2）8 cm，（3）13 cm，那么直线和圆的位置关系怎样？

【例 2】已知圆的直径为 13 cm，如果直线和圆心的距离为：（1）4.5 cm，（2）6.5 cm，（3）8 cm，那么直线和圆有几个公共点？为什么？（即 p.105 练习 1）

【例 3】在 Rt△ABC 中（见图 3），∠C=90°，AC=3 cm，BC=4 cm，以 C 为圆心，r 为半径［（1）r=2 cm，（2）r=2.4 cm，（3）r=3 cm］的圆与 AB 有怎样的位置关系？为什么？

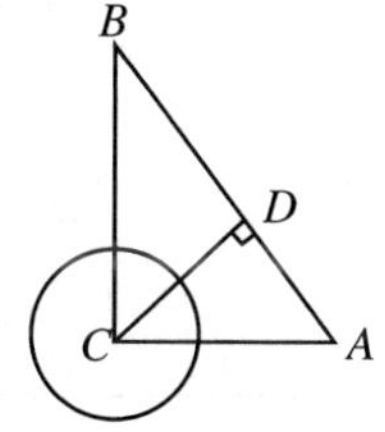

图 3

（说明：掌握新知，由易到难，循序渐进。）

分析：首先以点 C 为圆心任意画一个圆，要判别⊙ C 与直线 AB 的关系，必须知道什么？（半径和圆心到直线的距离）于是不难想到过点 C 作 $CD \perp AB$，垂足为 D，由于圆的半径是已知的，所以本题的求解关键是如何求 CD。对于一个直角三角形，已知两条直角边，同学们可先考虑：利用现有的条件我们能求出什么（斜边），还能求出什么（面积），求出了斜边 AB 和 $S_{\triangle}$ 是否可以求 CD。如学生回答不上来可改问：求 $S_{\triangle}$，除了用 $\frac{1}{2}AC \cdot BC$，还有没有别的求法？

（说明：数学教学，思维训练是核心。教师应善于在解题思路的探索过程中展开学生的思维过程并给以必要的引导，这样有利于发展学生的思维能力。）

（解题过程师生共同完成）

本题利用三角形的面积求 CD 的方法很巧妙。今后经常会用到，希望同学们牢记。

另外，若把题设中 AC=3 cm 变换成下列条件，请同学们想一想问题又怎么解决？

（1）AB=5 cm；

（2）$\angle B$=30°。（类同 p.105 练习 2）

（说明：“一题多变”有利于提高学生分析问题、解决问题的能力。）

【例 4】已知：小岛 A 周围 14 海里有暗礁，现有一艘渔船在小岛 A 西南方向 20 海里的地方向正东方向行驶追赶鱼群，问渔船若保持航向不变，有无触礁的危险？

（教师引导学生分析画图，解题过程由学生完成）

（说明：数学知识来源于实践，但最终是要回到实践中去的。）

（四）小结（指导学生完成）

1. 填写表格（见表 1）。

表1　直线和圆的三种位置关系

直线和圆的位置			
公共点个数			
圆心到直线距离 d 与半径 r 的关系			
直线名称			

2. 直线和圆的位置关系可以用它们交点的个数来区分，也可以用圆心到直线的距离与半径的大小关系来区分，且它们是一致的。

（说明：指导学生小结，既能训练学生概括归结知识的能力，又能使学生在归纳概括的过程中，把所学的知识系统化、条理化。）

（五）布置作业

p.116 习题 7.3A.2、3。

1.2“弦切角”教学设计[1]

教学内容：

人教版《几何》（初中第三册）第七章 pp.121 ~ 123。

教学目的：

（1）理解弦切角的概念，培养学生观察、发现、提出问题的能力。

（2）掌握弦切角定理及其推论，培养学生分析问题、解决问题的能力。

（3）通过弦切角定理的证明，进一步了解类比和分类讨论的数学思想方法。

（4）通过教学逐步培养学生会用运动变化的观点观察事物并感受辩证唯物主义认识问题的一般规律——从特殊到一般，再从一般到特殊。

教学重点：

掌握弦切角定理并会运用定理解决有关问题。

教学难点：

弦切角定理分情况证明的方法。

教学方法：

观察探索、启发诱导等。

教具准备：

CAI 课件及自制教具。

教学过程：

（一）复习提问

【问题 1】圆心角和圆周角的特征及圆周角定理。

（说明：复习旧知，方便类比，起承上启下的作用。）

【问题 2】教具演示：将圆周角 $\angle BAC$（见图 1a）的边 AB 绕顶点 A 旋转到与

1. 本节课是戴启猛老师于 1997 年 11 月参加由广西教育学会中学数学教学专业委员会在南宁举行的 1997 年广西初中数学优质课评比（现场上课）的教学设计。比赛成绩在全区 16 名参赛选手中排名第一，荣获一等奖。

⊙ O 相切的位置 AB'（见图 1b），这时∠ $B'AC$ 可不可以称为圆周角？为什么？从分析∠ $B'AC$ 的特征入手引出弦切角。

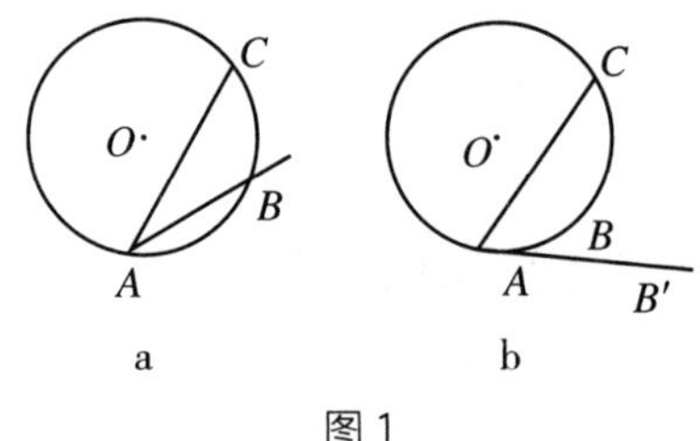

图 1

（说明：通过教具直观演示，使学生从运动的观点理解弦切角的概念，既体现了弦切角与圆周角的联系，又突出了二者的区别。）

（二）讲授新课

1. 形成概念。

顶点在圆上，一边与圆相交，另一边与圆相切的角叫作弦切角。

2. 巩固概念。

【练习 1】(即课本 p.123 练习 1)

（1）如图 2a 所示，已知 PA、PB 分别切⊙ O 于点 C、D，指出图中所有弦切角。

（说明：强调对弦切角三个特征的准确理解，培养学生思维的严密性。）

（2）如图 2b 所示，已知：直线 AB 和⊙ O 相切于点 P，PC 和 PD 为弦，问：图中有几个弦切角？

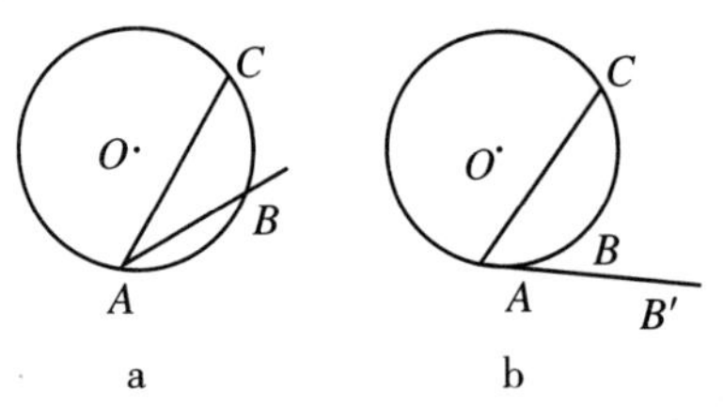

图 2

教具演示：刚才我们通过旋转圆周角的一边得到了弦切角，如果将弦切角（见图 1b）的另一边绕顶点旋转，那么请同学们观察并思考，在旋转的过程中弦切角与圆心有哪几种位置关系？

（说明：渗透“分类”思想为弦切角定理分情况证明铺垫。）

3. 探索定理。

我们知道一条弧所对的圆周角等于它所对的圆心角的一半，那么今天我们学习的弦切角与圆周角又有什么数量关系呢?

(教具演示)

(说明：逐步培养学生会用运动变化的观点观察事物。)

【练习 2】(1) 在图 3a 中，$\angle BAC$ 与 $\angle P$ 是否相等？为什么？(2) 如果将图 3a 中的圆周角 $\angle BAC$ 的边 AB 绕顶点 A 旋转至与⊙ O 相切的位置 AB' (见图 3b)，那么此时 $\angle B'AC$ 与 $\angle P$ 还相等吗?

条件：AC 是⊙ O 的弦，AB 是⊙ O 的切线，$\overset{\frown}{ABC}$ 是弦切角 $\angle B'AC$ 所夹的弧，$\angle P$ 是 $\overset{\frown}{ABC}$ 所对的圆周角。

猜想：$\angle B'AC=\angle P$。

分析时引导学生类比圆周角定理的证明方法，先考虑一种特殊情况，然后把一般情况转化为特殊情况来解决。

证明：分三种情况讨论。(略)

(说明：通过观察、类比、猜想、验证，培养学生的创造性思维。)

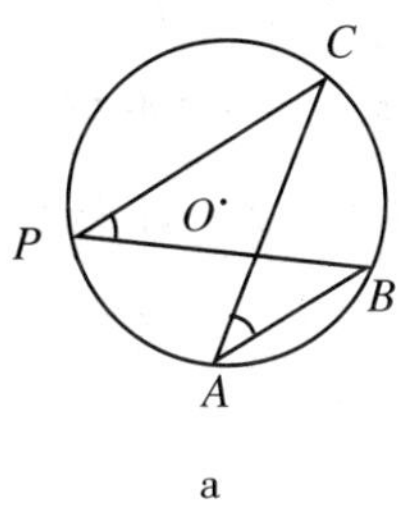

a

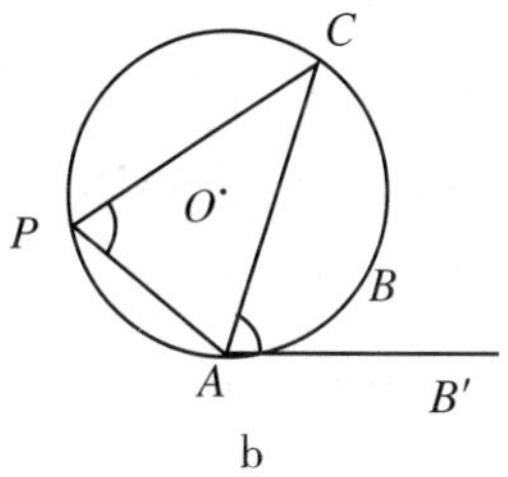

b

图 3

归纳：启发学生用文字语言把刚才所猜想的并经证明了的结论概括出来。弦切角定理，即“弦切角等于它所夹的弧所对的圆周角”。

(说明：由特殊到一般，培养学生分析问题、解决问题的能力。)

4. 定理应用。

【例 1】(由练习 2 演变而来) 如图 4a 所示，已知：直线 AB 和⊙ O 相切于点 P，PC 和 PD 为弦，问：图中哪些角是相等的?

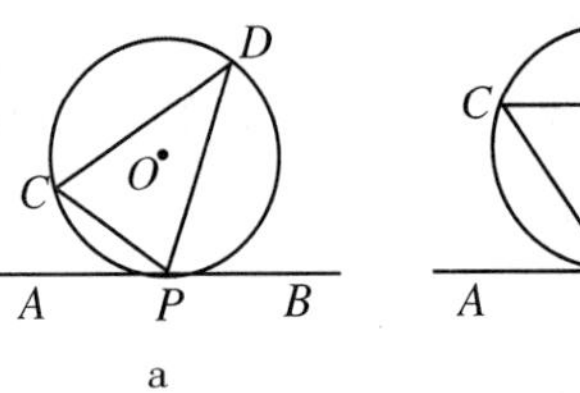

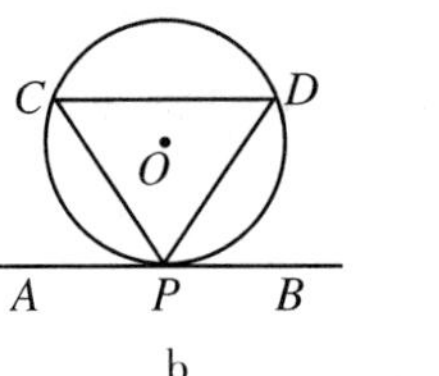

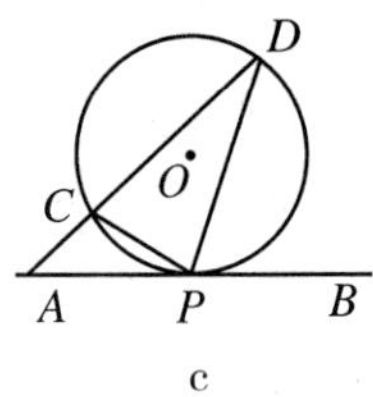

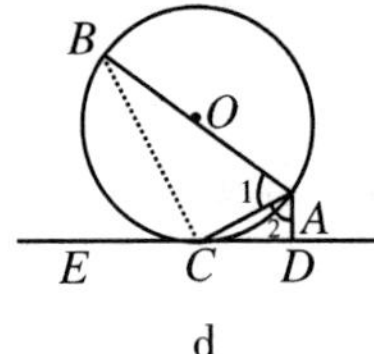

图 4

（说明：直接应用，强化识记。）

【变式 1】增加条件 $PC=PD$（见图 4b），问：图中又有哪些角相等？

由此得到弦切角定理的推论：如果两个弦切角所夹的弧相等，那么这两个弦切角也相等。

【变式 2】若延长 DC 交切线 AB 于 A（见图 4c），问：$\angle ACP$ 是不是弦切角？图中有没有一个角与它相等？为什么？

（即课本 p.123 练习 2）

（说明：“一题多变”有利于培养学生思维的灵活性，并提高学生分析问题、解决问题的能力。）

【例 2】（即课本 p.122 例 1）已知：AB 是⊙ O 的直径，AC 是弦，直线 CE 和⊙ O 切于点 C，$AD \perp CE$，垂足为 D。（如图 4d 所示）求证：AC 平分 $\angle BAD$。

分析：要证 AC 平分 $\angle BAD$，即要证 $\angle 1=\angle 2$，引导学生审视题设条件，逐一联想所能推出的结论并依次得到：$\angle B+\angle 1=90°$，$\angle ACD=\angle B$，$\angle 2+\angle ACD=90°$，从而获证。

（证明略）

接着再引导学生思考本例的其他证法，并将本例与课本 p.108 上的例 2 比较。

（是否安排在课内完成视时间松紧而定）

（说明：数学教学，思维训练是核心。教师应善于在解题思路的探索过程中展开学生的思维并给以必要的引导和帮助，这样有利于发展学生的思维能力。）

（三）合作小结

（教师指导学生完成）

1. 弦切角的特征。

2. 弦切角定理及其推论。强调定理中弦切角所夹的弧与圆周角所对的弧是同一条弧（或等弧）。

3. 弦切角定理的证明与圆周角定理的证明类似，都是使用了从特殊到一般的证明方法，这是一种重要的数学思想方法，课后同学们要认真领会。

（说明：体现师生平等，突出教师主导、学生主体地位。指导学生小结，既能训练学生概括归纳知识的能力，又能使学生在归纳概括的过程中，把所学的知识系统化，条理化。）

（四）布置作业

pp.131 ～ 132 习题 7.4A 组 5、6。

1.3 “分式”教学设计 [1]

教学内容：

人教版《代数》(初中第二册）第九章第一节 pp.56 ～ 61。

教学目的：

（1）了解分式、有理式的概念，明确分母不能为零是分式概念的组成部分。

（2）能求出分式有无意义、分式的值等于零的条件。

（3）渗透类比思想、数式通性的思想，渗透变化与发展、特殊与一般的辩证唯物主义观点。

教学重点：

分式的概念。

教学难点：

能求出分式有无意义、分式的值等于零的条件。

教具准备：

投影胶片等。

教学方法：

启发诱导、讲练结合。

1. 本课例荣获 1998 年 11 月在湖北省南昌市举行的第二届全国初中青年数学教师新秀课评比活动（现场上课）一等奖（前六名），内容略有修改。

教学过程：

（一）创设情境，温故孕新

前面我们学习了整式，知道可以用整式表示某些数量关系，但是不是所有的数量关系都可以用整式来表示呢？请看下面的问题：

（说明：复习旧知，方便类比，显现分式学习的必要性。）

【例 1】列代数式填空：

（1）今年八、九月份，我国长江流域遭受特大洪灾，人民生命财产受到严重威胁，解放军某部奉命参加抗洪战斗，若以每小时 53 km 的速度行进，部队要抵达距离驻地 166 km 的灾区需________小时。

（2）120 公顷麦田共收小麦（n+3）t，平均每公顷产量__________t。（即课本 p.58 例题的变式）

（3）甲、乙两人做同种机器零件，已知甲每小时比乙多做 6 个，如果设甲每小时做 x 个零件，那么甲做 90 个零件需__________小时，乙做 60 个零件需__________小时。（即课本 p.57 引例的变式）

（4）轮船在静水中每小时航行 a km，水流的速度是 b km/ 小时，则轮船逆流航行 s km 需__________小时。（即课本 p.58 例）

（说明：列举实例由特殊到一般，由浅入深，循序渐进。）

（二）启发诱导，比旧悟新

我们知道，两个数相除可以表示成分数的形式，同样，在代数中，整式的除法也可以类似地表示。请同学们观察思考一下这里所列出的式子是否都是我们学过的整式？哪些是？哪些不是？为什么不是？那么它们是什么？

这就是我们今天要学习的新课——分式。（板书）

（说明：类比分数，合理联想，引入分式。）

什么叫分式？此时，在教师的启发和引导下，学生根据式子$\frac{90}{x}$、$\frac{60}{x-6}$、$\frac{s}{a-b}$的共同特征，先说说什么叫分式，再打开课本看一看什么叫分式。

一般地，用 A，B 表示两个整式，$A \div B$ 就可以表示成$\frac{A}{B}$的形式。如果 B 中含有字母，式子$\frac{A}{B}$就叫作分式。其中，A 叫作分式的分子，B 叫作分式的分母。

整式和分式统称有理式。

（说明：教师的作用不仅体现在知识的传授，更重要的应时刻注意培养学生多方面的能力，以开发学生的智力。引导学生观察问题、分析问题并从中发现新知识、概括归纳新知识便是一项有益的尝试。）

（三）讲练结合，循序渐进

【练习 1】(即课本 p.60 练习 1）把下列各式写成分式：

（1）$x \div y$　　（2）$s \div v$　　（3）$6000 \div ab$

（4）$a \div (b+c)$　　（5）$(a-b)$　　（6）$(x-y) \div (x+y)$

强调：分数线不仅起除号的作用，而且还兼有括号的作用。

（说明：直接应用，强化识记。）

【练习 2】列举一些分式的例子。

强调：分式的分母必须含有字母。

（说明：充分让学生根据自己的理解去创造，并让学生在民主的讨论中加深对知识的理解和辨别。）

【练习 3】填表（见表 1）。

表 1

x	…	−2	−1	0	1	2	…
$\frac{1}{x}$	…						…
$\frac{x}{x+1}$	…						…

同学们在填表的过程中发现了什么问题？你认为这个问题应该怎么处理？既然分数的分母不能为零，那么分式的分母的值能不能为零？

从而得到：在分式中，分母的值不能是零，否则分式没有意义。

（说明：放手让学生去思考、讨论，不仅有助于学生思维互补，更有助于学生合作精神的培养。）

【例 2】当 x 取什么值时，下列分式有意义？

（1）$\frac{x}{x-2}$　　（2）$\frac{x-1}{4x+1}$

分析：分式在什么条件下有意义？(分母的值不能是零）如果分母的值是零呢？由于当分母的值为零时，分式没有意义，所以只要把使分母的值等于 0 的情况除去，则分式有意义。

解：（1）由分母 $x-2=0$，得 $x=2$，

所以 $x\neq 2$ 时，分式$\frac{x}{x-2}$有意义；

（2）由分母 $4x+1=0$，得 $x=-\frac{1}{4}$，

所以 $x\neq -\frac{1}{4}$时，分式$\frac{x-1}{4x+1}$有意义。

（说明：类比旧知，同化新知。）

【练习 4】（即课本 p.60 练习 3）当 x 取什么值时，下列分式有意义？

（1）$\frac{1}{x}$　　（2）$\frac{2x}{x+2}$

（3）$\frac{x+1}{2x-5}$　　（4）$\frac{2x-1}{3x+4}$

（说明：练习巩固，及时反馈，纠正提高。）

【练习 5】［即课本 p.61 习题 B 组（1）的变式］若 $x=-1$，试判别下列分式中哪些分式有意义？哪些分式没有意义？

（1）$\frac{2x+1}{x+1}$　　（2）$\frac{x}{x^2+1}$　　（3）$\frac{x+1}{2x+2}$

我们知道：要使分式有意义，分式分母的值就不能为零。那么分式分子的值能不能为零？分式的值能不能为零？分式的值在什么条件下为零？我们知道：零除以一个不等于零的数商是零，那么对于一个分式情况怎样？

从而得到：当分子的值等于零而分母的值不等于零时，分式的值为零。

（说明：掌握新知，由易到难，循序渐进。）

【例 3】当 x 是什么数时，分式$\frac{x+2}{2x-5}$的值是零？

分析：在什么条件下分式的值为零？

解：由分子 $x+2=0$，得 $x=-2$；

而当 $x=-2$ 时，分母 $2x-5=-4-5\neq 0$。

所以，当 $x=-2$ 时，分式$\frac{x+2}{2x-5}$的值为零。

（说明：类比旧知，同化新知。）

【练习 6】(即课本 p.60 练习 4) 填空：

(1) 当 x 取________时，分式$\frac{5x}{x-1}$的值为零；

(2) 当 x 取________时，分式$\frac{3x-4}{10x+1}$的值为零。

(说明：及时反馈，纠正提高。)

【思考题】(即课本 p.61 习题 B 组变式) 单项选择题。

(1) 当 m 取 (　　) 时，分式$\frac{m}{m^2+4}$有意义。

A.$m\neq 0$　　B.$m\neq -2$　　C.$m\neq 2$ 或 $m\neq -2$　　D.m 为任意有理数

(2) 当 x 取 (　　) 时，分式$\frac{|x|-5}{x-5}$的值为零。

A.$x=-5$　　B.$x=5$　　C.$x=5$ 或 $x=-5$　　D. 不存在

(3) 当 x 取 (　　) 时，分式$\frac{2x-10}{x-5}$的值为零。

A.$x=-5$　　B.$x=5$　　C.$x=5$ 或 $x=-5$　　D. 不存在

(说明：适度综合，有利于激发和满足不同程度学生的兴趣和需求。)

(四) 合作小结

这一节课我们一起学习了什么知识？探讨了哪些问题？

1. 什么叫分式？

对于分式的概念同学们要抓住三点：

(1) 分式的分子和分母必须都是整式。

(2) 分式的分母必须含有字母。

(3) 分式的分母不能为零，否则分式没有意义。

2. 在什么条件下分式的值等于零？

当分子的值等于零而分母的值不等于零时，分式的值等于零。两个条件缺一不可。

3. 分式的有关知识都类似于我们学过的分数，分式实际上就是分数知识的延伸和拓展。

4. 知识要点顺口溜：

学分式，并不难，分母要把字母含。

若要分式有意义，分母非零记心坎。

要使分式值为零，是零（分子）非零（分母）仔细看。

（说明：合作小结，不仅体现师生平等，更突出教师主导、学生主体地位。既有利于训练学生概括归纳知识的能力，又能使学生在归纳概括的过程中把所学的知识系统化、条理化。）

（五）布置作业

p.61 习题 9.1A3、4；选做：B（1）（2）（3）。

（说明：承认差异，分层要求。）

教学设计说明：

1. 指导思想

本节课的教学设计是以九年义务教育初中数学教学大纲和教材为依据。在教法的设计上遵循因材施教、循序渐进及以教师为主导、学生为主体、训练为主线的原则，做到面向全体学生，让每一个学生在生动活泼的学习氛围中获得知识、提高能力、发展智力，思想品行受到良好的熏陶和教育。

2. 关于教学设计

分式实际上就是分数知识的延伸和拓展。因此教学本节内容应侧重利用类比，使学生在类比中形成分式的概念，并通过有效的训练使学生对分式的概念及时得到巩固和保持。

关于新课引入，教师首先引导学生扼要复习整式，目的是唤起学生对整式"形"的记忆，为后面分式与整式特征比较做好铺垫，接着教师出示一组由特殊到一般、由浅入深的实例，通过类比两数相除可以表示成分数的形式引出式子$\frac{90}{x}$、$\frac{60}{x-6}$、$\frac{s}{a-b}$，显现分式学习的必要性，并引导学生观察分析上述式子，找出它们的共同特征，启发学生根据这些式子的共同特征说一说什么叫分式，以培养学生概括、抽象的能力，然后再指导学生阅读课本，以进一步明确分式概念的要点。

为巩固分式的概念，教师设计了三道练习：

练习 1 是分式概念的直接应用，但要强调分数线不仅起除号的作用，而且还兼有括号的作用。

练习 2 旨在充分让学生根据自己的理解去列举分式的例子，并让学生在民主的讨论中加深对分式概念的理解和辨别。

练习 3 的设计不仅直观地呈现作为分式分母的代数式的值是随着式中字母取值的不同而变化，同时又隐藏着本节课的两个难点：（1）分式在什么条件下有意义？（2）在什么条件下分式的值为零？从而为学生发现并类比分数有关知识解决这两个难点建立起便捷的“桥梁”，可谓承上启下、一箭双雕。

在例 1、例 2 后均设计了有一定梯度的巩固、提高练习，力求做到反馈及时，纠正得当，提高适度。

教学小结，采用师生合作的形式，不仅体现师生平等，更突出教师主导、学生主体地位。目的是训练学生概括归纳知识的能力，并使学生在归纳概括的过程中把所学的知识系统化、条理化。

如此设计将有力地调动学生思维的积极性，从而把知识的形成过程化为学生观察、发现、探索、运用的过程，这较好地体现了“数学教学主要是数学活动的教学”这一教育思想。

2019 年 7 月 20 日，作者（第四排左六）和教育与人生“广西 21 世纪园丁工程”教育论坛成员合影

附录二 "四度六步"教学法LOGO的设计与解读

创意策划：戴启猛　设计制作：刘栋[1]、农善锋[2]

"四度六步"教学法是戴启猛老师经过二十多年的探索实践和反思论证，由表及里，由浅入深，凝练而成的初中数学"四度六步"教学法。它是指教师以追求有温度、有梯度、有深度、有宽度（即"四度"）课堂为教学主张，依照"温故—引新—探究—变式—尝试—提升"六个教学环节（即"六步"）精准设计和组织的初中数学教学方法。

为了体现"四度六步"教学对教育教学的指导意义，也为了增加"四度六步"教学法的辨识度，戴启猛老师提出了"四度六步"教学法的LOGO创意策划，并由刘栋、农善锋两位优秀教师共同设计与制作。该LOGO主要有四个层面的寓意。

（1）LOGO形似一张笑脸，体现了"四度六步"教学法最重要的理念——打造有温度的教育。

（2）LOGO的主图由汉字"四"和数字"6"组合而成。具体释义如下：

首先，位于中间的数字"6"由两个简洁的抽象人环绕组合而成。这一大一小的两个人分别代表了教师和学生，形成相互环绕舞动之状，呈现协力向外飞跃之势。

其次，主图的外环是由4个汉字"四"变形而成的隐含圆形，代表了"四度"（温度、梯度、深度、宽度）。此外，图形呈微放射状，象征着稳固而扎实的基础，体现了"四度六步"教学法的基础性、科学性、有效性、示范性，以及引领、辐射作用。

1. 刘栋，广西南宁市第三中学美术教师。

2. 农善锋，南宁市教育科学研究所中小学美术教研员，广西特级教师、中小学正高级教师，广西教研员领航工作坊坊主。

最后，“6”字还形似一条飞跃的鲤鱼，半包围“6”底圈的 4 个汉字“四”字则形似门上变形的龙纹。两者的结合犹如“鲤鱼跃龙门”，蕴含吉祥、蒸蒸日上之意，这预示“四度六步”教学法对师生发展的赋能，以及催人向上的效能。

（3）LOGO 的底部是“四度六步”教学法的拼音字母，既是对图标的解释，也增加了图形的厚重感。

（4）LOGO 整体呈圆形，体现了数学的重要图形元素——圆，意为圆满、完整。与此同时，图标包含了深浅不同的四种颜色，这代表了“四度六步”教学法的应用广泛性，即不仅可以用在数学的教学，而且可以应用于其他学科的教学。

总的来说，这个 LOGO 的层次设计和色彩选择都与“四度六步”的内涵完美契合，既彰显了教师的主导作用，又凸显了学生的主体地位，更表达了“四度六步”教学法的目标——创造师生共同发展的精彩课堂。

附录三　审美与延展
——孙杰远教授点评"四度六步"教学法推广应用工作第一届年会[1]

尊敬的戴启猛所长、撒忠民局长、杨捷副局长、谢琼辉副局长，以及各位专家、各位教育界的同仁：

大家上午好！

今天虽是中国农历的大寒，但是我们异常地感受到了春天的气息，感受到了温暖的力量。为什么呢？那是因为由戴启猛所长创立并经过广泛实验后所建构的"四度六步"教学法在广西乃至区外六个省市的成功辐射与推广给教育带来了非常美好的光明，以及温暖的力量。

首先，我想从广西"八桂教育家摇篮工程"的角度来思考这个问题。戴启猛所创立的"四度六步"教学法及其推广应用就是我们广西"八桂教育家摇篮工程"的培养目标。从工程成效的角度来讲，我认为戴启猛所长的教学成果已经实现了我们的培养目标。另外，从教育理论与实践创新的角度来讲，这是一份十分难得的智慧，充分展现了教师对教育教学的激情。

近年来，中国的教育面临着巨大的变革和转型。显然，从教育的变革和转型中找到变革的范式是极其关键的。从党的十八大以来，由中共中央国务院牵头下发的关于教育改革与发展的文件就有将近50份，这是中华人民共和国成立以来从党和国家层面关于教育变革密度最大的纲领性指引。这些文件主要指向乡村振兴与乡村教育、城乡一体化、教育改革与评价、素质教育、教师教育、"双减"及"五项管理"等新趋势、新要求。大量的文件、大量的国家重大战略决策都向我们展现出国家对教育变革的前所未有的关切，甚至焦虑。当然，这种关切和焦虑同时也反映出我们在教育变革和创新方面的巨大诉求。而戴启猛"四度六步"教学法的应运而生，正是对这种关切和焦虑的巨大而深刻的回应。无论当下还是

1.2022年1月20日，"四度六步"教学法推广应用工作第一届年会在南宁举行。教育部"长江学者"特聘教授、国家督学、二级教授、博士生导师、时任广西师范大学副校长孙杰远，柳州市教育局原局长撒忠民，时任南宁市教育局副局长、广西资深特级教师杨捷，南宁高新技术开发区教育局副局长谢琼辉等莅临会议指导。本文是戴启猛老师根据孙杰远教授的讲话录音整理而成。

未来，我认为源于广西、成长于广西、发展于广西的戴启猛“四度六步”教学法对广西乃至全国的基础教育变革都有着极其重要的、巨大的价值。那么，作为一种教学改革、教学法的探索和创新，我们到底应该怎么去研判它呢？对于一切创新的研判，审美就是最高的研判法则。因此，为了更好地呼应“四度六步”这一核心，我想以“六美四需”为主题来分享我对戴启猛“四度六步”教学法的研判。

当然，我也给我的分享拟了一个题目，叫作“审美与延展”(“延展”是指延伸的“延”和发展的“展”)。从审美的角度，我认为戴启猛的“四度六步”教学法及其教学改革有“六大美”。具体如下：

第一，创新之美。刚刚戴启猛从整体上介绍了“四度六步”教学法的创生以及它的实验应用与推广。此外，这个项目的三个核心参与者也先后分享了区域和学校改革的相关历程以及实验的调查结果。这些是一种把表象本质化、把事物规律化的过程。毫无疑问，戴启猛的“四度六步”教学法是一种创新，并且创新的特点非常明显。纵观有关基础教育的改革内容，教学方法的改革是重中之重，并且变得极其紧迫。比如，“双减”能否真正落地？其关键就是要看教师的课堂效率。而正确、合适的教学方法正是课堂效率的重要保障。又比如，虽然实施了“双减”，但是相关的知识点减不了，发展目标减不了。那么，怎么才能够让孩子们从沉重的学业负担中解放出来，让他们在提升自己的同时感受到学习的轻松与快乐？这就要通过教学法的改革来实现。再比如，尽管我们长期以来都在追求有温度的教育，但很多孩子居然变成了对学校教育、对学校教师、对课堂学习的抵触者、排斥者。有的孩子甚至产生了极端的暴力行为。之所以导致这样的情况，我认为是因为在相当多的学校教育中，教师把孩子变成了单向度的人，只是简单地以成绩来评判学生的一切。在这样的学校教育影响下，孩子的发展是相当可怕的，从而导致孩子必然会在一定的情况下产生对社会的反叛。除此之外，我们还会发现很多家庭条件非常好的孩子虽然上了好的幼儿园、上了好的小学、上了好的大学，甚至出国留学，但是毕业以后会对社会竞争感到非常厌倦，从而选择逃避或“躺平”。对社会的幼稚而肤浅的认知使这些原先具有优越条件的孩子变成了社会的“巨婴”。他们甚至不愿意谈恋爱，不愿意结婚，更不愿意生孩子。如果我们的教育把一个正常人的欲望都消解掉了，那么这会是一个什么样的教育？

由此导致的结果更是非常可怕的。可见，温度对每一个学生、对每一个孩子的成长是非常重要的。因此，戴启猛在“四度”教学主张中把追求有温度的课堂放在首位，这是一种极具审美价值的创新思考。

第二，科学之美。创新是我们发展的不竭动力。但是创新必须以科学为前提。创新而不科学就会使事情走向反动、走向败坏。纵观社会的经济发展规律以及政治逻辑，很多的思想和主张虽然创新了，却给人类带来了灾难。比如，为什么希特勒发动了二次世界大战？为什么希特勒要做种族灭绝？只要认真研究一下希特勒，你就会发现他早期所受的思想教育是非常反动的。其中，两个德国的著名哲学家对他的影响很大，一个叫费希特，另一个就是大家熟悉的尼采。一方面，费希特提出了人口优化理论。在他看来，只有日耳曼民族才是给人类带来希望的种族，而作为人类反派的犹太人带给人类的只是一种倒退。这是费希特的核心观点，并对希特勒产生了很深的影响。另一方面，尼采提出了一个非常重要的理论，即贵族道德理论。他认为德国人是贵族，并且德国的日耳曼人是贵族道德内容的持有者，而犹太人拥有的是奴隶道德。这两者之间存在着本质上的区别。因此，在尼采看来，道德是要通过贵族来改造和引领的。从创新的角度来看，我们不得不承认这两位哲学家的观点确实创新了。然而，这些所谓的创新却带来巨大的反动，并深刻地影响了一些政治人物、一些国家管理者，从而使人类遭受了痛苦的灾难。由此可见，我们所倡导的创新必须符合科学的要求。通过研判戴启猛提出的有梯度的教学主张，我发现它就是教育事业中一条非常重要的科学原则和规则。心理学的研究表明，对一个人而言，其认知与思维的发展是有阶层的，也就是梯度。针对这一点，我们可以从相当多的心理学家提出的有关指导学生发展的科学理论中找到佐证，如最近发展区、最近发展区理论，以及让·皮亚杰的认知结构理论，等等。这些科学的规则始终是我们进行教学改革的基本逻辑，是我们必须处理好的基本关系。而戴启猛的“四度六步”教学法就符合了这些科学的规则，这使它有科学之美。

第三，实践之美。戴启猛的“四度六步”教学法之所以在推动基础教育的改革上具有很重要的优势，主要是因为它经历了大规模的推广和实践过程。它不是书斋里的教学改革，而是课堂中的教学改革，更是城乡之间的教学改革；它是本土的、域外的教学改革，有着非常丰富的实践。如果把中小学的课程学科放大到极致，我们就得到了十四门学科。除此之外，在五育并举的背景下，我们在德、智、体的基础上增加了美育和劳动教育。然而，在中小学的科目里，这些新增的课程并没有出现。那么，我们应该怎么推进这些课程的教学呢？这就涉及深度和宽度的问题了。事实上，美育和劳动教育就是要通过深度和宽度来实现的。比如，在语文学科中，教师在教学中给学生传达“谁知盘中餐，粒粒皆辛苦”的思想，这既是审美的道德教育，也是审美的劳动教育。因此，对教师来说，要在教学实践过程中找到这些新增课程的深度和宽度，是一个非常大的挑战。让我们欣喜的是，参加“四度六步”教学法实验的学校和教师已经找到了正确的切入口，并已经初步具备了驾驭这种深度和宽度的能力。虽然学校和教师只是达到了初步具备的程度，但是这也足以说明“四度六步”教学有实践之美。

第四，超越之美。“四度六步”教学法具有超越之美主要实现了哪些超越呢？首先，戴启猛虽是从初中数学的教学开始研究和探索的，但最终让“四度六步”教学超越了初中数学，并将这种教学法辐射到了其他学段、其他学科。其次，它从经验的角度出发，逐步上升到了理性的层面，这无疑是一种超越。第三，它从城市出发，辐射到了乡村，这也是一种超越。最后，它从广西出发，辐射到全国多个省市，这更是一种超越。基于此，我们可以说“四度六步”教学法具有超越之美。

第五，成长之美。教学改革、教育变革的关键就是要看谁成长了、谁得到了发展。从教学改革的设计或实践中，我们可以看得出来：首先，戴启猛成长了。在他的身上，我们看到了一个有高度理性、创造力和教育情怀的教学一线专家。他的思想、思维和思路都非常系统地证明了他自身的成长。其次，团队成长了。一大批基础教育的精英参与了“四度六步”教学法的试验和推广。评判一个教师是否能成为教学骨干、优秀教师，核心考察的就是看他驾驭一种教学法的能力。如果一个教师并不具备驾驭教学发展的能力，即使他讲得再天花乱坠，那么也无法成为教坛精英。当然，这还会涉及课程、教材、学生、教师、课堂、文化、评价、生态，以及家庭、学校、社会等多方面的因素。比如，在刚才的三位课题研究主持人的汇报中，他们明显地提到“四度六步”教学法的应用会挑战我们的课堂空间。也就是说，教师如何在 45 分钟或 40 分钟的课堂空间里完成“四度六步”的教学要求，这就很有挑战性。毕竟，再精彩的课堂教学都必须在 45 分钟或40分钟内完成。那么，作为一个实验者，作为一个探索者，作为这样一种教学方法的应用推广者，作为一个学科带头人，作为一个学科的领军人才，你又如何在有限的空间中驾驭课堂，并将“四度六步”教学法应用推广到不同的学科？这种挑战无疑是非常巨大的。因此，我们可以说，在“四度六步”教学法推广的过程中，团队成员才是最大的收获者，实现了自身的成长与发展。最后，那就是学生成长了。南宁市凤翔路小学郑胜梅老师刚刚在她的报告中提到她对“四度六步”教学法的应用进行了问卷调查，这对“四度六步”教学法的推广是非常重要的。大家都知道，我们在做理论研究和实验研究的时候都要做前测或后测。郑老师在前测和后测中所获得的数据已明显地说明学生发展了，学生成长了。这就是我讲到的第五个美，叫成长之美。

第六，意义之美。我认为“四度六步”教学法的意义重大且深远。为什么呢？首先，它是时代所需。随着社会不断进步，我们现在进入了一个高质量发展的时代、一个实现教育现代化的时代。党的十九届五中全会明确提出了“2035年实现国家的现代化”的目标。那么，要实现国家的现代化，教育现代化要先行。如果没有教育的现代化，国家的现代化是无从谈起的。习近平总书记在全国教育大会上总结了我国教育改革与发展的“九个坚持”。我认为其中的三个坚持值得我们所有教育从业人员时刻铭记：一是坚持党对教育事业的全面领导；三是坚持把立德树人作为根本任务；三是坚持优先发展教育事业，教育必须发展。教育现代化需要更多像“四度六步”这种创新教学法的助力。因此，我们可以说，“四度六步”教学法的推广应用属于时代所需。其次，它也是广西所需。广西教育的现状是令人担忧的。以高考为例，广西壮族自治区和四川省使用的是同一套试卷，但广西的高考成绩平均分比四川省低一百分。之所以导致这样的差距，是因为我们的教育教学力量还比较薄弱，使得学生的学习力有差距，使得教师的教学力有差距（这里的“力”是指力量），所以广西急需像“四度六步”教学法这样的一种创新性的探索。“四度六步”教学法的核心要义就是合理地、科学地提升课堂效率，进而提升学生的发展水平，提升学生的学习力，提升教师的教学力。因此，我认为推广应用“四度六步”教学法是广西急需的。最后，它是教师急需的。为什么一些年轻的中学教师会觉得在讲台上讲课难呢？那是因为他们不懂课堂、不懂学生、不懂教学。仅仅靠在大学里学的那点皮毛，他们又怎么能驾驭得了如此复杂的课堂呢？他们又要经过多少年的磨炼才能懂学生、懂课堂、懂教师、懂教材、懂文化、懂家教、懂社教，直至融入家教社一体化的进程？然而，戴启猛的“四度六步”教学法不仅科学地揭示了课堂教学应有的逻辑关系，更揭示了课堂教学应有的合理结构。无论是从业多年的教师还是新入职的教师，只要按照“四度六步”的实践架构来设计和组织课堂教学，就不再需要花费时间去揣摩这个过程。可见，“四度六步”教学法告诉了老师们教学的一种逻辑，为老师们指明了一个路径，并提供了系统的教学指南，这是教师急需的方法。因此，我认为戴启猛的“四度六步”教学法有意义之美。

以上就是我研判戴启猛的“四度六步”教学法所具有的“六大美”：创新之美、科学之美、实践之美、超越之美、成长之美、意义之美。当然，我认为它还有很大的提升空间，这就需要我们进一步的思考。为此，我认为有四个方面的诉求或需要值得我们探讨。

第一，实验之需。目前，虽然很多学校、很多老师都在做“四度六步”教学法的实验、应用和推广，但是从研究和验证的角度来看，我们需要真实的、严谨的实验。比如，如果从实验的角度来讲，那么相当多的学校和老师做的不是实验，而是试验，这两者是不一样的。简单来说，试验就是拿这种方法去用，看看会有什么结果；而实验是要去证明一种假设的正确性、合理性、科学性。就“四度六步”教学法而言，我们的假设就是它改善了学生的发展。那么，证明这个假设成立的过程就叫作实验。要做这样一个实验，你要怎么做实验设计呢？或许你可以从我撰写的一本书《教育研究方法》找到答案。这本由高等教育出版社出版的图书系统地阐述了实验设计的具体操作，尤其是数据分析。在刚才的报告中，南宁市凤翔路小学郑胜梅老师的数据分析叫作百分比分析。其实，我们还可以把它称为描述性统计，这是我们在分析统计中最简单的一种统计。但是要真正证明实验一种假设，我们应该用推断性统计。那么，推断性统计又该怎么做？大家可以看看我写的另一本国家规划教材《教育统计学》。之所以提及这两本书，是因为我想更好地说明什么才是真实的实验设计的需要。在这两本书中，你会发现还有很多精彩的东西。比如，学生的学习动机加强了，学生的学习兴趣提升了。对于任何一个人，兴趣很要紧的，兴趣决定动机，动机决定成就。在跟一些中小学老师进行交谈时，我经常会讲，如果哪一个老师能把课上得像网吧那样迷人，甚至像玩手机那样诱人，那么他就是真正的出神入化了。要达到这样的程度，这就要靠兴趣来决定了。这就是第一个需要，即实验之需。

第二，理论之需。从现阶段的研究成果来看，"四度六步"教学法更侧重实践层面的操作程序。然而，我认为现在很重要的是要提炼出相关的理论。也就是说，我们不仅要告诉大家怎么做，而且要告诉大家为什么要这么做，更要向大家说明这种教学法的内在本质、机理、原理。这些都需要我们上升到理论的层面去解释和概述。比如，作为教学改革的重要推动者，布鲁姆最后提出了一个理论，叫作教育目标学。其实，教育目标学就是现在中小学课程改革提出的"知识与技能、过程与方法、情感态度和价值观"等三维目标的理论基础。从这个角度来看，大家推崇的三维目标并不是中国人提出来的，而是美国人提出来的。确实地说，它是芝加哥大学的教务长——布鲁姆提出来的。在担任教务长期间，他发现很难对大学生进行评价。后来，他借助生物学中的目标分类学，实验了一种目标分类的评价，并提出了教育目标分类学，最后将它变成了目标评价理论。在这里，我希望戴启猛所长能带领团队成员继续在这个方面进行提炼和升华。这就是第二个需要，即理论之需。

第三，队伍之需。我觉得"四度六步"教学法的应用推广队伍还需要进一步壮大。为此，我认为我们可以加入几个方面的力量：一是从事理论研究的人员；二是从事技术研究的人。一方面，从事理论研究的人员应注重多领域的结合，如既要有研究教育学的，也要有研究心理学的，还要有研究社会学的，更要有研究文化学的，甚至要有研究人类学的，等等。这些专家不一定是教育学领域的，却和教育学有着密不可分的联系。比如，为什么我们要研究社会学？那是因为在教师和学生的发展过程中，我们面临的社会问题比教育问题还要多。为什么我们要让课堂有温度？那是因为我们必须让学生在发展过程中形成良好的道德审美或价值观。只有置于社会的网格中，这种道德审美或价值观才能得以发展。在很多时候，我们常常会听到这样的话：孩子跟父母产生了疏离感，跟同学产生了疏离感，跟老师产生了疏离感，甚至跟社会产生了疏离感……这种疏离感发展到一定程度是非常可怕的，极有可能会导致伤人害己的悲剧发生。因此，我们需要有温度的教育，需要有温度的课堂。如果能上升到理论的层面来剖析和分析这个问题，那么"四度六步"教学法及其相关的研究文章所产生的意义和影响就更大了。另一方面，除了要充实团队的理论研究成员，我们还要有技术研究人员，尤其是信息技术。之所以戴所长今天很用心地选择了信息港作为年会的场地，是因为这里是研究和使用信息技术的重要基地。在广西“八桂教育家摇篮工程”里，我们就做了很高端的平台。我们给老师们配备了一个有 50 个座位的专用教室。哪个人没来，我们一看座位就知道。这个平台的设备比信息港的设备应该还要先进。在平台上，我们现场就可以生成慕课，并利用红外线追踪的摄像仪完成各种数字化的记录和加工。老师们讲完了课，慕课就生产出来了。这就给我们以启示：“四度六步”教学在信息技术背景下怎么优化？怎么用信息技术来提升“四度六步”教学法的实验方法？如何才能更加科学系统地进行应用和推广？这是第三个需要，即团队之需。

第四，时间之需。从目前的情况来看，“四度六步”教学法还需要一定的时间来验证、调整、加工。比如，教学改革的周期性应该怎么规划？我们现在做的研究大多都是横断研究。它是在同一时间内对某个年龄或某几个年龄段儿童的心理发展水平进行测查并加以比较。一般的实验研究基本上都属于这种类型。我们现在做的横断应用就是以年级划分为横断的，然后分年级、分学科横断选样应用实验。除了横断研究，我们在教育研究中有时还应进行纵向研究，也称追踪研究。它是指在比较长的时间内对人的心理发展进行系统、定性的研究。显然，我们目前还没有做到追踪应用实验。比如，如果我们要从一年级追踪到六年级，那这就需要时间了。我们对教师的追踪也是一样的。也就是说，如果我们要判断一位教师对“四度六步”教学法的驾驭能力，那么就要追踪他在使用这种教学法后的成长轨迹。虽然今天的第一届年会已经筹划了四年，但我认为这个周期可能还不够，还可以继续延伸。作为一个教育家，我们不应该因为退休而停下前进的步伐，而应该让自己的思想不断催人奋进。因此，在“四度六步”教学法的推广应用这道路上，我们还需要继续努力，持续发力，并经得起时间的考验。这就是第四个需要，即时间之需。

总的来说，我始终相信“四度六步”教学法的创立和实验以及其引发的教学改革，会犹如一股清泉，流淌在八桂大地，甚至可以香飘区外，为中国的基础教育改革带来极具代表性的智慧创造。我也期待未来能够看到戴启猛及其团队更卓越的实验推广行动。我也愿意带领我的团队，助大家一臂之力。

这就是我今天想跟大家分享的一些思考。

春节即至，祝大家虎年吉祥！

2022年1月20日于南宁高新区信息港

后　记

书稿交给编辑时，我补了一句："还差一篇后记，但我已经想好了主题，只不过还没有写。"

说实在的，当时我就想：为什么要写这本书？

献给两位恩师——邓国显教授和叶新成老师。两位先生虽已先后仙逝，但作为20世纪见证我10年教学比赛征程，引领我走出广西、走向全国的教学师父，他们永远值得我敬重。我写这本书，是为了表达对他们的追思和敬意！

献给两个工程——广西"21世纪园丁工程"和广西"八桂教育家摇篮工程"。这两个工程横跨两个世纪，历时二十多年，广西"八桂教育家摇篮工程"结业在即，我作为这两个工程的首批学员，对广西壮族自治区教育厅领导的高瞻远瞩和精心设计及广西师范大学教育学部（其前身是教育科学学院）教授们的专业引领和悉心指导，表达我最真诚的感谢！

献给南宁教育——自1981年8月26日来到广西，我已经在南宁这座城市生活、工作整整42年。南宁是一座包容性极强的城市，南宁的城市精神是"能帮就帮"，你听说过这么朴实的城市宣言吗？从教39年，回首顾望，1988年3月就任副科长级副校长兼中学部教务主任，1998年11月荣获第二届全国初中青年数学教师优秀课观摩与评比一等奖，2003年9月被授予广西特级教师荣誉称号，2016年12月被评为全国中小学首批正高级教师，2019年12月戴启猛教育教学思想专场展示活动在南宁成功举行，2020年1月被聘为教育部基础教育数学教学指导专业委员会委员……其中给予我帮助，值得我感恩的人实在是太多太多，以至于我无法一一列出。然而，最值得我感恩的还是这座城市，因为是这座城市的特质滋养了一代又一代人，造福了一代又一代人。因此，我要以凝聚我39年的教学心血之作来回报滋养了我的南宁教育。

1985年7月19日，是我大学毕业走上三尺讲台的报到日。39载教坛，八易岗位。教学的热情始终不减，育人的初心时刻未忘。我一辈子就琢磨一件事——创造更加精彩的课堂。在南宁市委教育工作委员会及南宁市教育局的大力支持下，本人自 2019 年 12 月 12 日在"南宁·东盟人才活动月"基础教育高端论坛上推出"四度六步"教学法以来，"四度六步"教学法得到了包括南宁市中小学教师在内的区内外同行的广泛关注和自发践行，并且目前在南宁市已经结出累累硕果：（1）南宁市凤翔路小学景晖校区郑胜梅、南宁市天桃实验学校秦健、宾阳县教研室数学教研员施秋良、南宁市教育科学研究所叶茵、南宁市宾阳县宾阳中学黄桂松、北京市第八中学戴丽莎等一批老师，通过深度学习"四度六步"教学法并结合各自的工作实际，成功申报了广西教育科学"十四五"规划课题、北京市教育学会"十四五"2023 年教育科研课题等。其中，郑胜梅老师主持研究的课题"'四度六步'教学法在小学部分学科推广的行动研究——以南宁市凤翔路小学为例"已于 2021 年 4 月 20 日举行课题中期研究成果展示，相关研究成果已经先后公开发表在《广西教育》(义务教育版）2021 年第 5 期、第 7 期，以及《中小学课堂教学研究》2022 年 5 月期刊上。2022 年 6 月 28 日，该课题已提前一年以良好等级的评分结果顺利结题。此外，郑老师还出版了一本专著《最美的遇见——我与"四度六步"教学法的故事》。截至 2023 年 6 月 30 日，以"四度六步"教学法为研究主题立项的省级（广西、北京）课题 6 项、地市级（南宁、玉林）课题 71 项、县（市、区）级专项课题及学校微型课题一大批。（2）南宁市教育科学研究所中学教研室主任、广西特级教师、正高级教师农学宁老师自 2020 年 3 月 19 日在全市范围内持续开展"每月一主题"基于"四度六步"教学法的课例研讨活动，累计开展此类全市性课例研讨活动 19 场，并已经完成初中数学全册教材基于"四度六步"教学法的典型课例教学设计和评析。2022 年 11 月，由农学宁老师主编的《创设精彩课堂——初中数学"四度六步"教学法优秀课例》一书已正式出版。（3）南宁市天桃实验学校的秦健老师带领本校的 17 名优秀数学教师围绕"四度六步"教学法，结合实际的教学过程，以论文的形式深入解读了"六步"在数学课堂中的应用，以及创造"四度"课堂的教学策略。2023 年 10 月，由秦健老师主编的《创造更精彩的课堂——初中数学"四度六步"教学法要领解读与课例评析》一书已在漓江出版社正式出版。（4）南宁市宾阳县高中数学，青秀区、西乡塘区、江南区、隆安县、横州市、良庆区、经济技术开发区部分中小学，以及南宁市高新技术产业开发区、兴宁区、上林县、邕宁区等所辖的中小学全学段全学科，在推广应用“四度六步”教学法的过程中均取得了明显的成效。此外，本人还应邀与海南、山西、湖北、贵州、江苏、北京、广东等地的教师分享“四度六步”教学法。更值得一提的是，南宁市教育局也于2021年5月18日在高新技术产业开发区举办“四度六步”教学法主题教研活动，这意味着“四度六步”教学法成功在南宁市范围内的全学段、全学科全面推广应用。此活动通过央广网和广西直播前线两个平台进行全网直播，当日线上总浏览量突破10万人次。截至目前，其中一个平台保留的视频浏览量高达8.79万人次。在与一线教师交流“四度六步”教学法的过程中，老师们最大的需求是想索要一本“四度六步”教学法的专著，以便更好地学习应用。有鉴于此，本人用大量的业余时间完成了二十多万字的《创造更加精彩的课堂——“四度六步”教学法22年的实践研究》书稿，并于2021年上半年向南宁市教育局申请特级教师出版专项经费。当年暑假，在去北京休假前，一次偶然的机会，我与漓江出版社李弘副社长及教育产品中心杨海涛副总监交流，两位老师对我的专著所表示的热情深深地感动了我，我没有任何犹豫便将首版书稿交给漓江出版社指定的编辑黎海燕老师。其间，黎老师三审书稿，并对书稿提出了很多建设性的意见，像我接触过的很多期刊和出版社的编辑老师一样，热心、精心和用心。结合出版社领导和编辑对书稿的审读意见，我最终同意将首版图书的书名定为《“四度六步”教学法的探索与实践》。自2022年1月出版以来，该书已印刷7次，累计发行数量超过3万册。由此，我不禁感叹这个书名当时的确改得好、改得妙，一切都恰到好处。如今，我已经荣幸地被广西壮族自治区教育厅推荐参加由北京师范大学承办的第六届中国教育创新成果公益博览会（简称“教博会”）。为了向全国的教师同行们展示“四度六步”教学法研究及推广的最新成果，漓江出版社组织了非常强的团队对《“四度六步”教学法的探索与实践》进行了再版书稿的编辑。责任编辑覃乃川虽是一个年轻小伙子，但其思维逻辑清晰、文字功底扎实、待人细致暖心，从再版篇目设计到多篇文章的修订都给出了非常专业的建议和意见。助理编辑陈李睿祯老师是一个青春靓丽的女生，其对书稿进行了细致而全面的编校，让图书的内容质量得到了有力保障。在此专著重版之际，我要再一次真诚地感谢南宁市教育局历任领导39年来对我的培养和关心，也感谢长期指导并支持我专业成长的《广西教育》《中小学课堂教学研究》《基础教育研究》《数学通讯》等期刊，以及北京师范大学出版社、广西教育出版社、漓江出版社等出版单位的领导和编辑们。

教育部“长江学者”特聘教授李政涛博士说过：“对于一名特级教师，其人生的上半场是积累经验，让个人走向职业的巅峰，而下半场则应该凝练总结、提升并表达经验，把实践经验理论化。”回顾这 39 年的职业人生，我也可以将其分成两个半场，并且可以自豪地说，每个半场，都有高潮，都能走向属于自己的职业巅峰。上半场走向职业巅峰的标志有三：一是于 1998 年 11 月完成获得课堂教学比赛从南宁市级到广西区级，最后到全国一等奖的“大满贯”；二是于 2001 年底完成将初中数学三年六册教材每一节课以不同的形式用铅字出版发行；三是于 2003 年 9 月被授予“广西特级教师”荣誉称号。下半场走向职业巅峰的标志就是成功地凝练总结、提升并表达了教学经验，不断把实践经验理论化，让“四度六步”教学法的研究、推广与应用有机地融入基础教育高质量发展的伟大时代。奥地利作家斯蒂芬·茨威格曾说：“生命中最大的幸运，莫过于在人生的中途，即在他年富力强的时候发现了自己的使命。”我认为我是幸运的，因为我不仅发现并履行了自己的使命，而且还遇上了一群志同道合的伙伴。大家在一起且一直努力着。

最后，我要特别感谢广西师范大学王枬教授的指导和鼓励。可以说，无论是在首版书稿撰写的一年多时间里，还是在重版书稿的修订中，王枬教授对“四度六步”教学法的评价时刻鼓舞和激励着我。尤其是当我想放弃的时候，我就会去读一读王枬教授对我的评价：戴启猛的“四度六步”教学法还具有超越数学教学之上的意义，这虽然是基于初中数学教学的实践提出的，但其价值不局限于初中数学教学，而是具有对基础教育课堂教学的普适意义。也就是说，“四度六步”教学法对小、初、高各学段，对语、数、外、理、化、生等各学科的课堂教学，都是具有积极借鉴和启发价值的。毫不夸张地说，每读一遍这个评价，我就会生发出莫名的使命和无穷的力量。

戴启猛
2023 年 7 月 13 日凌晨于邕城寒舍